KB249870

typography

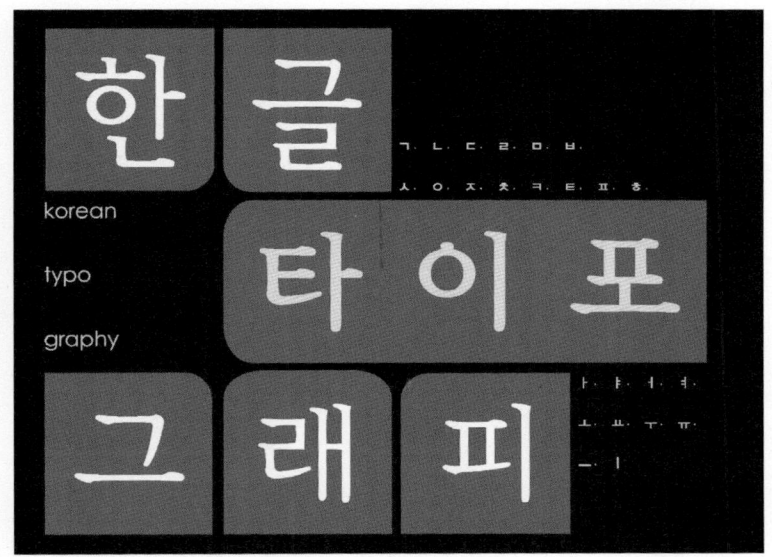

korean

typo

graphy

typography

한글
타이포
그래피

korean

typo

graphy

ㄱ ㄴ ㄷ ㄹ ㅁ ㅂ
ㅅ ㅇ ㅈ ㅊ ㅋ ㅌ ㅍ ㅎ

ㅏ ㅑ ㅓ ㅕ
ㅗ ㅛ ㅜ ㅠ
ㅡ ㅣ

이기성 著

타이포그래피는 '활자 제작과 디자인' 그리고 '조판 방법과 조판된 상태의 디자인'에 관한 모든 것을 의미한다. 한글 타이포그래피는 한글 활자로 조판하거나 한글 글자를 사용하여 단행본, 교과서, 잡지, 신문 등 출판물이나 포스터, 카탈로그, 카드 등 소책자를 시각적으로 아름답고 조화가 이루어지도록 배치하고 구성하는 모든 작업을 말한다.

한국학술정보㈜

[차 례]

typography

제 1 부

korean

typo

graphy

한글

폰트

ㄱ ㄴ ㄷ ㄹ ㅁ ㅂ
ㅅ ㅇ ㅈ ㅊ ㅋ ㅌ

ㅏ ㅑ ㅓ ㅕ
ㅗ ㅛ ㅜ ㅠ
ㅡ ㅣ

1. 타이포그래피

    디자인업계에서 사용하기 시작한 '타이포그래피'라는 용어를 우리나라의 출판업계와 인쇄업계에서는 '원고 지정' 또는 '할부(와리쓰께)'라는 용어로 사용해왔다. 역사의 기록에 의하면, 2000여 년간 문자를 사용해 온 민족이 우리 한민족이다. 삼국사기에 '고구려에는 건국 초(기원전 37년)부터 문자가 있어서 역사를 기록한 유기가 1백 권이 있었는데, 서기 600년 영양왕 11년에 이문진이 1백 권을 5권으로 요약하여 간행하였다'는 내용이 있다. 한글 사용 이전에도 이미, 우리 민족은 1479년간 문자를 사용하여 왔다는 기록이 있는 것이다. 이 문자가 한자이든 아니든 간에 책 100권을 제작할 수 있는 완벽한 문자임에는 틀림이 없다. 각 나라의 문자는 그 문자를 사용하는 민족의 언어와 깊은 관련이 있다.

    일반적으로 책이라 불리는 출판물은 내용이 담긴 본문 부분과 본문을 보호하는 등 보조기능을 담당하는 부속 부분(표지, 면지 등)으로 구분된다. 책의 본문용 한글 활자를 출판 디자인용으로 개발하려면 먼저 알파벳과 다른 한글 음절 글꼴의 특성을 파악할 필요가 있다. ① 자음과 모음이 일렬로 이루어져 단어가 되는 로만 알파벳 글자군과 ② 자음과 모음이 다시 초성과 중성, 받침으로 새로 구성되는 조합형 음절 글자군의 타이포그래피는 그 성격부터가 다른 것이다. 음절 글자군은 '초성, 중성, 받침의 자소의 모양이 음절에 따라 어떻게 달라지나'를 정확하게 파악하고 있어야 음절 타이포그래피를 정상으로 이해할 수 있다.

타이포그래피는 '활자 제작과 디자인' 그리고 '조판 방법과 조판된 상태의 디자인'에 관한 모든 것을 의미한다. 한글 타이포그래피는 한글 활자로 조판하거나 한글 글자를 사용하여 단행본, 교과서, 잡지, 신문 등 출판물이나 포스터, 카탈로그, 카드 등 소책자를 시각적으로 아름답고 조화가 이루어지도록 배치하고 구성하는 모든 작업을 말한다. 넓은 의미의 타이포그래피에는 폰토그래피가 포함된다. 특히 로만 알파벳을 사용하는 출판물에서는 폰토그래피와 타이포그래피의 차이가 그다지 문제가 되지 않는다. 소책자용 타이포그래피나 출판물용 타이포그래피나 대소문자 52개의 알파벳만 그리면 모든 문장을 완성할 수 있다.

반면에, 한글 타이포그래피와 한글 폰토그래피는 크게 차이가 난다. 소책자(small printed matters)용 타이포그래피에서는 그 포스터나 카드에 등장하는 음절 10개나 20개만 그리면 문장을 완성할 수 있지만, 한글 출판물용 타이포그래피 즉 한글 폰토그래피는 최소한 1600개 이상의 음절(한글글꼴 한 벌)을 그려야 한글 문장을 완성할 수 있는 것이다. 그러므로 한글 타이포그래피에서는 좁은 의미의 타이포그래피(소책자용 타이포그래피)와 폰토그래피(출판물용 타이포그래피)가 구별되는 것이다.

한글 타이포그래피 요소를 살펴보면, ① 한글 활자의 구조 및 종류와 형태(서체 크기는 물론 자소 간의 속 공간 등), ② 활자의 느낌과 표정(서체의 색상 등), ③ 조판된 결과의 글자 블록(글무리)의 구조 표현(자간, 행간, 단 길이, 단 간격, 조판 형식 등), ④ 본문용 서체, 제목용 서체, 장식용 서체의 적절한 사용과 조화 문제, ⑤ 각종 조판용 약물과

디자인 요소를 효과적으로 사용해야 하는 등 여러 요소가 존재함을 알
수 있다.

우리가 사용하고 있는 한글은 자유 음이며, 로만 알파벳의 평균율
대신 인간적인 생체 리듬을 반영하였기에 인쇄된 글자에도 그러한 정
서적 요소가 요구됨은 필연적 사실인 바이다. 예를 들어, 자음이든, 모
음이든 그 자소를 표현함에 시작과 중간, 끝의 성격이 서로 달라 그
조화와 배합에 있어 마치 그림을 그릴 때처럼 미의식의 시각 조형화
작업과 거의 일치함을 알 수 있는 것이다. 그러므로 한글 음절과 문장
은 독특한 서법으로 발전하여 서예, 서도라는 특별한 정신문화적 대상
에까지 이르게 된 것이다.1)

1) 한글 글자꼴 개발

문화관광부에서 주체가 되어 개발한 한글 문화바탕체는 원래 목적이
교과서 본문용 글자꼴 개발이었으므로, 자라나는 우리의 초등학생들의
성격이 온화하고 은근하도록 굽은 정도를 크게 하여 부드러운 느낌이
들도록 제작하였다. '우리 민족의 발전을 생각하고' 제작한 문화바탕체
와 그런 생각 없이, 아니면 도리어 '한국 민족 잘되지 말아라'라는 생각
을 하고 제작한 글자꼴과는 차이가 있게 마련이다. 단순한 자소의 조합

---

1) 사람의 머릿속 생각을 남에게 알릴 수 있도록 표현하여 여러 사람에게 알리는
   것이 출판이다. 글자로 치면 머릿속 글자(글자 이미지 생각)와 외부용 글자(활
   자로 인쇄한 글자)처럼 머리속의 것과 머리 바깥 외부의 것은 다를 수 있다.
   머릿속 생각을 글자로 표현하면 시, 소설, 수필, 논문 등 글이 되며, 도형이나
   명암, 원근 등으로 표현하면 한국화, 수묵화, 수채화 등 그림이 되고, '도레미
   파'나 '궁상각치우'로 표현하면 음악의 악보가 된다고 이해할 수 있다. 환
   (Drawing)이니 환쟁이(화가)라고 할 때의 '환'은 '악보'나 '소설'에 대응하는 우
   리 토박이말이라 볼 수 있을 것이다.

만으로 단어가 이루어지는 알파벳 글자꼴과 자소가 모여서 음절을 만들
고 다시 음절이 모여서 단어가 되는 한글 글자꼴은 한글 자소의 제작
방법이 달라야 하는데, 이 점을 간과하는 경우가 많아서 안타깝다.

한글 한 개의 음절은 초성과 중성, 또는 초성과 중성과 받침이 모여
서 이루는 한 개의 예술품이다. 한글 음절 한 개가 예술품 한 개인 것
이다. 현대 한글 1만 1172개의 음절이 각기 다른 작품이며, 1만 1172
개의 예술품인 것이다. 반드시, 한글 음절 하나하나를 작품 제작하듯이
정성껏 완성하여야 한다. 국전에 특선한 소나무 그림 1장이나 초등학
생이 그린 소나무 그림 1장이나 같은 그림 1장이지만, 그림의 품질에
는 엄청난 차이가 있을 수 있다. 사진 찍듯이 꼼꼼하게 열심히 그린
소나무 그림이라도 그 그림 속에 작가의 철학이 들어 있지 않으면 훌
륭한 그림이라 할 수 없는 것처럼, 한글 음절 1개에도 제작자의 철학
이 들어 있어야만 훌륭한 글자꼴이라고 할 수 있다.

1991년 7월 5일 문화관광부에서 '한글 서체개발위원회'를 구성하고,
초 / 중 / 고등학교 국어 교과서를 중심으로 제1차년도 개발 한글 글자
(낱자와 낱내 글자) 조사를 2달간 실시하고, 1991년 10월 1일 '한글 서
체개발연구진'을 확정하였다.

[표 1] 1991년-1992년 한글 서체개발 운영위원[2]

이 름	소속 및 직위
김낙준	대한출판문화협회 회장
김석득	연세대학교 대학원장
김일근	건국대학교 명예교수
박병천	인천교육대학 교수
박용진	교육부 장학편수실장
박종국	세종대왕기념사업회 회장
박충일	대한인쇄문화협회 회장
손보기	단국대학교 초빙교수
송 현	한글기계화추진위원회 회장
안병희	국립국어연구원 원장
이기성	계원조형예술대학 교수
이상욱	가톨릭의과대학 교수
정덕용	문화부 어문출판국장
최정순	한글서체디자인개발연구원 원장
허 웅	한글학회 이사장
홍윤표	연세대학교 교수

[표 2] 1991년-1993년 한글 서체개발 소위원

이 름	소속 및 직위
박병천	인천교육대학 교수
박종국	세종대왕기념사업회 회장
이기성	계원조형예술대학 교수
최정순	한글서체디자인개발연구원 원장
홍윤표	연세대학교 교수

한글 서체개발연구진의 연구원에는 박종국, 이기성, 홍윤표 교수의 3
명이 확정됐고, 교과서 본문체(바탕체)와 교과서 네모체의 서체 원도

---

2) '한글 글자본 제정-1992년 제2차년도 한글 네모체 및 옛한글 글자본-', 사단
   법인 세종대왕기념사업회, 문화부, 1992

제작자로는 최정순 옹이 임명됐다. 1991년 12월 14일 학계, 출판계, 인쇄계, 문화계 인사 약 110명이 참석한 가운데 한글 글자체 표준 본그림(원도)에 관한 공청회를 개최하였고, 1년 뒤, 1992년 12월 1일에는 한글서체개발운영위원회에서 한글 네모체(돋움체) 글자본 제정 기준을 확정하고, 1992년 12월 16일에는 옛한글 글자본 제정 기준 및 문장 부호 제정 기준을 확정하였다.

문화관광부에서 1991년부터 1994년까지 개발한 한글글꼴의 종류는 다음과 같다.

[표 3] 한글 서체개발연구진 연구원

이 름	소속 및 직위
박종국	세종대왕기념사업회 회장
이기성	계원조형예술대학 교수
홍윤표	연세대학교 교수

[표 4] 한글 글자꼴별 원도 및 폰트 개발 수

글자꼴	원도수	원도 개발자	폰트 수	폰트 개발자	폰트 조합 자소 수
문화바탕체	2500개	최정순	1만1172개	이기성	903개
문화돋움체	2500개	최정순	1만1172개	이기성	903개
문화바탕제목체	2500개	최정순	1만1172개	이기성	903개
문화돋움제목체	2500개	최정순	1만1172개	이기성	903개
문화정자쓰기체	2500개	정주상	1만1172개	서울시스템	903개
문화흘림쓰기체	2500개	정주상	1만1172개	서울시스템	903개

2) 한글 글자꼴 구분

한글 음절의 글자꼴은 본문체(바탕체 / 명조체), 돋움체(네모체 / 고딕체), 제목체, 디자인체(그래픽체 / 장식체), 서예체, 쓰기체(필기체), 외래어(외국어)표기체, 탈네모틀체, 풀어쓰기체의 9종류로 구분할 수 있다.

한글의 글자꼴은 학술적인 견지에서는 크게 4범주로 나눈다. 본문에 일반적으로 널리 쓰이는 바탕체(본문체), 본문에서 강조용으로 쓰이는 돋움체(네모체), 제목용으로 쓰이는 제목체(바탕제목체, 돋움제목체), 기타체의 4가지로 나눌 수 있다. 기타체에는 디자인체 및 서예체 등이 포함된다. 그러나 일반적으로 한글의 글자꼴은 9가지의 범주로 구분하는 방법이 많이 사용된다.3)

한글 글자꼴은 바탕체(본문체), 돋움체(네모체), 제목체, 디자인체, 서예체, 외래어(외국어)표기체, 쓰기체, 탈네모꼴체, 풀어쓰기체의 9개와 기타로 구분하는 것이 보통이다.

[표 5] 한글의 글자꼴

1)	바탕체	= 본문체, (명조체) Body text type, Serif
2)	돋움체	= 네모체, 훈민정음체, (고딕체) Sans Serif, Grotesque, Gothic
3)	제목체	= 헤드라인체, 타이틀체
		종이책은 15포(21급), 비종이책은 63급 이상 Heading type
4)	디자인체	= 그래픽체, 장식체 Graphic type
5)	서예체	= Calligraphic type
6)	외국어 표기체	= 외래어 표기체
7)	쓰기체	= 필기체
8)	탈네모틀체	= 탈네모꼴체, 빨래줄체, 샘물체
9)	풀어쓰기체	= 푸러쓰기체
10)	기타	

---

3) 이기성, '전자출판을 위한 한글 글자꼴 개발에 관한 연구', <'95 출판학연구> pp.209-226, 범우사, 1995

[표 6] 한글 바탕체(본문체)의 여러 가지 이름

본문체	바탕체	문화바탕체
명조체	사켄명조체	모리자와 신명조체
신명조체	신문명조체	최정순신문본문명조체
홍우동본문체	최정호명조체	휴먼명조체

앞에서 9가지와 기타로 구분한 것은 글자꼴 모양 및 용도에 의해서 대충 구분한 것이다. 한글글꼴은 이 밖에도 여러 면에서 구분할 수 있다.

첫 번째가 '쓰는 방향에 의해서 구분'하는 것이다. 가로쓰기와 세로쓰기에 따라서 한글 글자꼴의 중심선이 달라지므로 가로쓰기용 한글 글자꼴과 세로쓰기용 한글 글자꼴은 별도로 개발하는 것이 원칙이다. 같은 글자꼴도 자소의 굵기에 따라서 구분이 된다.

[표 7] 굵기에 따른 구분

가는, 보통, 굵은 글자체	
(보기) 가는 본문체	(세명)
본문체(보통 본문체, 중간 본문체) (중명)	
굵은 본문체	(태명)

또한, 같은 글자꼴이라도 그 글자꼴을 둘러싼 정사각형을 기준으로 좌우로 좁히거나 넓히거나 상하로 늘이거나 줄이거나 하여 그 모양을 변경시킬 수 있다. 또 정사각형(정체)의 밑변을 기준으로 135도, 45도 등 기울게 할 수도 있다. 이렇게 기울어진 사체(좌사체, 우사체), 납작한 평체, 긴 장체로 구분하고, 기울어진 정도(우사, 우사1, 우사2), 납작한 정도(평, 평1, 평2), 긴 정도(장, 장1, 장2)에 따라 더 세분되기도 한다. 쓰기체인 경우에는 정체쓰기체와 반흘림쓰기체, 온흘림쓰기체가 있다.

[표 8] 용도에 따른 구분

교과서 본문체(교본체),	교과서 네모체(교네체)
단행본 본문체(단본체),	단행본 네모체(단네체)
잡지 본문체(잡본체),	잡지 네모체(잡네체)
신문 본문체(신본체),	신문 네모체(신네체)
교과서 제목체(교목체)	
단행본 제목체(단목체)	
잡지 제목체(잡목체)	
신문 제목체(신목체)	

이외에도, 글자꼴을 개발할 때는 같은 본문체, 네모체, 제목체라도 어느 크기의 글자가 주로 사용되느냐에 따라서 그 크기에서 가장 아름다운 모습(charming point)을 나타낼 수 있는 글자꼴로 개발한다.

[표 9] 차밍포인트에 따른 구분[4]

9포(13급), 10포, 10.5포(고등학교, 5호, 15급),
11포, 12포(중학교, 18급), 14포(4호, 20급),
16포(3호, 24급), 22포(초등학교, 2호, 32급)

물론 한글 글자꼴을 개발할 때는 이 글자꼴이 활자로 개발되어 실제로 조판이 된 상태(한글 전용 가로쓰기, 한글 / 한자 혼용세로쓰기 등)에서 개발 목적에 맞는 아름답고 변별력 있고, 가독성이 높은 모습이어야 한다는 것을 중요시한다. 한글글꼴을 평가할 때는 한글 음절을 쓰는 원칙(글꼴 제정 기준)에 부합하는가를 먼저 살피고, 맞게 쓴 글자의 아름다움에 대하여 평가해야 한다. 틀리기 쉬운 한글 음절에는 '장', '원', '균'이 있다. 자음의 '지읒'과 모음의 '워'와 '유'자를 잘못 쓴 경

---

4) 1 포인트는 0.375 ㎜=1 / 72 인치
   10.5포인트는 3.9375 ㎜=5호=15급

우가 많이 발견된다.5)

한글 음절 몇 개를 문화관광부가 개발한 글꼴별로 비교한다.

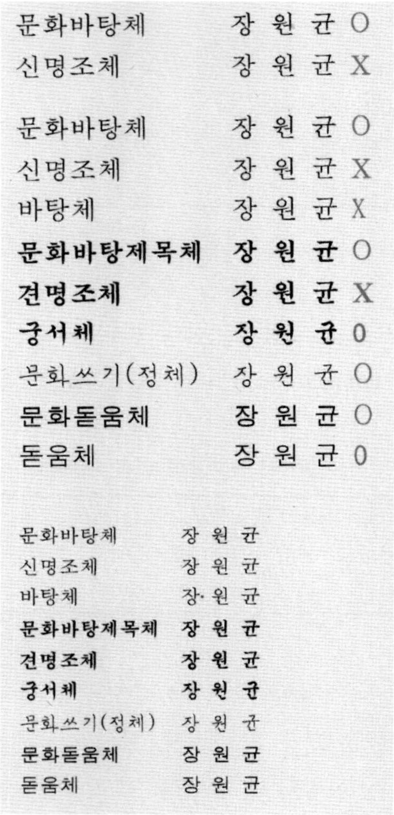

문화바탕체	장 원 균	O
신명조체	장 원 균	X
문화바탕체	장 원 균	O
신명조체	장 원 균	X
바탕체	장 원 균	X
문화바탕제목체	**장 원 균**	O
견명조체	**장 원 균**	X
궁서체	**장 원 균**	O
문화쓰기(정체)	장 원 균	O
문화돋움체	**장 원 균**	O
돋움체	장 원 균	O

문화바탕체	장 원 균
신명조체	장 원 균
바탕체	장 원 균
문화바탕제목체	**장 원 균**
견명조체	**장 원 균**
궁서체	**장 원 균**
문화쓰기(정체)	장 원 균
문화돋움체	**장 원 균**
돋움체	장 원 균

[그림 1] 한글글꼴 비교(장, 원, 균)

---

5) 본 책의 '부록−1'에 있는 '한글글꼴 제정 기준' 참고.

굴림체	손글씨흘림체	문쓰기체	부정자체	문궁체부정체	궁림체	목올림체	문체돌올림체	문체바탕체	문체제목바체	문체제목올림체	부돌체	문체훈민정음체
가	가	가	가	가	가	가	가	가	가			
각	각	각	각	각	각	각	각	각	각			
간	간	간	간	간	간	간	간	간	간			
갇	갇	갇	갇	갇	갇	갇	갇	갇	갇			
갈	갈	갈	갈	갈	갈	갈	갈	갈	갈			
갉	갉	갉	갉	갉	갉	갉	갉	갉	갉			
갊	갊	갊	갊	갊	갊	갊	갊	갊	갊			
감	감	감	감	감	감	감	감	감	감			
갑	갑	갑	갑	갑	갑	갑	갑	갑	갑			
값	값	값	값	값	값	값	값	값	값			
갓	갓	갓	갓	갓	갓	갓	갓	갓	갓			
갔	갔	갔	갔	갔	갔	갔	갔	갔	갔			
강	강	강	강	강	강	강	강	강	강			
갖	갖	갖	갖	갖	갖	갖	갖	갖	갖			
갗	갗	갗	갗	갗	갗	갗	갗	갗	갗			
같	같	같	같	같	같	같	같	같	같			
갚	갚	갚	갚	갚	갚	갚	갚	갚	갚			
갛	갛	갛	갛	갛	갛	갛	갛	갛	갛			
개	개	개	개	개	개	개	개	개	개			

[그림 2] 문화관광부 개발 '한글글꼴(음절별)의 종류

한글 음절 글꼴의 구분 요소는 3가지로 크게 나눌 수 있다.
① 자소의 모양(shape), 줄기의 굵기, 길이(size), 방향
② 돌기와 굽의 유무, 돌기와 굽의 모양, 방향, 두께
③ 조판용도

[표 10] 부분 명칭 용어

가로줄기	위가로줄기	가운데가로줄기	아래가로줄기
세로줄기	왼세로줄기	오른세로줄기	삐침세로줄기
둥근줄기	돌기	굽	점(꼭지점)

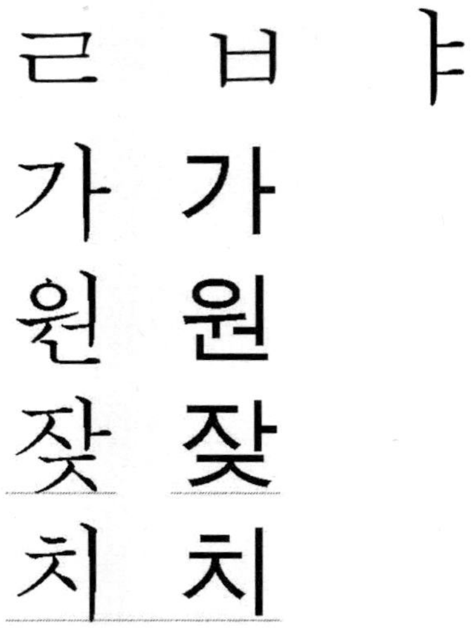

ㄹ ㅂ ㅑ

가 가

원 원

잦 잦

치 치

[그림 3] 한글 음절 모양

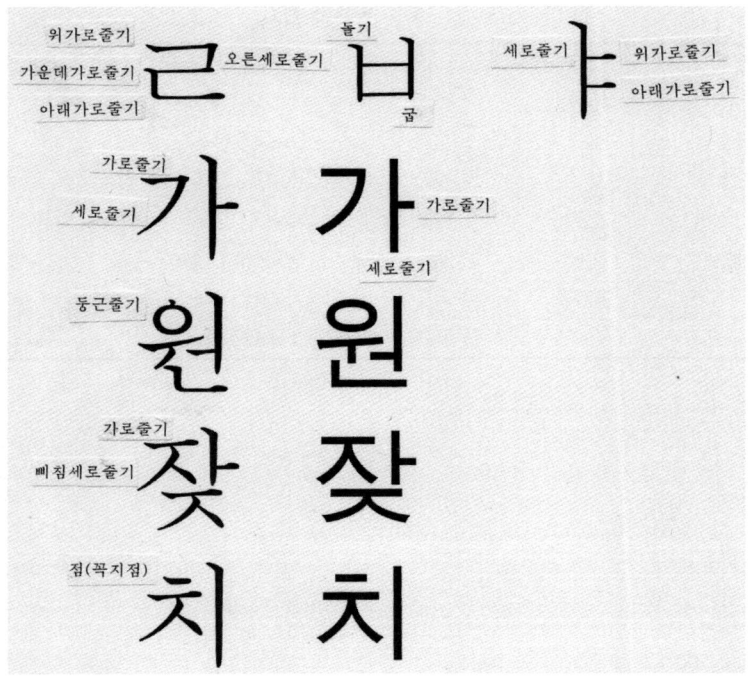

[그림 4] 음절 각 부분의 명칭

한글 글자 모양을 분석할 때는 10~11포인트에서 주로 사용하는 글자이더라도 최소한 100포인트 크기로 확대해서 분석하여야 한다. 3~4mm 정도 크기의 본문용 한글 활자는 30~40mm 정도로 확대하여 보아야 정확하게 볼 수 있기 때문이다. 또한, 이것은 50mm~60mm 정도의 크기로 한글 원도를 제작해서 벤톤 조각을 하던 전통 서체도안사 시절부터 내려온 관습이기도 하다.

[표 11] 한글 활자의 크기

6호	=	12급	=	7.5P.	=	2.75mm(2.646mm)
5호	=	15급	=	10.5P.	=	3.75mm(3.704mm)
4호	=	20급	=	14P.	=	5mm(4.939mm)
3호	=	24급	=	16P.	=	6mm(5.645mm)
2호	=	32급	=	22P.	=	8mm(7.762mm)
1호	=	38급	=	26P.	=	9.5mm(9.173mm)
—		100급	=	71P.	=	25mm(25.041mm)
—		—		100P.	=	35mm(35.28mm)

2. 한글 본문체

한글 본문체 제정 기준에 맞추어 제작된 한글 문화바탕체가 1991년에 문화관광부(당시 명칭은 문화부)에 의해 개발되었다. 세종 25년 (1443)에 완성되고, 세종 28년(1446년, 단기 3779년)에 나라의 글로 반포된 세로쓰기용 훈민정음 이래로, 한글 가로쓰기용 본문체를 쓰는 원칙이 1991년(단기 4324년)에 처음으로 제정된 것이다. 이것은 1990년 문화부 이어령 장관과의 회담에서 출판에서 한글 글자꼴 개발의 필요성을 절감하고, 개인용 컴퓨터에서 완벽한 한글 구현이 가능한 한글 코드의 한국 표준화(KS화)와 한국에 소유권이 있는 한글 글자꼴 개발에 대한 예산 지원을 약속받아 가능하게 됐다. 먼저, 1991년 7월 5일 문화부에서 '한글 서체개발위원회'를 구성하고, 초 / 중 / 고등학교 국어 교과서를 중심으로 제1차년도 개발 한글 글자(낱자와 낱내 글자) 조사를 2달간 실시하고, 1991년 10월 1일 '한글 서체개발연구진'을 확정하였다.

한글 글자꼴은 네모틀(정사각형) 안에 들어가는 형태인 본문체(바탕체 / 명조체), 돋움체(네모체 / 고딕체), 제목체, 디자인체(그래픽체), 서예체, 쓰기체(필기체), 외래어(외국어)표기체, 풀어쓰기체와 네모틀을 벗어나는 탈네모틀체의 9종류와 기타체로 구분한다. 또는, 모든 음절이 같은 크기의 네모상자 안에 들어가는 형태의 네모틀체와 음절에 따라서 네모상자를 벗어나기도 하는 탈네모틀체의 2종류로 대별하기도 한다. 본 연구에서는 한글 본문체(바탕체)의 특징을 자세히 살펴보고, 문화바탕체와 명조체의 관계에 대해서 살피기로 한다.

1) 한글 본문체(바탕체)의 음절 분석

한글 본문체의 음절 분석을 위해서는 먼저, 실제로 출판되는 종이책 본문에서 사용된 한글 음절을 추출하여야 한다. 마침 '96계원논총 P.389~395'에 종이 단행본 한 권 출판에 필요한 한글 음절수를 조사하여 빈도수 순서대로 발표된 것이 있어, 한글 음절 추출은 이 자료를 인용키로 한다. 한글 음절을 Database Flie에 입력하였고, 음절 데이터베이스 파일은 2개의 항목으로 구성하여, #1 Field는 EUMJUL, #2 Field는 SOO 필드는 빈도수 조사용으로 4byte로 지정했다. 모든 한글 음절을 입력하여야 함으로 1만 1172개의 음절이 가능한 2바이트 조합형 한글 코드를 사용하였다. 조사 결과, '컴퓨터는 깡통이다'라는 종이 단행본 1권에는 총 8만 928개의 한글 음절이 들어 있었다. 이를 출현 빈도 음절별로 추려보니, '이, 다, 는, 로, 에, 가, 고, 하, 을, 한, 터, 를, 서, 스, 의, 사, 그, 나, 라, 자, ……'의 순서로, 모두 1037개의 한글 음절이 사용되고 있었다.

[참고] '컴퓨터는 깡통이다' 단행본은 1권에 1037개의 한글 음절이 들어 있었지만, 손애경 씨의 동국대 정보산업대학원 석사논문과 문화부 프로젝트로 진행된 초등학교 교과서 '말하기·듣기' 책의 조사 결과는 1권당 800개 미만의 음절이 있었다. 초등학교 1학년 '말하기·듣기' 교과서는 398개 한글 음절, 2학년 '말하기·듣기' 교과서는 470개, 3학년 584개, 4학년 697개, 5학년 737개, 6학년

756개의 음절이 사용되고 있었다.

한글 대표 음절을 추출하기 위하여, 자음 자소 'ㄱ, ㄴ, ㄷ, ㄹ, ㅁ, ㅂ, ㅅ, ㅇ, ㅈ, ㅊ, ㅋ, ㅌ, ㅍ, ㅎ'의 14개와 단모음 자소 'ㅏ, ㅑ, ㅓ, ㅕ, ㅗ, ㅛ, ㅜ, ㅠ, ㅡ, ㅣ'의 10개와 복모음 자소 중 'ㅐ, ㅔ, ㅘ, ㅝ, ㅚ, ㅢ'의 6개가 포함된 대표 한글 음절을 골라보니 25개 음절이 추출됐다. 모두 30개 자소인데, 25개 음절만 골라진 것은 이(ㅇ, ㅣ)처럼 한 개의 음절에 자음과 모음의 두 개가 다 포함된 것(음절)이 있었기 때문이다.

[표 1] 25개의 대표 음절

이(ㅇ / ㅣ),	다(ㄷ / ㅏ),	는(ㄴ),	로(ㄹ / ㅗ),	에(ㅔ),
가(ㄱ),	하(ㅎ),	을(ㅡ),	터(ㅌ),	서(ㅅ / ㅓ),
의(ㅢ),	자(ㅈ),	컴(ㅋ),	퓨(ㅍ / ㅠ),	면(ㅁ),
용(ㅛ),	보(ㅂ),	램(ㅐ),	수(ㅜ),	치(ㅊ),
화(ㅘ),	여(ㅕ),	야(ㅑ),	된(ㅚ),	원(ㅝ)

자음, 단모음, 복모음의 출현 순서대로 25개 대표 음절을 가나다순으로 3개씩 정리해 보면 다음과 같이 9개의 군이 형성된다.

[표 2] 자소 출현 순서별 25개 음절 9개 군(문화바탕체)

1) 가 는 다	2) 로 면 보	3) 서 이 자
4) 치 컴 터	5) 퓨 하 야	6) 여 용 수
7) 을 램 에	8) 화 원 된	9) 의

2) 한글 문화바탕체 개발 과정

한글 서체(글자꼴)를 개발하는 데는 원도(밑그림, 본그림) 개발과 디지털 폰트 개발의 2개 과정이 필요하다. 한글 문화바탕체의 완성자 음절 원도를 제작한 사람은 한글서체연구가인 최정순이었고, 한글 조합자의 음절 원도를 제작한 사람은 이기성이었으며, 아날로그 상태인 원도를 디지털 상태인 폰트로 개발한 것도 이기성이었다. 문화바탕체의 원도를 최정순과 이기성이 자의대로 제작한 것이 아니고, 16명의 한글 서체개발 운영위원과 한글 서체개발연구진이 내린 결정에 따라서 원도를 제작하고 수정하여 완성한 것이다.

1991년에 문화체육부에서 임명한 한글 서체개발 운영위원에는 출판계, 인쇄계, 학계, 관 등 당시, 각 분야의 대표가 망라되어 있었다. 김낙준(대한출판문화협회 회장), 김석득(연세대학교 대학원장), 김일근(건국대학교 명예교수), 박병천(인천교육대학 교수), 박용진(교육부 장학편수실장), 박종국(세종대왕기념사업회 회장), 박충일(대한인쇄문화협회 회장), 손보기(단국대학교 초빙교수), 송현(한글기계화추진위원회 회장), 안병희(국립국어연구원 원장), 이기성(당시 신구전문대학 교수), 이상욱(가톨릭의과대학 교수), 정덕용(문화부 어문출판국장), 최정순(한글서체 디자인개발연구원 원장), 허웅(한글학회 이사장), 홍윤표(당시 단국대학교 교수)의 16명이 운영위원으로 임명되었다.

한글 문화바탕체 서체개발연구진의 연구원에는 박종국(세종대왕기념사업회 회장), 이기성(현 계원조형예술대학 교수), 홍윤표(현 연세대학교 교수)의 3명이, 문화바탕체(당시 명칭은 교과서 본문체) 원도 제작자로는 최정순(한글서체 디자인개발연구원 원장)이 임명됐다. 이들이 모여서 연구한 결과를 갖고, 1991년 12월 14일에 학계, 출판계, 인쇄계, 문화계 인사들이 참석한 가운데 한글 글자체 표준 본그림(원도)에 관한 공청회를 개최하였다. 공청회에서 아주 좋은 반응과 격려를 받아서 문화바탕체(당시 공식 명칭은 교과서 본문체)의 원도 모양을 확정시켰다.

3) 한글 문화바탕체와 한글 명조체의 비교

한글 문화바탕체의 음절을 구성하는 자소와 명조체의 자소(낱자)를 비교, 설명하기 위하여 자소의 세부 명칭을 우선 정리하기로 한다. 자소는 줄기(선)로 구성된다. 줄기는 크게 가로줄기와 세로줄기로 2분된다. 다만, 'ㅇ'의 경우에는 둥근줄기로 부를 수 있으며, 'ㅅ'의 경우 세로줄기가 사선으로 삐쳐 나온 모양을 한 경우에는 삐침줄기로 부를 수 있다. 'ㅊ, ㅎ'처럼 맨 위의 짧은 가로줄기는 점이나 꼭지점으로 부르기도 하는데, 이렇게 점(꼭지점)의 명칭을 허락하는 경우에는 자소가 줄기와 점으로 구성된다고 볼 수 있다. 가로줄기는 닿소리 글자와 홀소리 글자에서 가로로 그은 선을 말하며, 세로줄기는 닿소리(자음)와 홀소리(모음)의 세로로 그은 선을 말한다. 줄기는 놓이는 자리에 따라 가로, 세로를 붙이지만, '위, 가운데, 아래, 왼, 오른' 등의 말을 추가할 수 있다.

'ㅏ'의 경우는 아래로 내려온 기둥 모양의 'ㅣ'가 세로줄기이고, 'ㅣ'의 오른쪽에 붙은 점(곁줄기)이 가로줄기이다. 세로줄기는 다시 시작 부분의 첫돌기와 끝부분의 맺음으로 구분할 수 있다. 가로줄기는 오른가로줄기 또는 곁줄기, 오른곁줄기라고 할 수 있으며, 가로줄기의 끝부분은 역시 돌기 모양을 하고 있어, 맺음돌기라고도 부른다. 'ㅜ'의 경우는 가로로 그어진 'ㅡ' 부분이 가로줄기이다. 가로줄기인 'ㅡ' 부분은 첫돌기로 시작해서 맺음돌기로 끝난다. 'ㅡ'의 중간에서 아래로 내려온 부분이 세로줄기이다. 세로줄기의 끝부분은 맺음으로 끝난다. 'ㅜ'의 세로줄기처럼 'ㅣ'나 'ㅏ'의 세로줄기에 비해 반쪽에 불과한 세로줄기를 이음줄기(이음보) 또는 짧은 줄기라고도 한다.

1991년 7월 5일 문화부가 한글서체개발위원회 구성 운영안을 결정한 이래 수차례 한글서체개발위원회와 한글서체개발소위원회, 공청회, 한글 글자본에 대한 평가회, 한글서체개발운영위원회 자문위원회를 개최하여 1991년 12월 27일에 '한글 글자본 제정 기준안'을 확정하였다. 한글 글자본 제정 기준안의 총칙을 소개한다. 제6항의 닿소리 글자 17개에는 현대 한글 자음 자소 14개(ㄱ, ㄴ, ㄷ, ㄹ, ㅁ, ㅂ, ㅅ, ㅇ, ㅈ, ㅊ, ㅋ, ㅌ, ㅍ, ㅎ) 이외에 옛한글 자음 자소 3개(ㅿ, ㆁ, ㆆ)가 들어 있고, 홀소리 글자 11개에도 현대 한글 모음 자소 10개(ㅏ, ㅑ, ㅓ, ㅕ, ㅗ, ㅛ, ㅜ, ㅠ, ㅡ, ㅣ) 이외에 옛한글 모음 자소인 아래아(ㆍ)가 포함되어 있다. 한글 음절의 형태는 제정 기준 총칙 제4항과 기본원칙 제4항에서 네모틀 안에 들어가는 형태만 인정하고, 탈네모틀 글자는 배제하였다.

[제정 기준] 한글 글자본 제정 기준 총칙(1991년 12월 27일)
제1항: 한글 글자본은 한글의 가독성과 변별성을 높이며, 조형적 아름다움을 담도록 함을 원칙으로 한다.
제2항: 한글 글자본은 한글의 기계화를 용이하게 할 뿐만 아니라 손으로 쓰는 데에도 편리하도록 함을 원칙으로 한다.
제3항: 한글 글자본 제정의 대상인 한글은 한글맞춤법(문교부 고시 제88-1호, 88.1.19)에 규정된 낱자(자소)와 이들 낱자에 의하여 이루어지는 낱내 글자(음절)로 하되, 옛한글도 포함시킨다.
제4항: 한글의 외곽 모양은 네모꼴을 원칙으로 하되, 경우에 따라서는 변형할 수도 있다.
제5항: 한글 각 낱자의 기본꼴은 글자체의 종류와 크기에 관계없이 통일시킴을 원칙으로 하되, 낱내 글자를 구성할 때 쓰이는 위치에 따라 낱자의 모양이나 크기를 변형할 수 있다.
제6항: 한글 각 낱자의 기본꼴은 다음과 같이 정한다.

닿소리 글자(17개)
ㄱ, ㄴ, ㄷ, ㄹ, ㅁ, ㅂ, ㅅ, ㅇ, ㅈ, ㅊ, ㅋ, ㅌ, ㅍ, ㅎ, ㅿ, ㆁ,
홀소리 글자(11개)
ㅏ, ㅑ, ㅓ, ㅕ, ㅗ, ㅛ, ㅜ, ㅠ, ㅡ, ㅣ,

제7항: 한글의 모든 낱자는 서로 떼어서 씀을 원칙으로 한다.

제8항: 한글의 각 글자체에 대한 기본원칙은 별도로 정한다.

4) '가 는 다' 음절 (ㄱ, ㄴ, ㄷ, ㅏ)

1991년 제정 당시 문화바탕체의 원래 명칭은 '교과서 본문용 한글'이었다. 따라서 한글 글자본을 제정하는 기준안도 '교과서 본문용 한글 글자본 제정 기준'이었다. '제1장 기본원칙', '제2장 제정 세칙', '제3장 그 밖의 것'의 3개의 장, 총 23개항으로 구성된 교과서 본문용 한글 글자본 제정 기준의 '제1장 기본원칙'은 다음과 같다.

[제정 기준] 교과서 본문용 한글 글자본(문화바탕체) 제정 기준
　　　　　제1장 기본원칙
제1항: 한글 글자본은 교과서 본문 글자체를 통일시킬 것을 원칙으로 한다.
제2항: 글자본은 교과서 출판용으로 쓰되, 교육용 필법에도 알맞도록 함을 원칙으로 한다.
제3항: 글자체는 가로쓰기에 알맞은 정자체로 한정한다.
제4항: 글자의 외곽 모양(자형)은 정사각형을 원칙으로 한다.
제5항: 글자의 가로줄기(가로선)는 세로줄기(세로선)보다 가늘게 나타내되, 하나의 줄기(선)는 부분에 따라 굵기를 다르게 나타냄

을 원칙으로 한다.

문화바탕체(교과서 본문용 한글 글자본)는 가로쓰기 전용의 글자꼴로
서, 조판 시에 한글이 주로 사용되는 것을 가정하여 제작되었기 때문
에, 한자와 섞여서 조판되는 단행본이나 신문용 글자꼴과는 달리, 한글
의 독창적인 아름다움을 최대한 구현시킨 새로운 글자꼴을 제작할 수
있었다. 또한 가독성과 변별성을 고려하여 초등학교 국어 교과서 본문
활자 크기부터 고등학교 국어 교과서 활자 크기일 때 가장 아름다운
모습(차밍포인트)을 나타내도록 제작하였으므로, 미적 감각은 물론, 학
생의 시력 보호에도 많은 도움이 될 수 있는 글자꼴이 문화바탕체라
불리는 교과서 본문용 한글 글자꼴이다. 문화바탕체는 전쟁을 겪고 성
급해진 우리 민족의 민족성이 원상회복될 수 있도록 급하지 않고, 끈
기가 있게 하는 데 중점을 두었으며, 문화쓰기체는 씩씩한 힘을 강조
하였고, 문화궁체는 미려함을 강조하였다.

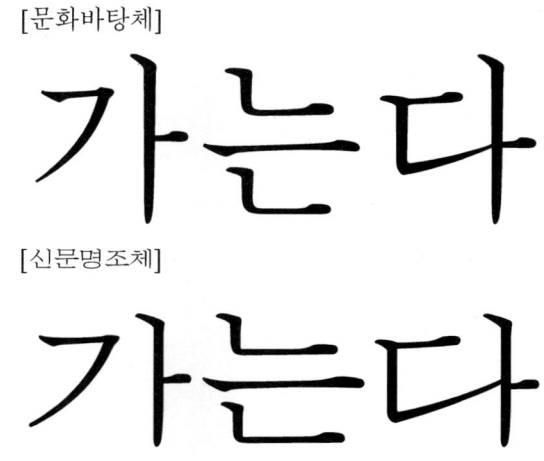

[문화바탕체]

가는다

[신문명조체]

가는다

[신명조체]

가는다

글자본 제정 기준 제2장 제정 세칙에 보면 제1절 닿소리 글자(자음 문자)의 제6항에서 닿소리 글자의 공통 세칙을 규정하고 있다. 제6항에는 6개의 경우를 지정하고 있으나, 여기서는 앞의 2개만 소개한다.

[제정 기준] 교과서 본문용 한글 글자본(문화바탕체) 제정 기준==〉ㄱ
　제6항: 닿소리 글자는 다음과 같은 기본 획형 구성의 공통적인 세칙에 따라 이루어지게 한다.

　　1. 가로줄기는 세로줄기와 연결되는 것과 수평으로 쓰는 것으로 이루어진 것이 있는데 이 줄기는 처음부분은 굵게, 중간 부분은 가늘게, 끝부분은 조금 굵게 나타낸다. 다른 하나는 오른쪽을 조금 올려 쓰는 가로줄기인데 처음부분은 굵게, 중간 부분은 조금 굵게, 끝부분은 더욱 가늘어지게 한다.

　　2. 세로줄기는 머리(처음 시작되는 부분)를 80°정도 굽게 뾰족한 점형으로 시작하고 중간 부분은 수직 방향으로 굵게, 끝부분은 점점 가늘어지게 한다.

　제7항: 'ㄱ, ㅋ, ㄲ' 글자는 홀로 쓸 때와 낱내 글자를 만들 때 쓰이는 자리에 따라 다음과 같이 이루어지게 한다.

1. 'ㄱ'

(1) 홀로 쓸 때: 가로줄기는 수평, 세로줄기는 수직으로 길이를 서로 같게 한다.

(2) 왼쪽에 쓸 때: 가로줄기는 수평, 세로줄기는 삐침으로 가로줄기보다 길게 굽은 모양으로 한다.

(3) 위에 쓸 때: 가로줄기는 수평, 세로줄기는 수직 또는 삐침으로, 가로줄기보다 짧게 한다.

(4) 받침에 쓸 때: 가로줄기는 수평, 세로줄기는 가로줄기보다 수직으로 짧게 한다.

음절 '가'는 'ㄱ' 자소용으로 추출된 음절이다. 한글 '문화바탕체'와 '신명조체', '신문명조체'를 비교했다. 글자꼴을 비교하기 위하여, 문화바탕체, 신명조체, 신문명조체의 '가 는 다'를 모두 100포인트로 확대하였다. 맨 위가 신명조체이고 두 번째가 문화바탕체, 맨 아래가 신문명조체이다. 명조체를 보다 아름답게 썼다고 하는 것이 신명조체이고, 신문용 명조체 활자로 개발한 것이 신문명조체이다.

[참고] 한글 음절의 비교를 위하여 측정한 줄기의 길이는 음절이 100포인트 크기일 때의 길이를 말하며, ㎜로 표기한다.
'신문명조체'에 대한 크기와 설명은 호글97의 신문명조에 관한 것이므로 본 책의 그림에 나오는 신문명조체 글자와는 다를 수 있다.

'가'의 'ㄱ'의 가로줄기의 길이가 신명조체와 신문명조체는 너무 길다. 100포인트 활자의 크기에서 'ㄱ'의 가로줄기의 길이가 문화바탕체는 14.5㎜이고, 신명조체는 16㎜, 신문명조체는 16.5㎜이다. 'ㄱ'의 세로줄기의 길이 역시 명조체가 길다. 문화바탕체는 23.5㎜, 신명조체는 26㎜, 신문명조체는 29㎜이다. '가'의 'ㄱ'에서는 225° 정도로 아래로 내려

오는 세로줄기의 각도가 아주 중요하다. 이 각도가 직선에 가깝도록
완만하면 너무 거칠게 느껴진다. 가로줄기의 오른쪽 끝과 세로줄기의
아래 끝을 직선으로 연결하여 가운데 나타나는 부분의 폭이 신명조체
는 1.5㎜밖에 안 되고, 문화바탕체와 신문명조체는 둘 다 2㎜이다. 문화
바탕체는 23.5㎜의 길이에 폭이 2㎜이고, 신문명조체는 29㎜의 길이에
폭이 2㎜이므로 문화바탕체에 비하여 각도가 완만하다. 일본에서 개발
된 명조체나 홍콩에서 개발된 명조체는 'ㄱ'의 세로줄기의 굽은 정도가
폭이 1㎜ 미만으로 거의 직선에 가까운 것도 발견되는데, 이렇게 'ㄱ'
의 세로줄기가 직선 모양을 하면, 이런 'ㄱ'모양을 한 글자를 자주 대
하는 사람은 성격이 급하고 거칠게 되기 쉽다.

  '가'의 모음 'ㅏ'와 'ㄱ'의 간격도 문화바탕체가 6㎜인 데 비하여, 신
명조체는 5.5㎜, 신문명조체는 7.5㎜로 'ㄱ'의 가로줄기의 길이와 초성
자음과 중성 모음의 간격이 조화를 이루지 못하고 있다. 문화바탕체의
'ㄱ'의 가로줄기가 14.5㎜로 신명조체보다 짧으나 'ㅏ'와의 거리는 6㎜
로 신명조체보다 더 길어서 글자가 조화를 이룬다. 'ㅏ'의 세로줄기의
길이는 신명조체가 33㎜, 문화바탕체가 32.5㎜, 신문명조체가 32㎜로 거
의 비슷하다. 그러나 'ㅏ'의 수평으로 나간 짧은 가로줄기의 길이는 신
명조체가 7.2㎜, 문화바탕체가 6.8㎜, 신문명조체가 5.6㎜로 서로 다르
다. 처음 부분은 가늘게, 끝부분은 뭉툭하게 나타내도록 한 원칙에는
대체로 맞지만, 신문명조체의 경우는 처음 부분이 가늘게 시작이 되다
말고, 바로 뭉툭한 끝부분(맺음)으로 되어 잘못 제작되었다.
  'ㄴ'은 위에 쓸 때 세로줄기는 수직으로, 가로줄기는 수평으로 하고,
가로줄기는 세로줄기보다 조금 길게 한다. 'ㄴ'을 받침에 쓸 때는 세로
줄기는 수직이나 또는 조금 기울게 하고, 가로줄기는 수평으로 하되,
가로줄기를 조금 길게 하도록 제정 기준에 나와 있다. '는'은 'ㄴ' 자소
용으로 추출된 음절이다. 문화바탕체의 위에 있는 'ㄴ'은 가로줄기 8.8,
세로줄기 18㎜이고, 신명조체는 8.7, 20.5㎜, 신문명조체는 10, 23㎜로

문화바탕체의 'ㄴ'보다 크다. '는'의 'ㅡ'모음의 길이는 문화바탕체와 신명조체가 31㎜로 같고, 신문명조체는 33.5㎜로 너무 길다. 'ㅡ'모음과 받침 'ㄴ'의 가로줄기와의 사이도 문화바탕체는 11㎜인 데 비하여, 신명조체는 10.5, 신문명조체는 13㎜이다. 신문명조체는 '가'자나 '는'자나 둘 다 자기 포인트 치에 비해 너무 큰 경향이 있다.

'ㄷ'은 왼쪽에 쓸 때, 첫 가로줄기는 수평으로, 세로줄기와 맞닿는 자리는 홀로 쓸 때와 같고, 마지막 가로줄기는 끝부분을 조금 올라가는 기울기로 삐쳐 올려 쓴다. 'ㄷ' 홀로 쓸 때는 두 개의 가로줄기는 수평, 세로줄기는 수직으로 줄기 방향을 정하고, 세로줄기는 첫 가로줄기의 왼쪽에서 조금 들어온 부분에 살짝 닿게 하되, 두 가로줄기의 끝부분 자리는 같게 한다는 것이 제정 기준이다. '다'는 'ㄷ' 자소용과 'ㅏ' 자소의 두 가지 용도로 추출됐다. 문화바탕체의 'ㄷ'의 위 가로줄기는 16.5, 세로줄기는 15, 밑 가로줄기는 19㎜이고, 신명조체는 17.9, 17, 19 ㎜, 신문명조체는 18.8, 20, 25㎜이다. 신명조체는 문화바탕체의 'ㄷ'과 밑의 가로줄기는 19㎜로 같은 길이이나, 위 가로줄기는 17.9㎜로 1.4㎜나 더 길고, 세로줄기도 17㎜로 2㎜나 더 길다. 신문명조체의 'ㄷ'은 글자 전체의 균형을 잃도록 너무 크다. '다'의 'ㅏ'의 모양은 '가'의 'ㅏ' 때와 비슷하다.

초성 'ㄱ'의 모양은 받침이 있을 때 더욱 그 특성이 잘 드러난다. '각'을 보기로 들면, 신명조체의 초성 'ㄱ'의 날카로운 모양과 문화바탕체의 초성 'ㄱ'의 부드러운 모습이 비교된다. 초성 'ㄱ'의 가로줄기 끝과 중성 모음 'ㅏ'의 세로줄기의 거리는 문화바탕체와 신명조체가 6㎜이고, 신문명조체는 8.5㎜로 신문명조체는 '각'자가 조금 엉성하게 보인다. 초성 'ㄱ'의 세로줄기의 맨 아래와 받침 'ㄱ'의 가로줄기 시작 부분과의 거리는 문화바탕체가 7㎜이고, 신문명조체가 6㎜, 신명조체가 5,5 ㎜ 순서이다. 이 거리가 7㎜ 정도가 되어야 변별력이 뛰어나고, 글자 전체의 모양도 아름답게 느껴진다. 신명조체의 '각'은 날카롭고(초성)

무거운 느낌(커다란 받침)을 주며, 문화바탕체의 '각'은 온화하고 아름 답다.

[신명조체]　　[문화바탕체]　　[신문명조체]

한 음절 내에서 각 자소의 길이와 간격을 나타내는 수치는 100포인 트 크기로 잉크젯 프린터에서 인쇄된 결과 치이므로, 활자의 크기가 달라지면 그에 비례하여 이 수치도 달라진다. 100포인트일 경우 7㎜인 것이 50포인트이면 3.5㎜로 줄어들고, 120포인트이면 8.4㎜로 늘어난다 는 뜻이다.

제정 기준의 제2장 제정 세칙의 제2절 홀소리 글자(모음 문자)의 제 13항에서는 홀소리 글자의 공통 세칙을 규정하고 있다.

[제정 기준] 교과서 본문용 한글 글자본(문화바탕체) 제정 기준==〉ㅏ
제13항: 홀소리 글자는 다음과 같은 기본 획형 구성의 공통적인 세 칙에 따라 이루어지게 한다.
　　1. 긴 가로줄기는 두 가지가 있는데 하나는 처음 부분을 굵게, 가운데 부분은 가늘게, 끝부분은 뭉툭한 수평으로 하여 가로 퍼진 모양으로 하고, 또 하나는 중간 부분에서부터 점점 가 늘어지게 하여 사향방향의 삐침 모양으로 한다.
　　2. 긴 세로줄기는 처음 부분을 45°방향으로 뾰족하게 시작한 머리 부분은 짧은 줄기 모양으로 하고, 중간 부분은 굵은

수직선으로 하며, 끝부분은 뭉툭하게 수직으로 뽑아 내린 모양으로 한다.

3. 삐침줄기는 닿소리 글자 'ㅅ'의 왼삐침줄기(왼 세로줄기)와 비슷한 모양으로 한다(보기: 'ㅠ'의 왼쪽 세로줄기).

4. 짧은 줄기는 방향에 따라 여러 가지 모양으로 한다.
   (1) 수평줄기: 처음 부분은 가늘게, 끝부분은 뭉툭하게 나타낸다(보기: ㅏ, ㅑ).
   (2) 치킴 줄기: 처음은 뾰족하게 시작하되 굵어졌다가 다시 뾰족하게 한다(보기: ㅓ, ㅕ).
   (3) 수직 줄기: 긴 세로줄기를 축소한 모양과 같게 수직으로 한다(보기: ㅗ, ㅛ, ㅜ, ㅠ).

홀소리 글자 기본 줄기의 보기 그림

긴 가로줄기	긴 세로줄기	삐침줄기	짧은 줄기
ㅡ, ㅗ	ㅣ, ㅏ		ㅏ, ㅓ의 ㅡ
의 ㅡ	의 ㅣ	ㅠ의 왼쪽 삐침)	
ㅢ, ㅓ	ㅢ, ㅘ		ㅗ, ㅜ의 ㅣ

제14항: 'ㅣ, ㅏ, ㅑ, ㅐ, ㅒ' 글자는 홀로 쓸 때와 낱내 글자를 만들 때, 받침이 없고 있음에 따라 다음과 같이 이루어지게 한다.

2. 'ㅏ'

(1) 홀로 쓸 때: 세로부분은 'ㅣ'와 같게 하고, 수평줄기(가로줄기)는 'ㅣ'의 1 / 2 자리에 수평방향으로 살짝 붙게 한다.

(2) 받침이 없을 때: (1)과 같이 길게 한다.

(3) 받침이 있을 때: 세로줄기 모양은 (1)과 같게 하되 짧게 하고, 수평줄기는 'ㅣ'의 1 / 2 자리보다 조금 아래에 살짝 붙게 하되 짧은 'ㅣ' 줄기일수록 수평줄기는 더욱 아랫부분에 붙게 한다.

5) '로 면 보' 음절(ㄹ, ㅗ, ㅁ, ㅂ)

[신명조체]

로면보

[문화바탕체]

로면보

[신문명조체]

로면보

　음절 '로'는 'ㄹ' 자소와 'ㅗ' 자소용으로 추출된 음절이다. 'ㄹ'의 크기가 문화바탕체보다 신명조체나 신문명조체가 크다. 문화바탕체 'ㄹ'의 위 가로줄기는 18, 가운데 가로줄기는 17, 아래 가로줄기는 16.7㎜인데, 신명조체 'ㄹ'은 20.5, 20.5, 19㎜이고, 신문명조체 'ㄹ'은 25.5, 24.2, 23.2㎜이다. 가로줄기의 길이가 길면 길수록 글자가 커 보이며, 자소 간의 균형을 잃고 아름다움을 해치게 된다. 제정 기준의 제8항에서는 'ㄴ, ㄷ, ㅌ, ㄹ, ㄸ' 글자의 세칙을 규정하고 있다.

[제정 기준] 교과서 본문용 한글 글자본(문화바탕체) 제정 기준== 〉ㄹ
제8항: 'ㄴ, ㄷ, ㅌ, ㄹ, ㄸ' 글자는 홀로 쓸 때와 쓰이는 자리에 따라
　　　 다음과 같이 이루어지게 한다.

　　4. 'ㄹ'

　　(1) 홀로 쓸 때: 세 개의 가로줄기는 수평으로 길이를 같게,
　　　　 두 개의 세로줄기는 수직으로 같게 하되 외형의 가로 폭
　　　　 의 길이는 좀 길게 한다.

　　(2) 왼쪽에 쓸 때: ㄹ의 상하 폭의 길이를 길게 하되, 마지막
　　　　 가로줄기는 왼쪽으로 점점 가늘어지게 삐쳐 올리게 한다.
　　　　 'ㅣ, ㅏ, ㅑ, ㅐ, ㅒ'에 쓰는 'ㄹ'의 마지막 가로줄기는 'ㅣ,
　　　　 ㅕ, ㅔ, ㅖ'에 쓰는 'ㄹ'보다 길게 삐치게 한다.

　　(3) 위에 쓸 때: (1)과 같은 모양으로 하되, 가로 폭의 길이를 조금
　　　　 크게 한다.

　　(4) 받침에 쓸 때: 위에 쓸 때의 'ㄹ'과 같은 모양으로 한다.

　제정 기준에 따르면 '로'는 'ㄹ'이 위에 오는 경우이므로, 'ㄹ'의 가로
줄기 3개의 길이가 수평으로 같아야 하나, 미려함과 착시 현상을 고려
하여 1mm 정도의 차이를 두었다. 문화바탕체 '로'의 맨 위 가로줄기는
18mm이고, 가운데와 밑의 가로줄기는 17mm와 16.7mm로 맨 위 가로줄기
보다 약 1mm가량 짧게 그렸다.
　'로'의 중성 모음 'ㅗ'의 가로줄기는 문화바탕체와 신명조체가 32mm로
같고, 신문명조체는 34.5mm로 길다. 'ㅗ'의 세로줄기의 길이는 문화바탕체
가 6.8mm, 신명조체는 6.1mm로 조금 짧고, 신문명조체는 9mm로 너무 길다.

　음절 '면'은 'ㅁ' 자소용으로 추출된 음절이다. 문화바탕체와 신문명
조체의 'ㅁ'과 'ㅕ'는 서로 떨어져 있으나 신명조체는 'ㅕ'의 위 가로줄
기가 'ㅁ'의 오른쪽 세로줄기와 붙어 있다. '면'의 왼쪽에 위치한 초성
자음 'ㅁ'의 모양의 3개가 다 상하가 좌우보다 커서 제대로 그려졌다.

문화바탕체의 'ㅁ'의 안쪽 하얀 네모 부분의 상하 길이는 8.9, 좌우는 8.0㎜로 0.9㎜ 더 길다. 신명조체의 'ㅁ'의 안쪽 상하는 9.8, 좌우는 8.8㎜, 신문명조체의 안쪽 상하는 12.2, 좌우는 11㎜이다. 'ㅁ'의 위 가로줄기의 길이는 문화바탕체가 16㎜로 아래 12㎜보다 4㎜ 더 길다. 신명조체는 'ㅁ'의 위 가로줄기의 길이가 16.5㎜로 아래 12.5㎜보다 4㎜ 더 길고, 신문명조체는 위 가로줄기의 길이가 18.2㎜로 아래 14㎜보다 4.2㎜ 더 길다. 한글 본문체를 처음 대하는 사람은 'ㅁ'이면 그저 직선 4개가 모여진 네모일 뿐이라고 주장하는 경우가 많다. 그러나 그렇게 그릴 경우 무게중심이 맞지 않아서 비뚤어지게 보일 수 있다. 특히 'ㅁ'이 받침으로 갈 경우에는 아래 가로줄기의 시작 부분보다 왼쪽 세로줄기가 더 내려오지 않으면 앞쪽으로 넘어지는 듯한 착시 현상이 생긴다. 이걸 보통 '굽'이라고 부른다. 왼쪽 시작 부분에 굽을 달고, 오른쪽 끝부분은 오른쪽 세로줄기보다 더 오른쪽으로 나가서 끝을 맺어야 안정성이 있게 보인다. 이렇게 굽을 달거나 끝을 더 길게 나가주지 않으면 작은 크기의 활자일 경우에는 'ㅁ'과 'ㅇ'이 잘 구별이 안 되는 경우도 생긴다. 제정 기준 제9항은 'ㅁ, ㅂ, ㅍ, ㅃ' 글자 쓰는 법을 지정했다.

[제정 기준] 교과서 본문용 한글 글자본(문화바탕체) 제정 기준==〉ㅁ, ㅂ
　　제9항: 'ㅁ, ㅂ, ㅍ, ㅃ' 글자는 홀로 쓸 때와 낱내 글자를 만들 때 쓰이는 자리에 따라 다음과 같이 이루어지게 한다.
　　1. 'ㅁ'
　　(1) 홀로 쓸 때: 두 개의 가로줄기를 평행으로 하되, 위 가로줄기 길이를 조금 길게 하고, 왼쪽 세로줄기의 윗부분이 왼쪽으로 기우는 사향으로, 오른쪽에 세로줄기는 수직으로 한다. 전체의 모양은 가로 폭과 세로 폭이 비슷한 정사각형에 가까운 모양으로 한다.
　　(2) 왼쪽에 쓸 때: (1)과 같은 방법으로 하되, 전체 모양의 위 아래 폭의 길이를 조금 더 길게 한다.

(3) 위에 쓸 때와 받침에 쓸 때: (1)과 같게 하되, 좌우 폭의 길이를 위아래 폭의 길이보다 조금 더 길게 한다.

2. 'ㅂ'

(1) 홀로 쓸 때: 두 개의 세로줄기는 수직으로 평행이 되게 하되, 오른쪽 세로줄기의 윗부분을 조금 크게 하고, 두 개의 가로줄기는 평행으로 좌우의 세로줄기와 붙이되 첫 가로줄기는 세로줄기의 중간에 오게 한다.

(2) 왼쪽에 쓸 때: (1)과 같은 방법으로 하되, 위아래 폭의 길이를 조금 더 길게 한다.

(3) 위에 쓸 때와 받침에 쓸 때: (1)과 같게 하되, 좌우 폭의 길이를 조금 더 길게 한다.

음절 '보'는 'ㅂ' 자소용으로 추출된 음절이다. 문화바탕체나 신명조체, 신문명조체 셋 다 'ㅂ'의 아래 가로줄기의 양옆에는 굽이 달려 있다. 'ㅂ'의 좌우 세로줄기의 바깥부분의 길이와 오른쪽의 긴 세로줄기의 길이는 문화바탕체가 14 × 17㎜이고, 신명조체는 16 × 17㎜, 신문명조체는 21 × 19.5㎜이다. 문화바탕체와 신명조체의 'ㅂ'은 오른쪽 세로줄기의 높이(아래위 길이)가 17㎜로 같으나 좌우 폭이 문화바탕체가 14㎜로 신명조체보다 2㎜ 짧아서 날씬하고 아름답게 보인다. 신문명조체의 'ㅂ'은 너무 폭이 넓어서 엉성하고 밉게 보인다. 'ㅂ' 아래의 'ㅗ'의 세로줄기의 길이는 문화바탕체와 신명조체가 7㎜로 같고, 신문명조체는 9㎜로 2㎜ 더 길다. 'ㅂ'이 받침으로 쓰일 경우를 보기 위해 '밥'자를 비교했다. 신명조체의 받침 'ㅂ'의 굽이 너무 길고, 신문명조체의 받침 'ㅂ'은 좌우 폭이 너무 넓다. 초성의 'ㅂ'과 'ㅏ'의 거리는 신명조체 6, 문화바탕체 6.8, 신문명조체 9㎜의 순서이다. 신문명조체의 '밥'자는 균형 면이나 미려도에서 한 급 떨어지는 수준이다. 신문명조체의 '밥'과 문화바탕체의 '밥' 글자는 미려도가 비슷하나 초성 'ㅂ'과 중성 'ㅏ'의 거리가 더 먼 문화바탕체가 변별성과 가독성에서 앞선다.

밥밥밥

[신명조체]   [문화바탕체]   [신문명조체]

6) '서 이 자' 음절(ㅅ, ㅓ, ㅇ, ㅣ, ㅈ)

[신명조체]

서이자

[문화바탕체]

서이자

[신문명조체]

서이자

음절 '서'는 'ㅅ' 자소와 단모음 'ㅓ' 자소용으로 추출된 음절이다. 'ㅅ'

을 쓸 때 왼쪽 세로줄기(삐침줄기)는 오른쪽으로 향하는 머리(처음 시작
되는 부분)로 시작하여 다시 방향을 바꾸어 왼쪽으로 점점 가늘어지게
삐치는 사향 곡선인 왼삐침줄기와 오른쪽으로 향하는 오른쪽 세로줄기
(오른삐침줄기)가 서로 붙게 한다. 오른삐침줄기는 왼삐침줄기의 1 / 2 조
금 못되는 자리에 살짝 붙이되, 'ㅅ'의 전체 외곽 모양은 정사각형에 가
깝게 한다. 'ㅅ'이 중성 모음의 왼쪽에 위치할 때는 2가지 경우가 있다.
첫 번째는 'ㅓ, ㅕ, ㅔ, ㅖ'에 쓰는 경우인데, 이때는 오른삐침줄기를 조금
짧게 한다. 두 번째는 'ㅣ, ㅏ, ㅑ, ㅐ, ㅒ'에 쓰이는 경우인데, 이때는 'ㅅ'
의 위아래 쪽의 길이가 긴 모양이 되게 한다. 문화바탕체의 'ㅅ'은 왼삐
침줄기의 길이가 20.5㎜로 신명조체와 같고, 신문명조체는 23㎜로 너무
길다. 'ㅅ'의 오른삐침줄기의 길이는 문화바탕체가 10.5, 신명조체가 11,
신문명조체가 14㎜이다. '서'는 'ㅅ'이 'ㅓ'의 왼쪽에 오는 경우이므로, 문
화바탕체처럼 오른삐침줄기가 약간 짧은 것이 더 보기에 아름답다.

　음절 '이'는 'ㅇ' 자소와 단모음 'ㅣ' 자소용으로 추출된 음절이다.
'ㅇ'을 쓰는 법은 'ㅇ'의 맨 윗부분에 시작의 느낌이 조금 나타나는 아
주 작은 머리를 삐침줄기 방향으로 뾰족하게 하되, 줄기는 같은 굵기
로 둥글게 하는 것이다. 문화바탕체의 'ㅇ'의 안쪽 지름은 9.2, 신명조
체는 10.7, 신문명조체는 14㎜이다. 'ㅇ'과 'ㅣ'의 거리도 문화바탕체는
7.5, 신명조체는 6.9, 신문명조체는 8.5㎜이다. 신명조체(10.7 / 6.9 =
155%)나 신문명조체(14 / 8.5 =164%)는 문화바탕체(9.2 / 7.5 =122%)에
비해 너무 비율이 높아서 보기에 아름답지 못하고, 균형이 잘 잡히질
않는다. 'ㅇ'의 크기에 비해 초성 'ㅇ'과 'ㅣ' 모음의 비율이 120% 정도
가 10포인트에서 15포인트 정도 크기 활자의 아름다운 차밍포인트이
다. 모음 'ㅣ'는 머리를 45°방향으로 뾰족하게 하고, 계속하여 중간 부
분을 수직으로 길게 뽑아내되, 맺음은 뭉툭하게 하여 쓰는 것이 원칙
이다. 문화바탕체의 'ㅣ'와 신명조체의 'ㅣ'가 모양은 얼른 봐서 비슷하
나, 자세히 볼 때, 신명조체의 미려도가 떨어지는 이유는 'ㅣ' 세로줄기

의 중간 이하 부분의 모습이 다르기 때문이다. 신명조체의 'ㅣ'는 중간 이하가 무다리처럼 내려오다가 뭉툭하게 맺고 있으나, 문화바탕체의 'ㅣ'는 중간 이하 부분이 점차 조금씩 가늘어지면서 맨 아래에 와서 약간 뭉툭하게 맺고 있음을 알 수 있다.6)

음절 '자'는 'ㅈ' 자소용으로 추출된 음절이다. 'ㅈ' 쓰는 원칙은 문화바탕체나 신문명조체와 같이 3획의 지읒 모양이다. 그러나 신명조체는 2획의 'ㅈ'으로 잘못 쓰고 있다. 제정기준 제 10 항은 'ㅅ, ㅈ, ㅊ, ㅆ, ㅉ' 글자 쓰는 법을 지정하고 있다.

[제정 기준] 교과서 본문용 한글 글자본(문화바탕체) 제정 기준==〉ㅈ
제10항: 'ㅅ, ㅈ, ㅊ, ㅆ, ㅉ' 글자는 홀로 쓸 때와 낱내 글자를 만들 때 쓰이는 자리에 따라 다음과 같이 이루어지게 한다.

2. 'ㅈ'

(1) 홀로 쓸 때: 가로줄기 가운데 자리에 'ㅅ'을 살짝 닿게 하되, 'ㅈ'의 외곽 형태는 정사각형에 가까운 형으로 한다. 왼쪽으로 삐치는 줄기는 가로줄기의 왼쪽 끝보다 밖으로 나가게 한다.

(2) 왼쪽에 쓸 때: 'ㅣ, ㅏ, ㅑ, ㅐ, ㅒ'에 쓰는 'ㅈ'은 (1)과 같게 하되 위아래 폭의 길이를 같게 하고, 'ㅓ, ㅕ, ㅔ, ㅖ'에 쓰는 'ㅈ'은 오른삐침줄기를 (1)과 같은 모양으로 하되, 조금 짧게 한다.

(3) 위에 쓸 때: (1)과 같게 하되, 좌우 폭의 길이를 더 길게 한다.

(4) 받침에 쓸 때: (1)과 같은 모양으로 하되, 가로퍼짐 홀소리 글자 아래에 올 때에는 (3)과 같게 좌우 폭의 길이를 길게 하고, 세로퍼짐 홀소리 글자 아래에 올 때에는 (2)와 같게 위아래 폭의 길이를 길게 한다.

---

6) 한글 글자본 제정, 주관연구기관 사단법인 세종대왕기념사업회, 문화체육부, 1991년 11월 27일 한글 글자체 표준 본그림(원도) 제정 원칙 제정(1991년 12월 14일 공청회 개최).

'ㅈ'을 2획의 'ㅈ'으로 잘못 쓰고 있는 신명조체도 받침의 'ㅈ'은 3획의 'ㅈ'을 사용하고 있는 모순을 보인다. '잦'의 예를 들어보자. 2획의 'ㅈ'과 3획의 'ㅈ'을 옆에 놓고 비교해보면 3획의 'ㅈ'이 더 예쁘고, 균형이 잡힌 것을 알 수 있다.

[신명조체]   [문화바탕체]   [신문명조체]

7) '치 컴 터' 음절(ㅊ, ㅋ, ㅌ)

[신명조체]

치컴터

[문화바탕체]

치컴터

[신문명조체]

치컴터

음절 '치'는 'ㅊ' 자소용으로 추출된 음절이다. 한글 쓰는 원칙에 따라 문화바탕체는 4획의
치읒 모양(ㅊ)이다. 그러나 신명조체는 3획의 치읒 모양(ㅊ)으로 잘못 쓰고 있다. 'ㅊ'의 점
(꼭지점)은 30°정도 기울기로 앞부분이 일어나게 짧은줄기 모양으로 하고, 점 밑에는 사이
를 띄어서 홀로 쓸 때의 'ㅈ' 글자가 오게 하되, 위 아래 폭의 길이가 긴 모양이 되게 하는
것이 'ㅊ'을 홀로 쓸 때의 쓰는 법이다. 'ㅊ'이 'ㅣ' 왼쪽에 올 때는 홀로 쓸 때와 같은데, 단
지 위아래 폭의 길이를 더 길게 한다.

음절 '컴'은 'ㅋ(키읔)' 자소용으로 추출된 음절이다. 'ㅋ'을 왼쪽에
쓸 때는 가로줄기는 수평, 세로줄기는 삐침으로 가로줄기보다 길게 굽
은 모양으로 한다. 둘째 가로줄기는 삐침줄기(세로줄기)의 1/3 되는
자리에 살짝 붙게 한다. 문화바탕체 'ㅋ'의 위 가로줄기와 세로줄기가
만나는 곳에서부터 세로줄기의 마지막부분까지를 직선으로 연결하면
길이가 20㎜이고 'ㅋ' 세로줄기의 중간 부분과 직선과의 폭이 2.1㎜가
나온다. 신명조체의 'ㅋ'은 직선 21㎜, 폭 2㎜이고 신문명조체의 'ㅋ'은
직선 21㎜, 폭 2.4㎜이다. 문화바탕체와 신명조체의 폭은 2.1㎜와 2㎜로
거의 같으나 문화바탕체의 직선 길이가 20㎜로 신명조체보다 1㎜ 더
짧은 관계로 문화바탕체의 'ㅋ'이 더 부드럽게 보인다. 신문명조체의
'ㅋ'은 폭이 2.4㎜로 더 부드럽게 보일 것 같으나, 'ㅋ'의 3개의 가로줄
기와 1개의 세로줄기가 서로 균형을 이루지 못하고 있어, 오히려 유치
한 감을 준다. 'ㅋ'과 'ㅓ' 가로줄기의 거리는 문화바탕체가 거의 붙어
있어 네모 안에서 'ㅋ'과 'ㅓ'와 'ㅁ'받침이 꽉 짜인 느낌을 주며 힘이
있고 아름답다.

음절 '터'는 'ㅌ(티읕)' 자소용으로 추출된 음절이다. 'ㅌ'을 홀로 쓸
때는 첫 가로줄기는 길게 하되, 세 개의 모든 가로줄기는 수평으로 하
고 끝부분의 위치는 같게 한다. 가운데 가로줄기는 세로줄기의 중간
위치에 붙이되, 세로줄기는 가로줄기보다 짧게 한다. '터'처럼 'ㅌ'을
왼쪽에 쓸 때는 가로줄기는 세로줄기보다 짧게 하되, 마지막 가로줄기
는 조금 길게 사향으로 삐쳐 올리는 모양으로 한다. 문화바탕체의 'ㅌ'

의 위 가로줄기는 14.5㎜, 가운데 가로줄기는 8㎜이고, 신명조체는 16㎜, 9.2㎜이고 신문명조체는 16.5㎜, 10.5㎜이다. 문화바탕체의 'ㅌ'이 14.5㎜, 8㎜로 가장 작고 예쁘다. 'ㅌ'과 'ㅓ'의 가로줄기의 거리는 문화바탕체가 1.7㎜, 신명조체가 1㎜, 신문명조체가 2㎜로 신명조체는 'ㅌ'과 'ㅓ'의 거리가 너무 짧다. 'ㅌ'을 세로줄기에 가로줄기 3개가 다 붙은 것으로 쓰지 않고, 가로줄기 'ㅡ'와 'ㄷ'으로 나누어 쓴 활자체도 발견되고 있으나, 이것은 작은 크기의 활자에서 'ㄹ'과 변별성이 떨어지기 때문에 잘못된 것이다.

8) '퓨 하 야' 음절(ㅍ, ㅠ, ㅎ, ㅑ)

[신명조체]

퓨하야

[문화바탕체]

퓨하야

[신문명조체]

퓨하야

음절 '퓨'는 'ㅍ' 자소와 단모음 'ㅠ' 자소용으로 추출된 음절이다. 'ㅍ'은 홀로 쓸 때 두 개의 가로줄기는 같은 크기로 수평으로, 두 개의 세로줄기는 왼쪽이 조금 벌어지는 듯하게 사향으로 하되, 아래 가로줄기와 살짝 붙게 한다. 두 개의 짧은 세로줄기와 위 가로줄기와는 사이를 조금 띄우게 한다. '퓨'처럼 'ㅍ'을 위에 쓸 때는 홀로 쓸 때와 같으나, 좌우 폭의 길이를 조금 더 길게 한다. 문화바탕체의 'ㅍ'의 왼쪽 세로줄기는 위가 굵고 아래가 가늘게 그려졌으나 신명조체의 'ㅍ'의 왼쪽 세로줄기는 위가 가늘고 아래가 굵어서 잘못 그려졌다. 문화바탕체는 'ㅍ'의 왼쪽 세로줄기의 맨 아래가 아래 가로줄기와 거의 붙어 있으나, 신명조체는 약간 떨어져 있다.

단모음 'ㅠ' 자소 모양은 홀로 쓸 때나 받침이 없을 때 가로줄기는 'ㅡ'와 같고, 왼쪽 세로줄기(수직줄기)는 왼쪽으로 비스듬히 삐치고 오른쪽 세로줄기(수직줄기)는 수직으로 하되 'ㅡ' 줄기의 1/3, 2/3 정도 자리에 붙게 한다. 'ㅠ'에 받침이 올 때는 받침이 없을 때보다 두 수직줄기의 길이를 짧게 한다. 문화바탕체 'ㅠ'의 왼쪽 세로줄기는 왼쪽으로 225° 삐쳐서 제대로 그려졌는데, 신명조체와 신문명조체는 수직으로 내려와서 잘못되었다. 'ㅠ'의 두 세로줄기의 사이가 문화바탕체는 7㎜, 신명조체는 8㎜, 신문명조체는 12㎜여서 7㎜ 사이인 문화바탕체가 가장 아름답다. 애당초 한글 본문체의 원도를 제작할 때 교과서용을 염두에 두고 제작하였으므로, 학생의 시력 보호와 한글의 미려성은 물론 변별력과 가독성 향상에 주안점을 두어서 'ㅠ'의 왼쪽 세로줄기를 수직으로 내려오지 않도록 원칙을 정했다. 변별력과 가독성을 위하여 특히 더 노력한 자소로는 'ㅠ'와 'ㅝ'와 'ㅟ', 'ㅈ'과 'ㅊ'이 그 대표적이다.7)

---

7) 'ㅠ' 모음 밑에 'ㄴ' 받침이 올 경우 특히 변별성이 문제가 된다. '윤'의 예를 보면, 'ㅠ'의 왼쪽 세로줄기가 받침 'ㄴ'의 세로줄기와 서로 조화를 이루면서도 변별력이 뛰어난 것을 알 수 있다. 문화바탕체 '윤'을 보면 문화정자쓰기나 문화흘림쓰기의 '윤'보다 더 확실하다.

음절 '하'는 'ㅎ' 자소용으로 추출된 음절이다. 'ㅎ'을 홀로 쓸 때 'ㅎ'
의 위 2개의 가로줄기(꼭지점 하나, 가로줄기 하나)는 'ㅊ'의 위 2개 가
로줄기와 같게, 'ㅇ' 부분은 'ㅇ' 글자와 같게 하되, 꼭지점(ˊ), 'ㅡ',
'ㅇ' 사이는 각각 같은 간격으로 띄우게 한다. 'ㅇ'의 폭은 꼭지점의 가
로 폭보다 조금 크게 하되, 'ㅎ'의 외형은 정사각형이 되도록 한다. 'ㅎ'
을 왼쪽에 쓸 때는 홀로 쓸 때와 같게 하되, 위아래 폭의 길이는 조금
더 길게 한다. 문화바탕체의 'ㅎ'의 'ㅇ'부분의 안쪽 지름은 8.2㎜, 신명
조체는 9.8㎜, 신문명조체는 13.8㎜이다. 8.2㎜인 문화바탕체의 'ㅇ'이 크
기가 적당하다. 'ㅇ'의 시작 부분인 꼭지점이 신명조체는 너무 짧고, 신
문명조체는 꼭지점이 아예 없다.

음절 '야'는 단모음 'ㅑ' 자소용으로 추출된 음절이다. 교과서 본문용
한글 글자본 제정 기준 제2장 제정 세칙의 제14항에서 보면, 'ㅑ'의 세
로줄기는 'ㅣ'와 같이 머리를 45도 방향으로 뾰족하게 하고, 계속하여
중간 부분을 수직으로 길게 뽑아내되, 맺음은 뭉툭하게 하라고 정해져
있으며, 두 개의 수평줄기(가로줄기)는 수직줄기(세로줄기)의 1/3, 2/3
자리에 수평으로 살짝 붙게 하라고 한다. 문화바탕체의 'ㅑ'는 세로줄
기의 아랫부분이 서서히 얇아지고 있으나, 신명조체는 세로줄기의 끝부
분이 바로 뭉툭해지고 있다. 'ㅑ'의 수평으로 나온 가로줄기(오른 곁줄
기) 2개의 거리가 문화바탕체는 8.2㎜, 신명조체는 8㎜, 신문명조체는
8.5㎜로 문화바탕체가 신명조체보다 0.2㎜ 더 멀다.

'ㅠ' 밑에 'ㄴ' 받침이 온 '균'자를 비교해 보면, 문화바탕체는 'ㅠ'의
왼쪽 세로줄기가 'ㄴ'의 시작 부분보다 왼쪽으로 나와 있으나, 신명조
체와 신문명조체는 'ㅠ'의 세로줄기 2개가 다 'ㄴ'의 시작 부분보다 오
른쪽에 위치해, 잘못 그려졌음을 알 수 있다.8)

---

8) '한글 글자본 제정', 주관연구기관 세종대왕기념사업회, 문화부, 1992. P.109.

[신명조체]   [문화바탕체]   [신문명조체]

9) '여 용 수' 음절(ㅕ, ㅛ, ㅜ)

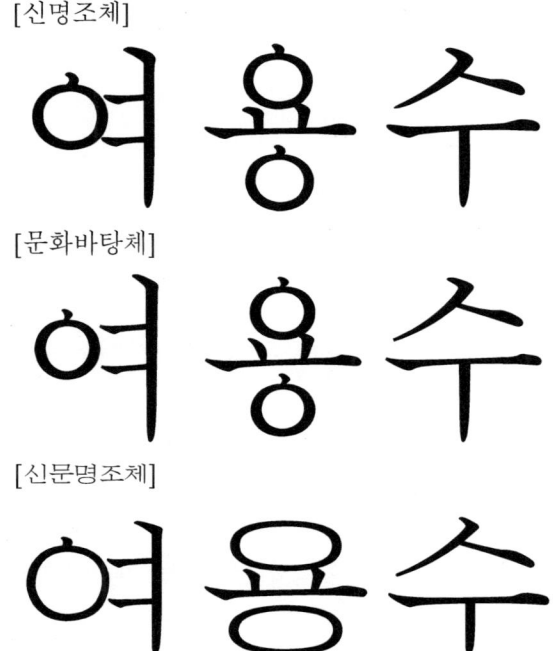

[신명조체]

[문화바탕체]

[신문명조체]

음절 '여'는 단모음 'ㅕ' 자소용으로 추출된 음절이다. 'ㅕ'는 홀로 쓸
때 세로줄기는 'ㅣ'와 같게 하고, 위 가로줄기는 'ㅣ'의 1/4 정도, 아래

가로줄기는 2 / 4 정도 자리에 살짝 붙게 한다. 그러나 왼쪽에 닿소리가 오고 받침이 없을 때는 왼쪽 닿소리 글자에 따라 두 가로줄기의 자리가 조금씩 달라지게 한다. 문화바탕체의 'ㅕ'는 가로줄기(왼쪽 곁줄기) 두 개의 사이가 6.9㎜이고 신명조체는 7.2㎜, 신문명조체는 9㎜이다. 신문명조체는 'ㅕ'의 아래 가로줄기가 'ㅇ'과 붙어서 잘못되었다. 신명조체의 'ㅕ'는 'ㅇ'과 너무 가깝다. 문화바탕체의 'ㅇ'과 'ㅕ'의 간격이 적당하고, 'ㅇ'의 크기와 모양과 꼭지점 역시 문화바탕체가 더 예쁘다.

음절 '용'은 단모음 'ㅛ' 자소용으로 추출된 음절이다. 본문체의 'ㅛ'는 홀로 쓸 때 가로줄기는 'ㅡ'와 같게 하고, 두 수직줄기(세로줄기)는 'ㅡ'의 1 / 3, 2 / 3 정도 자리에 붙이되, 왼쪽 수직줄기는 오른쪽 수직줄기보다 조금 짧게 수직으로 붙게 한다. 받침이 있을 경우에는 받침이 없는 'ㅛ'보다 두 수직줄기의 길이를 짧게 한다. 문화바탕체 '용'의 'ㅛ'는 왼쪽 세로줄기의 모양이 왼쪽에서 시작하여 오른쪽 방향으로 내려온 기분이 드나, 신명조체는 거의 수직으로 내려온 느낌이다. 'ㅛ'의 두 세로줄기의 간격은 문화바탕체가 6.7㎜이고, 신명조체가 7㎜, 신문명조체가 11㎜이다. '용'의 초성과 받침의 'ㅇ' 둘 다 신문명조체에서는 꼭지점 없는 타원으로 잘못 그리고 있다.

음절 '수'는 단모음 'ㅜ' 자소용으로 추출된 음절이다. 'ㅜ'는 홀로 쓸 때나 받침이 없을 때, 가로줄기는 'ㅡ'와 같게 하고, 수직줄기(세로줄기)는 머리가 없는 'ㅣ'와 모양을 같게 하되, 'ㅣ' 줄기는 'ㅡ'의 1 / 2 되는 자리에 붙게 한다. 문화바탕체의 'ㅜ'는 가로줄기가 31㎜, 세로줄기가 15㎜이고, 신명조체는 32㎜, 15㎜이고 신문명조체는 33.5㎜, 14㎜이다. 신문명조체는 가로줄기가 33.5㎜로 문화바탕체보다 2.5㎜가 기나, 세로줄기는 14㎜로 문화바탕체의 세로줄기보다 오히려 1㎜ 짧아서 너무 납작한 'ㅜ'로 보인다. 문화바탕체는 세로줄기의 중간 이하부터 양쪽으로 서서히 날씬해지나, 신명조체의 'ㅜ'의 세로줄기는 끝부분에 와서 바로 뭉툭해진다.

'ㅆ' 받침이 있는 '였'자는 신명조체의 'ㅇ'이 문화바탕체보다 크며,

'ㅇ'과 'ㅕ'의 사이는 문화바탕체보다 좁다. 신문명조체의 'ㅆ'은 2개의
'ㅅ'이 너무 좌우로 벌어져 있다.

[신명조체]　　　[문화바탕체]　　　[신문명조체]

　'ㅕ'의 가로줄기의 위치를 살펴보기 위해 '편'자를 비교해 보자. 문화바
탕체의 'ㅕ'의 두 가로줄기는 'ㅍ'의 위아래 가로줄기의 사이에 균형 있게
들어가 있으나, 신명조체의 'ㅕ'의 아래 가로줄기는 'ㅍ'의 아래 가로줄기
쪽으로 너무 내려와 있다. 신문명조체의 'ㅕ'는 위 가로줄기는 'ㅍ'의 위
가로줄기에 너무 근접하고 있고, 'ㅕ'의 아래 가로줄기는 'ㅍ'의 아래 가
로줄기에 너무 가까이 있다. 시중에는 'ㅕ'의 아래 가로줄기가 'ㅍ'의 아
래 가로줄기보다 더 밑으로 내려가게 잘못 쓴 글자체도 유통되고 있다.

[신명조체]　　　[문화바탕체]　　　[신문명조체]

[참고] '련'자를 비교해 보면 신명조체나 신문명조체는 'ㄹ'과 'ㅕ'의 위치가
　　　잘못 배치된 것을 알 수 있다. 문화바탕체의 '련'은 글자만 예쁜 것
　　　이 아니라, 'ㄹ' 옆에 'ㅕ'가 올 때 어떻게 배치하여야 하는가를 보
　　　여 주고 있다. 'ㅕ'의 두 가로줄기는 'ㄹ'의 맨 아래 가로줄기보다

위에 있어야 한다. 이외에도 '션'이나 '뎐' 같은 글자의 각 체를 비교해 보면, 왜 문화바탕체가 아름다운지 알 수 있을 것이다.

[신명조체]   [문화바탕체]   [신문명조체]

10) '을 램 에' 음절 (ㅡ, ㅐ, ㅖ)

[신명조체]

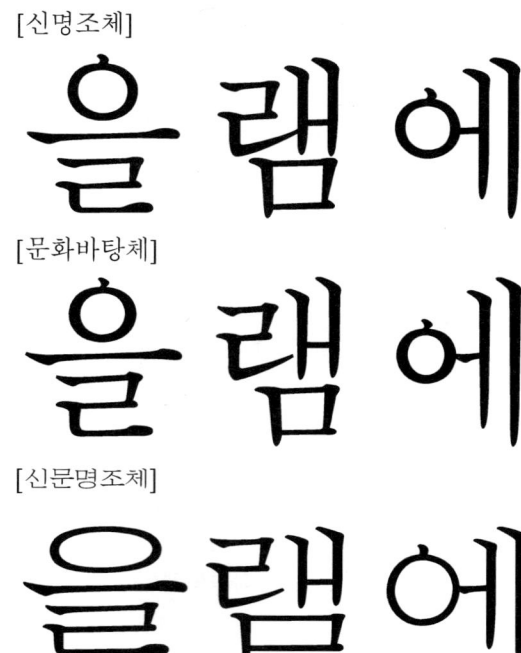

[문화바탕체]

[신문명조체]

　음절 '을'은 단모음 'ㅡ' 자소용으로 추출된 음절이다. 'ㅡ'의 가로줄기는 머리 부분은 뾰족하게 시작하여 아랫부분은 굵게, 중간 부분은 가늘게, 끝부분은 위쪽을 굵게 하여 맺음을 둥글게 쓰라는 것이 본문체의 원칙이다. 신명조체와 신문명조체도 쓰는 원칙에는 어느 정도 맞게 되었으나, 길이가 다르다. 문화바탕체는 31㎜, 신명조체는 32㎜, 신문명조체는 33.5㎜로, 신문명조체의 'ㅡ'는 너무 길다.

　음절 '램'은 모음 'ㅐ' 자소용으로 추출된 음절이다. 문화바탕체 'ㅐ'의 왼쪽 세로줄기의 길이는 17.8㎜, 오른쪽 세로줄기는 19,7㎜이다. 신명조체는 왼쪽 18.2㎜, 오른쪽 20㎜이고, 신문명조체는 왼쪽 17.5㎜, 오른쪽 18.7㎜이다. 'ㅐ'의 왼쪽 세로줄기와 오른쪽 세로줄기의 차이가 문화바탕체는 1.9㎜, 신명조체는 1.8㎜로 비슷하나, 신문명조체는 1.2㎜로 두 세로줄기의 길이의 차가 너무 작다. 두 세로줄기 사이의 가로줄기의 길이는 문화바탕체가 4.4㎜, 신명조체가 4㎜, 신문명조체가 6㎜이다. 문화바탕체와 신문명조체는 'ㄹ'의 맨 아래 가로줄기의 끝이 'ㅐ'의 왼쪽 세로줄기와 떨어져 있으나, 신명조체는 붙어 있어서 신명조체의 변별력이 떨어진다.

　음절 '에'는 모음 'ㅔ' 자소용으로 추출된 음절이다. 'ㅔ'의 가로줄기(수평줄기)의 길이가 문화바탕체는 4.5㎜, 신명조체는 4㎜, 신문명조체는 5㎜이다. 'ㅔ'의 두 세로줄기의 간격은 문화바탕체와 신명조체가 4㎜, 신문명조체가 4.8㎜이다. 문화바탕체는 가로줄기의 길이가 세로줄기의 간격보다 0.5㎜ 더 길어서 변별성이 뛰어나며 아름답다. 또 가로줄기의 모양도 문화바탕체와 신문명조체는 시작 부분이 뾰족하게 되어 있으나 신명조체는 시작 부분이나 끝부분이나 똑같이 두껍다.

　'ㅔ'의 왼쪽에 'ㅇ'아닌 'ㅌ'이 올 경우를 살펴보자. '텐'의 경우에 'ㅌ'의 가운데 가로줄기와 'ㅔ'의 가로줄기의 위치가 중요하다. 문화바탕체는 'ㅔ'의 가로줄기가 'ㅌ'의 가운데 가로줄기보다 아래로 내려와 있으나, 신명조체는 수평으로, 신문명조체도 거의 수평으로 위치한다. 문화바탕체처럼 'ㅔ'의 가로줄기가 안쪽에 위치하는 것이 수평으로 글자 전체의 안정성이 높다. 'ㅔ'의 두 세로줄기의 아랫부분도 신명조체는 뭉툭한 반면, 문화바탕체와 신문명조체는 뾰족한 모양이다. 받침 'ㄴ'의 크기도 문화바탕체가 가장 작고 예쁘다. 신문명조체의 '텐'은 'ㅌ'과 'ㅔ'가 거의 붙어 있어서 변별력이 떨어진다.

[신명조체]   [문화바탕체]   [신문명조체]

11) '화 원 된' 음절(ㅘ, ㅝ, ㅚ)

[신명조체]

화 원 된

[문화바탕체]

화 원 된

[신문명조체]

화원된

음절 '화'는 모음 'ㅘ' 자소용으로 추출된 음절이다. 'ㅘ'의 앞부분 'ㅗ'의 세로줄기의 길이는 문화바탕체가 왼쪽이 2.8㎜, 오른쪽이 2.5㎜이고, 신명조체가 2.5㎜, 2㎜이며, 신문명조체는 4.2㎜, 3.8㎜이다. 왼쪽이 오른쪽보다 긴 이유는 'ㅗ'의 가로줄기의 시작 부분이 아래쪽에서 위로 올라오는 경사를 갖고 있기 때문이다. 'ㅗ' 세로줄기가 가로줄기와 만나는 부분의 모습이 문화바탕체와 신문명조체는 세로줄기의 시작 부분보다 가늘어지고 있으나, 신명조체는 세로줄기가 시작 부분이나 끝부분이나 똑같이 굵어서 덜 예쁘다. 'ㅗ'와 'ㅏ'가 만나는 곳이 문화바탕체는 서로 떨어져 공간이 있으나, 신명조체나 신문명조체는 공간이 없이 붙어 있으므로 문화바탕체보다 변별력이 떨어진다. 'ㅏ'의 가로줄기(수평줄기)의 시작 부분과 뭉툭한 끝맺음부분이 반반의 비율로 된 문화바탕체에 비하여, 신명조체의 가로줄기는 시작 부분이 1 / 4 정도밖에 안되고 바로 3 / 4이 맺음으로 굵게 되어 미려도가 떨어진다.

음절 '원'은 모음 'ㅝ' 자소용으로 추출된 음절이다. 본문체 'ㅝ'는 홀로 쓸 때 'ㅣ'의 1 / 2 정도 되는 자리에 가로줄기(수평줄기)를 붙이고, 'ㅜ' 부분은 독립된 'ㅟ'의 'ㅜ' 부분과 같게 하되, 'ㅓ' 부분의 수평줄기보다 조금 위로 가게 한다. 'ㅝ'의 'ㅜ' 부분 쓰는 법은 'ㅜ' 부분의 세로줄기(수직줄기)를 'ㅡ' 부분의 1 / 2 정도 되는 자리에 붙여서 왼쪽으로 삐치게 하는 것이다. 따라서 문화바탕체 '원'의 'ㅝ'가 맞는 것이고, 신명조체와 신문명조체의 '원'자는 틀린 것이다. 'ㅜ'의 세로줄기가 왼쪽으로 삐쳐져야 하는데 똑바로 내려온 신명조체나 신문명조체는 분명 잘못 그려진 것이다. 'ㅓ'의 길이와 'ㅓ'의 가로줄기의 붙은 위치도 문화바탕체가 가장 아름답다. 문화바탕체 'ㅓ'의 길이는 25.4㎜, 가로줄기 윗부분은 17.8㎜, 아랫부분은 6.8㎜, 가로줄기의 폭은 0.8㎜이다. 신명조체의 'ㅓ'는 25.8㎜의 길이에 가로줄기 위가 19㎜, 아래가 6㎜이고, 신문명조체는 25.8㎜로 길이는 신명조체와 같으나 위가 20㎜, 아래가 4.9㎜로 가로줄기가 너무 세로줄기의 아래에 붙어 있다.

'원'을 신명조체에서 잘못 썼다는 것은 'ㅝ'의 'ㅜ'부분의 세로줄기가 왼쪽으로 삐쳐지지 않고 똑바로 수직으로 내려와서 '원'으로 잘못 썼기 때문이다. 그러나 '원'자나 '권'자는 'ㅜ'의 세로줄기를 삐치지 않는 잘못 이외에도 'ㅜ'의 위치가 잘못 배치되는 과오도 자주 발견된다. 동전 100원짜리나 지폐 5000원 권 또는 10000원 권의 '원'자는 'ㅜ' 부분이 'ㅓ' 부분의 가로줄기보다 아래에 위치한다. 또 '권'자는 'ㅜ' 부분이 'ㅓ'의 가로줄기와 수평을 유지하여 '퀀'자같이 보인다. 이는 둘 다 'ㅝ' 쓰는 원칙에 어긋난 것이다.

음절 '된'은 모음 'ㅚ' 자소용으로 추출된 음절이다. 'ㅚ'의 앞부분 'ㅗ'와 'ㅣ'가 붙은 부분이 문화바탕체와 신명조체는 비슷하게 둔하나, 신문명조체는 너무 날카롭게 붙었다. 'ㅗ'의 가로줄기의 중간 부분부터 끝부분까지가 문화바탕체는 날씬하게 처리됐는데, 신명조체는 덜 매끈하다. 'ㅣ'의 끝부분이 받침 'ㄴ'에 들어간 길이는 문화바탕체 3㎜, 신명조체 2.5㎜, 신문명조체 2㎜로 문화바탕체가 받침과 가장 가깝게 접근하고 있고, 'ㄴ'도 가장 작아서 글자의 조화를 잘 이루고 있다.

'ㅝ' 밑에 'ㄴ' 대신 'ㄹ'이 올 경우인 '궐'자를 비교해 보자. 신명조체와 신문명조체는 'ㅝ'의 'ㅜ' 세로줄기 모양이 직선으로 내려와 틀렸음을 알 수 있다. 문화바탕체는 받침 'ㄹ'의 크기도 작아서 가독성도 좋고, 훨씬 아름다운 모양의 '궐'자가 되었다.

궐 궐 궐

[신명조체]   [문화바탕체]   [신문명조체]

12) '의' 음절(ㅢ)

[신명조체]   [문화바탕체]   [신문명조체]

음절 '의'는 모음 'ㅢ' 자소용으로 추출된 음절이다. 'ㅢ'는 홀로 쓸 때 가로줄기는 오른쪽 끝을 뾰족하게 삐치고, 세로줄기는 'ㅣ'와 같이 하되, 'ㅡ'를 'ㅣ'의 1/2 정도 자리에 살짝 붙게 한다. 받침이 없는 중성으로 쓰일 때는 'ㅡ'는 첫소리에 쓰인 닿소리 글자에 따라 'ㅣ'와 붙이는 자리를 다르게 한다. 문화바탕체는 'ㅡ'와 'ㅣ'가 약간 떨어져 있으나 신명조체와 신문명조체는 붙어 있다. 'ㅢ'의 세로줄기(ㅣ)의 굵기가 문화바탕체는 중간 부분부터 날씬하게 내려오고 있으나 신명조체는 뭉툭하게 내려와 문화바탕체보다 조금 둔한 느낌을 준다.

대표 음절을 추출할 때, 30개(자음 자소 'ㄱ, ㄴ, ㄷ, ㄹ, ㅁ, ㅂ, ㅅ, ㅇ, ㅈ, ㅊ, ㅋ, ㅌ, ㅍ, ㅎ'의 14개와 단모음 자소 'ㅏ, ㅑ, ㅓ, ㅕ, ㅗ, ㅛ,

ㅜ, ㅠ, ㅡ, ㅣ'의 10개와 복모음 자소 'ㅐ, ㅔ, ㅘ, ㅝ, ㅚ, ㅢ'의 6개)를 골랐는데, 여기에서 빠졌지만, 명조체에서 자주 틀리게 쓰는 복모음 'ㅟ'를 하나 더 알아보자. 본문체에서 '윙'자의 경우에 'ㅟ'의 'ㅜ'부분의 세로줄기가 왼쪽으로 삐치게 쓰도록 되어 있는 원칙을 지킨 문화바탕체가 미려도뿐 아니라 변별력에서도 앞서고 있다. 'ㅜ'자의 아름다움뿐 아니라 'ㅇ'의 아름다움도 돋보이며, 신명조체와 달리 'ㅜ' 와 'ㅣ'가 떨어진 점도 문화바탕체의 균형과 가독성을 높여 준다.

[신명조체]   [문화바탕체]   [신문명조체]

13) 한글 본문체 글자꼴 분석 결과

지금까지 30개 자소(자음 자소 14개, 단모음 자소 10개, 복모음 자소 6개)가 포함된 25개의 대표 한글 음절을 살펴보았다. 당연히, 한글 글자꼴은 문화관광부에서 제정한 '한글 글자본 제정 기준'에 따라서 써야 한다. 그러나 이 기준은 몇 년 몇 월 며칠 현재로 그 이전에 사용하던 글자꼴을 사용할 수 없다고 정한 것은 아니고, 이 기준에 맞추어 쓴 한글 글자꼴을 앞으로 사용하기를 권장한 것이다. 이는 앞으로 한글 글자꼴의 저작권 문제가 대두될 때에 영향을 미칠 것으로 생각한다. 특히, 교육부의 일부에서 일고 있는 '교과서용 글자를 왜 문화부에서 개발하느냐'는 부처 간 이기주의식 생각보다는 한글은 한민족 우리 국

민 모두의 글자라는 특성을 중요시해서, 우리 민족의 발전을 염두에
두고 개발한 글자체를 교과서 조판에 사용하여 민족의 장래에 도움을
주는 생각을 하여야 할 것이다.

[표 3] 한글 음절 8개 군 25개 음절(+11개 추가 음절)

1) 가 는 다(각)	2) 로 면 보(밥)
3) 서 이 자(잦)	4) 치 컴 터(춘)
5) 퓨 하 야(균)	6) 여 용 수(였, 편, 련)
7) 을 램 에(텐)	8) 화 원 된(궐)
9) 의 (윙)	

신명조체와 신문명조체를 문화바탕체와 비교하면서 한글 글자본 쓰
는 원칙대로 쓰지 않은 틀린 글자를 몇 개 발견했다. 이는 1만 1172개
의 음절 중 36개 음절만 대표로 비교했을 때 나타난 결과이므로, 1만
1172자를 다 비교한다면 틀린 글자가 엄청나게 많이 나올 것이다.

[표 4] 가나다순으로 정리한 36개 한글 음절

가, 각, 궐, 균, 는,	다, 된, 램, 련, 로,
면, 밥, 보, 서, 수,	야, 에, 여, 였, 용,
원, 윙, 을, 의, 이,	자, 잦, 춘, 치, 컴,
터, 텐, 편, 퓨, 하,	화

〔검토 결과〕문화바탕체, 신명조체, 신문명조체 비교(36개 한글 음절)

1) 가, 각(신명조체) : 'ㄱ'의 세로줄기가 너무 날카로움.
2) 면(신명조체) : 'ㅕ'의 위 가로줄기가 'ㅁ'과 붙음.
3) 자, 잦(신명조체) : 3획의 'ㅈ'이 초성에서는 2획의 'ㅈ'으로 잘못됨.
4) 치, 춘(신명조체) : 4획의 'ㅊ'이 초성에서는 3획의 'ㅊ'으로 잘못됨.
5) 퓨, 균(신명조체), 퓨, 균(신문명조체) : 'ㅠ'의 왼쪽 세로줄기(왼삐침줄기)가 삐쳐지질 않았음.

6) 용(신문명조체) : 초성과 받침의 'ㅇ'이 모두 꼭지점 없는 타원임.
7) 련(신명조체), 련(신문명조체) : 'ㄹ'의 맨 아래 가로줄기가 'ㅕ'의 아래 가로줄기보다 위로 감.
8) 원, 궐(신명조체), 원, 궐(신문명조체) : 'ㅝ'의 'ㅜ' 부분의 세로줄기가 삐쳐지질 않았음.
9) 윙(신명조체), 윙(신문명조체) : 'ㅝ'의 'ㅜ' 부분의 세로줄기가 삐쳐지질 않았음.
10) 춘, 균, 용, 련, 텐(신문명조체) : 신문명조체는 대부분 제 포인트 수치보다 크기가 큼.

14) 마무리

한글 본문체 중에서 한글 문화바탕체와 신명조체와 신문명조체는 언뜻 보아 셋 다 비슷하게 보인다. 그러나 앞에서 검토한 바대로 자세히 보면 세 체에는 분명 차이점이 있다. 이것은 한글 음절을 구성하는 초성, 중성, 받침의 자소 모양의 차이와 자소의 배치되는 방법에서 비롯된 것임을 알 수 있다. 모양에는 자소의 형태와 굵기와 자소를 이루는 가로줄기와 세로줄기가 전부 포함된다. '가, 각, 퀼, 균, 는, 다, 된, 램, 련, 로, 면, 밥, 보, 서, 수, 야, 에, 여, 였, 용, 원, 윙, 을, 의, 이, 자, 잦, 춘, 치, 컴, 터, 텐, 편, 퓨, 하, 화'의 36개 음절을 대표로 문화바탕체, 신명조체, 신문명조체의 3체를 비교 분석하였다.

분석 결과, 첫째, 3획의 'ㅈ'이 2획의 'ㅈ'으로 잘못되고, 둘째, 4획의 'ㅊ'이 3획의 'ㅊ'으로 잘못되고, 셋째, '퓨'나 '균'처럼 'ㅠ'의 왼쪽 세로줄기(왼삐침줄기)가 왼쪽으로 삐쳐져야 하는 데 '퓨', '균'처럼 'ㅠ'의 왼쪽 세로줄기가 수직으로 밑으로 내려오게 잘못되었고, 넷째, '원'이나 '궐' 처럼 'ㅝ'의 왼쪽 'ㅜ'부분의 세로줄기는 왼쪽으로 삐쳐야 하는데, '원', '궐'처럼 'ㅜ'의 세로줄기가 왼쪽으로 삐쳐지지 않고 수직으로 내려와 잘못되었고, 다섯째, '윙'같이 'ㅟ의 왼쪽 'ㅜ'부분의 세로줄기가 왼쪽으로 삐쳐야 하는데 '윙'같이 'ㅜ'의 세로줄기가 수직으로 내려와 잘못되었다. 신명조체나 신문명조체나 명조체나 한글 본문체로 제작된 글자체는 이런 잘못된 글자를 시급히 수정하여야 할 것이다.

[참고문헌]

손애경, 전자출판에 있어서의 바람직한 한글 코드 설정에 관한 기초적 제언-초·중·고등학교 국어 교과서의 음절출현분석을 중심으로-, 동국대 정보산업대학원, 1990

오정금, 자소조합에 의한 전자출판용 본문체 개발 및 미려도 연구, 동국대 정보산업대학원, 1992

이기성, 사진식자 개론(증보판), 장왕사, 1991

최정호, 서체개발의 실제, 한글 글자꼴 기초연구, 1990

한국전자출판연구회, 출판논총 제1집, (주)장왕사, 1995

3. 한글 네모체

한글 네모체인 한글 문화돋움체가 1992년에 문화관광부(당시 명칭은 문화부)에 의해 개발되었다. 문화부는 1991년 각계 대표 16명으로 구성된 '한글 서체개발위원회'와 '한글 서체개발연구진'을 구성하여, 한글 교과서본문체(문화바탕체)를 개발하였다. 1992년에는 한글 교과서네모체(문화돋움체)를 개발하였다. 출판용 한글 활자를 제작하려면 3단계를 거치게 된다. 첫째 단계가 원도 그리기(Base Drawing) 단계, 두 번째가 글꼴디자인(Typeface Design) 단계, 세 번째가 디지털 활자 제작(Digital Font Design) 단계이다. 물론, 원도 그리기 단계 이전에 어떠한 글꼴(서체)을 제작할 것인가를 연구하여, 개발 목적에 적합한 글꼴을 구상하고 정리하는 기획 단계가 선행된다.

본문에 섞어 사용하면서 본문 중에서 일부분을 강조하거나 구별할 경우에 주로 사용하는 한글글꼴이 고딕체로 알려진 네모체이다. 네모체는 붓으로 쓴 글자 모양의 본문체와 달리 조판된 문장을 술술 읽어가기가 불편하여, 독자를 긴장시키기 쉽다. 따라서 붓글자 모양의 본문체 안에서 시선을 멈추고 긴장시키는 역할을 담당시킨다. 때문에 소제목이나 강조할 단어를 네모체로 사용하는 일이 많다. 또는 군대에서 사용하는 문서처럼, 간단명료하고 정신을 차리고 긴장할 필요가 있는 문서에는 한글 네모체가 적격이다.

　본 연구에서는 한글 네모체(고딕체)의 특징을 살펴보고, 문화돋움체
와 고딕체의 관계에 대해서 살피기로 한다.

　글꼴 연구 방법은, 현대에 사용하는 한글 음절 1만 1172개를 전부
다 연구하여야 하는 것이 원칙이나, 시간과 경비 관계상 1만 1172개의
음절 중 일부를 추출하여 자소의 모양과 자소 간의 사이(네모틀 안에
서의 속간격)를 분석, 비교하기로 한다. 우선, 한글로 조판된 단행본 한
권 출판에 필요한 한글 음절수와 빈도를 조사하여, 출판용 활자의 대
표 음절을 추출해 낸다. 다음에 문화돋움체와 고딕체 2종류(고딕체, 중
고딕체)의 3가지 네모체를 대표 음절별로 9개 군으로 나누어 비교, 분
석한다.

[표 1] 한글 음절 9개 군

1) ‘가 는 다’ 음절	2) ‘로 면 보’ 음절
3) ‘서 이 자’ 음절	4) ‘치 컴 터’ 음절
5) ‘퓨 하 야’ 음절	6) ‘여 용 수’ 음절
7) ‘을 램 에’ 음절	8) ‘화 원 된’ 음절
9) ‘의’ 음절	

　한글 네모체의 음절별 글꼴 모양의 분석 방법은 네모틀 안에 속한
가로줄기, 세로줄기, 둥근줄기(동그라미)의 길이와 두께를 측정하고, 줄
기끼리의 거리(안거리, 속거리)를 조사한다. 또한, 네모틀 안에서 줄기
배치에 따른 가운데 중심과 무게중심을 분석하여 한글 음절의 미려도
와 가독성, 변별성을 알아보기로 한다.

1) 한글 문화돋움체 개발 과정

한글 문화돋움체를 개발하는 데는 원도(밑그림, 본그림) 개발과 폰트 디자인(typeface design) 과정, 디지털 폰트 개발의 3개 과정이 필요하다. 문화돋움체와 문화바탕체의 원도를 기획하고 디자인한 사람은 한글 자형의 변천을 연구한 연세대의 홍윤표 교수와 계원대의 이기성, 그리고 세종기념사업회의 박종국 회장의 3명이었다. 3명이 디자인한 한글 글꼴을 그린 사람은 한글서체연구가인 최정순과 이기성이었다. 네모체 한글 완성자 음절 2350자는 최정순이, 네모체 한글 조합자 음절 8822자는 이기성이 원도를 그렸다.

[표 2] 교과서 본문용 한글 글자본 기획시 10가지 유의점

1. 한글 위주 조판
2. 가로쓰기 전용
3. 가독성(일정한 크기, 착시 고려)
4. 변별성(공간의 넓힘과 획의 명확함)
5. 차밍포인트 활자의 크기
6. 인쇄용지 및 인쇄방식
7. 미려도
8. 심리성(온화하고 끈기가 있도록 온화한 곡선 처리)
9. 시력 보호(피읖, 치읓 등 자소의 사이 띄기)
10. 경제성(릭스절충형 채택)

[표 3] 연도별, 글자꼴별 한글 원도 디자인 및 한글 원도 제작

연도	글자꼴	완성자 원도음절	한글 음절 원도 디자인	원도 제작 2350개	8822개
1991	문화바탕체	2500개	이기성 / 홍윤표 / 박종국	최정순	이기성
1992	문화돋움체	2500개	이기성 / 홍윤표 / 박종국	최정순	이기성
1993	문화바탕제목체	2500개	이기성 / 홍윤표 / 박종국	최정순	이기성
1993	문화돋움제목체	2500개	이기성 / 홍윤표 / 박종국	최정순	이기성

폰트 개발연구원은 이기성과 한국전자출판연구회의 손애경을 비롯한 4명이었다. 그러나 문화돋움체의 원도를 디지털 상태로 바꾸는 작업을 이기성 혼자서 자의대로 제작한 것이 아니고, 폰트 검토위원의 검토 결과에 따른 것이다. 폰트 검토위원은 김장실, 최진용(문화체육부 어문 과장), 김진평(서울여자대학교 교수), 박영실(한국 편집아카데미 원장), 박종국(세종대왕기념사업회 회장), 박창수(국정교과서 편집과장), 박충 일(당시 한국 인쇄협회 회장), 윤종목, 김상구(서울시스템 실장, 이사), 이기성(당시 신구전문대 출판과 교수), 이승구(당시 대한교과서 전무), 정준섭(교육부 연구관), 최정순(서체개발연구원 원장), 한성동(동아출판 사 서체개발실 부장)의 14명이었다.

[표 4] 폰트 개발연구진9)

이름	소속 및 직위	비 고	현 재
이기성	신구전문대학 교수	총 괄	계원조형예술대학 교수
손애경	한국전자출판연구회	선임연구원	동국대 언론정보대학원 겸임교수
김진하	한국전자출판연구회	연구원	
김민숙	한국전자출판연구회	연구원	

2) 한글 문화돋움체와 고딕체의 비교

현재 시중에서 많이 사용되는 네모체에는 '고딕체, 중고딕체, 문화돋 움체, 문화돋움제목체, 견고딕체, 휴먼고딕체, HY둥근고딕체' 등이 있 다. 1980년대 우리나라의 인화지 사진식자 시대에는 대부분이 일본이 제작한 한글 글자체를 사용했다. 당시는, 네모체를 고딕의 '꼬'나 'G'로 표기하고 '세꼬, 중꼬, 태꼬' 등으로 불렸다.

---

9) 이기성, 「아날로그 본그림의 디지털화에 관한 연구-문화돋움체 한글을 중심으 로-」, p.10, 문화체육부, 1993

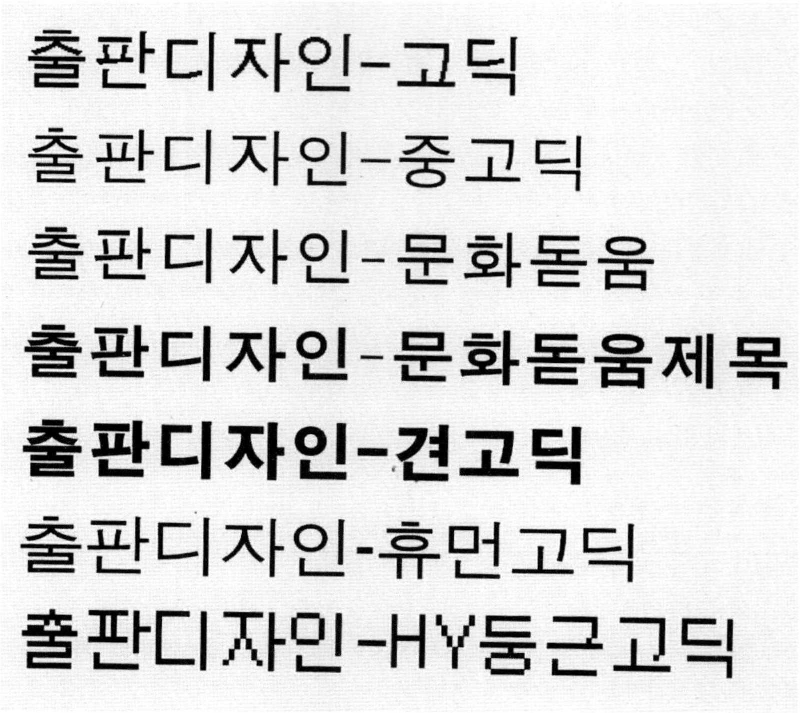

출판디자인-고딕

출판디자인-중고딕

출판디자인-문화돋움

출판디자인-문화돋움제목

출판디자인-견고딕

출판디자인-휴먼고딕

출판디자인-HY둥근고딕

[그림 1] 한글 네모체 글꼴 비교

[참고] 본 연구에서, 한 음절 내에서 각 자소의 길이와 간격을 나타내는 수치는 100포인트 크기로 단색 레이저 프린터에서 인쇄된 결과 치이다. 그러므로 활자의 크기가 달라지면 그에 비례하여 이 수치도 달라진다. 100포인트일 경우 10㎜인 것이 50포인트이면 5㎜로 줄어들고, 120포인트이면 12㎜로 늘어난다는 뜻이다.

3) '가 는 다' 음절(ㄱ, ㄴ, ㄷ, ㅏ)

[고딕체]

가는다

[문화돋움체]

가는다

[중고딕체]

가는다

음절 '가'는 'ㄱ' 자소용으로 추출된 음절이다. 한글 '고딕체'와 '문화
돋움체', '중고딕체'를 비교했다. 'ㄱ' 크기는 고딕체가 14.1㎜ × 26㎜, 문
화돋움체가 13.5㎜ × 20.8㎜, 중고딕체가 14㎜ × 20.9㎜로 고딕체가 가장
크다. 'ㄱ'의 가로줄기의 위쪽 길이는 고딕체 14.1㎜, 중고딕체 14㎜, 문
화돋움체 13.5㎜의 순서이지만, 가로줄기의 아래쪽 길이('ㄱ'의 안쪽)는
중고딕체 11.4㎜, 고딕체 11.3㎜, 문화돋움체 10.6㎜의 순서로 중고딕체
가 가장 길다. 'ㄱ'의 세로줄기의 높이는 고딕체 26㎜, 중고딕체 20.9㎜,
문화돋움체 20.8㎜의 순서이다. 중고딕체의 'ㄱ' 모양보다 문화돋움체의
'ㄱ' 모양이 더 예쁘게 보이는 이유는 세로줄기의 높이는 0.1㎜ 차이로

거의 같은데, 가로줄기의 길이가 문화돋움체가 0.5㎜ 짧기 때문이다.

'가'에서, 'ㅏ'의 세로줄기 길이 역시, 고딕체가 32.1㎜, 문화돋움체가 29.2㎜, 중고딕체가 29.5㎜로 고딕체가 가장 길다. 세로줄기의 두께는 고딕체가 2.6㎜, 문화돋움체가 2.5㎜, 중고딕체가 2.2㎜로 고딕체가 가장 두껍고 문화돋움체가 두 번째이다. 중고딕체는 세로줄기의 길이가 29.5㎜로 문화돋움체보다 0.3㎜ 더 기나, 두께가 2.2㎜로 2.5㎜인 문화돋움체의 세로줄기보다 0.3㎜ 얇다. 중고딕체의 'ㅏ'는 두께가 얇고 길이가 길어서 시각적으로는 제법 길게 보인다. 'ㅏ'의 가로줄기의 길이는 고딕체가 5㎜, 문화돋움체가 4.9㎜, 중고딕체가 5.2㎜로 중고딕체가 가장 길다. 또한, 고딕체와 중고딕체 'ㅏ'는 세로줄기 시작 부분에 깃발 모양의 돌기가 달려 있다.

'ㄱ' 자소와 'ㅏ' 자소의 간격(속간격)은 고딕체가 7.5㎜, 문화돋움체가 7.2㎜, 중고딕체가 7.2㎜로 고딕체가 약간 멀리 떨어져 있고, 문화돋움체와 중고딕체는 같은 거리이다.

음절 '는'은 'ㄴ' 자소용으로 추출된 음절이다. '는'의 위에 있는 초성 'ㄴ' 크기는 고딕체가 23.3㎜×11㎜, 문화돋움체가 21.4㎜×9.2㎜, 중고딕체가 20㎜×8.2㎜로 고딕체가 가장 크다. '는'의 밑에 있는 받침 'ㄴ' 크기는 고딕체가 23.3㎜×10㎜, 문화돋움체가 21.8㎜×9㎜, 중고딕체가 19.7㎜×8.8㎜로 가로줄기와 세로줄기 모두 고딕체가 가장 길다. 문화돋움체와 중고딕체는 위의 'ㄴ'이나 밑의 'ㄴ'이나 크기가 비슷한데, 고딕체의 '는'은 위의 'ㄴ'은 23.3㎜×11㎜이고 밑의 'ㄴ'은 23.3㎜×10㎜로 받침으로 사용하는 밑의 'ㄴ'의 세로줄기가 1㎜ 짧다. 고딕체와 중고딕체는 'ㄴ'의 세로줄기의 시작 부분에 굽이 달려 있다.

'는'의 'ㅡ' 모음의 가로줄기의 길이는 고딕체가 30㎜, 문화돋움체가

29㎜, 중고딕체가 29.3㎜이다. 그러나 'ㅡ' 가로줄기의 두께는 고딕체가 2.5㎜, 문화돋움체가 2㎜, 중고딕체가 1.8㎜로 문화돋움체의 두께가 중고딕체의 두께보다 두껍다.

음절 '다'는 자음 'ㄷ' 자소와 모음 'ㅏ' 자소용으로 추출된 음절이다. 'ㄷ' 크기는 고딕체가 15.8㎜ × 21㎜, 문화돋움체가 14.2㎜ × 18.6㎜, 중고딕체는 15.2㎜ × 17㎜의 크기로 'ㄷ'의 위 가로줄기의 길이는 고딕체, 중고딕체, 문화돋움체의 순서이고, 'ㄷ'의 세로줄기의 높이는 고딕체, 문화돋움체, 중고딕체의 순서로 길다. 고딕체가 위 가로줄기 15.8㎜, 세로줄기 21㎜로 셋 중 가장 길고 높다. 위 가로줄기의 길이는 문화돋움체가 가장 짧은 14.2㎜이나, 세로줄기는 문화돋움체가 18.6㎜로 중고딕체의 17㎜보다 길다. 문화돋움체의 'ㄷ'의 가로 비례보다 세로 비례가 더 크기 때문에 중고딕체보다 예쁘다는 것을 알 수 있다. 'ㄷ'의 세로줄기 길이에서 위 가로줄기 길이를 뺀 값은 고딕체가 5.2㎜, 문화돋움체가 4.4㎜, 중고딕체가 1.8㎜이다. 또한 문화돋움체는 'ㄷ'의 아래 가로줄기의 길이가 위 가로줄기보다 한참 더 길므로, 기존의 고딕체나 중고딕체보다 미려한 모습을 갖는다.

문화돋움체는 '다'의 'ㅏ' 모음의 세로줄기의 시작 부분에 굽이나 돌기를 달지 않는다. 그러나 고딕체는 직사각형 모양의 굽(돌기)을, 중고딕체는 삼각형 모양의 굽을 달고 있다. 'ㅏ'의 크기는 고딕체가 32㎜ × 7.5㎜, 문화돋움체가 29.1㎜ × 7.5㎜, 중고딕체가 29.2㎜ × 7.3㎜로 고딕체가 가장 크다. 'ㅏ'의 가로줄기의 길이는 고딕체와 문화돋움체가 5㎜로 같고, 중고딕체가 5.2㎜로 약간 길다.

'ㄷ'의 아래 가로줄기와 'ㅏ'의 세로줄기의 간격은 고딕체가 2.4㎜, 문화돋움체가 1㎜, 중고딕체가 2.6㎜로 문화돋움체가 가장 가깝다. 이는 문화돋움체 'ㄷ'의 아래 가로줄기의 길이가 한참(약 1.5㎜) 긴 것이 이

유가 된다. 'ㄷ'의 아래 가로줄기는 고딕체가 18.4㎜로 문화돋움체의 20
㎜보다 1.6㎜ 짧고, 중고딕체는 18.5㎜로 문화돋움체의 아래 가로줄기보
다 1.5㎜ 짧다.

[고딕체]　　　[문화돋움체]　　　[중고딕체]

　음절 '각'의 초성 'ㄱ'의 가로줄기는 고딕체가 14㎜, 문화돋움체가
13.9㎜, 중고딕체가 14.2㎜로 거의 비슷하다. 그러나 받침 'ㄱ'의 크기는
고딕체가 20㎜ × 11.7㎜, 문화돋움체가 18.5㎜ × 9.8㎜, 중고딕체가 18㎜ ×
10.3㎜로 고딕체가 가장 크다. '각'의 'ㅏ' 모음 역시 고딕체와 중고딕
체는 시작 부분에 돌기(굽)가 달려 있다. 그러나 자음 자소인 'ㄱ'은 초
성 자리이건, 받침 자리이건 굽이 달려 있지 않다.

4) '로 면 보' 음절(ㄹ, ㅗ, ㅁ, ㅂ)

[고딕체]

로면보

[문화돋움체]

로면보

[중고딕체]

로면보

음절 '로'는 자음 'ㄹ'과 모음 'ㅗ' 자소용으로 추출된 음절이다. 'ㄹ'의 위 가로줄기의 길이는 고딕체 22.8㎜, 문화돋움체 21.2㎜, 중고딕체 20.2㎜로 고딕체가 가장 길다. 'ㄹ'의 높이는 고딕체가 16㎜이고, 문화돋움체와 중고딕체는 15㎜로 같다. 같은 15㎜ 높이에 가로줄기의 길이가 문화돋움체가 1㎜ 짧으므로(문화돋움체는 21.2㎜, 중고딕체는 20.2㎜) 'ㄹ'의 모양이 더 힘 있고 아름답게 보인다.

'ㅗ'의 크기는 고딕체가 30.2㎜×6㎜, 문화돋움체가 29.3㎜×5.8㎜, 중고딕체가 28.8㎜×6㎜이다. 가로줄기는 고딕체가 가장 길고, 세로줄기는 고딕체와 중고딕체가 6㎜로 같다. 다만 문화돋움체가 5.8㎜로 0.2㎜ 짧다. 'ㅗ'의 세로줄기의 두께는 고딕체 2.4㎜, 문화돋움체 2.6㎜, 중고딕체 2.2㎜로 문화돋움체가 가장 굵다. 'ㅗ'의 가로줄기의 두께는 고딕체가 2.5㎜로 가장 굵고, 문화돋움체는 2.2㎜, 중고딕체는 1.9㎜이다.

'ㄹ'과 'ㅗ'와의 거리는 고딕체와 중고딕체가 0㎜(붙었음)이고, 문화돋움체는 1㎜이다. '로'에서 'ㅗ'의 세로줄기의 두께가 두껍고, 'ㄹ'과 'ㅗ'가 1㎜ 떨어져 있는 것이 '로'를 아름답게 보이게 하는 비결이다. 중고딕체는 'ㅗ' 자소의 가로줄기와 세로줄기의 두께가 모두 가늘어 '로' 글자가 빈약해 보인다.

'면'은 'ㅁ' 자소 추출용 음절이다. 'ㅁ'의 크기는 고딕체가 15㎜ × 14㎜, 문화돋움체가 13.2㎜ × 15㎜, 중고딕체가 13㎜ × 13㎜로, 'ㅁ'의 위 가로줄기의 길이는 고딕체가 가장 길고, 왼쪽 세로줄기의 길이는 문화돋움체가 15㎜로 가장 길다. 이는 문화돋움체의 'ㅁ'에는 네모 모양의 아래쪽에 굽이 달려 있기 때문이다. 네모체의 특성은 긴네모, 짧은 네모 등으로 자소가 구성되고, 이 네모에는 돌기가 달리지 않는다. 그러나 네모 모양인 'ㅁ'은 작은 크기일 때 이응(ㅇ)과 혼동할 염려가 있고, 네모 자체의 모양에서 아랫부분이 가볍고 휘는 착시 현상을 일으키기 쉽다. 따라서 문화돋움체에서 자음 자소 중에서는 유일하게 'ㅁ'만 아래쪽 양쪽에다 굽을 달아주었다. 왼쪽 세로줄기는 길게, 오른쪽 세로줄기는 약간 짧게 굽을 달았다. 이는 네모 자체의 불안한 무게중심을 맞추고 착시 현상을 방지하기 위한 고육책이다. 초성의 'ㅁ'에는 문화돋움체만 굽을 달아주고, 고딕체와 중고딕체는 굽이 없다. 그러나 받침의 'ㅁ'에는 세 글자체 다 굽을 달아준다.

'면'의 모음인 'ㅕ'의 세로줄기 두께는 고딕체가 2.4㎜, 문화돋움체가 2.3㎜, 중고딕체가 2㎜이다. 그러나 세로줄기의 머리 부분은 고딕체가 3.2㎜로 0.8㎜의 굽이 달려 있고, 중고딕체가 2.4㎜로 0.4㎜의 굽이 달려 있다. 굽의 모양은 고딕체가 작은 네모 모양이고, 중고딕체가 작은 삼각형 모양으로 아주 조그만 깃발 형태이다. 'ㅕ'의 가로줄기 2개는 길이가 같다. 고딕체의 가로줄기 길이는 7.5㎜, 문화돋움체는 6.6㎜, 중고딕체는 6.2㎜로 고딕체가 가장 길다. 문화돋움체와 중고딕체는 'ㅁ'과 'ㅕ'가 1.7㎜씩 떨어져 있는데, 고딕체는 거리가 없이 붙어 있다.

'면'의 'ㄴ' 받침은 고딕체가 22.5㎜ × 10㎜, 문화돋움체가 21.9㎜ × 8.9㎜, 중고딕체가 20.9㎜ × 8.4㎜로 고딕체가 가장 길고, 가장 높다.

‘ㅂ’는 ‘ㅂ’ 자소용으로 추출되었다. ‘ㅂ’의 크기는 고딕체가 23.5㎜ × 15㎜, 문화돋움체가 20.8㎜ × 15.1㎜, 중고딕체가 20㎜ × 14.2㎜로 가로줄기는 고딕체가 가장 길고, 세로줄기는 고딕체와 문화돋움체가 비슷하고 중고딕체가 가장 짧다. 고딕체의 ‘ㅂ’ 모양은 세로줄기가 15㎜로 문화돋움체의 15.1㎜와 비슷한데, 가로줄기의 길이가 23.5㎜로 문화돋움체의 20.8㎜보다 2.7㎜나 길다. 따라서 옆으로 퍼진 모양이 되나, 문화돋움체는 균형이 잡힌 ‘ㅂ’ 모양을 하고 있다. ‘ㅂ’의 위 가로줄기의 길이와 두께는 고딕체가 18.6㎜ × 2.5㎜이고, 문화돋움체가 16㎜ × 2㎜, 중고딕체가 15.6㎜ × 1.8㎜로 상대적으로 중고딕체가 가냘프게 보인다. 고딕체와 중고딕체는 ‘ㅂ’의 양쪽 세로줄기의 시작 부분에 예외 없이 굽(돌기)을 달고 있다.

‘보’의 ‘ㅗ’ 모음의 가로줄기는 고딕체가 30㎜, 문화돋움체가 29㎜, 중고딕체가 28.8㎜로 고딕체가 약간 길다. ‘ㅗ’의 세로줄기의 두께는 고딕체와 문화돋움체가 2.3㎜로 같고, 중고딕체는 2.1㎜로 약간 가늘다. 고딕체는 ‘ㅗ’의 세로줄기에까지 윗부분에 0.8㎜ 크기로 네모난 형태의 굽을 달았다. ‘ㅗ’의 세로줄기의 길이는 고딕체가 6.8㎜, 문화돋움체가 6㎜, 중고딕체가 8㎜로 문화돋움체가 가장 짧다. 또, 고딕체와 중고딕체는 ‘ㅂ’과 ‘ㅗ’가 붙어 있는데, 문화돋움체는 사이가 벌어져 있어서 가독성을 높여 준다.

[고딕체]   [문화돋움체]   [중고딕체]

‘밥’ 글자의 크기는 언뜻 보아서도 고딕체가 커 보이는 것을 알 수 있다. 초성의 ‘ㅂ’과 받침의 ‘ㅂ’이 둘 다 문화돋움체나 중고딕체보다

크기 때문이다. 초성 'ㅂ'의 크기는 고딕체가 14.9㎜×15㎜, 문화돋움체
가 13.5㎜×14.1㎜, 중고딕체가 13.5㎜×12.8㎜로 고딕체가 가장 크다.
문화돋움체와 중고딕체는 'ㅂ'의 가로줄기의 길이는 13.5㎜로 같은데,
세로줄기가 문화돋움체는 14.1㎜이고 중고딕체는 12.8㎜로 중고딕체가
1.3㎜ 짧다. 이 작은 초성 크기와 자음 자소와 모음 자소의 간격이 넓
게 배치된 것이 중고딕체 '밥'자를 빈약하게 보이게 만든다.

　받침 'ㅂ'은 고딕체가 21.6㎜×12.5㎜, 문화돋움체가 20.3㎜×10.6㎜,
중고딕체가 19.9㎜×10.8㎜로 문화돋움체와 중고딕체의 받침 크기는 비
슷한데, 고딕체의 받침은 제법 크다. 문화돋움체는 네모체의 특성대로
받침의 아래에 굽이 안 달려 있는데, 고딕체 받침 'ㅂ'에는 0.8㎜의 굽
이, 중고딕체의 받침에는 1.1㎜의 굽이 양측에 달려 있다. 고딕체와 중
고딕체도 초성의 'ㅂ'에는 아래 가로줄기에 굽이 달려 있지 않다.

　고딕체와 중고딕체는 '밥'의 'ㅏ' 모음의 시작 부분에 0.8㎜와 0.3㎜의
돌기가 달려 있다. 'ㅏ'와 받침 'ㅂ'의 간격은 고딕체가 0.8㎜, 문화돋움
체가 1.2㎜, 중고딕체가 2㎜ 떨어져서, 중고딕체가 가장 멀고, 이것이
중고딕체 '밥' 글자 모양을 엉성하게 보이게 하는 한 요인이 된다.

5) '서 이 자' 음절(ㅅ, ㅓ, ㅇ, ㅣ, ㅈ)

[고딕체]

서이자

[문화돋움체]

서이자

[중고딕체]

서이자

'서 음절은 'ㅅ' 자소와 단모음 'ㅓ' 자소용으로 추출된 음절이다. 'ㅅ'의 크기는 고딕체가 19.5㎜ × 22㎜, 문화돋움체가 16.5㎜ × 22.8㎜, 중고딕체가 18㎜ × 19.6㎜로 고딕체가 가장 넓고 문화돋움체가 가장 높다. 'ㅅ'의 두 세로줄기의 벌어지는 거리(안거리, 속거리)는 고딕체가 14㎜, 중고딕체가 13.8㎜로 거의 같고, 문화돋움체는 12㎜로 가장 좁다. 'ㅅ'의 세로줄기 시작 부분의 두께는 고딕체가 3.3㎜, 문화돋움체가 2.5㎜, 중고딕체가 2.8㎜로 고딕체가 가장 두꺼워 보이지만, 사실 세로줄기의 두께는 3개의 글자체가 다 비슷하다. 단지 세로줄기의 시작 부분에 고딕체와 중고딕체는 돌기가 달려 있기 때문에 이 돌기를 제외한 나머지 부분의 두께는 거의 같다.

'서'의 모음 'ㅓ'의 높이는 고딕체가 32㎜, 문화돋움체가 29.2㎜, 중고딕체가 29.4㎜로 고딕체가 가장 길고, 문화돋움체와 중고딕체는 거의 비슷하다. 세로줄기의 두께는 고딕체가 시작 부분이 3.3㎜인데 0.9㎜의 돌기(굽)가 붙어 있고, 문화돋움체는 돌기가 없이 2.4㎜, 중고딕체는 0.4

㎜의 돌기가 붙어서 2.4㎜이다. 따라서 돌기를 제외한 고딕체는 2.4㎜로 문화돋움체의 세로줄기의 두께와 같고, 중고딕체는 2㎜로 가장 가늘다. 'ㅓ'의 가로줄기의 길이는 고딕체가 7.4㎜, 문화돋움체가 8.1㎜, 중고딕체가 7.9㎜로 문화돋움체가 가장 길다. 'ㅓ'의 가로줄기의 끝과 'ㅅ'의 중간 부분까지의 거리는 고딕체가 4㎜, 문화돋움체가 4.8㎜, 중고딕체가 4.2㎜로 문화돋움체가 가장 멀다.

'ㅅ'의 높이(세로줄기)가 가장 크고 'ㅅ'자소와 'ㅓ'의 간격이 가장 멀기 때문에 문화돋움체가 예쁠 뿐만 아니라 가독성이 높은 것이다. 'ㅅ'의 세로와 가로의 비례 역시 문화돋움체가 가장 커서 가독성이 좋다. 비례치(세로 높이 ÷ 세로줄기의 안거리)는 고딕체가 1.57이고 문화돋움체가 1.9(22.8 ÷ 12)로 가장 크고, 중고딕체는 1.42이다.

'이' 음절은 'ㅇ' 자소와 'ㅣ' 자소용으로 추출되었다. 'ㅇ'의 높이는 고딕체가 22.8㎜, 문화돋움체가 21㎜, 중고딕체가 20.2㎜로 고딕체가 가장 높고 크다. 'ㅇ'의 안쪽 지름은 고딕체와 중고딕체가 11㎜이고, 문화돋움체는 9㎜이다. 따라서 문화돋움체의 'ㅇ'은 중고딕체에 비해 아래위로 길다란 타원형으로 보인다.

'이'에서 'ㅣ' 모음은 고딕체가 2.3㎜ × 32㎜, 문화돋움체가 2.2㎜ × 29.4㎜, 중고딕체가 2.2㎜ × 29.6㎜로 3개 글자체 모두 두께는 거의 비슷하고, 길이만 고딕체가 길다. 그러나 원칙적으로 돌기나 굽을 달지 않는 문화돋움체와 달리, 고딕체는 시작 부분에 0.9㎜의 돌기를, 중고딕체는 0.4㎜의 돌기를 달고 있어서 세로줄기의 몸통 두께와 달리 시작 부분은 고딕체가 3.2㎜, 중고딕체가 2.6㎜로 문화돋움체의 2.2㎜보다 아주 두껍게 느껴진다. 'ㅇ'과 'ㅣ'의 간격은 고딕체와 중고딕체가 6.5㎜이고 문화돋움체가 7.8㎜로 문화돋움체가 가장 멀리 떨어져 있다. 이는 'ㅇ' 모양이 긴타원형이기 때문에 가능하다. 조그맣고 긴 타원형 이응(ㅇ)에다 'ㅣ'와 멀리 떨어진 이유로 문화돋움체 '이'가 타 글자체보다 가독성이 뛰어나다.

  음절 '자'는 'ㅈ' 자소 추출용이다. 'ㅈ'의 크기는 고딕체가 19.2㎜ × 21㎜, 문화돋움체가 19㎜ × 20.4㎜, 중고딕체가 20㎜ × 19.8㎜로 비슷하다. 그러나 'ㅈ'의 가로줄기의 길이는 고딕체와 문화돋움체가 15.8㎜로 같고, 중고딕체는 17㎜로 다른 글자체보다 1.2㎜ 더 길다. 'ㅈ'의 두 세로줄기의 벌어지는 안거리(속거리, 안쪽 거리)는 고딕체가 14㎜, 문화돋움체가 14.5㎜로 비슷하고, 중고딕체는 16㎜로 약간 더 벌어져 있다. 'ㅈ' 세로줄기의 시작 부분의 두께는 고딕체가 2.4㎜, 문화돋움체가 2.3㎜, 중고딕체가 2㎜로 비슷하나, 중고딕체가 길이에 비해서 좀더 가는 편이다.

  '자'의 모음 'ㅏ'의 세로줄기 길이는 고딕체가 32㎜로 가장 길고, 문화돋움체와 중고딕체는 29.2㎜와 29㎜로 거의 같다. 'ㅏ' 가로줄기의 두께는 고딕체와 문화돋움체가 2.4㎜로 같고, 중고딕체가 2.1㎜로 가장 가늘다. 고딕체와 중고딕체는 가로줄기 시작 부분에 돌기가 달려 있다. 'ㅈ'과 'ㅏ'의 사이는 고딕체와 문화돋움체가 같은 5㎜이고 중고딕체는 4.1㎜이다.

[고딕체]   [문화돋움체]   [중고딕체]

  '잦'의 초성 'ㅈ'의 크기는 고딕체가 15.6㎜ × 15㎜, 문화돋움체가 16㎜ × 14.8㎜, 중고딕체가 16.6㎜ × 14㎜로 가로줄기의 길이는 중고딕체가 가장 길고, 반면에 'ㅈ'의 높이는 중고딕체가 가장 낮다. 즉, 중고딕체의 초성 'ㅈ'이 가장 납작한 형태인 것이다. 'ㅈ'의 두 세로줄기의 벌어진 안쪽 거리(안거리)도 고딕체가 14.2㎜, 문화돋움체가 14.6㎜, 중고딕체가 16.2㎜로 중고딕체가 가장 넓은 거리를 갖고 있다.

'잦'의 받침의 'ㅈ'은 초성의 'ㅈ'보다 가로는 길고 높이는 얕은 더 납작한 형태이다. 받침의 'ㅈ' 크기는 고딕체가 22㎜×11.6㎜, 문화돋움체가 21.2㎜×10.6㎜, 중고딕체가 20.6㎜×11㎜로 고딕체의 받침이 가장 크다. 받침 'ㅈ'의 두 세로줄기의 안쪽 거리(안거리)는 고딕체가 20.4㎜, 문화돋움체가 23.6㎜, 중고딕체가 19.6㎜로 문화돋움체가 가장 넓다. 이것은 받침의 'ㅈ'은 문화돋움체가 가장 납작하다는 것을 뜻하며, 따라서 문화돋움체 '잦'이 가장 안정적으로 보이는 이유이다.

'잦'의 'ㅏ' 모음 시작 부분은 고딕체와 중고딕체는 돌기가 달려 있고, 문화돋움체는 네모체의 특성대로 돌기(굽)가 없이 시작부터 끝까지 균일한 긴네모체 모양을 하고 있다. 'ㅏ'의 세로줄기의 길이는 고딕체가 18.2㎜, 문화돋움체가 16.8㎜, 중고딕체가 16.6㎜로 고딕체가 가장 길다. 'ㅈ'이 크고, 'ㅏ'가 길므로 고딕체의 '잦' 글자가 크게 보이는 것은 당연하다. 초성 'ㅈ'과 'ㅏ'의 거리는 고딕체와 문화돋움체가 같은 5㎜, 중고딕체가 4.8㎜로 세 글자가 다 비슷하다.

6) '치 컴 터' 음절(ㅊ, ㅋ, ㅌ)

[고딕체]

치컴터

[문화돋움체]

치 컴 터

[중고딕체]

치 컴 터

'치' 음절은 'ㅊ' 자소용으로 추출된 음절이다. 'ㅊ'은 한글 쓰는 원칙에 따라 본문체와 네모체 활자는 모두 4획의 치읓 모양(ㅊ)으로 그려야 한다. 그러나 시중의 신명조체는 3획의 치읓 모양(ㅊ)으로 잘못 쓰고 있는 것이 많다. 다행히도 네모체는 고딕체, 중고딕체가 둘 다 문화돋움체와 같은 4획의 'ㅊ'을 사용하고 있다. 'ㅊ'의 크기는 고딕체가 19.5㎜×22.5㎜, 문화돋움체가 20.4㎜×21.5㎜, 중고딕체가 19.4㎜×20㎜로 아래위 길이는 고딕체가 가장 높고, 가로세로 길이는 문화돋움체가 가장 넓다.

'ㅊ'의 맨 위의 가로줄기(점, 꼭지점)의 길이는 고딕체가 9㎜, 문화돋움체가 9.1㎜로 비슷하고, 중고딕체는 7.1㎜로 짧다. 맨 위 가로줄기의 두께 역시 고딕체와 문화돋움체는 2.2㎜로 같고, 중고딕체는 1.8㎜로 얇다. 'ㅊ'의 아래 가로줄기의 길이는 고딕체가 15.8㎜, 문화돋움체가 16.6㎜, 중고딕체가 17㎜로 중고딕체가 가장 길다. 위 가로줄기와 아래 가로줄기의 간격은 고딕체가 2.5㎜, 문화돋움체와 중고딕체는 같은 3.2㎜이다.

'ㅊ'의 두 개의 세로줄기는 삐침이나 삐침줄기라고도 하는데, 벌어진 안거리(안쪽 거리)가 고딕체는 14.4㎜, 문화돋움체는 16㎜, 중고딕체는 15㎜로 문화돋움체가 가장 멀게 벌리고 있다. 가장 넓게 삐쳐진 두 세로줄기의 위치 때문에 문화돋움체의 'ㅊ' 모양이 오동통하게 보이고 안정적으로 보이는 것이다. 두 세로줄기의 시작 부분의 굵기는 고딕체가 2.2㎜이고 문화돋움체와 중고딕체는 2㎜로 같다.

'치'의 'ㅣ' 모음은 고딕체와 문화돋움체가 2.5㎜ 두께로 같고, 중고딕체는 2㎜로 얇다. 세로줄기 길이는 고딕체가 31.5㎜로 가장 길고, 문화돋움체와 중고딕체는 29㎜로 같다. 'ㅊ'의 두 번째 가로줄기와 'ㅣ' 모음의 거리는 고딕체가 5.8㎜로 가장 멀고, 문화돋움체는 4.1㎜, 중고딕체는 4㎜이다.

'컴'은 'ㅋ' 자소 추출용 음절이다. 'ㅋ'의 높이는 고딕체와 문화돋움체가 같은 16.8㎜이고, 중고딕체는 16.5㎜로 약간 낮다. 'ㅋ'의 위 가로줄기의 길이는 고딕체가 13.3㎜이고, 문화돋움체가 12㎜, 중고딕체가 14㎜로 문화돋움체가 가장 짧다. 아래 가로줄기 역시 문화돋움체가 12㎜로 가장 짧고, 고딕체는 12.8㎜, 중고딕체가 12.2㎜이다.

문화돋움체는 'ㅋ'의 위 가로줄기의 길이와 아래 가로줄기의 길이가 12㎜로 같지만, 고딕체는 아래 가로줄기가 0.5㎜, 중고딕체는 1.8㎜가 짧다. 그 이유는 위 가로줄기와 아래 가로줄기의 길이를 같게 하여도 'ㅋ'의 세로줄기가 왼쪽으로 휘어서 삐쳐 내려옴으로, 아래 가로줄기가 위 가로줄기보다 휜 정도만큼 왼쪽 앞으로 튀어나오기 때문이다. 따라서 고딕체와 중고딕체에서는 아래의 가로줄기의 길이를 조금 짧게 해서 'ㅋ'의 모양을 아름답게 보이려고 노력했으나, 문화돋움체에서는 그 아름다움보다는 'ㅋ' 글자의 가독성을 좀더 중시하여 두 개의 가로줄기의 길이를 같게 그려서 제일 많이 튀어나오도록 한 것이다.

'ㅋ'의 가운데에 있는 가로줄기의 왼쪽 시작 부분은 세 글자체 모두 돌기가 달려 있다.

'컴'의 'ㅓ' 모음의 가로줄기의 길이는 고딕체가 6.6㎜, 문화돋움체가 6.8㎜, 중고딕체가 6.2㎜로 거의 비슷한 길이이다. 그러나 받침이 있는 'ㅓ'의 세로줄기의 길이는 고딕체가 18.2㎜로 가장 길고, 문화돋움체와 중고딕체는 17.4㎜와 17.2㎜로 거의 같다. 'ㅋ'과 'ㅓ'의 거리는 고딕체가 3.1㎜로 가장 멀고, 문화돋움체와 중고딕체는 같은 2.8㎜의 거리이다. 'ㅓ'의 세로줄기의 두께는 고딕체가 2.5㎜, 문화돋움체가 2.4㎜로 둘이 비슷하고, 중고딕체가 2.1㎜로 약간 얇다.

'컴'의 받침 'ㅁ'은 고딕체가 21.9㎜ × 11.6㎜, 문화돋움체가 20.6㎜ × 10.2㎜, 중고딕체가 19.8㎜ × 9.8㎜로 중고딕체가 가장 작다. 네모 속의 좌우폭도 고딕체가 16.9㎜, 문화돋움체가 15.8㎜, 중고딕체가 15㎜로 중고딕체가 가장 좁다.

네모체의 특성이 돌기나 굽이 없는 네모꼴 형태의 자소로 이루어진 글자인데, 예외가 미음(ㅁ)이다. 받침의 'ㅁ'은 세 개의 글자체가 전부 바닥(아래쪽) 가로줄기의 양쪽 밑에 굽을 달고 있다. 굽을 달지 않는 원칙의 문화돋움체조차도 'ㅁ'은 예외이다. '면'에서 문화돋움체의 초성 미음은 아래에 굽을 달되, 왼쪽 굽은 길고, 오른쪽 굽은 짧았으나, '컴'의 받침 미음은 왼쪽 굽과 오른쪽 굽의 길이가 같다.

'터' 음절은 'ㅌ' 자소 추출용이다. 'ㅌ'의 가로줄기 3개의 길이는 위에서부터 순서대로, 고딕체가 15㎜, 12.5㎜, 18.2㎜이고 문화돋움체는 12.2㎜, 9.4㎜, 15㎜이고, 중고딕체는 14㎜, 10.7㎜, 17㎜로 세 가로줄기 모두 고딕체가 가장 길다. 'ㅌ'의 세로줄기의 길이(높이)는 고딕체가 22.4㎜, 문화돋움체가 19.9㎜, 중고딕체가 17.9㎜로 역시 고딕체가 가장 높다. 높이가 17.9㎜로 가장 얇은 중고딕체의 'ㅌ'이 가로줄기는 문화돋 움체보다 1.3~2㎜ 더 길어서 문화돋움체의 'ㅌ' 모양보다 통통하게 보 인다. 반면에 줄기의 두께는 얇아서 '터' 모양 자체가 옆으로 약간 긴 착시를 일으키고 있다. 이것에 비하여, 문화돋움체의 '터'는 탄탄하고 야무진 느낌을 준다.

'터'에서 'ㅓ' 모음은 받침이 없는 'ㅓ'이므로 받침이 있는 '컴'의 'ㅓ' 보다 세로줄기의 길이가 길다. 고딕체는 31.6㎜이고 문화돋움체와 중고 딕체는 29.2㎜로 같은 길이이다. 세로줄기의 두께는 고딕체와 문화돋움 체가 같은 2.5㎜이고, 중고딕체는 2.2㎜로 가장 얇다.

고딕체의 '터'는 'ㅌ'의 가운데 가로줄기와 'ㅓ'의 가로줄기가 붙어 있고, 문화돋움체는 1.8㎜, 중고딕체는 2㎜ 떨어져 있다.

[고딕체]   [문화돋움체]   [중고딕체]

'춘'의 초성 'ㅊ'의 위 가로줄기(꼭지점)는 고딕체가 15㎜로 7.6㎜의 중고딕체의 두 배나 된다. 문화돋움체는 11.3㎜이다. 위에 위치한 초성 'ㅊ'의 아래(두 번째) 가로줄기는 고딕체가 23.4㎜, 문화돋움체가 21.3㎜, 중고딕체가 21.8㎜로 역시 고딕체가 가장 길다. 그러나 위 가로줄기의 차이처럼 세 개가 그렇게 큰 차이는 나지 않는다. '치'와 같이 옆에 위 치한 초성 'ㅊ'의 모양과 '춘'과 같이 모음 위에 위치한 'ㅊ'의 모양은 다를 수밖에 없다.

  옆에 위치한 'ㅊ'의 모양은 아래위로 긴 모양이고(장체), 위에 위치한 'ㅊ'의 모양은 좌우로 긴 모양(평체)이 된다. 'ㅊ'의 세로줄기의 바깥쪽 벌어진 거리와 안쪽의 벌어진 거리(안거리)는 납작한 정도에 따라 달라지게 되는데, 문화바탕체의 'ㅊ'이 가장 납작하므로 안거리(안쪽 거리)가 가장 넓다. 바깥쪽 거리는 고딕체가 27㎜, 문화돋움체가 26㎜, 중고딕체가 25㎜로 각기 1㎜의 차이로 커다란 차이가 나지 않는다. 그에 비하여, 안거리는 고딕체가 20.4㎜, 문화돋움체가 23.2㎜, 중고딕체가 21.6㎜로 거리의 차이가 많이 난다.

  '춘'에서 'ㅜ' 모음의 가로줄기와 세로줄기의 길이는 고딕체가 30㎜×7.5㎜이고 문화돋움체가 29㎜×6㎜, 중고딕체가 29.2㎜×6.8㎜로 문화돋움체의 세로줄기가 가장 짧다.

  '춘'의 받침 'ㄴ'은 고딕체가 23.4㎜×10㎜, 문화돋움체가 21.6㎜×7.2㎜, 중고딕체가 21㎜×7.8㎜로 고딕체가 가장 크다. 받침 'ㄴ'이 가장 큰 것이 고딕체 '춘' 글자가 다른 글꼴보다 더 커 보이게 하는 중요한 요인이 된다.

7) '퓨 하 야' 음절 (ㅍ, ㅠ, ㅎ, ㅑ)

[고딕체]

[문화돋움체]

퓨하야

[중고딕체]

퓨하야

'퓨' 음절은 'ㅍ' 자소와 단모음 'ㅠ' 자소용으로 추출된 음절이다. 'ㅍ'의 위 가로줄기의 길이는 고딕체가 22.5㎜, 문화돋움체가 23㎜, 중고딕체가 22㎜로 거의 비슷하다. 그러나 아래 가로줄기의 길이는 고딕체가 24.2㎜, 문화돋움체가 21.5㎜, 중고딕체가 22.2㎜로 고딕체가 가장 길다. 고딕체는 위 가로줄기보다 아래 줄기의 길이가 1.7㎜나 더 길고, 문화돋움체는 반대로 아래 가로줄기가 1.5㎜ 짧다. 중고딕체는 아래 가로줄기가 0.2㎜ 기니까 아래위 가로줄기가 거의 비슷한 셈이다.

'ㅍ'이 모음 위에 위치하여 납작한 모양으로 되면, 위의 가로줄기의 길이보다 아래 가로줄기의 길이가 짧게 보이는 착시 현상이 일어나기 쉽다. 때문에 아래의 가로줄기를 약간 길게 그리는 습관이 있었다. 그러나 문화돋움체는 거꾸로, 이 특성을 이용하여 작은 글자일 때 구별이 잘 안 되던 납작한 형태의 'ㅁ' 자소와의 확실한 구별을 위하여 아래 가로줄기를 더 짧게 그리도록 하였다.

'ㅍ'의 위 가로줄기 아래쪽 부분과 세로줄기의 시작 부분은 서로 벌

어져 있는데, 고딕체는 0.7㎜, 문화돋움체는 1.1㎜, 중고딕체는 1.5㎜의
간격을 유지하고 있다.

세 글꼴 다 'ㅍ'의 두 개 세로줄기의 시작 부분은 넓고, 아래쪽 끝
부분으로 갈수록 좁아지고 있다. 고딕체는 9.2㎜에서 8.4㎜로, 문화돋움
체는 8.8㎜에서 8㎜로 중고딕체는 8㎜에서 6㎜로 좁아진다. 'ㅍ'의 세로
줄기 역시 고딕체와 중고딕체는 시작 부분에 돌기를 달고 있다. 네모
꼴 모양의 돌기를 단 것이 고딕체이고, 삼각형 모양의 돌기를 단 것이
중고딕체이다.

'퓨'의 모음 'ㅠ'는 본문체일 경우에는 왼쪽(앞) 세로줄기의 모양을
왼쪽으로 휘어 내려오도록 하였다. 그러나 네모체에서는 긴네모꼴로 조
합을 구성하는 것이라 가늘고 긴네모꼴을 가는 사다리꼴로 바꾸는 데
는 한계가 있다. 본문체는 붓글씨 모양으로 굵게, 가늘게, 그리고 시작
돌기, 마감돌기를 마음대로 사용할 수 있으므로, '윤'과 '원'에서 'ㅠ'와
'ㅝ'의 'ㅜ'의 세로줄기를 왼쪽으로 휘게 할 수 있었다. 네모체는 네모
꼴 모양과 공간(속간격)을 조합하여 정해진 네모틀 안에서 조화와 균형
과 중심을 맞추어야 하므로, 가로줄기와 세로줄기 모양을 긴네모꼴로만
조합시켜 미려도와 가독성을 둘 다 만족시키는 데는 한계가 있게 된다.

한글 본문체에서는 네모틀 안에서 가로줄기와 세로줄기의 모양을 자
유롭게 변형할 수 있으므로 미려도와 가독성을 동시에 만족시킬 수 있
었지만, 한글 네모체에서는 하나의 가로줄기 안에서 굵기의 변형이나,
돌기나 굽의 사용이 자유롭지 못하므로 미려도와 가독성 중에서 하나
를 희생시킬 경우가 발생한다. 따라서 네모체에서는 '유, 윤'의 'ㅠ'의
왼쪽 세로줄기의 휨을 포기하고 수직으로 아래로 내려오는 긴네모꼴
모양의 세로줄기로 만족할 수밖에 없었다.

'ㅠ'의 크기는 고딕체가 30㎜×15㎜, 문화돋움체가 29.1㎜×13.8㎜, 중고딕체가 29.2㎜×14.2㎜로 세 글꼴의 자소 차이가 그리 크지 않다. 세로줄기의 높이는 고딕체가 12.8㎜, 문화돋움체가 11.7㎜, 중고딕체가 12.5㎜로 비슷하고, 두께는 고딕체와 문화돋움체가 같은 2.2㎜이고 중고딕체는 2㎜이다. 두 개의 세로줄기의 벌린 안쪽 간격은 고딕체가 9㎜, 문화돋움체가 9.1㎜로 비슷하고, 중고딕체가 8.4㎜로 약간 좁다.

'하'는 'ㅎ' 자소 추출용 음절이다. 'ㅎ'의 위 가로줄기(점, 꼭지점)길이는 고딕체가 8.1㎜, 문화돋움체가 10㎜, 중고딕체가 8.6㎜로 문화돋움체가 가장 길다. 아래 가로줄기는 고딕체와 문화돋움체가 18.2㎜로 같고, 중고딕체가 18.8㎜로 약간 길다. 위 가로줄기와 아래 가로줄기의 거리는 고딕체가 1.6㎜, 문화돋움체가 2.2㎜, 중고딕체가 2.6㎜이다.

'ㅎ'의 동그라미(둥근줄기)의 바깥지름과 안지름은 고딕체가 15㎜와 10㎜, 문화돋움체는 14.2㎜와 9.5㎜, 중고딕체는 14.6㎜와 10㎜로 고딕체와 중고딕체가 비슷한 크기이고 문화돋움체의 지름이 약간 짧다. 'ㅎ'의 아래 가로줄기와 동그라미의 거리는 고딕체가 1.6㎜이고 문화돋움체와 중고딕체는 2.5㎜로 같은 거리이다.

'하'에서 'ㅏ'의 세로줄기와 가로줄기의 길이는 고딕체가 32㎜와 5㎜, 문화돋움체가 29.2㎜와 4.8㎜, 중고딕체가 29㎜와 5.2㎜로 가로줄기의 길이는 셋이 비슷하다. 'ㅏ'의 세로줄기 길이는 문화돋움체와 중고딕체가 비슷하고 고딕체가 가장 길다.

'ㅎ'과 'ㅏ'의 안쪽 간격은 고딕체와 문화돋움체가 4㎜로 같고, 중고딕체의 '하'는 3.2㎜로 좁다.

'야'는 모음 'ㅑ' 자소 추출용 음절이다. 둥근줄기(동그라미)의 폭과 높이는 고딕체가 16㎜×22.6㎜, 문화돋움체가 13.8㎜×21㎜, 중고딕체가 15㎜×19.6㎜로 고딕체가 가장 크다. 둥근줄기 안쪽의 폭과 높이도 고딕체가 가장 커서 11㎜×18㎜이고, 문화돋움체는 8.5㎜×16㎜이고 중고딕체는 10.5㎜×15.6㎜이다.

'야'의 초성 둥근줄기(ㅇ)의 바깥쪽 높이와 폭의 비례는 고딕체가 1.41:1의 타원이고, 문화돋움체가 1.52:1(21÷13.8)의 타원, 중고딕체가 1.30:1의 비례로 된 아래위로 긴 타원형이다. 셋 중에서는 문화돋움체의 둥근줄기가 1.52대:1로 가장 원에 가까운 타원이며, 폭이 가장 좁아서 가장 이상적인 네모체의 이응(ㅇ)이다. 다른 네모체의 앞(왼쪽)에 오는 초성으로서의 'ㅇ' 모양도 문화돋움체의 이응(ㅇ)같이 작고 통통한 타원형으로 그려야 아름답고, 'ㅇ'과 모음 'ㅑ'와의 거리를 넓게 벌릴 수 있어서 가독성을 높게 할 수 있다. '야'에서 'ㅇ'과 모음 'ㅑ'와의 거리(속간격)는 고딕체가 5.8㎜, 문화돋움체가 7.5㎜, 중고딕체가 6.9㎜로 문화돋움체가 가장 멀다.

'ㅑ'의 세로줄기의 높이는 고딕체가 32㎜이고, 문화돋움체와 중고딕체가 29.4㎜로 같다. 세로줄기의 두께는 2.4㎜로 고딕체와 문화돋움체가 같고, 중고딕체는 2.1㎜로 약간 가늘다. 그러나 세로줄기의 시작(머리) 부분은 고딕체와 중고딕체는 돌기가 달려 있어서 몸통보다 약간 굵다. 'ㅑ'의 위 가로줄기는 고딕체와 중고딕체가 5㎜로 같은 길이이고, 문화돋움체가 4.8㎜로 약간 짧다. 위 가로줄기와 아래 가로줄기의 간격은 고딕체가 6.9㎜, 문화돋움체가 7.7㎜, 중고딕체가 6.8㎜로 문화돋움체가 가장 간격이 넓다. 이 간격이 넓어서 문화돋움체의 모음 'ㅑ'가 안정적이고 예쁘게 보인다.

[고딕체]   [문화돋움체]   [중고딕체]

'균'의 모음 'ㅠ' 모양은 '퓨'의 'ㅠ' 모양과 다르게 보인다. 받침이 있을 때 'ㅠ'의 세로줄기의 길이가 왼쪽과 오른쪽이 다르게 변할 수 있기 때문이다. 'ㅠ' 모음 아래에 'ㄴ' 받침이 오게 되면 'ㅠ'의 세로줄기 2개와 'ㄴ'의 세로줄기 1개가 합하여 3개의 세로줄기가 나란히 서게 된다. 일정한 네모틀 상자 크기 안에서 받침의 세로줄기와 모음의 세로줄기를 합해서 3개나 그리려면 공간 배치가 상당히 힘들어진다. 특히 'ㄴ'자는 세로줄기가 반드시 왼쪽에 위치하여야 하므로, 이 세로줄기를 피하여 나머지 2개의 모음 세로줄기를 그릴 때, 3개의 세로줄기의 간격을 일정하게 배치하면 미려도를 해치는 글자 모양이 되기 쉽다. 또한 'ㅠ' 모음에서 왼쪽 세로줄기의 시작 위치를 가로줄기의 중간보다 왼쪽에서 시작하여야 'ㅠ'의 무게중심을 맞출 수 있으므로, 'ㄴ'의 세로줄기 1개와 'ㅠ'의 세로줄기 2개를 동일한 간격으로 배치하는 것이 아주 어려워진다.

따라서 본문체인 문화바탕체에서는 '윤'이나 '균' 같은 경우에 'ㅠ'의 왼쪽 세로줄기를 수직으로 내려오지 않고 왼쪽으로 삐쳐서 휘어 내려오도록 하여, 왼쪽 세로줄기의 끝부분이 'ㄴ' 세로줄기의 왼쪽 위에 위치하도록 하고, 'ㅠ'의 오른쪽 세로줄기만 수직으로 내려오도록 그렸다. 그러나 긴네모꼴을 기본으로 가로줄기와 세로줄기를 구성하는 네모체에서 휜 모양의 줄기를 그리는 데는 한계가 있으므로 할 수 없이 'ㅠ'의 왼쪽 세로줄기를 수직으로 똑바로 아래로 내려 긋도록 양보할 수밖에 없었다. 한글 네모체에서 긴 직사각형(네모꼴) 형태로 휨을 나타내는 것은 시옷(ㅅ)과

지읒(ㅈ), 치읓(ㅊ)의 삐친 세로줄기(삐침줄기) 정도나 가능할 것이다.

모음 'ㅠ'나 'ㅝ'의 'ㅜ' 세로줄기는 네모체에서 문화바탕체처럼 휘게 만드는 것이 매우 힘들어서 휨을 포기하고 수직으로 내려 그은 것이다. 본문체는 가로줄기나 세로줄기가 긴 직사각형이 아니라 붓으로 그린 모양대로 자유로운 곡선을 사용할 수 있고, 폭(두께) 역시 좁고 넓음을 자유자재로 구사할 수 있지만, 네모체는 그 이름대로 네모체라는 사각형 형태의 자소로 구성되는 것이 원칙이므로 그릴 때에 제한 요소가 많을 수밖에 없는 것이다.

'균'의 초성 'ㄱ'의 크기는 고딕체가 22.4㎜×11.7㎜이고, 문화돋움체가 21.8㎜×9.9㎜, 중고딕체가 21.2㎜×9.9㎜로 고딕체가 가장 크다. 문화돋움체와 중고딕체의 'ㄱ'은 세로줄기의 높이가 같고, 'ㅠ' 가로줄기와 거리 없이 붙어 있으나 고딕체는 'ㄱ'과 'ㅠ'가 0.8㎜ 떨어져 있다. 고딕체는 초성의 'ㄱ'이 크고, 'ㅠ' 모음과 0.8㎜ 간격까지 있는데다 받침의 'ㄴ'마저 크므로 '균' 음절 글자가 다른 체의 글자보다 커지게 되어 미려도가 떨어진다.

'균'의 모음 'ㅠ'의 가로줄기는 고딕체가 30㎜, 문화돋움체가 29㎜, 중고딕체가 29.2㎜로 길이가 셋 다 거의 비슷하다. 'ㄴ' 받침이 달린 'ㅠ'의 세로줄기 2개는 받침이 없는 'ㅠ'와 달리 2개의 길이가 각기 다른 것이 원칙이다. 문화돋움체는 8.3㎜와 9.2㎜로, 중고딕체는 8.2㎜와 9.6㎜로 둘 다 오른쪽 세로줄기가 길다. 그러나 고딕체의 '균'의 'ㅠ'는 양쪽 세로줄기가 7.5㎜로 같으므로, 고딕체의 '균'자는 문화돋움체나 중고딕체에 비하여 가독성이 떨어지고 왼쪽에 무게중심이 쏠려진다(왼쪽이 무겁다). 세로줄기의 두께는 고딕체가 2.3㎜, 문화돋움체가 2.2㎜, 중고딕체가 2㎜이다. 'ㅠ'의 왼쪽 세로줄기의 시작 위치는 고딕체가 가로줄기 시작(왼쪽)으로부터 8.9㎜이고, 문화돋움체가 8.2㎜, 중고딕체가 8.7

㎜ 떨어진 곳이다. 두 세로줄기의 떨어진 정도(속간격)는 고딕체가 8.2
㎜, 문화돋움체가 8.3㎜, 중고딕체가 7.2㎜로 중고딕체가 가장 덜 떨어
졌다.

'균'의 'ㄴ' 받침은 고딕체가 23.2㎜×10㎜, 문화돋움체가 21.8㎜×8.5
㎜, 중고딕체가 21.5㎜×8.2㎜로 고딕체가 가장 크다. 고딕체와 중고딕
체의 'ㄴ'의 세로줄기의 머리(시작) 부분에는 돌기가 달려 있다.

8) '여 용 수' 음절 (ㅕ, ㅛ, ㅜ)

[고딕체]

여용수

[문화돋움체]

여용수

[중고딕체]

여용수

음절 '여'는 단모음 'ㅕ' 자소용으로 추출된 음절이다. '여'의 모음 이응(ㅇ)은 아래위가 긴 타원 모양이다. 모음 왼쪽에 오는 초성 'ㅇ'의 크기는 고딕체가 16㎜×22.5㎜이고, 문화돋움체가 14㎜×21.2㎜, 중고딕체가 14.6㎜×20㎜로 고딕체가 가장 크다. 'ㅇ'의 안쪽 지름도 고딕체가 11㎜×17.6㎜로 가장 크고, 문화돋움체는 9㎜×16.4㎜, 중고딕체는 9.8㎜×16㎜이다. 고딕체의 '여'는 'ㅇ'과 모음 'ㅕ'가 붙어 있고, 문화돋움체와 중고딕체는 'ㅇ'과 'ㅕ'의 가로줄기가 떨어져 있다.

'여'의 'ㅕ' 모음의 세로줄기의 길이는 고딕체가 31.8㎜로 가장 길고, 문화돋움체와 중고딕체는 29.2㎜로 같다. 'ㅕ'의 가로줄기의 길이는 세 글자체가 다 위 가로줄기와 아래 가로줄기의 길이가 같은데, 고딕체는 6.8㎜, 문화돋움체는 7㎜, 중고딕체는 6.1㎜로 문화돋움체가 가장 길다. 'ㅕ'의 두 가로줄기의 안쪽 간격은 고딕체가 6㎜, 문화돋움체가 7㎜, 중고딕체가 5.8㎜로 문화돋움체가 약간 더 벌어져 있다.

문화돋움체는 두 개 가로줄기의 길이가 7㎜, 두 개의 간격이 7㎜로 세 글자체 중에서 가장 길고 넓으므로 '여' 글자의 무게중심이 잘 잡혀 있고, 안정성이 있다. 비슷한 길이의 고딕체는 'ㅇ'과 'ㅕ'가 붙어 있는데, 문화돋움체는 사이가 벌어져 있어 미려도는 물론 가독성도 좋다. 또한 'ㅕ' 세로줄기의 두께 역시 무시할 수 없다. 중고딕체는 2.1㎜로 가장 얇고, 고딕체와 문화돋움체는 2.5㎜와 2.4㎜로 거의 같다. 그러나 고딕체는 세로줄기의 머리 부분에 돌기가 달려 있어서 아름다움보다는 도리어 깨끗한 느낌을 주지 못하고 있으며, 무게중심이 오른쪽 위로 가게 되어 고딕체 '여' 글자 자체가 오른쪽으로 쓰러지려는 착시가 일어나기 쉽다.

'용'은 '모음 'ㅛ'자소의 추출용 음절이다. '용'의 초성 'ㅇ'과 받침 'ㅇ'은 '여'의 초성 'ㅇ'과 달리, 좌우가 긴 타원 모양이다. 고딕체의 초

성 'ㅇ'은 26㎜ × 11.8㎜이고, 문화돋움체는 21㎜ × 10.8㎜, 중고딕체는 21
㎜ × 10㎜로 고딕체의 초성이 가장 크다. 받침 'ㅇ' 역시 고딕체가 23.5
㎜ × 11.8㎜로 가장 크고, 문화돋움체는 21㎜ × 9.8㎜, 중고딕체는 21㎜ ×
10㎜이다.

중고딕체 '용'의 'ㅇ'은 초성과 받침의 모양과 크기가 같으나, 고딕체
와 문화돋움체는 초성의 'ㅇ'이 크고, 받침의 'ㅇ'이 작다. 고딕체는 초
성의 'ㅇ'과 받침의 'ㅇ'이 높이는 11.8㎜로 같으나, 좌우 길이가 초성이
26㎜이고 받침이 23.5㎜로 받침의 'ㅇ'이 2.5㎜ 좌우로 더 짧은 타원 모
양이다. 문화돋움체 역시 받침의 'ㅇ'이 초성보다 작으나 좌우는 21㎜
로 같고, 높이만 받침이 9.8㎜로 10.8㎜의 초성보다 1㎜ 더 낮은 타원
모양의 'ㅇ'이다. 문화돋움체의 받침의 'ㅇ'이 초성의 'ㅇ'보다 1㎜ 더
납작한 타원 모양이다.

'용'의 모음 'ㅛ' 가로줄기의 길이와 두께는 고딕체가 30.2㎜ × 2.5㎜,
문화돋움체가 29.2㎜ × 2.2㎜, 중고딕체가 29.2㎜ × 2㎜로 고딕체의 가로
줄기가 좌우로 가장 길고 두께가 굵다. 'ㅛ'의 왼쪽 세로줄기의 위치는
고딕체와 중고딕체가 가로줄기의 왼쪽 시작 위치에서 9.2㎜씩 떨어진
곳에 있고, 문화돋움체는 7.6㎜ 떨어진 곳에 있다. 고딕체와 문화돋움체
는 초성 'ㅇ'과 'ㅛ'의 2개 세로줄기가 붙어 있지만, 중고딕체는 붙지
않고 떨어져 있다. 'ㅛ'의 가로줄기와 초성 'ㅇ'과의 거리는 고딕체가
2.2㎜로 가장 짧고, 문화돋움체는 3㎜, 중고딕체는 3.8㎜이다.

'수' 음절은 모음 'ㅜ' 자소 추출용이다. '수'의 초성 'ㅅ'의 크기는
고딕체가 좌우 28㎜ × 높이 12.5㎜, 문화돋움체가 26.5㎜ × 10㎜, 중고딕
체가 27㎜ × 11㎜로 문화돋움체가 가장 작다. 고딕체는 'ㅅ'의 머리 부
분에 돌기가 달려 있다. 중고딕체도 원래 돌기를 달아야 하는 것이 원
칙이나 왼쪽 세로줄기(삐침줄기)의 시작 모양이 왼쪽으로 휘어서 내려
감으로 자연히 삼각형 모양이 나타나게 되어, 일부러 세모꼴 모양의
돌기를 달 필요가 없기 때문에 머리(시작) 부분에 돌기가 없다. 모음

위에 있는 초성 'ㅅ'과 'ㅜ'의 거리는 고딕체가 3㎜로 가장 좁고, 문화 돋움체가 4.8㎜로 가장 넓으며, 중고딕체는 3.2㎜이다.

문화돋움체의 '수'는 줄기의 굵기가 중고딕체보다 0.2㎜ 굵고, 'ㅅ'의 두 세로줄기의 벌어진 폭(안거리)이 가장 좁으므로 안정감이 있다. 또 한 'ㅅ'과 'ㅜ'의 거리가 가장 멀고 'ㅅ'의 높이가 가장 낮아서 가독성 이 뛰어나다.

'수'의 모음 'ㅜ'의 가로줄기의 길이는 30㎜인 고딕체가 가장 길고, 중고딕체는 29.2㎜, 문화돋움체는 29.4㎜이다. 가로줄기의 두께는 고딕 체가 2.5㎜, 문화돋움체가 2.2㎜, 중고딕체가 2㎜로 역시 고딕체가 가장 굵다. 'ㅜ'의 세로줄기의 길이와 두께는 고딕체가 13.5㎜ × 2.5㎜로 가장 길고 두꺼우며, 문화돋움체는 12㎜ × 2.3㎜, 중고딕체는 13㎜ × 2.2㎜이다.

[고딕체]   [문화돋움체]   [중고딕체]

음절 '였'의 초성 'ㅇ'은 고딕체가 16.6㎜ × 15㎜로 가장 크고, 문화돋 움체는 15.2㎜ × 14㎜, 중고딕체는 15㎜ × 13㎜이다. 모음 'ㅕ'의 세로줄 기는 고딕체가 18.4㎜, 문화돋움체가 18㎜, 중고딕체가 16.4㎜로 고딕체 와 문화돋움체가 비슷한 길이이다. 'ㅕ'의 가로줄기의 길이는 고딕체가 6.8㎜, 문화돋움체가 6㎜, 중고딕체가 6.3㎜로 문화돋움체가 가장 짧다.

'였'의 모음 'ㅕ'와 받침 'ㅆ'의 배치를 보면, 고딕체와 중고딕체는

'ㅕ'의 세로줄기의 아래끝 부분이 'ㅆ'보다 위에 위치하여 모음과 받침 사이에 공간이 있다. 그러나 문화돋움체의 '였'은 모음 'ㅕ'의 세로줄기 맨 끝보다 받침 'ㅆ'의 머리 부분이 약간 위로 높게 위치하고 있다.

'였'의 받침 'ㅆ'의 길이와 높이는 고딕체가 26㎜×12.8㎜이고 중고딕 체가 26㎜×11.5㎜이고, 문화돋움체는 28㎜×11.5㎜로 길이가 가장 길다.

[고딕체]　　　　[문화돋움체]　　　　[중고딕체]

'편'의 초성 'ㅍ'과 모음 'ㅕ'의 가로줄기의 위치는 모음의 아래쪽 가 로줄기의 왼쪽이 'ㅍ' 속으로 약간 들어간다. 초성 'ㅍ'에서 아래쪽 가 로줄기와 2개의 세로줄기가 전부 붙은 것이 고딕체와 중고딕체이고, 문화돋움체는 오른쪽 세로줄기의 밑 부분만 아래 가로줄기에 붙고, 왼 쪽 세로줄기는 위 가로줄기는 물론 아래 가로줄기와도 붙지 않고 있다. 'ㅍ'의 오른쪽 세로줄기의 머리(시작)부분은 3개의 글꼴 전부 다 돌기 가 달려 있다.

문화돋움체는 'ㅍ'이 모음 위에 올라가는 '퓨' 글자에서는 'ㅍ'의 오 른쪽 세로줄기의 시작 부분에 돌기가 없었다.

'편'의 모음 'ㅕ'의 세로줄기는 고딕체가 24.2㎜로 가장 길고, 문화돋 움체와 중고딕체는 같은 22.6㎜이다. 가로줄기의 길이는 고딕체가 7.2 ㎜, 문화돋움체가 6㎜, 중고딕체가 5.6㎜이다.

련 련 련

[고딕체] 　　[문화돋움체] 　　[중고딕체]

음절 '련'에서 초성과 모음의 위치가 글자꼴마다 다르다는 것을 알 수 있다. 고딕체는 초성 'ㄹ'의 오른쪽과 모음 'ㅕ'의 위 가로줄기가 붙어 있으며, 문화돋움체와 중고딕체는 떨어져 있다. '련'의 모음 'ㅕ'의 세로줄기 길이는 고딕체가 24.4㎜, 문화돋움체와 중고딕체가 23㎜이다.

'ㅕ'의 가로줄기 길이는 위 가로줄기와 아래 가로줄기가 같은데, 고딕체가 7.6㎜, 문화돋움체가 6.4㎜, 중고딕체가 6.1㎜이다. 문화돋움체는 'ㄹ'의 아래 가로줄기의 오른쪽 끝부분과 'ㅕ'의 가로줄기의 왼쪽(시작)부분을 수직으로 연장한 선과 일직선 상에 위치한다. 중고딕체는 'ㄹ'의 오른쪽을 수직으로 내려 그은 선보다 'ㅕ'의 왼쪽(가로줄기 시작 부분)을 수직으로 내려 그은 선이 뒤(오른쪽)로 1~2㎜ 가량 벌어져 있다.

문화돋움체의 '련'은 중고딕체보다 초성 'ㄹ'이 굵고 커서, 네모틀 안에서 무게 균형이 잘 잡혀 보인다.

9) '을 램 에' 음절 (ㅡ, ㅒ, ㅖ)

[고딕체]

을램에

[문화돋움체]

을 램 에

[중고딕체]

을램에

음절 '을'은 단모음 'ㅡ' 자소용으로 추출된 음절이다. '을'의 모음 위에 오는 초성 'ㅇ'의 크기는 고딕체가 25.1㎜ × 11.8㎜로 가장 크고, 문화돋움체는 21.5㎜ × 9.9㎜, 중고딕체는 21㎜ × 9.9㎜ 크기의 좌우로 긴 타원형이다. 'ㅇ' 자소의 모양은 모음의 왼쪽에 오는 경우에는 상하가 긴 타원, 모음의 위에 위치하는 경우에는 좌우로 긴 타원 모양이 되는 경우가 대부분이다.

'을'의 모음 'ㅡ'의 길이와 두께는 고딕체가 30㎜ × 2.5㎜로 가장 길고, 문화돋움체는 29㎜ × 2.1㎜, 중고딕체는 29㎜ × 1.9㎜로 문화돋움체와 중고딕체는 길이는 같은데 중고딕체의 두께가 조금 얇다. 초성 'ㅇ'과 모음 'ㅡ'의 거리는 고딕체와 중고딕체가 2.5㎜로 같고, 문화돋움체는 1.8㎜로 좁다. 모음 'ㅡ'와 받침 'ㄹ'과의 거리는 고딕체가 1.6㎜, 문화돋움체가 2.1㎜, 중고딕체가 2.6㎜로 가장 넓다. 그러나 모음 'ㅡ'의 위 초성과 아래(받침)의 거리 비례는 문화돋움체가 가장 이상적으로 위가 1.8㎜, 아래가 2.1㎜로 아래가 0.3㎜ 넓다. 반면에 고딕체는 위가 2.5㎜, 아래가 1.6㎜로 아래가 오히려 좁다. 중고딕체는 문화돋움체와 같이 아래가 약간 넓어서 위가 2.5㎜, 아래가 2.6㎜이다.

'을'의 받침 'ㄹ'은 고딕체가 23.5㎜ × 12.6㎜ 크기로 가장 크고, 문화돋움체는 22.5㎜ × 11.4㎜, 중고딕체는 21㎜ × 10.8㎜이다.

고딕체 '을'은 무게중심이 아래로 쏠려 있고, 중고딕체 '을'은 네모틀 안에서 무게 균형이 조화롭지 못하고 위와 아래가 따로 놀고 있는데, 문화돋움체의 '을'은 각 자소가 네모틀 속에서 조화를 이루고 있다.

음절 '램'은 모음 'ㅐ' 자소용으로 추출되었다. 고딕체는 초성 'ㄹ'의 아래 가로줄기와 모음 'ㅐ'의 왼쪽 세로줄기가 붙는다. 그러나 문화돋움체와 중고딕체는 초성과 모음이 서로 떨어진다. 고딕체는 'ㄹ'의 위 세로줄기와 'ㅐ'의 왼쪽 세로줄기의 거리가 2.3㎜이고, 문화돋움체는 4.8㎜, 중고딕체는 4.6㎜의 간격으로 고딕체의 2배이다. 'ㄹ'의 아래 가로줄기와 'ㅐ'의 왼쪽 세로줄기의 거리는 고딕체는 붙어 있으니 0㎜이고, 문화돋움체가 가장 먼 3.2㎜, 중고딕체는 1.8㎜이다.

모음 'ㅐ'의 왼쪽 세로줄기와 오른쪽 세로줄기의 길이는 셋 모두 오른쪽 세로줄기의 길이가 길다. 고딕체는 17.5㎜와 19㎜, 문화돋움체는 17.2㎜와 18㎜, 중고딕체는 17.2㎜와 18.2㎜이다. 'ㅐ'의 가로줄기의 길이는 셋 다 비슷하여, 고딕체와 중고딕체가 4㎜, 문화돋움체가 3.8㎜이다.

오른쪽 세로줄기의 몸통 폭은 고딕체가 2.5㎜, 문화돋움체가 2.2㎜, 중고딕체가 2㎜이다. 그러나 오른쪽 세로줄기의 머리 시작 부분은 돌기가 달려 있는 고딕체는 3.2㎜이고, 중고딕체는 2.5㎜로서 자기 몸통 두께보다 0.7㎜, 0.5㎜ 더 굵다.

'램'의 받침 'ㅁ'은 셋 다 아래에 굽이 달려 있다. 원칙적으로 돌기나 굽이 없는 네모체이지만, 문화돋움체에서 예외적으로 받침 'ㅁ'의 양쪽 세로줄기 아래에 굽이 나와 있다. 'ㅁ'이 받침으로 오는 경우와 달리, 'ㅁ'이 앞에 오는 '면' 같은 경우에는 문화돋움체만 아래 가로줄기에 굽을 달고, 고딕체와 중고딕체는 초성의 'ㅁ'에다 굽을 달지 않고 있다.
음절 '에'는 모음 'ㅔ' 자소 추출용 음절이다. 모음 'ㅔ'의 가로줄기의 길이는 고딕체가 3.1㎜로 가장 짧고, 문화돋움체와 중고딕체는 4.2㎜로 같다. 'ㅔ'의 두 세로줄기 사이의 간격(속간격)은 고딕체가 3.3㎜, 문화돋움체가 3㎜, 중고딕체가 4㎜로 중고딕체가 가장 넓다. 중고딕체의 '에' 글자는 무게중심이 좌측으로 쏠려 있다.

'ㅔ'의 왼쪽 세로줄기의 길이와 두께는 고딕체가 29.1㎜ × 2.5㎜로 가장 길고, 문화돋움체는 25㎜ × 2.2㎜, 중고딕체는 25.8㎜ × 2㎜이다. 오른쪽 세로줄기 역시 고딕체가 31.8㎜ × 2.5㎜로 가장 길고 굵으며, 문화돋움체는 29.2㎜ × 2.4㎜, 중고딕체는 29.2㎜ × 2㎜이다. 고딕체는 두 세로줄기의 차이가 2.7㎜이고 문화돋움체는 4.2㎜, 중고딕체는 3.4㎜로, 앞의 세로줄기가 아주 짧고 뒤의 세로줄기가 긴 문화돋움체가 예쁘게 보이는 이유 중의 하나이다. 문화돋움체의 차이가 4.2㎜이고 중고딕체의 차이가 3.4㎜로 0.8㎜밖에 차이가 안 나는데 왜 더 예쁘냐 하면, 중고딕체는 두 세로줄기의 굵기가 2㎜로 일정하고, 문화돋움체는 앞은 2.2㎜, 뒤는 2.4㎜로 0.2㎜라는 약간의 차이지만, 굵기에 변화를 주었기 때문에 아름다운 것이다.

[고딕체] [문화돋움체] [중고딕체]

음절 '텐'의 모음 'ㅖ'의 크기는 세로줄기 머리부분의 돌기를 포함하여 고딕체가 12.5㎜×23.2㎜이고 문화돋움체가 13㎜×22.5㎜, 중고딕체가 13㎜×22㎜이다. 물론 문화돋움체의 세로줄기의 머리부분에는 돌기가 없다. 고딕체와 중고딕체의 초성 'ㅌ'의 가운데 가로줄기의 수평 위치와 모음 'ㅖ'의 가로줄기의 수평 위치는 서로 연결선을 긋는다면 높이가 같은 수평이 된다. 그러나 문화돋움체 '텐'은 가독성과 변별성을 고려하여 'ㅌ'의 가운데 줄기의 수평 위치보다 'ㅖ'의 가로줄기의 수평 위치를 낮게 잡았다.

10) '화 원 된' 음절(ㅘ, ㅝ, ㅚ)

[고딕체]

화원된

[문화돋움체]

화 원 된

[중고딕체]

화 원 된

음절 '화'는 모음 'ㅘ' 자소용으로 추출된 음절이다. 'ㅘ'의 앞부분 'ㅗ'의 세로줄기의 길이는 고딕체가 왼쪽이 3.2㎜, 문화돋움체가 2.1㎜, 중고딕체가 3㎜로 문화돋움체가 가장 짧다. 'ㅗ'의 가로줄기의 길이는 고딕체가 21㎜, 문화돋움체가 21.5㎜, 중고딕체가 20.5㎜로 문화돋움체가 가장 길다. 'ㅗ'의 가로줄기는 왼쪽에서 오른쪽으로 약간씩 휘어 올라가는데, 그 올라가는 각도는 셋 다 비슷하다. '화'에서 'ㅗ'와 'ㅏ'의 사이는 고딕체와 중고딕체가 2.2㎜로 같고, 문화돋움체가 1㎜로 가장 좁다. 'ㅏ'의 세로줄기 길이와 두께는 고딕체가 31.1㎜와 2.5㎜이고 문화돋움체는 29.1㎜와 2.2㎜, 중고딕체는 29㎜와 2.1㎜로 고딕체의 세로줄기가 가장 길고 굵다. 'ㅏ'의 가로줄기의 길이는 반대로 고딕체가 4.2㎜로 가장 짧고, 문화돋움체는 4.8㎜, 중고딕체는 5.5㎜이다. 고딕체와 중고딕체의 'ㅏ' 세로줄기의 머리에는 돌기가 붙어 있다.

음절 '원'은 'ㅝ' 모음 추출용 음절이다. 'ㅝ'의 'ㅜ' 가로줄기와 세로줄기의 길이는 고딕체가 22㎜와 6.8㎜이고, 문화돋움체와 중고딕체가 20㎜와 5.4㎜로 같다. 'ㅜ'의 가로줄기의 끝(오른쪽)과 'ㅓ'의 세로줄기와

의 간격은 고딕체가 2.5㎜로 가장 좁고, 문화돋움체와 중고딕체가 3㎜
로 같은 간격이다. 'ㅓ'의 세로줄기와는 붙지 않고 간격이 있는 것은
분명하지만, 'ㅓ'의 가로줄기와는 사정이 다르다. 'ㅓ'의 가로줄기는 'ㅜ'
의 가로줄기 밑으로 들어와서 서로 겹쳐지는 선상에 위치한 것이다.
서로 겹쳐지는 부분의 거리(간격)는 고딕체가 2.5㎜로 가장 조금이고, 문
화돋움체와 중고딕체는 4㎜씩으로 같다.

본문체인 문화바탕체에서는 가독성을 고려하여 '원'의 'ㅝ' 모음 중
에서 'ㅜ'의 세로줄기의 모양을 문화돋움체의 '원'처럼 수직으로 똑바로
내려오게 그리지 않고 왼쪽으로 휘어 내려오다가 'ㄴ' 받침의 위쪽에서
왼쪽으로 지나가게 그리도록 하였다.

'ㅝ'에서 'ㅓ' 부분의 세로줄기의 길이와 두께는 고딕체가 26㎜ × 2.5
㎜, 문화돋움체가 23.1㎜ × 2.3㎜, 중고딕체가 23㎜ × 2.1㎜로 고딕체가 가
장 길고 두껍다. 고딕체와 중고딕체는 시작 부분에 돌기가 달려 있다.
음절 '된'은 모음 'ㅚ' 자소의 추출용 음절이다. 'ㅚ'에서 'ㅗ' 부분의
세로줄기와 가로줄기의 길이는 고딕체가 3.2㎜ × 22㎜이고 문화돋움체는
5㎜ × 22.2㎜, 중고딕체는 5㎜ × 21.8㎜로 문화돋움체가 가장 높고 길다.
'ㅗ'의 가로줄기는 '화'의 'ㅗ'와 같이 오른쪽으로 갈수록 약간씩 위로
휘어 올라간다. 'ㅗ'의 가로줄기의 왼쪽 시작 부분에는 세 글자체가 모
두 돌기(굽)가 달려 있다.

'ㅗ'와 'ㅣ'의 벌어진 거리는 고딕체가 2.4㎜로 가장 넓고, 문화돋움체
가 1㎜, 중고딕체가 1.4㎜이다. 'ㅣ' 세로줄기의 길이는 고딕체가 24.5㎜
로 가장 길고, 문화돋움체와 중고딕체가 22.9㎜로 같다. 두께는 고딕체
가 2.5㎜, 문화돋움체가 2.3㎜, 중고딕체가 2.1㎜이다.

궐 궐 궐

[고딕체]　　　[문화돋움체]　　　[중고딕체]

　'궐'의 'ㅝ' 모음에서 'ㅜ'의 세로줄기의 밑(끝)부분과 받침 'ㄹ'과의 거리가 고딕체는 간격 없이 붙어 있고, 문화돋움체와 중고딕체는 약간씩 떨어져 있다. 'ㅜ'의 세로줄기의 길이는 고딕체가 3.2㎜, 문화돋움체는 4.4㎜이고, 중고딕체는 4.6㎜로 가장 길다. 'ㅜ'의 세로줄기의 오른쪽 부분과 'ㅓ'의 가로줄기의 왼쪽(시작) 부분과의 거리는 고딕체가 7.5㎜로 가장 멀고, 문화돋움체는 4.8㎜, 중고딕체는 5㎜이다. 'ㅓ'의 세로줄기의 길이는 고딕체가 18㎜로 가장 길고, 문화돋움체가 15.6㎜, 중고딕체가 17.5㎜이다.

11) '의' 음절(ㅢ)

[고딕체]　　　[문화돋움체]　　　[중고딕체]

　음절 '의'는 모음 'ㅢ' 자소용으로 추출된 음절이다. '의'의 초성 'ㅇ'의 크기는 고딕체가 16.6㎜ × 15㎜로 가장 큰 타원이다. 문화돋움체는

14.8㎜×13㎜, 중고딕체는 15.5㎜×12.5㎜로 상하보다 좌우가 약간 긴 타원 모양이다. 타원이지만 상하 지름이 더 커 보이는 착시 때문에 거의 원으로 보인다. 모음 'ㅚ'의 가로줄기의 길이는 고딕체가 22.5㎜, 문화돋움체가 22㎜, 중고딕체가 21㎜로 고딕체가 가장 길다.

'ㅚ'의 가로줄기와 세로줄기는 서로 떨어져 있는데, 그 간격은 고딕체가 1.5㎜, 문화돋움체가 1.1㎜이고 중고딕체가 2㎜로 가장 멀다. 세로줄기의 길이는 고딕체가 32㎜로 가장 길고, 문화돋움체와 중고딕체는 같은 길이 29.1㎜이다. 세로줄기의 두께(폭)는 고딕체가 2.5㎜로 가장 굵고, 문화돋움체는 2.2㎜, 중고딕체는 2.1㎜이다.

'의'에서 'ㅚ' 모음의 가로줄기 모양은 문화돋움체에서는 드물게, 시작 부분의 아래쪽에 삼각형 모양의 돌기(굽)를 달아주었다. 이는 돌기가 없이 바로 오른쪽으로 휘어 올라갈 때의 어색함을 보충하여 줌은 물론 왼쪽에다 무게를 더해 주는 역할을 한다. 이 돌기를 다는 문제는 'ㅘ'나 'ㅝ', 'ㅚ'의 'ㅡ' 자소 때도 마찬가지로 적용된다.

[고딕체]   [문화돋움체]   [중고딕체]

'윙'에서 모음 'ㅟ'의 'ㅜ'자소의 가로줄기의 길이는 고딕체가 21.8㎜이고 문화돋움체가 22㎜로 가장 길며, 중고딕체는 21.4㎜이다. 'ㅜ'의 세로줄기의 길이는 고딕체와 문화돋움체가 3.2㎜로 같고, 중고딕체는 3.4㎜이다. 'ㅟ'에서 'ㅣ' 자소의 세로줄기 길이는 고딕체가 22㎜로 가장

길고, 문화돋움체는 18.8㎜, 중고딕체는 18.5㎜이다. 'ㅣ'의 두께는 고딕
체가 2.5㎜, 문화돋움체가 2.3㎜, 중고딕체가 2㎜로 역시 고딕체가 가장
두껍다.

12) 한글 문화돋움체와 고딕체 글자꼴 분석 결과

지금까지 30개 자소(자음 자소 14개, 단모음 자소 10개, 복모음 자소
6개)가 포함된 25개의 대표 한글 음절을 살펴보고, 11개의 음절을 추가
로 살펴보았다.

[표 5] 음절 9개 군 25 음절(괄호 속은 11개 추가 음절)

1) 가 는 다 (각)	2) 로 면 보 (밥)
3) 서 이 자 (잦)	4) 치 컴 터 (춘)
5) 퓨 하 야 (균)	6) 여 용 수 (였, 편, 련)
7) 을 램 에 (텐)	8) 화 원 된 (궐)
9) 의 (윙)	

한글 문화돋움체가 한글 네모체를 쓰는 문화관광부 원칙에 따라서
제작한 글꼴이다. 한글 고딕체와 한글 중고딕체의 글꼴 중에서 문화돋
움체와 다른 것은 글꼴 제정 원칙과 비교하여, 디자인적인 차이가 아
니고, 글꼴 쓰는 원칙에 어긋나는 것이면 고쳐야 할 것이다. 본 논문에
서는 1만 1172개의 음절 중 36개 음절만 대표로 비교했을 때 나타난
결과이므로, 1만 1172자를 다 비교한다면 잘못된 글자가 엄청나게 많
이 나올 것이다.

[표 6] 가나다순으로 정리한 36개 음절

가, 각, 퀄, 균, 는,	다, 된, 램, 련, 로,
면, 밥, 보, 서, 수,	야, 에, 여, 였, 용,
원, 윙, 을, 의, 이,	자, 잦, 춘, 치, 컴,
터, 텐, 편, 퓨, 하,	화

문화바탕체 10P. 고딕체 네모체 10P. 고딕체 10P.	문화돋움체 문화돋움체 10P.	중고딕체 중고딕체 10P.
1. '가는다' 12P.	1. '가는다' 12P.	1. '가는다' 12P.
2. '로면보' 음절	2. '로면보' 음절	2. '로면보' 음절
3. '서이자' 음절	3. '서이자' 음절	3. '서이자' 음절
4. '치컴터' 음절	4. '치컴터' 음절	4. '치컴터' 음절
5. '퓨하야' 음절	5. '퓨하야' 음절	5. '퓨하야' 음절
6. '여옹수' 음절	6. '여용수' 음절	6. '여용수' 음절
7. '을램에' 음절	7. '을램에' 음절	7. '을램에' 음절
8. '화원된' 음절	8. '화원된' 음절	8. '화원된' 음절
9. '의' 음절.....	9. '의' 음절.....	9. '의' 음절........
고딕체 11P.	문화돋움체 11P.	중고딕체 11P.

[그림 2] 10P., 11P., 12P. 크기의 네모체 비교

13) 마무리

한글 고딕체와 한글 중고딕체를 한글 문화돋움체와 비교·검토하였다. 한글 네모체는 원칙적으로 굽이나 돌기를 달지 않고 긴네모만으로 조합되는 글자꼴이다. 이는 로만 알파벳의 돌기 없는 산세리프 글꼴과 비슷하다. 그러나 한글 네모체 자소 중에서 자음으로는 미음(ㅁ), 모음으로는 이중모음 '나, ㅚ, ㅝ, ㅢ'의 가로줄기 부분 등에 예외적으로 굽이나 돌기를 달아준다. 자음 자소와 모음 자소가 네모틀 안에서 위치에 따라 크기와 모양이 변하는 한글은 받침 없는 글자인 로만 알파벳보다 훨씬 복잡한 조합 원리를 갖는다. 특히, 착시 현상이 발생하는 정도가 로만 알파벳보다 심하다.

현재 시중에서 통용되는 만 원짜리의 '권'자는 'ㅜ'의 가로줄기와
'ㅓ'의 가로줄기가 같은 높이에 위치하여 'ㅝ'가 'ㅟ'와 같이 보인다.
'원'자는 'ㅓ'의 가로줄기 위치가 'ㅜ'의 가로줄기보다 높이 있어서 문
화관광부에서 제정한 글자꼴 원칙 'ㅝ'에 어긋나는 모양을 하고 있다.
'ㅜ'모음의 네모틀 속에서의 위치가 좌우뿐 아니라 상하 높이도 중요하
다는 것을 보여 주는 것이다.

[그림 3] 지폐 만 원 권의 '권 / 원'과 문화돋움체의 '권 / 원'

음절의 크기를 비교해 보면, 한글 고딕체, 한글 문화돋움체, 한글 중
고딕체의 세 글자체 중에서는 한글 고딕체가 가장 크게 보였다. 한글
고딕체는 줄기의 두께가 굵고 줄기의 길이가 길다. 반면에, 줄기의 두
께가 얇은 한글 중고딕체의 경우, 크기는 한글 문화돋움체와 비슷하나
약하게 보인다. 받침이 없는 모음의 세로줄기의 길이는 대개 고딕체가
32㎜로 문화돋움체나 중고딕체보다 3㎜가량 길었다. 줄기의 두께는 평
균적으로 문화돋움체가 2.2㎜이고 고딕체는 이보다 0.3㎜ 굵은 2.5㎜이
고, 중고딕체는 문화돋움체보다 0.2㎜ 얇은 2㎜이다. 그러나 모음 'ㅏ'의
세로줄기 평균 두께(폭)는 문화돋움체가 2.4㎜였다.

네모틀 안에서의 자소나 줄기 간의 거리(속간격)를 제외하고, 'ㅏ' 모
음, 'ㅡ' 모음, 자음 'ㅇ'의 세 가지만 살펴보아도 한글 고딕체, 한글 문

화돋움체, 한글 중고딕체의 특징이 나타난다. 그러므로 한글 고딕체는 자소를 약간 작게 제작하고, 한글 중고딕체는 줄기의 두께를 약간 굵게 제작하면 좀더 미려한 모양의 글꼴이 되리라 생각한다.

한글 네모체 글꼴에서 가로줄기나 세로줄기의 두께, 길이, 줄기 간의 거리, 줄기의 모양 등 어느것 하나 중요하지 않은 것이 없다. 이러한 자형의 문제도 중요하지만, 근본적으로 틀린 글자꼴을 활자로 사용하면 안 된다는 것이다. 대표적인 것이 'ㅟ' 모음의 모양이다. 이것은 비단, 책이나 신문뿐 아니라, 동전이나 지폐에 사용되는 한글 글자꼴도 원칙에 맞는 글자꼴을 사용하도록 하여야 할 것이다.

[참고문헌]

세종대왕기념사업회, 한글 글자본 제정 -1992년 제2차년도 한글 네모체 및 옛한글 글자본-, 문화부,1992
손애경, 전자출판에 있어서의 바람직한 한글 코드 설정에 관한 기초적 제언, 동국대 정보산업대학원, 1990
온기홍, '옛글까지 표현 가능한 한글코드 필요', 전자신문, 2001.11.15
이기성, 출판용 한글글꼴 및 세라믹 활자 개발에 관한 연구, 경기대 대학원, 2000
홍윤표, 글꼴1998, '한글 자형의 변천사', 한국글꼴개발원, 1998
한국전자출판연구회, 출판논총 제1집, (주)장왕사, 1995
한국전자출판연구회, 출판논총 제2집, (주)장왕사, 2000

4. 한글 제목체

한글의 본문체 글자꼴과 한글 제목체 글자꼴은 둘 다 비슷하게 보인다. 그러나 두 체에는 분명 차이점이 있다. 이것은 바로 자소의 모양 차이이다. 이 차이를 모르고 본문체를 확대하여 제목체로 사용하면 되니까, 한글 제목체를 개발할 필요가 없다고 주장하는 난센스도 가끔 발생하고 있다.

1) 한글 본문체와 한글 제목체

한글 본문체의 음절을 구성하는 자소와 한글 제목체의 자소를 비교하기 위하여 자소의 세부 명칭을 우선 알아보자. 한글 자소를 낱자라고도 하며, 자소는 줄기(선)로 구성된다. 줄기는 크게 가로줄기와 세로줄기로 2분 된다. 다만, 'ㅇ'의 경우에는 둥근줄기로 부를 수 있으며, 'ㅅ'의 경우 세로줄기가 사선으로 삐쳐 나온 모양을 한 경우에는 삐침줄기로 부를 수 있다. 'ㅊ, ㅎ'처럼 맨 위의 짧은 가로줄기는 점이나 꼭지점으로 부르기도 하는데, 이렇게 점(꼭지점)의 명칭을 허락하는 경우에는 자소를 줄기와 점으로 구성된다고 본다.

가로줄기는 닿소리 글자와 홀소리 글자에서 가로로 그은 선을 말하며, 세로줄기는 닿소리와 홀소리의 세로로 그은 선을 말한다. 줄기는 놓이는 자리에 따라 가로, 세로를 붙이지만, '위, 가운데, 아래, 왼, 오른' 등의 말을 추가할 수 있다.

한글 제목체에는 본문체(바탕체)의 제목체인 본문제목체와 네모체(돋움체)의 제목체인 네모제목체가 있다. 여기에서는 한글 대표 음절 25개를 9개로 나누어서 한글 문화바탕제목체와 한글 문화바탕체를 대비시켜 살펴본다.

2) '가 는 다' 음절

가 는 다
가 는 다

음절 '가'는 'ㄱ' 자소용으로 추출된 음절이다. 본문체 글자인 '문화바탕체' 글꼴과 제목체 글자인 '문화바탕제목체'를 비교했다. 본문체 '가'를 100 포인트로 확대하여 제목체의 '가'와 같은 크기로 만들었다.10)

---

10) '1991년 제1차년도 교과서 본문용 한글 글자본', 세종대왕기념사업회, 문화부
    '1993년 제3차년도 제목용 한글 글자본', 세종대왕기념사업회, 문화체육부

‘가 는 다’의 두 줄 중에서 위쪽의 획이 가는 글꼴이 한글 본문체이
고, 아래쪽에 있는 획이 굵은 것이 한글 제목체이다. 우선 ‘ㄱ’의 굵기
와 길이가 다른 것이 눈에 띈다. ‘ㄱ’에서 왼쪽에서 오른쪽으로 그은
직선인 가로줄기의 윗부분에서 본문체와 제목체가 일치하고 있는데, 이
는 본문체의 가로줄기를 제목체의 가로줄기의 가운데에 위치시키고 아
래, 위로 굵게 한 것이 아닌 것을 의미한다. 또한 가로줄기의 첫돌기와
오른쪽에 있는 맺음돌기의 각도 역시 본문체와 제목체가 차이가 많다.
‘ㄱ’의 세로줄기(왼쪽 삐침줄기)의 길이는 본문체와 제목체가 같다.

음절 ‘는’은 ‘ㄴ’ 자소용으로 추출된 음절이다. ‘ㅡ’ 위에 있는 ‘ㄴ’은 본
문체가 제목체보다 가늘기는 하지만 가로줄기는 도리어 약간 길다. ‘ㄴ’
역시 ‘ㄱ’의 경우와 같이 첫돌기와 맺음돌기의 각도가 서로 다르다.

음절 ‘다’는 ‘ㄷ’ 자소용과 단모음 ‘ㅏ’ 자소의 두 가지 용도로 추출
됐다. ‘ㄷ’의 아래 가로줄기의 맺음 부분이 본문체에서는 단모음 ‘ㅏ’의
세로줄기에 닿아 있으나 제목체에서는 떨어져 있다. ‘ㄷ’의 위 가로줄
기의 길이도 본문체가 제목체보다 길다. ‘ㄷ’의 아래 가로줄기의 삐치
는 각도는 제목체가 본문체보다 더 크다.

‘ㅏ’의 세로줄기는 본문체와 제목체의 길이가 같으나 시각적으로는
본문체의 세로줄기가 더 길어 보인다. ‘ㅏ’의 가로줄기(오른쪽 곁줄기)
의 오른쪽의 맺음돌기가 본문체에서는 확실한 각도를 갖고 있으나, 제
목체의 맺음돌기는 두루뭉술한 모양이다.

3) '로 면 보' 음절

로 면 보

로 면 보

위에 있는 것이 문화바탕체이고 아래에 있는 것이 문화바탕제목체이다. 음절 '로'는 'ㄹ' 자소와 'ㅗ' 자소용으로 추출된 음절이다. 'ㄹ'의 맨 위 가로줄기의 길이는 본문체가 제목체보다 약간 짧다. 가운데 가로줄기는 본문체의 첫돌기가 제목체의 첫돌기보다 약간 앞(좌측)으로 나가 있다.

'ㅗ'의 세로줄기의 윗부분과 아랫부분의 굵기의 변화는 본문체보다 제목체가 약간 더 크다. 'ㅗ'의 밑줄인 가로줄기는 본문체와 제목체가 밑(아래쪽 테두리)에 선이 맞는다. 가로줄기를 제목체의 가로줄기의 위쪽 테두리와 아래쪽 테두리의 가운데다 위치시키고 아래위로 굵게 한다면 모양이 달라지게 된다. 이것은 컴퓨터로 가로줄기나 세로줄기의 굵기를 조절함으로써 본문체 활자에서 제목체 활자를 만들어내는 것이 불가능하다는 것을 나타낸다. 'ㄹ'의 맨 위 가로줄기도 본문체가 제목체의 맨 위 가로줄기의 가운데에 위치하지 않고 윗부분(위쪽 테두리)에 위치한다는 것 역시 중요하다. 본문체의 '로'와 제목체의 '로'는 아래위 길이가 같고 굵기만 다르다.

　음절 '면'은 'ㅁ' 자소용으로 추출된 음절이다. 'ㅁ'의 위 가로줄기의 첫돌기와 맺음돌기는 본문체가 바탕체보다 날카롭다. 시각적으로 본문체의 첫돌기가 제목체의 첫돌기보다 길어 보이나 실제 길이는 같다. 왼쪽 세로줄기의 아래쪽 맺음은 본문체나 제목체나 둘 다 아래 가로줄기보다 밑으로 내려와 굽이 달린 형상이다. 'ㅂ'은 양쪽 모두 아래에 굽이 있지만, 'ㅁ'은 한쪽에만 굽이 있다. 제목체 'ㅁ'의 오른쪽 세로줄기는 'ㅕ'의 위 가로줄기(왼쪽 곁줄기)와 붙어 있지만 본문체는 떨어져 있다.

　음절 '보'는 'ㅂ' 자소용으로 추출된 음절이다. 본문체 'ㅂ'의 세로줄기는 2개 다 제목체의 세로줄기보다 길다. 글자 크기를 맞추고 중심을 맞추기 위하여 획이 가는 본문체의 'ㅂ'은 제목체보다 길어진 것이다. 본문체 'ㅂ'의 가로줄기는 위 것은 제목체 가로줄기의 윗부분(위쪽 테두리)에, 아랫것은 제목체 가로줄기의 아랫부분(아래쪽 테두리)에 위치시켜야 맞다. 제목체의 왼쪽 세로줄기의 맺음 부분은 거의 정삼각형 모양을 하고 있다. 제목체의 'ㅂ'과 'ㅗ'는 본문체와 달리 사이가 떨어져 있다.

4) '서 이 자' 음절

음절 '서'는 'ㅅ' 자소와 단모음 'ㅓ' 자소용으로 추출된 음절이다. 본문체 'ㅅ'의 왼쪽 세로줄기(삐침줄기)는 제목체의 왼쪽 세로줄기보다 각도가 더 크다. 본문체 'ㅅ'의 왼쪽 세로줄기를 제목체의 왼쪽 세로줄기 위에 겹쳐 보면 첫돌기의 시작 부분은 같이 시작되나 맺음 부분에 가서는 제목체 것이 조금 위로 올라간 것을 알 수 있다.

'ㅓ'의 세로줄기는 제목체와 본문체가 오른쪽(오른쪽 테두리)에서 맞는다. '서'자는 본문체와 제목체가 좌우 길이와 상하 높이가 같으나 획의 굵기만 다르다. 'ㅓ'의 가로줄기(왼쪽 곁줄기)의 길이는 본문체가 제목체보다 더 길다.

음절 '이'는 'ㅇ' 자소와 단모음 'ㅣ' 자소용으로 추출된 음절이다. 본문체 'ㅇ'의 위 꼭지 부분인 상투는 가늘고 길며, 상투의 윗부분에서 아래(둥근줄기)로 내려올 때 왼쪽으로 약간 휘어 내려온다. 반면에 제목체 'ㅇ'의 상투는 굵고 뭉뚝하다. 시각적으로 제목체 상투의 길이가 본문체의 상투보다 짧아 보이나 사실은 같은 길이다. 제목체 'ㅇ'의 상하 높이가 본문체 'ㅇ'보다 굵은 두께만큼 크다. 상투에 이어진 동그란 원모양의 둥근줄기의 두께는 본문체에서는 일정하지 않으나 제목체에서는 거의 일정한 두께를 갖는다.

'ㅣ'는 본문체나 제목체나 그 높이가 같다. 본문체의 'ㅣ'의 높이가 제목체의 'ㅣ'보다 더 높아 보이지만 실제로 대보면 높이가 똑같다. 본문체의 '이'의 'ㅇ'의 위치가 왼쪽은 제목체의 'ㅇ'의 왼쪽(왼쪽 테두리)과 맞고, 세로줄기 'ㅣ'의 오른쪽은 제목체 'ㅣ'의 오른쪽 끝(오른쪽 테두리)과 맞는다. 이것은 '이'의 좌우폭이 본문체나 제목체나 같다는 것을 뜻한다. 그러나 'ㅇ'과 'ㅣ'의 사이는 본문체가 제목체보다 더 넓다. 'ㅣ'의 맨 위의 첫돌기(머리 부분)도 본문체가 제목체보다 더 날카롭고 각도도 크다.

음절 '자'는 'ㅈ' 자소용으로 추출된 음절이다. 한글 쓰는 원칙에 따라 본문체나 제목체나 둘 다 3획의 지읒 모양이다.[11]

'ㅈ'의 맨 위의 가로줄기의 오른쪽 끝에서 이어져 왼쪽으로 휘어나온 세로줄기(왼 삐침줄기)와 세로줄기의 중앙에서 오른쪽으로 나온 세로줄기(오른삐침줄기)의 2획으로 된 지읒(ㅈ)과 가로줄기 1획을 마치고 가로줄기의 가운데서 왼쪽으로 나온 왼 삐침줄기 1획과 왼삐침줄기의 중앙에서 다시 오른쪽으로 나온 오른 삐침줄기 1획으로 구성된 3획의 지읒(ㅈ)이 혼용되어 사용되던 것을 1991년에 문화체육부에서 3획의 지읒 모양(ㅈ)으로 정했다. 따라서, 2획의 'ㅈ'은 잘못된 것이다.

5) '치 컴 터' 음절

치 컴 터
치 컴 터

음절 '치'는 'ㅊ' 자소용으로 추출된 음절이다. 한글 쓰는 원칙에 따라 본문체나 제목체나 둘 다 4획의 치읓 모양(ㅊ)이다. 'ㅊ'의 맨 위의 짧은 가로줄기(점, 꼭지점)의 1획과 꼭지점 밑의 가로줄기 1획, 가로줄기의

---

11) 한글 글자본 제정, 주관연구기관 사단법인 세종대왕기념사업회, 문화체육부, 1991년 11월 27일 한글 글자체 표준 본그림(원도) 제정 원칙 제정(1991년 12월 14일 공청회 개최).

가운데서 왼쪽으로 나온 왼 삐침줄기 1획과 왼 삐침줄기의 중앙에서 다시 오른쪽으로 나온 짧은 오른 삐침줄기 1획으로 구성된 4획의 치읓(ㅊ)이 올바른 치읓 모양이다. 3획의 치읓 모양(ㅊ)은 잘못 써진 것이다. 본문체의 오른쪽으로 삐친 오른 삐침줄기의 끝부분 맺음은 맺음돌기 모양을 확실히 하고 있으나, 제목체의 끝부분은 돌기 모양이 애매한 맺음을 하고 있다. 제목체 'ㅊ'의 오른 삐침줄기의 맺음은 둥그렇게 생겨서 오른 삐침줄기 전체 모양이 세모꼴에 가깝다. 치읓 역시 본문체의 획을 굵게만 한다고 해서 제목체가 될 수 없는 것을 보여 준다.

음절 '컴'은 'ㅋ' 자소용으로 추출된 음절이다. 본문체 'ㅋ'의 맨 위 가로줄기는 오른쪽의 꺾이는 부분(꺾임)이 돌기처럼 강조돼 있으나 제목체는 꺾이는 분이 뭉뚝한 모양이다. 기역 모양의 가운데에 있는 가로줄기의 길이는 본문체가 제목체보다 길어 보이나 실제는 같은 길이이다. 제목체는 'ㅋ'의 왼쪽으로 삐쳐진 세로줄기(왼 삐침줄기)의 오른쪽이 모음 'ㅓ'와 붙어 있으나 본문체는 떨어져 있다.

음절 '터'는 'ㅌ' 자소용으로 추출된 음절이다. 본문체 'ㅌ'의 맨 위 가로줄기는 제목체와 길이가 같으나, 가운데 가로줄기와 아래 가로줄기는 제목체가 약간 더 길다. 첫 번째(위) 가로줄기와 두 번째(가운데) 가로줄기의 오른쪽 끝부분의 맺음돌기가 본문체에서는 확실한 돌기 모양을 하고 있으나 제목체에서는 획이 두꺼운 관계상 애매한 돌기 모양을 이룬다. 본문체의 가운데 가로줄기의 길이가 제목체보다 짧아 오른쪽 모음 'ㅓ'와의 간격이 넓으나 제목체는 간격이 거의 없다.

6) '퓨 하 야' 음절

퓨 하 야
퓨 하 야

음절 '퓨'는 'ㅍ' 자소와 단모음 'ㅠ' 자소용으로 추출된 음절이다. 본문체 'ㅍ'의 위 가로줄기는 오른쪽의 맺음돌기의 크기 및 굵기와 일직선 가운데(허리 부분)의 굵기에 차이가 심하여 경쾌한 맛을 주나, 제목체는 위 가로줄기의 굵기의 차가 많지 않아 맺음돌기의 아름다운 효과를 보지 못하고 있다. 'ㅍ'에서 바깥쪽의 아래로 내리그은 오른쪽 세로줄기의 경사는 본문체가 제목체보다 각도가 크다. 작은 크기의 활자일 때의 'ㅁ' 자소와 확실히 구별하기 위해서 'ㅍ' 자소는 위 가로줄기와 2개의 세로줄기가 서로 떨어지도록 제작된 점을 유의하자.[12]

단모음 'ㅠ' 자소 모양은 왼쪽 세로줄기가 크게 다르다. 본문체는 왼쪽 세로줄기가 왼쪽으로 확실하게 휘어 올라가는 모양인데, 제목체는 왼쪽 세로줄기의 맨 아랫부분인 맺음에 와서야 약간 왼쪽으로 벌어지는 모양이다. 또한 왼쪽의 세로줄기나 오른쪽의 세로줄기나 둘 다 본문체의 길이가 제목체보다 길다.

---

12) '표준 컴퓨터 한글체 완성 – 문화부 폰트 자소 프로그램 개발 – 발표', 조선일보, 1993년 1월 14일자.

애당초 문화관광부에서 한글 본문체(문화부 바탕체)를 제작할 때 교과서용을 염두에 두고 제작하였으므로, 학생의 시력 보호와 한글의 미려성은 물론 변별력과 가독성 향상에 주안점을 두었다. 'ㅠ'와 'ㅝ', 'ㅈ'과 'ㅊ'이 그 대표적인 예이다.

음절 '하'는 'ㅎ' 자소용으로 추출된 음절이다. 'ㅎ'의 두 개의 가로줄기(꼭지점 하나, 가로줄기 하나) 밑에 있는 둥근줄기(둥근 이응)의 모양이 본문체와 제목체가 다르다. 본문체 'ㅇ'은 상투(감투) 모양이 약간 왼쪽으로 휘어 있는데, 제목체의 상투는 똑바로 내려온 모양을 하고 있다. 상투의 길이는 본문체 것이 약간 길다.

음절 '야'는 단모음 'ㅑ' 자소용으로 추출된 음절이다. 본문체 'ㅑ'의 세로줄기의 길이가 제목체 'ㅑ'의 세로줄기보다 길어 보이나 실상은 같다. 본문체 세로줄기에 붙어 있는 두 개의 가로줄기(오른쪽 곁줄기)의 왼쪽부분의 두께가 제목체보다 가늘어서 본문체의 가로줄기가 제목체의 가로줄기보다 길어 보이지만 대어보면 역시 길이는 같다.

7) '여 용 수' 음절

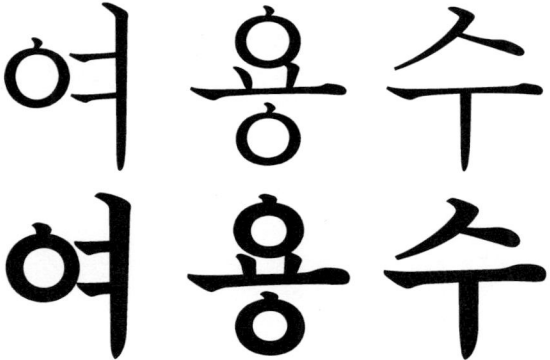

　음절 '여'는 단모음 'ㅕ' 자소용으로 추출된 음절이다. 본문체 'ㅕ'의
가로줄기(왼쪽 곁줄기)의 길이가 제목체 'ㅕ'의 가로줄기보다 많이 길어
보이나 실상은 조금 긴 정도이다. 제목체 세로줄기의 두께가 두껍기
때문에 많이 길어 보이는 것이다. 세로줄기의 길이도 본문체가 제목체
보다 아주 약간 길다. 본문체 'ㅕ'는 가로줄기 2개가 다 'ㅇ'과 떨어져
있으나 제목체는 아래쪽 가로줄기가 'ㅇ'과 붙어 있다.

　음절 '용'은 단모음 'ㅛ' 자소용으로 추출된 음절이다. 본문체 'ㅛ'의
왼쪽 세로줄기의 왼쪽으로 휜 각도가 제목체의 왼쪽 세로줄기의 각도
보다 크다. 제목체 'ㅛ'의 왼쪽 세로줄기는 거의 수직을 이루고 있다.
오른쪽 세로줄기의 길이는 본문체가 약간 길다. 'ㅛ'의 왼쪽 세로줄기
는 위의 자음 'ㅇ'과 떨어져 있으나, 오른쪽 세로줄기는 'ㅇ'과 붙어 있
는 점은 본문체나 제목체나 같다.

　음절 '수'는 단모음 'ㅜ' 자소용으로 추출된 음절이다. 본문체 'ㅜ'의
세로줄기가 제목체의 세로줄기보다 길게 보이나 실제는 같은 길이이다.
가로줄기의 길이는 제목체와 본문체가 같아 보이지만 실제는 제목체가
약간 길다. 본문체 'ㅜ'의 가로줄기의 오른쪽 맺음돌기는 가로줄기의 1
/ 6 정도에서 시작되고 있으나, 제목체는 가로줄기의 1 / 4 정도부터 맺
음돌기가 시작되고 있다.

8) '을 램 에' 음절

을 램 에
을 램 에

음절 '을'은 단모음 'ㅡ' 자소용으로 추출된 음절이다. 본문체 'ㅡ'의 가로줄기의 길이는 제목체의 가로줄기와 같게 보이나 실제는 제목체보다 짧다. 왼쪽의 첫돌기 모습과 맨오른쪽의 맺음돌기 모습이 본문체와 제목체가 서로 다르다. 본문체의 가로줄기의 중간(허리 부분)이 제목체보다 좀더 잘록하다.

음절 '램'은 모음 'ㅐ' 자소용으로 추출된 음절이다. 본문체 'ㅐ'의 왼쪽 세로줄기의 길이는 제목체의 왼쪽 세로줄기보다 길다. 오른쪽 세로줄기의 길이는 본문체와 제목체가 거의 같으나 본문체가 약간 길다. 두 세로줄기의 가운데 가로줄기의 위치는 본문체 가로줄기의 아랫부분(아래쪽 테두리)이 제목체 가로줄기의 아래 테두리 부분과 맞는다. 본문체 'ㅐ'의 가로줄기와 세로줄기를 굵게만 한다고 해서 제목체가 되지 않는다. 굵게 할 부분은 굵게 하고 뾰족하게 해야 할 부분은 제목체라도 뾰족하게 해야 한다. 제목체 'ㅐ'의 두 개의 세로줄기의 아래 끝부분은 본문체의 맺음 모습과는 아주 다른 역삼각형 모양을 하고 있음을 알 수 있다.

　음절 '에'는 모음 'ㅔ' 자소용으로 추출된 음절이다. 'ㅐ'와 같이 본문체 'ㅔ'의 왼쪽 세로줄기의 길이 역시 제목체의 왼쪽 세로줄기보다 길다. 오른쪽 세로줄기의 길이는 본문체와 제목체가 거의 같으나 본문체가 약간 길다. 가로줄기의 길이도 본문체가 제목체보다 길다. 가로줄기(왼쪽 곁줄기)의 위치는 본문체 가로줄기의 아랫부분이 제목체 가로줄기의 아랫부분(아래쪽 테두리)과 맞는다. 제목체 'ㅔ'의 가로줄기(앞쪽 'ㅓ'의 왼쪽 곁줄기)는 굵기가 일정하나 본문체는 왼쪽 시작 부분인 첫돌기의 모양이 맨 앞이 뾰족하고 중간은 역삼각형 모양이고 세로줄기에 닿는 부분은 다시 가는 형태를 하고 있다.

9) '화 원 된' 음절

화 원 된
화 원 된

　음절 '화'는 모음 'ㅘ' 자소용으로 추출된 음절이다. 'ㅘ'의 앞부분 'ㅗ'의 세로줄기의 길이는 본문체가 제목체보다 길다. 'ㅗ'부분의 가로줄기의 길이도 본문체가 더 길다. 'ㅘ'의 뒷부분 'ㅏ'의 세로줄기와 가로줄기의 길이는 본문체와 제목체가 둘 다 같다. 'ㅏ'의 가로줄기(오른쪽 곁줄기)의 위치는 본문체 가로줄기의 아래쪽 테두리 부분이 제목체

가로줄기의 아래쪽 테두리 부분과 맞는 위치이다.

　음절 '원'은 모음 'ㅝ' 자소용으로 추출된 음절이다. 'ㅝ'의 앞부분 'ㅜ' 의 세로줄기의 모양은 본문체와 제목체가 아주 다르다. 본문체의 세로줄 기는 왼쪽으로 45도가량이나 휘어 있다. 시옷이나 지읒의 왼쪽 삐침과 비슷할 정도이다. 왼쪽으로 휜 각도도 크지만 길이도 제목체보다 훨씬 길다. 본문체 'ㅝ'의 앞부분 'ㅜ'의 세로줄기가 왼쪽으로 상당히 휘어져 있으므로, 'ㅝ' 밑에 받침이 올 경우에 변별력이 상당히 좋아진다. 'ㅝ'의 뒷부분의 'ㅓ'의 가로줄기(왼쪽 곁줄기)가 'ㅜ'의 아래로 내려간 것은 훈 민정음 당시의 글자 쓰는 원칙과는 다르나 1991년 문화체육부에서 제정 한 본문체 쓰는 원칙에 의해 'ㅜ'의 아래로 내려가도록 제작했다. 'ㅓ'의 가로줄기(왼쪽 곁줄기)의 길이는 본문체가 제목체보다 약간 길다.

　음절 '된'은 모음 'ㅚ' 자소용으로 추출된 음절이다. 'ㅚ'의 앞부분 'ㅗ'의 세로줄기의 길이는 본문체가 제목체보다 약간 길며, 가로줄기의 길이도 본문체가 더 길다. 본문체의 'ㅗ'부분의 가로줄기는 'ㅚ'의 뒷부 분 'ㅣ'와 붙어 있으나 제목체는 'ㅣ'와 떨어져 있다. 'ㅣ'의 길이는 본 문체와 제목체가 서로 같다.

10) '의' 음절

본문체　　　　제목체

음절 '의'는 모음 'ᅴ' 자소용으로 추출된 음절이다. 'ᅴ'의 앞부분 'ㅡ'의 길이는 본문체가 제목체보다 약간 길다. 'ㅡ'부분의 두께가 달라서 본문체보다 제목체의 각도가 큰 것처럼 보이나 실제는 거의 같은 각도를 유지한다. 본문체에서 'ㅡ'와 'ㅣ'가 떨어진 거리가 제목체에서 떨어진 거리보다 약간 멀다.

11) 제목체 한글 활자와 본문체 한글 활자는 다르다

한글 본문체를 확대해서 한글 제목체로 사용할 수 있는가를 조사해 보았다. 그러나 앞에서 살펴본 9가지의 경우 모두 불가능하다는 것이 확인되었다.

한글 25개 음절 전부를 자소의 가로줄기, 세로줄기, 'ㅇ'의 상투와 둥근줄기, 'ㅊ'과 'ㅎ'의 꼭지점, 줄기의 시작 부분의 첫돌기와 끝 부분의 맺음돌기와 맺음 등을 자세히 검토한 결과, 본문체 자소의 획(줄기)의 굵기만 굵게 해서는 제목체가 될 수 없다는 결과가 나온 것이다.
같은 체에서 획의 굵기에 따라 가는 본문체, 굵은 본문체 등 세분되는 것이지, 굵기가 굵어졌다고 체가 바뀌는 것은 아니다. 제목체 역시 획의 굵기에 따라 가는 제목체, 굵은 제목체가 있는 것이다.

한글 제목체와 한글 본문체를 비교, 검토한 결과는 다음과 같다.

한글 본문체 글자꼴과 제목체 글자꼴은 언뜻 보아 둘 다 비슷하게 보이나, 앞에서 검토한 바대로 자세히 보면 두 체에는 분명 차이점이 있다. 이것을 다시 분석해 보면 한글 음절을 구성하는 초성, 중성, 받침의 자소 모양의 차이에서 비롯된 것임을 알 수 있다. 모양에는 자소의 형태와 굵기와 자소를 이루는 가로줄기와 세로줄기 등줄기 간의 거리가 전부 포함된다.

(1) 제목체의 획의 굵기가 본문체보다 굵은 것이 사실이므로, 일정한 규칙을 갖고 그대로 굵게만 만들면 제목체가 될 수 있나 검토하였더니, 줄기의 시작, 중간(허리), 끝부분의 굵기와 형태가 공통점이 없게 달랐다.

(2) 본문체나 제목체나 둘 다 네모틀 안에 들어가는 글꼴이어서, 본문체 획의 굵기가 일정하게 굵어지면 제목체 음절의 크기가 커져서 좌우나 상하로 네모틀을 벗어날 수밖에 없다. 네모틀을 벗어나게 되면 활자의 크기가 커지므로 활자의 포인트 수가 달라지게 된다. 본문체 10포인트를 굵게 하여 11포인트 크기의 제목체 활자로 커진다면 이는 잘못된 것이다. 본문체나 제목체나 같은 크기의 활자를 개발해야 하기 때문이다.

(3) 네모틀 안에서 미려도와 음절의 무게중심을 고려하다 보면, 한글 음절에 따라서 어느 음절은 본문체의 좌우 또는 상하 길이가 제목체와 같고, 어느 음절은 본문체가 제목체보다 오히려 더 긴 경우도 생기게 된다. 음절의 크기 변동은 물론 자소의 크기 변동도 있다.

[참고문헌]

세종대왕기념사업회, 1993년 제3차년도 제목용 한글 글자본, 문화체육부, 1993
이기성, 전자출판용 기본 한글 글자꼴 개발에 관한 연구, 계원조형예술전문대 '95
　　　연구계획서, 1996
이기성 / 고경대, 출판개론, 서울출판미디어, 2004
한국전자출판연구회, 출판논총 제1집, (주)장왕사, 1995

5. 한글 쓰기체

한글 문화정자쓰기체와 문화흘림쓰기체가 1994년에 개발되었다. 훈민정음이 개발된 이래로 550여 년이 지나서야 한글 가로쓰기용 쓰기체를 쓰는 원칙이 처음으로 제정된 것이다. 1991년부터 본문체(문화바탕체)의 제작 원칙을 발표해 오던 문화관광부는 1994년에 문화쓰기체, 1995년에 문화궁체 표준안을 제정하였다.

여기에서는 한글 쓰기체 쓰는 원칙을 먼저 소개하고, 흐글 필기체의 잘못된 점을 찾아내며, 쓰기체와 본문체의 관계도 연구하기로 한다. 우선, 출판용 활자의 대표 음절 25개로 문화정자쓰기와 문화흘림쓰기, 흐글 필기체의 3가지 쓰기체를 대표 음절별로 비교, 분석한다. 다음에, 문화흘림쓰기와 흐글 필기체를 검토한다. 마지막으로 한글 본문체(문화바탕체)와 문화정자쓰기체를 자소별로 비교 검토한다.

1) 한글 쓰기체의 개발 역사

한글 서체(글자꼴)를 개발하려면 원도 개발과 폰트 개발의 2개 과정이 필요하다. 한글 쓰기체의 원도를 직접 쓴 사람은 공모전에서 1등으

로 당첨된 월정서실 원장인 정주상 씨였고, 문화바탕체와 돋움체, 제목
체의 원도를 제작한 사람은 한글서체연구가인 최정순 씨였다. 아날로그
상태인 원도를 디지털 상태인 폰트로 개발한 것은 쓰기체는 서울시스
템(주)이었고, 문화바탕체, 돋움체, 제목체 폰트는 한국 전자출판연구회
회장인 이기성이 개발했다.

[참고] 문화정자쓰기체의 903개 자소 명세는 1994년 한국전자출판연구
　　　회 세미나에서 손애경 씨가 'DBP용 쓰기체 한글 폰트에 관한
　　　연구'라는 제목으로 발표한 바 있다.

2) '가 는 다' 음절(ㄱ, ㄴ, ㄷ, ㅏ)

　맨 위에 있는 것이 문화정자쓰기체이고, 가운데 있는 것이 문화흘림
쓰기체이며, 맨 아래에 있는 것이 아래아한글의 필기체이다.

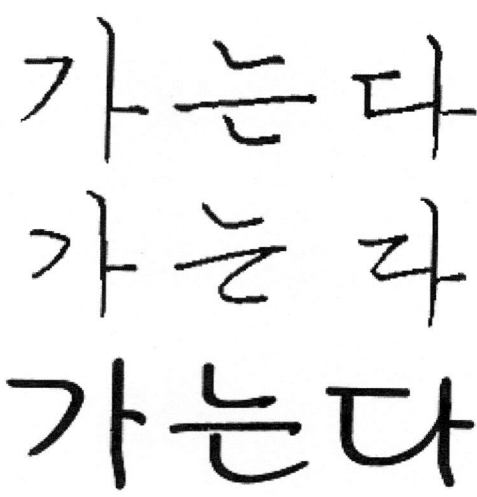

음절 '가'는 'ㄱ' 자소용으로 추출된 음절이다. 한글 '문화쓰기체'와 아래아 한글(ㅎ글)의 '필기체'를 비교했다. 문화쓰기체는 문화정자쓰기체와 문화흘림쓰기체의 두 가지가 있고 ㅎ글의 필기체는 한 가지이다. 문화흘림쓰기체는 반흘림체와 온흘림체가 있는데, 이번에 문화부에서는 반흘림쓰기 원칙만 제정했다. 온흘림쓰기는 반흘림쓰기보다 더 빠른 속도로 한글을 쓰는 것인데, 이 경우 쌍비읍(ㅃ), 쌍시옷(ㅆ)이나 리을(ㄹ) 같은 자소는 너무나 흘겨 써져서 자소 쓰는 원칙 자체가 무시될 수 있기 때문에 온흘림쓰기에 대한 원칙 제정은 다음번 기회로 미루었다.

문화정자쓰기와 문화흘림쓰기를 개발한 동기는 한글 쓰기체에 대한 원칙 제정이 없었다는 것도 물론 있지만, 현실적인 이유로는 초등학교 교과서에다 한글 쓰기체를 인쇄할 활자가 없었던 때문이었다. 활자가 없기 때문에 쓰기체로 된 문장은 서예가에게 문장을 써 달라고 하여 사진 촬영을 하고, 문장 전체를 활자가 아닌 사진으로 교과서에 인쇄할 수밖에 없었다. 따라서 초등학교 국어 교과서에 나오는 쓰기체의 모양은 매년 쓰기체를 쓴 서예가의 필체에 따라 달라졌던 것이다. 그러나 1994년에 문화쓰기체 쓰기 원칙이 제정되고, 문화정자쓰기와 문화흘림쓰기의 2가지 쓰기체가 개발됨으로써 매년 쓰기체의 모양이 달라지는 문제점이 해결되었다.

[참고] 쓰기체와 필기체의 '가, 는, 다'를 모두 100포인트로 확대하였다. '가, 는, 다' 음절 그림의 맨 위가 문화정자쓰기체이고 두 번째가 문화흘림쓰기체, 맨 아래가 ㅎ글 필기체이다. 문화쓰기체는 흘림쓰기에서 자소를 써 가는 순서 방향으로 자소가 연결된다. 문화쓰기체를 개발할 때는 가로쓰기 전용을 염두에 두었으므로 기존 세로쓰기용 쓰기체와는 연결된 모양이 다를 수밖에 없다. ㅎ글의 필기체는 국어학자 중에서 '한글 모독으로 고소를 한다'는 주장이 있을 정도로 한글 음절을 원칙 없이 디자이너 자의대로 썼다.

‘가’의 ‘ㄱ’의 가로줄기의 길이가 흔글 필기체는 너무 길다. ‘가’의 모음 ‘ㅏ’의 세로줄기도 문화쓰기체와 달리 흔글 필기체는 거의 균일한 두께로 내려온다. 또, ‘ㅏ’의 오른 가로줄기의 위치가 흔글 필기체는 ‘ㅏ’ 세로줄기의 너무 위쪽에 붙어 있는 것이다. 또한, 흘림쓰기체(필기체)는 자소끼리 자연스럽게 연결돼야 한다.

흔글의 필기체는 정체가 아니고 흘림쓰기체를 흉내내고 있다. 그러나 문화흘림쓰기체 ‘는’의 받침 ‘ㄴ’과는 달리 흔글 필기체 ‘는’의 받침 ‘ㄴ’은 모음 ‘ㅡ’와 연결돼 있지 않다. 받침 ‘ㄴ’의 모양 역시 가로줄기의 끝부분이 평평한 180도를 이루지 못하고 30도 정도 위 방향으로 휘어져 있어 커다란 원을 그리고 있는 형상이다. 이런 현상은 ‘다’의 ‘ㄷ’의 아래 가로줄기에서도 나타난다. 흔글 필기체 ‘ㄷ’의 아래 가로줄기 역시 둥그런 원을 그리는 모습인 것이다. ‘다’의 ‘ㄷ’은 위 가로줄기와 세로줄기의 연결되는 모양 역시 흔글 필기체에서는 잘못 쓰고 있다. ‘ㄷ’ 위 가로줄기의 끝부분에서 사선 235도(-45도) 방향으로 세로줄기가 내려와 아래 가로줄기에 붙어야 하는데, 흔글 필기체는 수직(270도)으로 내려오고 있다.

‘는’의 받침 ‘ㄴ’에 연결되는 ‘ㅡ’ 모음 가로줄기의 오른쪽 끝 모양이 흔글 필기체에서는 돌기 모양으로 몽땅하게 뭉뚱그려져 있다. ‘ㅡ’ 모음의 각도 역시 시작 부분에서 15도 각도로 가로줄기 끝부분까지 위 방향으로 올라가고 있는데, 흔글 필기체는 수평으로 그려져 있다.

3) '로 면 보' 음절(ㄹ, ㅗ, ㅁ, ㅂ)

로 면 보
로 면 보
르 면 보

    음절 '로'는 'ㄹ' 자소와 'ㅗ' 자소용으로 추출된 음절이다. 문화정자쓰기와 문화흘림쓰기 'ㄹ'의 맨 위 가로줄기의 길이가 맨 아래 가로줄기보다 길다. 문화정자쓰기는 'ㄹ'과 'ㅗ'가 떨어지나 문화흘림쓰기는 붙는다. 흔글 필기체는 'ㅗ'의 가로줄기의 시작 부분이 세로줄기의 끝과 붙어 있으나 이는 틀린 것이다. 문화흘림쓰기처럼 'ㅗ'의 세로줄기는 가로줄기의 중간에 연결되어야 한다. 'ㄹ'의 가운데 가로줄기도 흔글 필기체는 가운데 가로줄기의 우측끝부분이 오른 세로줄기보다 튀어나와 있어 잘못되었음을 알 수 있다. 또한 'ㅗ'의 가로줄기의 두께가 문화흘림쓰기는 가늘게 시작하여 맺음 부분에서는 돌기 모양으로 굵어지는데, 흔글 필기체는 시작 부분부터 끝까지 일정하게 굵다.

    음절 '면'은 'ㅁ' 자소용으로 추출된 음절이다. 문화정자쓰기와 문화흘림쓰기는 둘 다 'ㅁ'의 왼 가로줄기가 왼쪽으로 기울어져 있는데, 흔글 필기체는 수직으로 내려오고 있다. 문화흘림쓰기의 'ㅁ'의 아래 가로줄기와 'ㅕ'는 떨어져 있는데, 흔글 필기체는 붙어 있다. 'ㅕ'와 받침 'ㄴ'은 반대로 되어 있다.

음절 '보'는 'ㅂ' 자소용으로 추출된 음절이다. 문화흘림쓰기 'ㅂ'의 위 가로줄기와 아래 가로줄기의 연결된 모양과 방향이 흔글 필기체와 다르다. 'ㅂ'의 아래 가로줄기와 'ㅗ'의 연결 여부도 다르다. 흔글 필기체는 'ㅂ'의 좌우 세로줄기의 내려오는 각도 역시 잘못되었다.

4) '서 이 자' 음절(ㅅ, ㅓ, ㅇ, ㅣ, ㅈ)

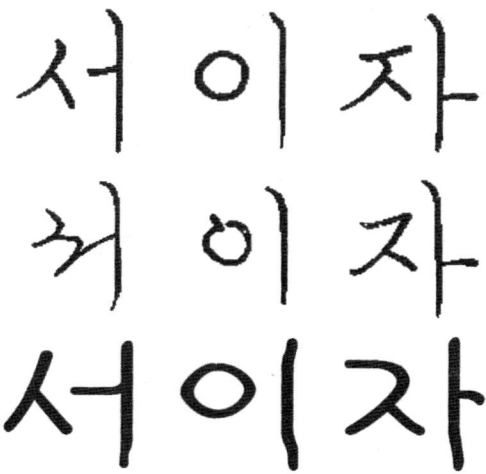

음절 '서'는 'ㅅ' 자소와 단모음 'ㅓ' 자소용으로 추출된 음절이다. 문화흘림쓰기의 'ㅅ'과 'ㅓ'는 붙어 있는데, 흔글 필기체는 떨어져 있다. 'ㅅ'의 모양도 다르다. 흔글 필기체는 정자쓰기인지 흘림쓰기인지 원칙 없이 제작되었다. 'ㅓ'의 가로줄기의 각도가 문화흘림쓰기는 45도 각도로 올라가는데 흔글 필기체는 수평이다. 'ㅓ'의 세로줄기의 굵기 역시 다르다.

음절 '이'는 'ㅇ' 자소와 단모음 'ㅣ' 자소용으로 추출된 음절이다. 문화흘림쓰기의 'ㅇ'은 위 꼭지 부분인 상투가 있는데, 흔글 필기체는 없다. 'ㅣ'의 위 시작 부분이 왼쪽에서 오른쪽으로 휘어서 내려오나, 흔글 필기체는 반대로 오른쪽에서 왼쪽 방향으로 휜다. 'ㅣ'의 두께 역시 다르다.

음절 '자'는 'ㅈ' 자소용으로 추출된 음절이다. 한글 쓰는 원칙은 본문체나 제목체나 둘 다 3획의 지읒 모양이다. 그러나 흘림쓰기체만은 예외이다. 쓰기체는 활자체와 달리 직접 손으로 쓰기 때문에 3획으로 쓰려면 일단 'ㅈ'의 맨 위의 가로줄기의 끝에서 멈추었다 펜을 들어서 가로줄기의 중간으로 옮긴 후, 다시 밑으로 세로줄기를 삐쳐야 한다. 정자쓰기라면 또박또박 쓰면서 가능하겠지만, 흘림쓰기라면 반흘림이나 온흘림이나 멈추기가 힘들다. 따라서 흘림쓰기에서만은 예외로 2획의 지읒(ㅈ)을 원칙으로 인정하였다.[13)

문화흘림쓰기의 'ㅈ'의 맨 위의 가로줄기는 오른쪽 끝이 약간 위로 올라가고 있으나 흔글 필기체는 거꾸로 오른쪽 끝이 내려오고 있다. 'ㅈ'의 위 가로줄기의 오른쪽 끝에서 이어져 왼쪽으로 휘어 나온 세로줄기(왼 삐침줄기)와 세로줄기의 가운데에서 오른쪽으로 나온 세로줄기(오른 삐침줄기)의 굵기가 문화흘림쓰기는 다르나, 흔글 필기체의 굵기는 거의 일정하게 굵다. 'ㅏ'의 가로줄기의 위치도 문화흘림쓰기는 세로줄기의 중간 아랫부분에 위치하나, 흔글 필기체는 중간 위쪽에 붙어 있어서 잘못됐음을 알 수 있다.

---

13) 한글 글자본 제정, 주관연구기관 사단법인 세종대왕기념사업회, 문화체육부, 1991년 11월 27일 한글 글자체 표준 본그림(원도) 제정 원칙 제정(1991년 12월 14일 공청회 개최).

5) '치 컴 터' 음절 (ㅊ, ㅋ, ㅌ)

치 컴 터

치 컴 터

치 컴터

음절 '치'는 'ㅊ' 자소용으로 추출된 음절이다. 한글 쓰는 원칙에 따라 문화정자쓰기는 4획의 치읓 모양(ㅊ)이다. 그러나 문화흘림쓰기는 3획의 치읓 모양(ㅊ)을 인정하고 있다. 이것은 'ㅈ'을 인정한 것과 같은 맥락에서 3획의 'ㅊ'을 흘림쓰기에서 인정한 것이다. 문화흘림쓰기의 'ㅊ'의 맨 위의 짧은 가로줄기의 오른쪽 끝과 가운데 가로줄기의 앞부분이 연결되어 있으나 흔글 필기체는 떨어져 있다. 흔글 필기체는 'ㅊ'의 오른 세로줄기의 길이가 문화흘림쓰기에 비해 길다.

음절 '컴'은 'ㅋ' 자소용으로 추출된 음절이다. 문화흘림쓰기 'ㅋ'의 가운데에 있는 가로줄기는 세로줄기와 떨어져 있으나 흔글 필기체는 붙어 있다. 컴의 받침 'ㅁ' 역시 모양이 틀리다. 흔글 필기체의 받침 'ㅁ'은 마치 'ㄴ'을 2개 연결한 모양인데, 이는 'ㅁ'을 쓰는 순서를 무시한 것으로, 크게 잘못된 것이다.

음절 '터'는 'ㅌ' 자소용으로 추출된 음절이다. 문화흘림쓰기 'ㅌ'의 맨 아래 가로줄기는 'ㅓ'의 가로줄기와 붙어 있으나 흔글 필기체는 가운데 가로줄기와 아래 가로줄기의 중간에 'ㅓ'의 가로줄기가 위치한다. 문화 흘림쓰기는 'ㅌ'의 맨 위 가로줄기와 가운데 가로줄기가 떨어져 있다.

6) '퓨 하 야' 음절(ㅍ, ㅠ, ㅎ, ㅑ)

퓨하야
퓨하야
퓨하야

음절 '퓨'는 'ㅍ' 자소와 단모음 'ㅠ' 자소용으로 추출된 음절이다. 문화정자쓰기와 문화흘림쓰기 둘 다 'ㅍ'의 위 가로줄기와 두 개의 세로줄기가 떨어져 있는데, 흔글 필기체는 왼쪽 세로줄기가 붙어 있다. 문화흘림쓰기의 'ㅍ'의 두 개의 세로줄기의 모양이 흔글 필기체와 아주 다르다.

단모음 'ㅠ' 자소 모양은 왼쪽 세로줄기가 크게 다르다. 문화정자쓰기나 문화흘림쓰기의 왼쪽 세로줄기가 왼쪽으로 확실하게 235도로 휘어 내려가는 모양인데, 흔글 필기체는 왼쪽 세로줄기와 오른쪽 세로줄기가 둘 다 수직으로 내려온다. 애당초 한글 본문체나 쓰기체의 정체(정자) 원도를 제작할 때 교과서용을 염두에 두고 제작하였으므로, 학생의 시력 보호와 한글의 미려성은 물론 변별력과 가독성 향상에 주안점을 두어서 'ㅠ'의 왼쪽 세로줄기를 수직으로 내려오지 않도록 원칙을 정했다. 'ㅠ'와 'ㅝ', 'ㅈ'과 'ㅊ'이 그 대표적인 예이다.

음절 '하'는 'ㅎ' 자소용으로 추출된 음절이다. 'ㅎ'의 두 개의 가로줄기(꼭지점 하나, 가로줄기 하나)가 문화흘림쓰기는 붙어 있으나 흔글 필기체는 떨어져 있다. 가로줄기 밑에 있는 둥근줄기(둥근 이응)의 모양이 문화흘림쓰기는 거의 원형인 데 비해, 흔글 필기체는 타원에 가깝다.

음절 '야'는 단모음 'ㅑ' 자소용으로 추출된 음절이다. 문화정자쓰기나 문화흘림쓰기는 세로줄기의 위 시작 부분이 왼쪽에서 오른쪽으로 휘어지면서 내려온다. 흔글 필기체는 이런 원칙이 무시되고 있다.

[참고] 교과서 본문용 한글 글자본 제정 기준 제2장 제정 세칙의 제14항에서 보면, 'ㅑ'의 세로줄기는 머리를 45도 방향으로 뾰족하게 하고, 계속하여 중간 부분을 수직으로 길게 뽑아내되, 맺음은 뭉툭하게 한다'로 정해져 있다.[14]

---

14) '한글 글자본 제정', 주관연구기관 세종대왕기념사업회, 문화부, 1992. P.109

7) '여 용 수' 음절(ㅕ, ㅛ, ㅜ)

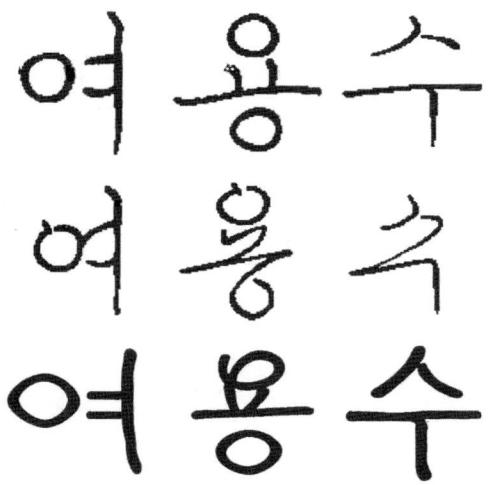

음절 '여'는 단모음 'ㅕ' 자소용으로 추출된 음절이다. 문화흘림쓰기의 'ㅕ'의 가로줄기(왼쪽 곁줄기)의 모양이 마치 원을 연상시키듯 굽어 있으나 흔글 필기체는 두 개 다 수평이다. 흔글 필기체 'ㅕ'의 세로줄기 모양 역시 'ㅑ'의 때와 같이 잘못 쓰고 있다.

음절 '용'은 단모음 'ㅛ' 자소용으로 추출된 음절이다. 문화흘림쓰기의 'ㅛ'의 왼쪽 세로줄기의 길이가 오른쪽 세로줄기보다 짧다. 문화정자쓰기와 문화흘림쓰기 둘 다 'ㅛ'의 두 개 세로줄기가 위의 자음 'ㅇ'과 떨어져 있으나, 흔글 필기체는 붙어 있다. 'ㅇ'에서 'ㅛ'로 내려올 때 'ㅇ'을 완전히 그리고 나서, 일단 펜을 멈춘 후 'ㅛ'의 왼쪽 세로줄기를 새로 그리기 시작해야 하는데, 흔글 필기체는 잘못되었다.

음절 '수'는 단모음 'ㅜ' 자소용으로 추출된 음절이다. 문화흘림쓰기

'ㅜ'의 가로줄기는 아주 짧고, 가로줄기의 맨 우측에서 수직으로 세로줄기가 연결돼 있다. 반면에, 흔글 필기체는 가로줄기가 길고, 가로줄기의 거의 중간 부분에서 세로줄기가 내려온다. 문화흘림쓰기는 'ㅜ' 위의 자음 'ㅅ'의 오른쪽 삐침줄기와 'ㅜ'의 가로줄기의 왼쪽과 붙어 있다. 1994년에 제정한 쓰기체는 펜이나 연필로 쓰는 것을 기준으로 하고 있는데, 흔글 필기체는 쓰는 매체를 싸인펜이나 스므스펜을 기준으로 한 것이 아닌가 생각될 정도로 각 자소의 가로줄기나 세로줄기의 굵기를 균일하게 그리고 있다.

8) '을 램 에' 음절(ㅡ, ㅐ, ㅔ)

을 램 에
을 램 에
으 랜에

음절 '을'은 단모음 'ㅡ' 자소용으로 추출된 음절이다. 문화흘림쓰기 'ㅡ'의 가로줄기는 머리 부분은 뾰족하게 시작하여 아랫부분은 굵게, 중간 부분은 가늘게, 끝부분은 위쪽을 굵게 하여 맺음은 둥글게 쓰라는 문화바탕체의 쓰기 원칙과 같다. 그러나 흔글 필기체는 이런 원칙을 전혀 안 지키고 있다. 'ㅡ' 밑의 받침 'ㄹ' 모양 역시 전혀 다르다.

  음절 '램'은 모음 'ㅐ' 자소용으로 추출된 음절이다. 문화흘림쓰기 'ㅐ'의 왼쪽 세로줄기의 길이는 흔글 필기체의 왼쪽 세로줄기 보다 짧다. 오른쪽 세로줄기의 모양 역시 서로 다르다. 문화흘림쓰기는 'ㅐ'의 오른쪽 세로줄기와 받침 'ㅁ'이 연결되어 있다.

  음절 '에'는 모음 'ㅔ' 자소용으로 추출된 음절이다. 'ㅐ'와 같이 문화흘림쓰기 'ㅔ'의 왼쪽 세로줄기의 길이 역시 흔글 필기체의 왼쪽 세로줄기 보다 짧다. 오른쪽 세로줄기의 길이와 모양도 다르다.

9) '화 원 된' 음절(ㅘ, ㅝ, ㅚ)

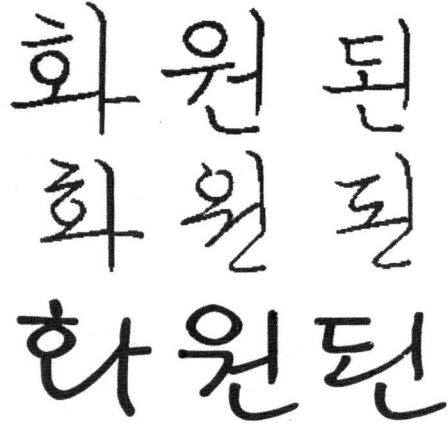

  음절 '화'는 모음 'ㅘ' 자소용으로 추출된 음절이다. 'ㅘ'의 앞부분 'ㅗ'의 세로줄기의 길이는 흔글 필기체가 문화흘림쓰기보다 훨씬 길다. 'ㅗ'부분의 가로줄기의 길이와 모양도 몹시 다르다. 'ㅘ'의 뒷부분 'ㅏ'의 세로줄기의 모양도 서로 다르고, 'ㅏ'의 가로줄기(오른쪽 곁줄기)의 위치는 흔글 필기체가 아주 위로 올라붙어 있다.

음절 '원'은 모음 'ㅝ' 자소용으로 추출된 음절이다. 문화흘림쓰기 'ㅝ'는 앞부분 'ㅜ'의 가로줄기와 '우'의 'ㅇ'이 붙어 있다. 'ㅝ'의 뒷부분 'ㅓ'의 세로줄기 역시 받침 'ㄴ'과 붙어 있으나, 흔글 필기체는 떨어져 있다.

음절 '된'은 모음 'ㅚ' 자소용으로 추출된 음절이다. 'ㅚ'의 앞부분 'ㅗ'의 세로줄기가 가로줄기의 중간에 연결돼야 하는데, 흔글 필기체는 'ㅗ' 가로줄기의 왼쪽 시작 부분에 잘못 연결돼 있다. 또한 'ㅗ' 부분의 세로줄기의 각도와 굵기도 다르다.

10) '의' 음절(ㅢ)

[문화정자쓰기]   [문화흘림쓰기]   [필기체]

음절 '의'는 모음 'ㅢ' 자소용으로 추출된 음절이다. 'ㅢ'의 앞부분 'ㅡ'의 길이는 흔글 필기체가 문화흘림쓰기보다 길다. 'ㅡ'의 중간 부분이 시작 부분보다 올라가야 하는데, 흔글 필기체는 오히려 내려가 있다. 'ㅢ'의 뒷부분 'ㅣ'의 모양과 굵기 역시 문화흘림쓰기와 흔글 필기체가 서로 다르다.

11) 한글 쓰기체와 한글 본문체의 음절 자소 분석

이제까지 문화부 한글 쓰기체와 한글과 컴퓨터사의 흔글 필기체를 비교하였다. 다음에는 25개 대표 음절의 쓰기체(한글 정자쓰기체)와 본문체(한글 문화바탕체)를 비교해 본다.

(1) '가 는 다' 음절

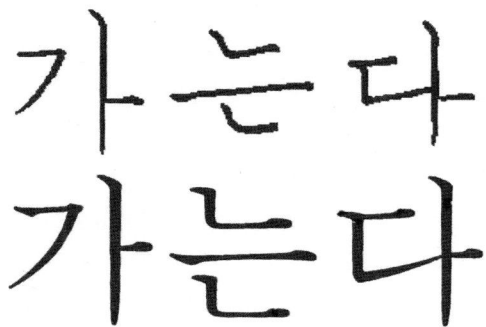

한글 본문체(문화바탕체)와 한글 문화정자쓰기체(쓰기체)는 같은 포인트 크기라도 쓰기체가 시각적으로 작게 보인다. 볼펜이나 펜, 만년필, 연필로 쓰는 쓰기체와 활자체인 본문체는 각 자소의 굵기와 길이가 다르다. 자소의 가로줄기와 세로줄기의 모양 역시 다르다.

'가'의 'ㄱ' 경우 문화정자쓰기(체)는 가로줄기의 시작 부분에 첫돌기가 없이 밋밋하게 시작된다. 가로줄기의 끝부분과 세로줄기의 시작 부분 역시 수수하게 연결된다. 문화바탕체는 가로줄기와 세로줄기가 연결되는 부분이 굵고, 세로줄기가 힘차게 삐쳐 내려온다. 교과서 본문용 한글 글자본 제정 기준 제2장 제7항에는 'ㄱ'이 왼쪽에 사용될 때, '가로줄기는 수평, 세로줄기는 삐침으로 가로줄기보다 길게 굽은 모양으로 한다'라고 정하고 있다. 'ㅏ'는 홀로 쓸 때나 받침이 없을 때 '세로 부분은 'ㅣ'와 같게 하고, 수평줄기(가로줄기)는 ㅣ의 1/2 자리에 수평 방향으로 살짝 붙게 한다'라는 것이 문화바탕체의 원칙이나, 문화정자쓰기에서는 가로줄기가 'ㅣ'의 2/3 자리에 붙는 것이 원칙이다.

'는'의 'ㄴ' 세로줄기의 내려오는 각도가 문화바탕체와 문화정자쓰기가 서로 다르다. 'ㄴ'의 세로줄기의 시작 부분에서 문화바탕체는 확실한 돌기(첫돌기)가 있으나 문화정자쓰기는 돌기가 거의 없이 시작된다. 가로줄기의 끝부분 역시 문화바탕체는 맺음돌기가 있다. 모음 'ㅡ'도 마찬가지로 첫돌기와 맺음돌기의 유무가 차이점이다.

'다'의 'ㄷ' 세로줄기의 길이와 위 가로줄기의 길이는 문화정자쓰기가 짧다. 'ㄷ'의 맨 위 가로줄기에 첫돌기와 맺음돌기가 있고, 'ㅏ'의 오른 가로줄기 역시 맺음돌기가 있는 것이 문화바탕체이다. 'ㄷ'의 아래 가로줄기와 'ㅏ'의 세로줄기가 만나는 부분이 문화바탕체는 가늘게 연결되나, 문화정자쓰기는 굵게 연결된다.

(2) '로 면 보' 음절

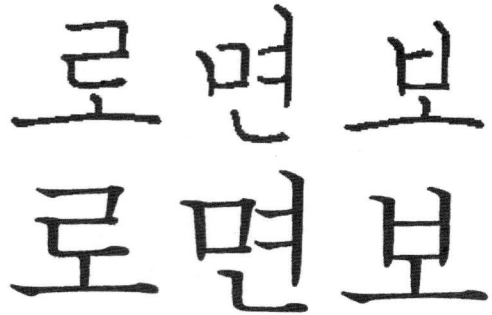

(3) '서 이 자' 음절

서 이 자

서이자

(4) '치 컴 터' 음절

치 컴 터

치컴터

(5) '퓨 하 야' 음절

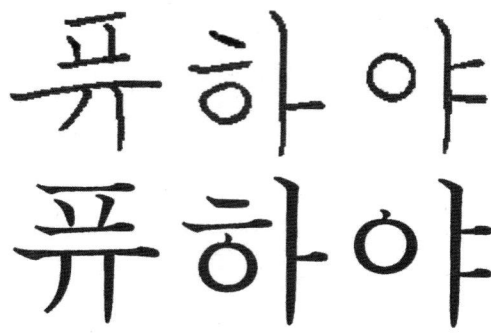

(6) '여 용 수' 음절

(7) '을 램 에' 음절

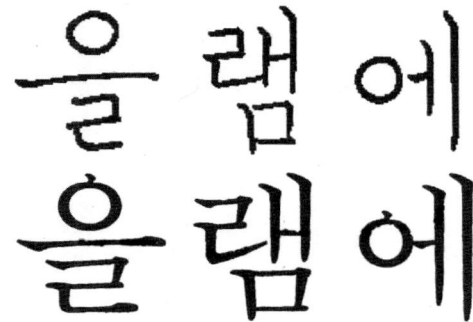

(8) '화 원 된' 음절

화 원 된
화 원 된

(9) '의' 음절

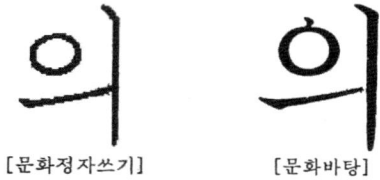

[문화정자쓰기]　　　　　[문화바탕]

12) 마무리

한글 글자꼴은 문화체육부에서 제정한 '한글 글자본 제정 기준'에 따라서 써야 한다. 그러나 이 기준은 몇 년 몇 월 몇 일 현재로 그 이전에 사용하던 글자꼴을 사용할 수 없다고 정한 것은 아니고, 이 기준에 맞추어 쓴 한글 글자꼴을 앞으로 사용하기를 권장한 것이다. 따라서 한글 글자꼴의 저작권 문제가 대두될 때에도 제정 기준에 맞추어 쓴 글자꼴과 기준에 맞추지 아니한 글자꼴은 서로 다른 대우를 받을 것이 확실하다.

[표 5] 연도별 한글 글자꼴 개발[15)]

연 도	개발 한글 글자꼴
1991년	현대 한글 문화바탕체(교과서 본문용 한글 글자본)
1992년	현대 한글 문화돋움체, 옛한글 문화바탕체
1993년	현대 한글 문화제목체(바탕제목체, 돋움제목체)
1994년	현대 한글 문화쓰기체(정체, 흘림체)
1995년	현대 한글 문화궁체(정체, 흘림체)

15) '한글 표준폰트 개발작업 주도 신구전문대 이기성 교수', 문화부 폰트－자소 프로그램 개발 발표, 조선일보 1993년 1월 14일자. 문화부는 컴퓨터 시대의 한글 서체개발 사업의 하나로 현행 맞춤법 아래서 조합 가능한 한글 1만 1천1백72

한글 쓰기체 글자꼴과 한글 본문체 글자꼴은 언뜻 보면 둘 다 비슷하게 보이나, 앞에서 검토한 바대로 자세히 보면 두 체에는 분명 차이점이 있다. 이것은 한글 음절을 구성하는 초성, 중성, 받침의 자소 모양의 차이에서 비롯된 것임을 알 수 있다. 모양에는 자소의 형태와 굵기와 자소를 이루는 가로줄기와 세로줄기 등줄기 간의 거리가 전부 포함된다.

시중에는 여러 가지 쓰기체가 나와 있으나, 한글 쓰기체 제정 원칙을 지키지 않은 것이 대부분이다. 물론 쓰기체 제정 원칙이 1994년에 나왔으므로, 그 이전에 개발된 쓰기체는 어쩔 수 없었을 것이다. 그러나 이제부터는 문화관광부에서 제정한 문화정자쓰기 글꼴과 문화흘림쓰기 글꼴을 참고하여, 쓰기체의 제정 원칙에 맞는 쓰기체를 개발하여야 할 것이다. 또한, 문화관광부에서 한글글꼴을 개발하다가 중지한 지 벌써 10년이나 된다. 다시 다양하고 새로운 한글글꼴을 개발하여 국민에게 제공하기를 기대한다.

[참고문헌]

김명환, '문화부 폰트 – 자소 프로그램 개발 발표', 조선일보, 1993년 1월 14일자
이기성, ebook과 한글 폰트, 동일출판사, 2000
이기성 / 고경대, 출판개론, 서울출판미디어, 2004
한국전자출판연구회, 현대 한글 낱내 순위표, 문화부, 1992
한국전자출판연구회, 출판논총 제1집, (주)장왕사, 1995
한국전자출판연구회, 출판논총 제2집, (주)장왕사, 2000

자를 모두 표현할 수 있는 '컴퓨터용 한글 표준 폰트'와 자소조합 프로그램을 개발, 1993년 1월 13일 발표했다.

6. 외래어 표기체

　자기네 고유의 언어가 있는 민족이나 국가 중에도, 고유 문자와 외래어 표기 문자를 둘 다 갖고 있는 경우는 매우 드물다. 우리나라는 초등학교 교과서에서만 한국어용 한글 폰트와 외래어용 한글 폰트를 구별하여 적고 있다. 지구화니 세계화니 하는 요즈음, 우리나라에서는 우리말과 우리글이 외국어로 심하게 오염되고 있는 현장이 자주 눈에 띈다. 세계화라고 외치면서, 자기의 문화를 우습게 알고 초등학교에서부터 영어를 가르친 결과나, 무비판적으로 외국의 문물을 동경하고 애호한 결과가 경제대국의 경제식민지로 전락하여 아이엠에프 구제 금융을 받게 된 주요 원인의 하나라는 걸 부인하는 사람은 없을 것이다. 그러면 외국 문화, 특히 외국문자문화의 침투를 어떻게 방어하고, 앞으로도 우리의 문자인 한글을 사용하는 우리 문자문화를 어떻게 지켜내고 발전시킬 수 있을까?

　강남 교대 근처의 회의실에서 진지한 회의가 열리고 있다. 정보통신부 서기관이 나오고 출판, 영화, 만화, 게임, 교육, 인터넷 사업, IP산업, 금융, 전자상거래, 저작권, 수출환경 등 각 분야의 전문가 2명씩이 의견을 발표하고 있다. 회의를 주최하는 곳의 부장이 사회를 본다. "멀티미디어콘텐트에는 어떤 것이 들어가나요? 오늘의 아젠다는? 어떤 분야에 인발브된 것은? 임플리멘테이션된다. 오늘은 해피하네요." 등 모두 한국 사람만 모인 자리인데 웬 영어 단어들이 나열된다. 멀티미디어콘텐트는 고속통신망에 올라가는 디지탈데이타를 나타내는 데 적합한 한글 단어가 없어서 그냥 사용한다고 칠 수 있다. 그럼 아젠다는? '안건, 의제'란 우리말이 있다. 인발브는? '말려들다, 포함하다'라는 우리말. 임플리멘테이션은? '이행, 수행'이란 우리말. 해피는? '행복'이란 좋은 우리말이 있는데 왜들 이러는지? 전문가 의견이고 뭐고 우선 '한국말을 씁시다'라고 먼저 얘기를 할 수밖에 없었다. 일간 신문도 비슷한 현상을 보인다. 분명 한국 신문인데 영문자가 섞여 있다. '아이엠에프'로 쓴 것이 아니고 영문자 알파벳으로 'IMF'라고 써 있다. 근데, 어쩐 일인지 '클린턴 여성편력'은 '클린턴'이 영문자가 아니고 한글로 나와 있다.

일본에서는 히라가나와 가타가나를 적절히 사용하여 알파벳(외국어)과 순수 일본어 표기를 구별하고 있다. 물론, 우리나라에서도 본문체(바탕체, 명조체)와 네모체(돋움체, 고딕체)를 사용하여 영어(알파벳으로 써진)와 순수 우리말을 구분할 수도 있다. 그러나 우리나라에서 본문체와 네모체의 사용법은 본문 내에서 강조나 소제목 등을 나타내는 데 쓰지, 외국어를 표기하는 용도로 사용하지는 않는 정서가 있다.

모 방송국의 '피자의 아침'이라는 프로그램에 대하여, 시청자의 항의가 많았다 한다. 프로그램 내내 피자는 한 번도 안 나왔다는 것이다. 방송국의 해명은 먹는 피자가 아니라, 'PD와 기자'의 약자가 '피자'라는 것이다. 'P자'라 해야 할 것을 '피자'라 해서 말썽이 난 것이다. 외래어 표기용 한글 폰트가 있었으면 외래어 'P'와 한국어 '자'라는 걸 알 수 있었을 텐데.

1) 신문에 나타난 외래어 표기

사람이 사용하는 말(언어)의 기능에는 무엇을 표현하는 기능과 명령 /
지시하는 기능, 인사말 등 단순히 친교적인 기능, 그리고 놀랐을 때 지
르는 소리 등 본능적으로 표출하는 기능 등이 있다. 물론 사실이나 사
물을 표현하는 기능이 가장 클 것이다. 사람이 사용하는 글(문자)의 기
능도 마찬가지라 할 수 있다. 글 역시, 사실이나 자신의 주관적 생각,
자신의 판단을 표현하는 기능을 가장 많이 사용하고 있다. 이 표현 기
능을 완전히 만족하려면 외래어나 외국어 역시 필요할 것이다. '나 운
이 좋아'를 '나 lucky해'라고 표현해야 직성이 풀리는 사람은 누구인가.
백번 양보하여 '럭키'가 상황에 꼭 맞는 표현이라 해도, 외래어나 외국
어를 한글 대신에 외국 글자로 써야 한다는 당위성은 찾을 수가 없다.
표출적 기능 역시 외국어에 많이 오염되어 있다. '아이 깜짝야!'를 '알
라스!', '내참 기가 막혀!'를 '오마이갓!'으로 표출해야 하는지. '안녕하
세요?' 대신에 '굿모닝?'으로 인사를 하고, 꼭 영어 기분을 내려면 차라
리 '좋은 아침?'이라고 하면 참을 만할 것을.

허기사 간판도 마찬가지이다. '그린빌라 모델하우스 오픈'이란 간판
을 보자. 그린 빌라는 고유명사라고 봐 주어도 모델하우스는 '견본집',
오픈은 '개장'으로 쓰면 뜻이 안 통한다는 것인지?

중앙일보, 전자신문, 조선일보 등 일간 신문에서 일부를 발췌해 보았
다. 제목에 보니 IMF, CBS, PC, TV, AS, EU, S&P라는 알파벳이 보인
다. 분명 한국인용 한글 신문들인데. 이것은 아이엠에프, 시티에스, 피
시, 티브이, 에이에스, 이유, 에스앤피라고 써졌어야 했다. 실제로
'IMF'를 '아이엠에프'로 바꾸어 보아도 신문을 읽는 데 아무 불편이
없다. 단지 한글보다 영어를 좋아하거나, 영어권에서 대학교육을 받은

사람들이나 한글로 쓴 것이 영어로 쓴 것보다 읽는 데 불편하다고 느낄 뿐이다. 그러나 이 같은 부류의 한국인에게도 한글로 쓴 외국어를 쉽게 읽을 수 있는 방법은 없는 것인가? '아이엠에프'라고 한글로 쓰고도 이것이 한국의 토박이말이나 한국의 말이 아니고 외국어인지를 나타내려면 '한글이되 외국어라는' 특징을 주면 해결될 것이다. 한글 본문체에서 나타나는 외국어를 똑같은 본문체로 쓰지 않고 다른 모양의 한글 글자체로 쓴다면 구별이 될 것으로 생각하여 여러 모양의 외국어(외래어) 표기용 글자꼴을 연구하게 되었다. 본 연구에서는 티브이(TV) 같은 외래어 표기나 아이엠에프(IMF) 같은 외국어의 표기를 둘 다 포함하여 검토한다.16)

(1) 알파벳을 본문체로 바꿈

먼저 [그림 1] <일간 신문 원본>과 [그림 2] <알파벳을 본문체로 바꿈>을 비교해 본다. IMF, CBS, TV 등 외국문자를 그대로 한국 신문에서 표기한 원본과 아이엠에프, 시비에스, 티브이 등 외국문자를 한국문자인 한글로 바꾼 것을 잘 살펴보자.

---

16) 1998년 1월 21일자 신문에서 발췌한 것임.

IMF, 클린턴, CBS

요즘 TV를 보면 국제통화기금(IMF) 시대를 이기는 지혜들이 속출한다. LA 타임스지는 크게 보도하고 있다. 현대와 LG그룹, 삼성·SK그룹 등은 21일 발표할 예정이다.

PC통신, 케이블TV, AS

케이블TV 수신시설의 설치 및 A/S지연에 관한 불만이었다. 시스템통합(SI)업체인 LG-EDS시스템의 SECC(System Engineer Case Course)는 22개 클래스가 8주 과정으로 개설되어 있다. 삼성SDS는 2000년 문제 해결 SW '유니세이버/2000'을 개발했다.

EU국, S&P서 유동적 평가

유럽연합(EU)국가들이 미국 일변도의 외채협상에 제동을 걸고 나섰다. 스탠더드 앤드 푸어스(S&P)는 한국의 외화신용 평가전망을 '부정적(네거티브)'에서 유동적(디벨로핑)'으로 조정했다.

[그림 1] 일간 신문의 기사 일부

아이엠에프, 클린턴, 시비에스

요즘 티브이를 보면 국제통화기금(아이엠에프) 시대를 이기는 지혜들이 속출한다. 엘에이 타임스지는 크게 보도하고 있다. 현대와 엘지그룹, 삼성·에스케이그룹 등은 21일 발표할 예정이다.

피시통신, 케이블티브이, 에이에스

케이블티브이 수신시설의 설치 및 에이/에스지연에 관한 불만이었다. 시스템통합(에스아이)업체인 엘지-이디에스시스템의 에스이시시(시스템 엔지니어 케이스 코스)는 22개 클래스가 8주 과정으로 개설되어 있다. 삼성에스디에스는 2000년 문제 해결 에스더블류 '유니세이버/2000'을 개발했다.

이유국, 에스앤피서 유동적 평가

유럽연합(이유)국가들이 미국 일변도의 외채협상에 제동을 걸고 나섰다. 스탠더드 앤드 푸어스(에스앤피)는 한국의 외화신용 평가전망을 '부정적(네거티브)'에서 유동적(디벨로핑)'으로 조정했다.

[그림 2] 알파벳으로 표기된 부분을 본문체로 바꾼 것

(2) 알파벳을 밑줄 친 본문체와 네모체로 바꿈

IMF, CBS, TV 등 외국문자를 아이엠에프, 시비에스, 티브이 등 한 글로 바꾸되, 한국어의 본문체(바탕체)와 달리 [그림 3]처럼 밑줄을 치 거나, [그림 4]처럼 네모체(돋움체)로 바꾸어 본다. 당연히 같은 본문체 로 바꿨을 때보다 구별이 잘된다. 네모체도 정체(100%)로 바꿀 때보다 긴 모양의 장체인 네모체 70%로 바꾸는 것이 더 효과적이다.

아이엠에프, 클린턴, 시비에스

요즘 <u>티브이</u>를 보면 국제통화기금(<u>아이엠에프</u>) 시대를 이기는 지혜들이 속출 한다. <u>엘에이</u> 타임스지는 크게 보도하고 있다. 현대와 <u>엘지</u>그룹, 삼성·<u>에스</u> <u>케이</u>그룹 등은 21일 발표할 예정이다.

피시통신, 케이블<u>티브이</u>, 에이에스

<u>케이블티브이</u> 수신시설의 설치 및 <u>에이/에스</u>지연에 관한 불만이었다. 시스템 통합(<u>에스아이</u>)업체인 <u>엘지</u>-<u>이디에스</u>시스템의 <u>에스이시시</u>(시스템 엔지니어 케 이스 코스)는 22개 클래스가 8주 과정으로 개설되어 있다. 삼성<u>에스디에스</u>는 2000년 문제 해결 <u>에스더블류</u> '유니세이버/2000'을 개발했다.

이유국, <u>에스앤피</u>서 유동적 평가

유럽연합(<u>이유</u>)국가들이 미국 일변도의 외채협상에 제동을 걸고 나섰다. 스 탠더드 앤드 푸어스(<u>에스앤피</u>)는 한국의 외화신용 평가전망을 '부정적(네거티 브)'에서 유동적(디벨로핑)'으로 조정했다.

[그림 3] 알파벳으로 표기된 부분을
밑줄친 본문체로 바꾼 것

아이엠에프, 클린턴, 시비에스

요즘 티브이를 보면 국제통화기금(아이엠에프) 시대를 이기는 지혜들이 속출한다. 엘에이 타임스지는 크게 보도하고 있다. 현대와 엘지그룹, 삼성·에스케이그룹 등은 21일 발표할 예정이다.

피시통신, 케이블티브이, 에이에스

케이블티브이 수신시설의 설치 및 에이/에스지연에 관한 불만이었다. 시스템통합(에스아이)업체인 엘지-이디에스시스템의 에스이시시(시스템 엔지니어 케이스 코스)는 22개 클래스가 8주 과정으로 개설되어 있다. 삼성에스디에스는 2000년 문제 해결 에스더블류 '유니세이버/2000'을 개발했다.

이유국, 에스앤피서 유동적 평가

유럽연합(이유)국가들이 미국 일변도의 외채협상에 제동을 걸고 나섰다. 스탠더드 앤드 푸어스(에스앤피)는 한국의 외화신용 평가전망을 '부정적(네거티브)'에서 유동적(디벨로핑)'으로 조정했다.

[그림 4] 알파벳으로 표기된 부분을 네모체(돋움체)로 바꾼 것

아이엠에프, 클린턴, 시비에스

요즘 티브이를 보면 국제통화기금(아이엠에프) 시대를 이기는 지혜들이 속출한다. 엘에이 타임스지는 크게 보도하고 있다. 현대와 엘지그룹, 삼성·에스케이그룹 등은 21일 발표할 예정이다.

피시통신, 케이블티브이, 에이에스

케이블티브이 수신시설의 설치 및 에이/에스지연에 관한 불만이었다. 시스템통합(에스아이)업체인 엘지-이디에스시스템의 에스이시시(시스템 엔지니어 케이스 코스)는 22개 클래스가 8주 과정으로 개설되어 있다. 삼성에스디에스는 2000년 문제 해결 에스더블류 '유니세이버/2000'을 개발했다.

이유국, 에스앤피서 유동적 평가

유럽연합(이유)국가들이 미국 일변도의 외채협상에 제동을 걸고 나섰다. 스탠더드 앤드 푸어스(에스앤피)는 한국의 외화신용 평가전망을 '부정적(네거티브)'에서 유동적(디벨로핑)'으로 조정했다.

[그림 5] 알파벳으로 표기된 부분을 네모체 장체(70%)로 바꾼 것[17)]

---

17) 외래어 표기할 때 한글 표기전용 폰트의 모양을 바꿀 때는 납작한 평체와 길쭉한 장체의 두 가지와 왼쪽으로 휜 좌사체와 오른쪽으로 기운 우사체의 두 가지 사체를 사용하면 정체를 모두 4가지로 변형시킬 수 있다. 그러나 가장 눈에 띄는 것은 장체로서 약 70% 정도로 긴 것(장2나 장3)이 보기에도 아름답다고 생각한다.

2) 외래어 표기용 폰트의 개발

알파벳을 단순히 한글로 바꾸는 방식으로 외국어나 외래어를 한글로 표기하는 것은 적합하지 않다. 'PD'를 '피디'로 바꾸는 것은 큰 의미가 없다는 뜻이다. 한글 폰트로 외국어를 표시하되, 외국어 기분이 나는 글꼴로 표기하는 것이 원칙일 것이다. 따라서 본 연구에서는 기존의 한국어 표기용 한글 폰트 대신에 외국어나 외래어를 전용으로 표기할 한글 폰트를 개발하여 한국어 표기용 한글과 함께 조판할 수 있도록 하는 것이다.

지난 1995년에 최정순옹과 함께 외래어 표기용 서체개발의 필요성과 중요성에 대하여 논의하던 중 외래어 표기체를 제작하는 원칙(조건) 몇 가지를 생각해낸 바 있다. 외래어 기분이 나도록 하는 대표적인 것은 글꼴 모양이 한국어 표기전용 한글 폰트보다 각지지 않게 한다는 것이다. 영어의 이탤릭체 기분이 나도록 하자는 데 생각이 일치했다. 네모 틀 안에 들어감으로 자연적으로 딱딱한 느낌을 주기 쉬운 것을, 모음이나 자음의 자소를 휘거나 변형시키자는 것이다. 순수 한글과 영문자를 한글과 쓴 것을 구별하기 위하여 밑줄을 긋거나 윗줄을 긋는 방식은 너무 유치할 것 같다. 받침까지 변형을 주느냐, 안 주느냐도 문제가 됐다. 이런 점을 고려하여 개발한, 최정순 외래어 표기체 5가지와 이기성 외래어 표기체 6가지를 차례로 소개한다.

(1) 최정순 외래어 표기체 - 1

최정순 외래어 표기체 -1은 자음이나 모음의 일부를 약하게 하여 기존 한글 전용 폰트와 구별되게 하는 방식이다. 자음이나 모음의 자소의 일부분이 정상보다 옴폭 들어가 아주 가늘어진 것을 볼 수 있다. 10.5포인트 이하의 크기에서 획이 끊어지는 현상이 발생할 가능성이 높다.

[그림 6] 최정순 외래어 표기체-1

(2) 최정순 외래어 표기체-2

최정순 외래어 표기체-2는 자음이나 모음의 자소가 휜 것을 알 수 있다. 자음보다는 모음에서 더 잘 나타나는데, '비'의 세로줄기 'ㅣ'의 가운데는 오른쪽 부분이 파여져 있어서 왼쪽으로 휜 기분이 든다. 반면에 'ㅣ'의 위와 아래는 오른쪽으로 강조되어 오른쪽으로 휜 느낌이 든다.

[그림 7] 최정순 외래어 표기체-2

(3) 최정순 외래어 표기체-3

최정순 외래어 표기체-3은 모음의 시작 부분을 꼬부린 것이다. 모음의 시작 부분이 옥수수수염처럼 가늘게 굽어 있다. 세로줄기의 시작 부분은 왼쪽으로, 가로줄기의 시작 부분은 오른쪽으로 굽어 있다. 한국어 전용 표기 한글체와 구별하기 쉬운 서체이다.

[그림 8] 최정순 외래어 표기체-3

(4) 최정순 외래어 표기체-4

최정순 외래어 표기체-4는 세로줄기의 시작과 끝부분에 돌기를 달아주되, 기존의 붓 방향과 반대인 오른쪽으로 돌기를 단 것이다. 가로줄기는 시작은 위쪽으로 돌기를 달고, 끝부분은 아래쪽으로 돌기를 단다. 한국어 전용 표기 한글체와 구별이 된다. 한글 네모체와 비슷하나, 이탤릭체와 같은 느낌은 들지 않는다.

[그림 9] 최정순 외래어 표기체-4

(5) 최정순 외래어 표기체 - 5

최정순 외래어 표기체 - 5는 한글 본문체이되 한글 네모체 기분이 나
도록 제작된 것이다. 세로줄기를 굵게 하여 일반 본문체와 구별하고
있다. 자음 'ㅁ'과 'ㅂ' 모양이 본문체와 아주 다르다. 'ㄴ'과 'ㄹ' 받침
이 본문체보다 왼쪽으로 나와 있다. 모음 'ㅡ'의 시작돌기가 없고 오른
쪽 끝에만 돌기가 부드럽게 달려 있다.

[그림 10] 한국어 표기전용 본문체와 네모체

크리스마스 텔레비전페

크리스마스 텔레비전페

크리스마스 텔레비전페

크리스마브
텔레비전페
자멘호프아

크리스마브 크리스마브
텔레비전페 텔레비전페
자멘호프아 자멘호프아
크리스마브 크리스마브
텔레비전페 텔레비전페
자멘호프아 자멘호프아

[그림 11] 최정순 외래어 표기체 - 5

(6) 릭스 외래어 표기체 - 1

외국어나 외래어 알파벳을 한글로 표기할 목적으로 이기성이 제작한
한글 폰트를 '릭스(Leeks) 외래어 표기체'라 부른다. 릭스 외래어 표기체
-1은 한글 음절에서 시작 자음을 한국어용 폰트와 구별하는 것이다.
'엠비시'를 예로 들면, '엠'은 'ㅇ'을, '비'는 'ㅂ'을, '시'는 'ㅅ'을 다르게
제작하는 것이다. 예문으로 든 음절은 한글 폰트 비교 시 참고로 하는
'한글 대표 음절 추출하기' 방식에 의하여 추출된 25개 음절이다.18)

[표 1] '한글 대표 음절 추출법'에 의해 추출된 25개 음절

가 는 다	로 면 보	서 이 자
치 컴 터	퓨 하 야	여 용 수
을 램 에	화 원 된	의

'가는다'는 초성 자음 'ㄱ, ㄴ, ㄷ'의 모양을 다르게 한다. 'ㄱ'은 가로
줄기 위에 새로운 가로줄기를 하나 더 추가하고, 'ㄴ'은 세로줄기 앞에
새 세로줄기를 추가한다. 'ㄷ'은 위 가로줄기 위에 새 가로줄기를 하나
추가한다. '로면보'는 자음 'ㄹ, ㅁ, ㅂ'에다 줄기를 하나 더 추가시킨다.

<초성 자음으로 구별>=한글 대표 음절 25개

---

18) 이기성, 전자출판-Ⅱ<개정판>, pp106-119, 장왕사, 1997

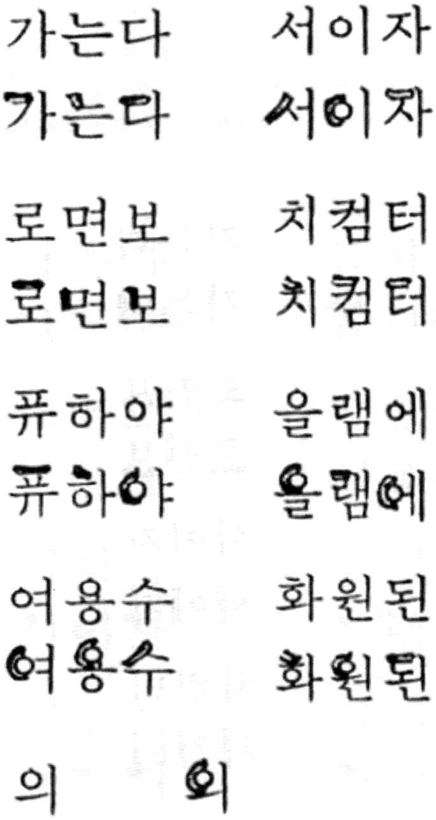

가는다   서이자
가는다   서이자

로면보   치컴터
로면보   치컴터

퓨하야   을램에
퓨하야   을램에

여용수   화원된
여용수   화원된

의   외

[그림 12] 릭스 외래어 표기체 -1(대표 25개
음절)

(7) 릭스 외래어 표기체 - 2

릭스 외래어 표기체 - 2는 음절에서 모음을 한국어용 폰트와 구별하는 것이다. '엠비시'를 예로 들면, '엠'은 'ㅔ'를, '비'는 'ㅣ'를, '시'는 'ㅣ'를 다르게 제작하는 것이다.

'가는다'에서 '가'와 '다'는 모음 'ㅏ'의 모양을, '는'은 모음 'ㅡ'의 모양을 다르게 한다. 'ㅏ' 모음은 세로줄기에다 바깥쪽(오른쪽)으로 세로줄기를 하나 더 추가하고, 'ㅡ' 모음은 가로줄기에다 아래쪽으로 가로줄기를 하나 더 추가시킨다. '로면보'는 모음 'ㅗ, ㅕ, ㅗ'에다 줄기를 하나 더 추가한다.

<모음으로 구별>=한글 대표 음절 25개

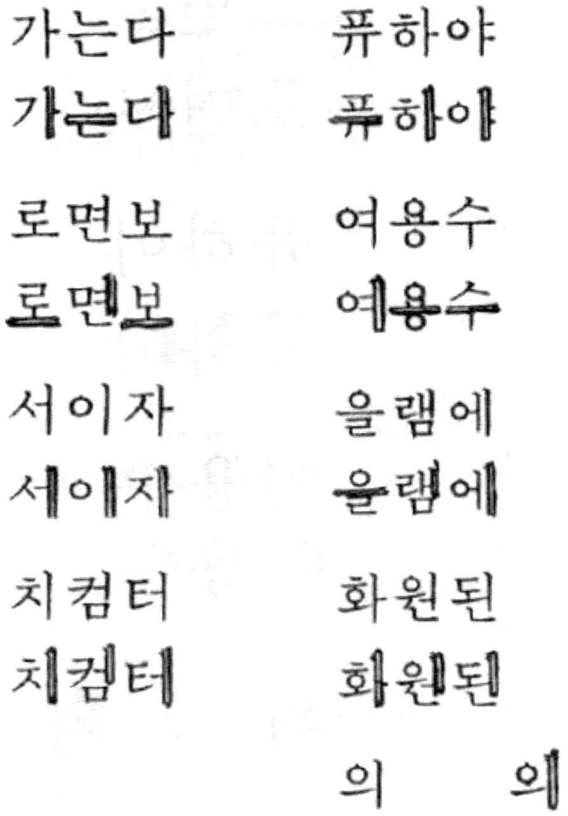

가는다   퓨하야
가는다   퓨하야

로면보   여용수
로면보   여용수

서이자   을램에
서이자   을램에

치컴터   화원된
치컴터   화원된

             의   의

[그림 13] 릭스 외래어 표기체-2(대표 25개 음절)

(8) 릭스 외래어 표기체 - 3

릭스 외래어 표기체-3은 한글 음절 하나마다 시작 자음의 모양을 한국어용 폰트와 외래어 표기용 폰트를 구별시키는 것이다. '엠비시'를 예로 들면, 각 음절의 자음에 변화를 주는 것이다. '엠'은 'ㅇ'을, '비'는 'ㅂ'을, '시'는 'ㅅ'을 모양이 다르게 제작하는 것이다.19)

'가는다'에서는 초성 자음 'ㄱ, ㄴ, ㄷ'의 모양을 변형시키고, '로면보'에서는 'ㄹ, ㅁ, ㅂ'의 모양을 변형시킨다. 릭스 외래어 표기체-1과 같이 초성 자음의 모양이 바뀌는데, 릭스 외래어 표기체-1에서는 직선이나 곡선 모양이 추가되었는 데 반해서, 릭스 외래어 표기체-3에서는 파도모양이나 번개머리 형태의 선이 추가된다.

<초성 자음으로 구별>=한글 대표 음절 25개

---

19) 릭스 외래어 표기체-1과 릭스 외래어 표기체-3은 대강 보기에는 비슷하나, 자세히 보면 같은 초성 자음의 변화라 해도 차이가 있다. '가, 다, 로, 퓨, 자, 컴, 터'를 보면 'ㄱ, ㄷ, ㄹ, ㅍ, ㅈ, ㅋ, ㅌ'의 위에 추가로 붙은 획 모양이 다른 것을 알 수 있다.

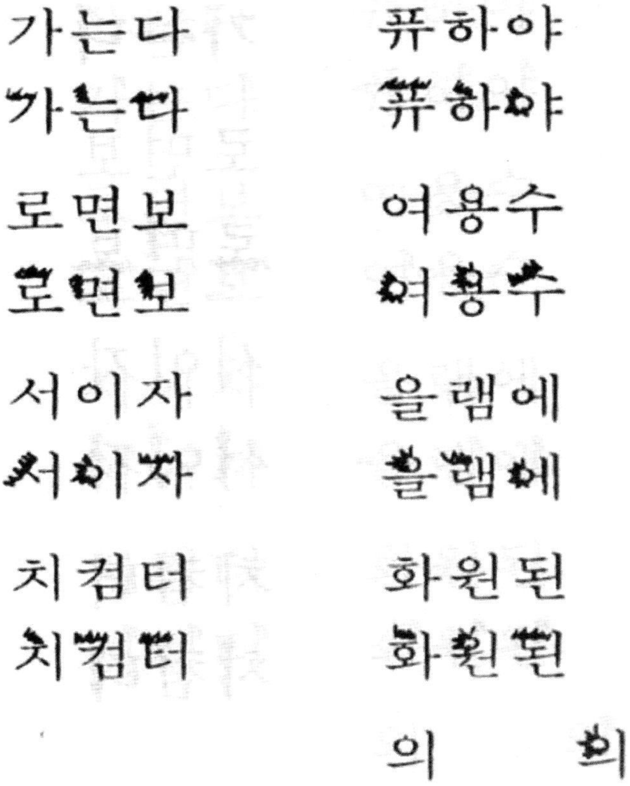

가는다   퓨하야
가는다   퓨하야

로면보   여용수
로면보   여용수

서이자   을램에
서이자   을램에

치컴터   화원된
치컴터   화원된

            의   희

[그림 14] 릭스 외래어 표기체-3(대표 25개 음절)

(9) 릭스 외래어 표기체-4

릭스 외래어 표기체-4는 음절에서 모음을 한국어용 폰트와 구별하는 것이다. '엠비시'를 예로 들면, '엠'은 'ㅔ'의 모양을, '비'는 'ㅣ'의 모양을, '시'는 'ㅣ'의 모양을 다르게 제작하는 것이다.

'가는다'에서는 모음 'ㅏ, ㅡ, ㅏ', '로면보'에서는 모음 'ㅗ, ㅕ, ㅗ'의 모양이 다르게 처리됐다.

<모음의 모양으로 구별>=한글 대표 음절 25개

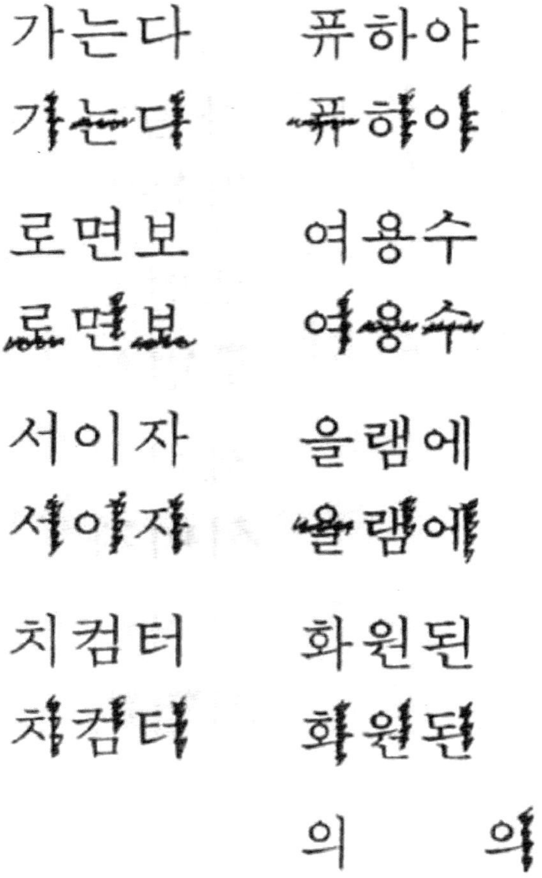

가는다   퓨하야
가는다   퓨하야

로면보   여용수
로면보   여용수

서이자   을램에
셔이자   을램에

치컴터   화원된
치컴터   화원된

             의   의

[그림 15] 릭스 외래어 표기체－4(대표 25개 음절)

(10) 릭스 외래어 표기체 – 5

릭스 외래어 표기체–5는 음절에서 모음을 한국어용 폰트와 구별하는 것이다. '엠비시'를 예로 들면, '엠'은 'ㅔ'의 모양을, '비'는 'ㅣ'의 모양을, '시'는 'ㅣ'의 모양을 다르게 제작하는 것이다. 기둥인 세로줄기는 세로줄기의 윗부분(시작 부분)에다 댕기머리 모양의 짧은 세로줄기를 추가하고, 가로줄기는 가로줄기의 왼쪽(시작 부분)에다 짧은 가로줄기를 추가하는 것이다.

'가'의 모음 'ㅏ'의 세로줄기의 머리 부분에 오른쪽으로 짧은 세로줄기를 추가한다. '는'의 모음 'ㅡ'는 가로줄기 왼쪽 시작 부분에서 위쪽으로 짧은 가로줄기를 추가한다. '르'와 '보' 역시 모음 'ㅗ'의 가로줄기 시작 부분에 짧은 가로줄기를 위방향으로 추가한다.

<모음의 시작 부분의 모양으로 구별>=한글 대표 음절 25개

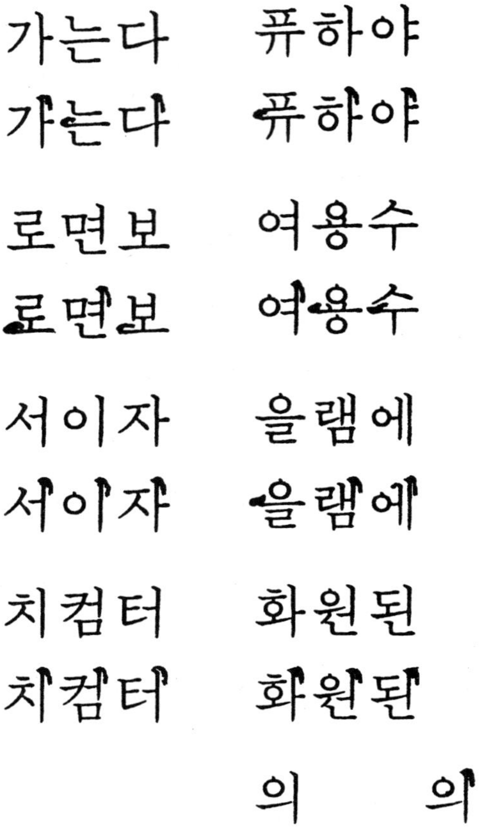

가는다   퓨하야
갸는댜   퓨햐야

로면보   여용수
로면보   여용수

서이자   을램에
서이자   을램에

치컴터   화원된
치컴터   화원된

           의   의

[그림 16] 릭스 외래어 표기체-5(대표 25개 음절)

(11) 릭스 외래어 표기체-6

릭스 외래어 표기체-6은 음절에서 자음의 모양을 한국어용 폰트와 구별하는 것이다. '엠비시'를 예로 들면, '엠'은 'ㅇ'의 모양을, '비'는 'ㅂ'의 모양을, '시'는 'ㅅ'의 모양을 다르게 제작하는 것이다. 'ㅇ'은 'ㅇ'의 왼쪽 반가량이 까맣게 칠해진다. 릭스 외래어 표기체-1과 릭스 외래어 표기체-6은 둘 다 초성 자음의 모양을 한국어용 폰트와 다르게 한 것이다. 그러나 릭스 외래어 표기체-1이 자음 자소의 바깥쪽으로 획이 추가된 데 반하여, 릭스 외래어 표기체-6은 자음 자소의 안쪽 (중심 쪽)으로 획이 추가된 것이 다르다. 특히, 릭스 외래어 표기체-6에서 'ㅇ'은 'ㅇ' 안쪽에서 왼쪽 반이 채워진 상태이고, 'ㅂ' 역시 'ㅂ'의 왼쪽 세로줄기의 안쪽에 획이 추가된 것이다.

릭스 외래어 표기체-6의 'ㄱ'은 릭스 외래어 표기체-1의 'ㄱ'과 달리, 'ㄱ'의 세로줄기의 안쪽에 획이 추가된다. 릭스 외래어 표기체-1의 'ㄱ'은 세로줄기가 아니고, 가로줄기의 위쪽에 획이 추가되었다.

<자음의 모양으로 구별>=한글 대표 음절 25개

가는다 퓨하야
가는다 **퓨하야**

로면보 여용수
로면보 **여용수**

서이자 을램에
서이자 **을램에**

치컴터 화원된
치컴터 **화원된**

의 의

[그림 17] 릭스 외래어 표기체 -6(대표 25개 음절)

3) 외래어 표기체의 대책

신문이나 잡지, 텔레비전 모니터에 한글과 함께 나타나는 IMF, CBS, PC, TV, AS, EU, S&P라는 알파벳은 한국인 전용이므로 아이엠에프, 시비에스, 피시, 티브이, 에이에스, 이유, 에스앤피라고 써야 했으나, 우리의 현실은 그렇지 못하다. 이 문제를 일본식으로─일본말은 히라가나를 쓰다가 외래어나 외국어가 나오면 가다가나를 쓰듯이─해결하는 것도 한 방법이 될 것이다. 그러나 한국의 실정은 히라가나와 가다가나처럼 마땅한 글자꼴이 없는 실정이어서 '릭스 외래어 표기체' 6가지와 최정순 외래어 표기체 5가지 견본용 폰트를 제작하였다. 새로 개발된 릭스 외래어 표기체를 사용하여 실제로 신문기사의 일부를 조판해 보기로 한다.

(1) 릭스 외래어 표기체 – 1[20)]

본 대책에서는 릭스 외래어 표기체 6가지와 최정순 외래어 표기체 5가지 중 실용성이 높은 것 1가지를 각기 소개한다. 첫 번째, 릭스 외래어 표기체–1은 음절에서 시작 자음을 한국어용 폰트와 구별하는 것이다. 보기에서 먼저 나온 것은 'IMF' 같이 알파벳이 사용된 현재의 신문이고, 다음 것이 '아이엠에프'와 같이 한글로 바꾸어 표기하되, 릭스 외래어 표기체–1을 사용하여 조판한 것이다.[21)]

초성 자음의 모양을 한국어 전용 폰트와 구별되도록 제작된 릭스 외

---

20) 본 논문은 1998년에 <글꼴1998>에 발표한 것을 수정, 보완한 것이다. 이기성, '한글글꼴 개발 과제 및 방안', <글꼴1998>, pp.53-88, 세종기념사업회 부설 한글글꼴개발원, 1998.
21) 일간 신문 중앙일보, 전자신문, 조선일보의 1998년 1월 21일자에서 발췌한 기사임.

래어 표기체-1은 한국어 전용 폰트와 구별은 잘 되지만, 크기가 약간
큰 것이 단점으로 볼 수 있다.

1998년 1월 21일 일간신문 참고[중앙일보, 전자신문, 조선일보]
[문화바탕체]

IMF, 클린턴, CBS

요즘 TV를 보면 국제통화기금(IMF) 시대를 이기는 지혜들이 속
출한다. LA 타임스지는 크게 보도하고 있다. 현대와 LG그룹,
삼성·SK그룹 등은 21일 발표할 예정이다.

PC통신, 케이블TV, AS

케이블TV 수신시설의 설치 및 A/S지연에 관한 불만이었다. 시
스템통합(SI)업체인 LG-EDS시스템의 SECC(System Engineer
Case Course)는 22개 클래스가 8주 과정으로 개설되어 있다. 삼
성SDS는 2000년 문제 해결 SW '유니세이버/2000'을 개발했다.

EU국, S&P서 유동적 평가

유럽연합(EU)국가들이 미국 일변도의 외채협상에 제동을 걸고
나섰다. 스탠더드 앤드 푸어스(S&P)는 한국의 외화신용 평가전
망을 '부정적(네거티브)'에서 유동적(디벨로핑)'으로 조정했다.

[릭스 외래어표기체]

아이엠에프, 클린턴, 시비에스

요즘 티브이를 보면 국제통화기금(아이엠에프) 시대를 이기는
지혜들이 속출한다. 엘에이 타임스지는 크게 보도하고 있다. 현
대와 엘지그룹, 삼성·에스케이그룹 등은 21일 발표할 예정이다.

피시통신, 케이블티브이, 에이에스

케이블티브이 수신시설의 설치 및 에이/에스지연에 관한 불만
이었다. 시스템통합(에스아이)업체인 엘지-이티에스시스템의 에
스이시시(시스템 엔지니어 케이스 코스)는 22개 클래스가 8주 과
정으로 개설되어 있다. 삼성에스티에스는 2000년 문제 해결 에
스더블류 '유니세이버/2000'을 개발했다.

이유국, 에스앤피서 유동적 평가

유럽연합(이유)국가들이 미국 일변도의 외채협상에 제동을 걸고
나섰다. 스탠더드 앤드 푸어스(에스앤피)는 한국의 외화신용 평
가전망을 '부정적(네거티브)'에서 유동적(디벨로핑)'으로 조정했다.

[그림 18] 현재의 신문과 '릭스 외래어 표기체-1'을 사용한 조판

(2) 릭스 외래어 표기체 - 2

릭스 외래어 표기체-2는 음절에서 모음을 한국어용 폰트와 구별하는 것이다. '아이엠에프'를 예로 들면, '아'는 'ㅏ'를, '이'는 'ㅣ'를, '엠'은 'ㅔ'를, '에'는 'ㅔ'를, '프'는 'ㅡ'를 한국어 전용 폰트와 다르게 제작하는 것이다.

릭스 외래어 표기체-2 역시 한국어 전용 폰트보다 약간 크게 보인다.

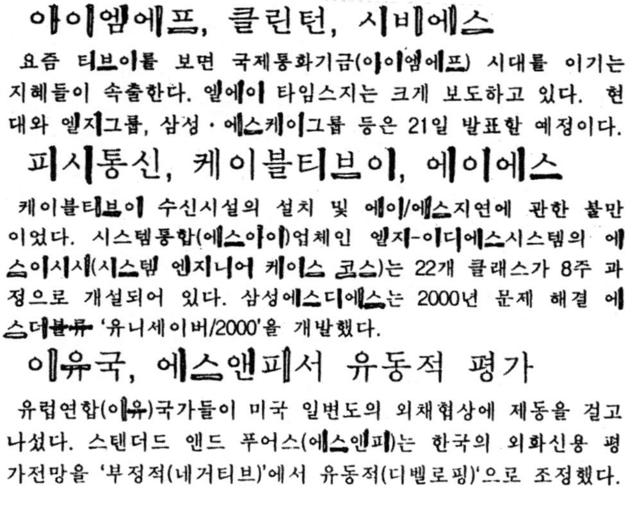

아이엠에프, 클린턴, 시비에스

요즘 티브이를 보면 국제통화기금(아이엠에프) 시대를 이기는 지혜들이 속출한다. 엘에이 타임스지는 크게 보도하고 있다. 현대와 엘지그룹, 삼성·에스케이그룹 등은 21일 발표할 예정이다.

피시통신, 케이블티브이, 에이에스

케이블티브이 수신시설의 설치 및 에이/에스지연에 관한 불만이었다. 시스템통합(에스아이)업체인 엘지-이디에스시스템의 에스이시시(시스템 엔지니어 케이스 코스)는 22개 클래스가 8주 과정으로 개설되어 있다. 삼성에스디에스는 2000년 문제 해결 에스더블류 '유니세이버/2000'을 개발했다.

이유국, 에스앤피서 유동적 평가

유럽연합(이유)국가들이 미국 일변도의 외채협상에 제동을 걸고 나섰다. 스텐더드 엔드 푸어스(에스앤피)는 한국의 외화신용 평가전망을 '부정적(네거티브)'에서 유동적(디벨로핑)'으로 조정했다.

〈모음의 모양으로 구별〉

[그림 19] 릭스 외래어 표기체-2

(3) 릭스 외래어 표기체 - 3

릭스 외래어 표기체-3은 음절에서 시작 자음의 모양을 한국어용 폰트와 구별시키는 것이다. '아이엠에프'를 예로 들면, '아'와 '이', '엠', '에'는 'ㅇ'을, '프'는 'ㅍ'을 한국어 전용 폰트와 모양이 다르게 제작하는 것이다.

초성 자음의 모양을 구별한 릭스 외래어 표기체-3은 한국어 전용 폰트와 구별은 잘 되나, 10포인트 미만의 크기에서는 자음의 자소가 모양이 제대로 나타나지 않는 단점이 있다.

<초성 자음으로 구별>

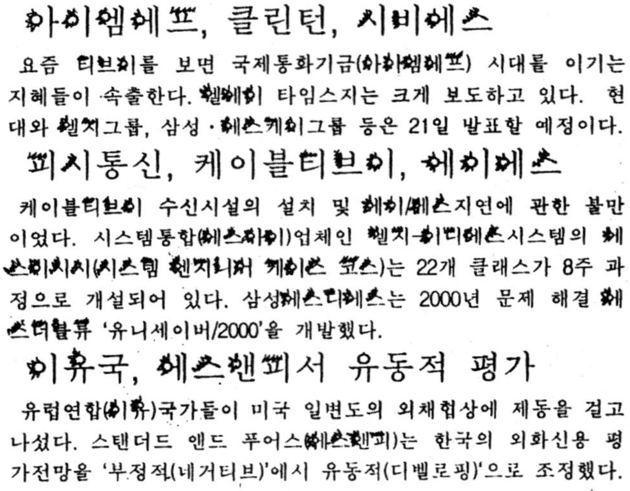

아이엠에프, 클린턴, 시비에스

요즘 티브이를 보면 국제통화기금(아이엠에프) 시대를 이기는 지혜들이 속출한다. 엠에이 타임스지는 크게 보도하고 있다. 현대와 엘지그룹, 삼성·에스케이그룹 등은 21일 발표할 예정이다.

피시통신, 케이블티브이, 에이에스

케이블티브이 수신시설의 설치 및 에이에스지연에 관한 불만이었다. 시스템통합(에스아이)업체인 엘지-아이티에스시스템의 에스아이시시(시스템 헨지니어 케이스 뮤스)는 22개 클래스가 8주 과정으로 개설되어 있다. 삼성에스디에스는 2000년 문제 해결 에스더류 '유니세이버/2000'을 개발했다.

외휴국, 에스앤피서 유동적 평가

유럽연합(외휴)국가들이 미국 일변도의 외채협상에 제동을 걸고 나섰다. 스탠더드 앤드 푸어스(에스앤피)는 한국의 외화신용 평가전망을 '부정적(네거티브)'에서 유동적(디벨로핑)'으로 조정했다.

[그림 20] 릭스 외래어 표기체-3

(4) 릭스 외래어 표기체-4

릭스 외래어 표기체-4는 외래어 음절에서 모음의 모양을 한국어용 폰트와 구별하는 것이다. '아이엠에프'를 예로 들면, '아'는 'ㅏ', '이'는 'ㅣ', '엠'과 '에'는 'ㅔ'의 모양을, '프'는 'ㅡ'의 모양을 한국어 전용 폰트와 모양을 다르게 제작하는 것이다.

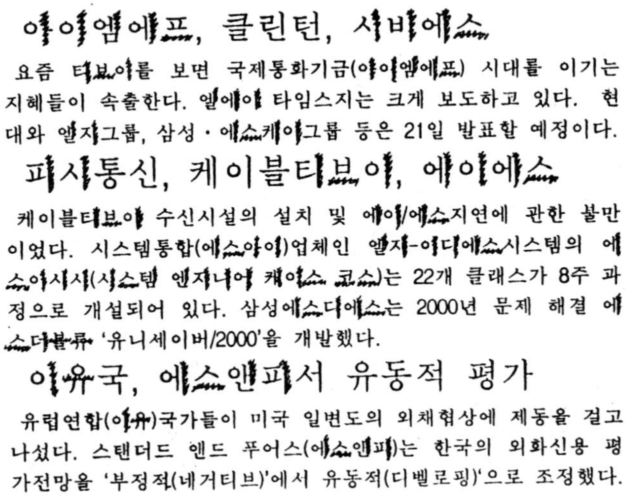

야야엠에프, 클린턴, 사비에스

요즘 티뵤야를 보면 국제통화기금(야이앰에쯔) 시대를 이기는
지혜들이 속출한다. 앨에야 타임스지는 크게 보도하고 있다. 현
대와 앨자그룹, 삼성·에쇼케야그룹 등은 21일 발표할 예정이다.

파사통신, 케이블티뵤야, 에야에스

케이블티뵤야 수신시설의 설치 및 에야/에쇼지연에 관한 불만
이었다. 시스템통합(에쇼야이)업체인 앨자-이디에쇼시스템의 에
쇼야시사(사쇼뎀 엔자니어 캐야쇼 쿄쇼)는 22개 클래스가 8주 과
정으로 개설되어 있다. 삼성에쇼디에쇼는 2000년 문제 해결 에
쇼다블류 '유니세이버/2000'을 개발했다.

야유국, 에쇼앤파서 유동적 평가

유럽연합(야유)국가들이 미국 일변도의 외채협상에 제동을 걸고
나섰다. 스탠더드 엔드 푸어스(에쇼앤파)는 한국의 외화신용 평
가전망을 '부정적(네거티브)'에서 유동적(디벨로핑)'으로 조정했다.

〈모음의 모양으로 구별〉

[그림 21] 릭스 외래어 표기체-4

(5) 릭스 외래어 표기체-5

릭스 외래어 표기체-5는 외래어의 음절에서 모음을 한국어용 폰트
와 구별하는 것이다. '아이'를 예로 들면, '아'는 'ㅏ'의 모양을, '이'는
'ㅣ'의 모양을 다르게 제작하는 것이다. 세로줄기는 윗부분(시작 부분)
에다 댕기머리 모양의 짧은 세로줄기를 추가하고, 가로줄기는 왼쪽(시
작 부분)에다 짧은 가로줄기를 추가하는 것이다.22)

---

22) 1995년과 1996년 2년에 걸쳐 한글 서체개발의 대가 최정순 옹과 릭스 외래어
    표기체-5와 비슷한 모양의 외래어 표기용 한글 폰트의 제작을 시도해 본 일이
    있다. 그때, 문화체육부에서 올린 폰트 개발 예산을 재정경제원에서 삭제하는
    바람에 아쉽게도 당시에 문화외래어 표기체 한글 폰트를 개발하지 못하였다.

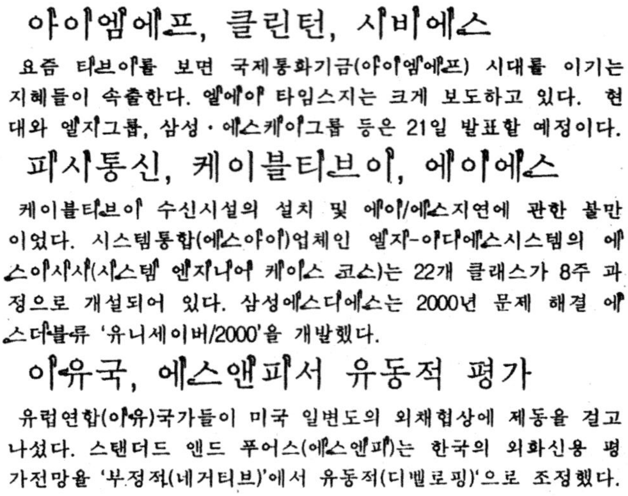

아이엠에프, 클린턴, 시비에스

요즘 타브이를 보면 국제통화기금(아이엠에프) 시대를 이기는 지혜들이 속출한다. 엘에이 타임스지는 크게 보도하고 있다. 현대와 엘지그룹, 삼성·에스케이그룹 등은 21일 발표할 예정이다.

피시통신, 케이블티브이, 에이에스

케이블티브이 수신시설의 설치 및 에이/에스지연에 관한 불만이었다. 시스템통합(에스아이)업체인 엘지-아다에스시스템의 에스아이사사(시스템 엔지니어 케이스 코스)는 22개 클래스가 8주 과정으로 개설되어 있다. 삼성에스디에스는 2000년 문제 해결 에스다블류 '유니세이버/2000'을 개발했다.

이유국, 에스앤피서 유동적 평가

유럽연합(이유)국가들이 미국 일변도의 외채협상에 제동을 걸고 나섰다. 스탠더드 엔드 푸어스(에스앤피)는 한국의 외화신용 평가전망을 '부정적(네거티브)'에서 유동적(디벨로핑)'으로 조정했다.

〈모음 시작 부분의 모양으로 구별〉

[그림 22] 릭스 외래어 표기체-5

(6) 릭스 외래어 표기체-6

릭스 외래어 표기체-6은 외래어 표기용 음절에서 자음의 모양을 한국어용 폰트와 구별하는 것이다. '아이엠에프'를 예로 들면, '아이엠에'는 'ㅇ'의 모양을, '프'는 'ㅍ'의 모양을 한국어 전용 폰트와 다르게 제작하는 것이다. 'ㅇ'은 'ㅇ'의 왼쪽 반가량을 까맣게 칠한다.

10포인트 미만의 크기에서는 'ㅇ'의 안쪽을 전부 다 까맣게 칠하는 것도 한 방법이 될 수 있다.

아이엠에프, 클린턴, 씨비에스

요즘 티브이를 보면 국제통화기금(아이엠에프) 시대를 이기는
지혜들이 속출한다. 엘에이 타임스지는 크게 보도하고 있다. 현
대와 엘지그룹, 삼성 · 에스케이그룹 등은 21일 발표할 예정이다.

피시통신, 케이블티브이, 에이에스

케이블티브이 수신시설의 설치 및 에이/에스지연에 관한 불만
이었다. 시스템통합(에스아이)업체인 엘지-이디에스시스템의 에
스이시시(시스템 엔지니어 케이스 코스)는 22개 클래스가 8주 과
정으로 개설되어 있다. 삼성에스디에스는 2000년 문제 해결 에
스터블류 '유니세이버/2000'을 개발했다.

이유국, 에스앤피서 유동적 평가

유럽연합(이유)국가들이 미국 일변도의 외채협상에 제동을 걸고
나섰다. 스텐더드 엔드 푸어스(에스앤피)는 한국의 외화신용 평
가전망을 '부정적(네거티브)'에서 유동적(디벨로핑)'으로 조정했다.

〈자음의 모양으로 구별〉

[그림 23] 릭스 외래어 표기체-6

4) 결 론

한글 외래어 표기체 폰트에 관한 것은 어디까지나 표기용 글자에 한
정된 것이다. 한국말 문화의 오염과는 별도의 분야인 것이다. 하루라도
빨리, '인수 · 합병'을 'M&A'로, 국제통화기금을 'IMF'로, 건배를 '부라
보'로, '건투'를 '파이팅'으로, 신입사원이나 새내기를 '리쿠르트'로 말
하는 것같이, 순수하고 아름다운 한국말을 해치는 행위에 대한 연구도
별도로 진행되어야 할 것이다. 이 논문에서는 한국말이 아니고 한국글
문화를 오염시키는 행위에 대한 대책을 강구하자는 것이다. 'M&A'를
'인수 · 합병'으로 바꾸는 것은 차후로 미루고, 1차로 한국 발음대로 '엠
앤에이'로 표기하는 것을 연구하는 것이다.

 본 연구에서는 외국어나 외래어 알파벳을 한글로 표기하는 방법으로, 다음 15가지를 제시하였다.

① 한국인의 발음대로, 조판이 된 것과 같은 한글 전용 본문체(바탕체) 폰트로 표기하는 법
② 알파벳을 밑줄 친 한글 전용 본문체 폰트로 표기하는 법
③ 한글이 본문체 폰트로 조판된 경우에 알파벳을 네모체(돋움체)로 표기하는 법
④ 알파벳을 네모체의 장체 70% 한글 전용 폰트로 표기하는 법
⑤ 알파벳을 최정순 외래어 표기체-1로 표기하는 법
⑥ 알파벳을 최정순 외래어 표기체-2로 표기하는 법
⑦ 알파벳을 최정순 외래어 표기체-3으로 표기하는 법
⑧ 알파벳을 최정순 외래어 표기체-4로 표기하는 법
⑨ 알파벳을 최정순 외래어 표기체-5로 표기하는 법
⑩ 알파벳을 릭스 외래어 표기체-1로 표기하는 법
⑪ 알파벳을 릭스 외래어 표기체-2로 표기하는 법
⑫ 알파벳을 릭스 외래어 표기체-3으로 표기하는 법

[그림 24] 최정순 외래어 표기체 대응법

<기사 원문>

IMF, 클린턴, CBS

요즘 TV를 보면 국제통화기금(IMF) 시대를 이기는 지혜들이 속출한다. LA 타임스지는 크게 보도하고 있다. 현대와 LG그룹, 삼성·SK그룹 등은 21일 발표할 예정이다.

PC통신, 케이블TV, AS

케이블TV 수신시설의 설치 및 A/S지연에 관한 불만이었다. 시

<릭스 외래어표기체-5>

아이엠에프, 클린턴, 시비에스

요즘 티브이를 보면 국제통화기금(아이엠에프) 시대를 이기는 지혜들이 속출한다. 엘에이 타임스지는 크게 보도하고 있다. 현대와 엘지그룹, 삼성·에스케이그룹 등은 21일 발표할 예정이다.

피시통신, 케이블티브이, 에이에스

케이블티브이 수신시설의 설치 및 에이/에스지연에 관한 불만

<릭스 외래어표기체-6>

아이엠에프, 클린턴, 시비에스

요즘 티브이를 보면 국제통화기금(아이엠에프) 시대를 이기는 지혜들이 속출한다. 엘에이 타임스지는 크게 보도하고 있다. 현대와 엘지그룹, 삼성·에스케이그룹 등은 21일 발표할 예정이다.

피시통신, 케이블티브이, 에이에스

케이블티브이 수신시설의 설치 및 에이/에스지연에 관한 불만

[그림 25] 릭스 외래어 표기체 조판 대응법

⑬ 알파벳을 릭스 외래어 표기체-4로 표기하는 법,
⑭ 알파벳을 릭스 외래어 표기체-5로 표기하는 법,
⑮ 알파벳을 릭스 외래어 표기체-6으로 표기하는 법.

'외래어 표기체 조판 대응법' 그림에서 맨 위의 것이 영어 알파벳을 사용한 신문기사 원본이고, 다음 것이 릭스 외래어 표기체-5로 조판된

것이고, 자음 'ㅇ'의 반쪽이 까맣게 보이는 것이 릭스 외래어 표기체 -6 으로 조판된 것이다.

앞에서 제시한 열다섯 가지 방법을 연구한 결과, 각기 장점이 있기는 하였지만, 알파벳용 외래어 표기체 한글 폰트로는 첫째, 모음 자소의 시작 부분에 댕기를 다는 릭스 외래어 표기체 -5와 둘째, 초성 자음에다 중심 쪽으로 획을 추가하는 릭스 외래어 표기체 -6으로 조판하는 것과 셋째, 릭스 외래어 표기체 -5와 비슷한 최정순 외래어 표기체 -3의 세 가지가 적합하다고 판단되었다.

[참고문헌]

오정금, 자소조합에 의한 전자출판용 본문체 개발 및 미려도 연구, 동국대 정보산업대학원, 1992

이기성, 전자출판 - Ⅱ <개정판>, (주)장왕사, 1997

이기성, 전자출판시스템 중 CTS용 한글 음절 출력방식에 관한 연구, 단국대 경영대학원, 1991

이기성, 사진식자 개론(증보판), 장왕사, 1991

이기성, 전자출판용 한글 본문체와 한글 제목체 활자에 관한 연구, '97출판학연구 p.145-172, 범우사, 1997

최정호, 서체개발의 실제, 한글 글자꼴 기초연구, 1990

한국전자출판연구회, 출판논총 제1집, (주)장왕사, 1995

한국전자출판연구회, 출판논총 제2집, (주)장왕사, 2000

Bill Parsons, Electronic Prepress, Delmar Publishers, 1995

my.dreamwiz.com/jangwang 도서출판 (주)장왕사 홈

www.dtp.or.kr 한국전자출판연구회(CAPSO) 홈

www.publishing21.com 한국사이버출판대학 홈

typography

제 2 부

korean

typo

graphy

한글 폰트의

응 용

7. 책 본문의 한글

본 논문에서는 한글 타이포그래피를 객관적으로 판단할 수 있는 다음의 6가지 항목을 주로 검토, 분석하였다.

① 한글 전용 조판과 혼용 조판
② 가로짜기 조판과 세로짜기 조판
③ 제책 방법
④ 본문 활자의 크기
⑤ 본문 판면의 자수와 행수
⑥ 글꼴(서체)

1) 본문용 한글 타이포그래피

한국 출판물 중에서 1970년대를 대표하는 20권, 1980년대를 대표하는 20권, 1990년대를 대표하는 26권, 모두 66권의 단행본을 분석하였다. 분석 자료 선택 기준은 해당 연도에서 가장 잘 팔린 베스트셀러를 원칙으로 2권씩 선정하였다. 1970년대에서는 1973년에 발간된 '별들의 고향'을, 1980년대에서는 1986년에 발간된 '단'을, 1990년대에서는 1995년에 발간된 '아리랑'과 2002년에 발간된 '전자출판—4' 책의 본문을 대표로 분석하였다. 나머지 책은 한글 타이포그래피를 분석한 결과를 표로써 나타내었고, 본문 사진은 부록에서 소개하였다.

(1) 1970년대(제6기)

1973년에 출판된 '별들의 고향'은 한글과 한자를 혼용하여 세로짜기 조판을 하였고, 제책 방식은 우철이다. 본문의 한글 활자는 본문체 중 명조체를 사용했고, 활자는 9포인트 크기이다. 한 페이지는 한 줄에 44자씩 16줄 조판이다.

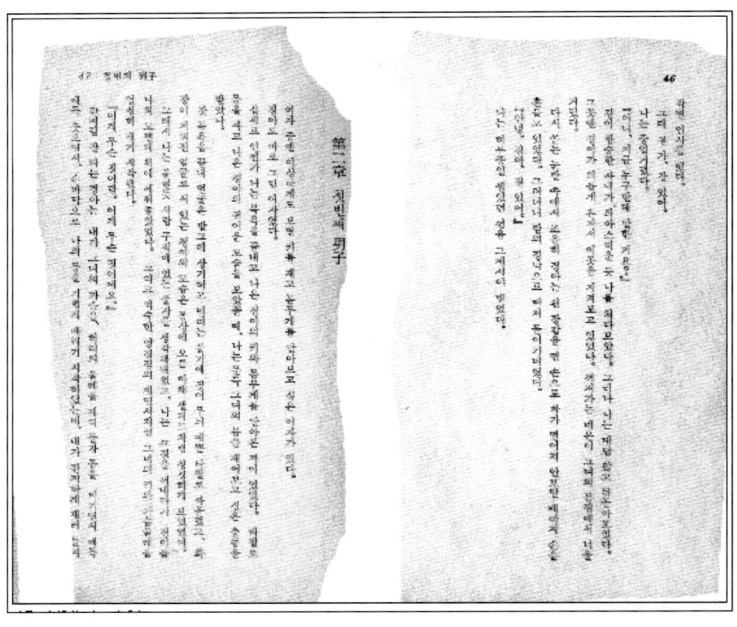

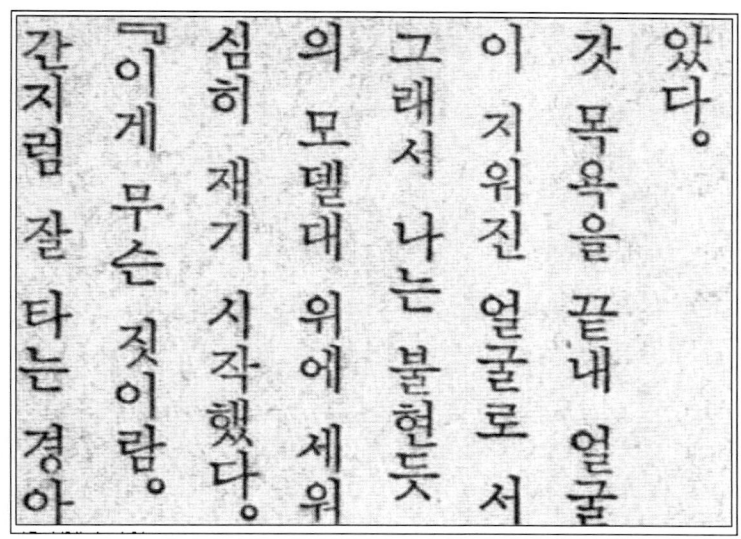

[그림 1] 별들의 고향, 최인호, 1973

① 제6기(1970년대)의 한글 단행본 20권 목록

1. 드 노보, 수평적 사고, 한국능률협회, 1970

2. 윤태림, 한국인, 현암사, 1970

3. 에릭 시걸, 러브 스토리, 문예출판사, 1971

4. 솔제니첸, 이반 데니소비치의 하루, 문예출판사, 1971

5. 선우휘, 망향, 일지사, 1972

6. 김찬삼, 세계의 나그네, 삼중당, 1972

7. 최인호, 별들의 고향(하), 예문관, 1973

8. 생텍쥐베리, 어린 왕자, 문예출판사, 1973

9. 루이저 린저, 고독한 당신에게, 범우사, 1974

10. 솔제니첸, 수용소 군도, 한얼문고, 1974

11. 오천석, 노란 손수건, 샘터, 1975

12. 시몬느 드 보봐르, 위기의 여자, 정우사, 1975

13. 김용태, 코메리칸의 낮과 밤, 한진출판사, 1976

14. 윤동주, 하늘과 바람과 별과 시, 정음사, 1976

15. 천경자, 한, 샘터사, 1977

16. 박완서, 휘청거리는 오후, 창작과비평사, 1977

17. 조세희, 난장이가 쏘아올린 작은 공, 문학과지성사, 1978

18. 고은, 사랑을 위하여, 전예원, 1978

19. 이문열, 사람의 아들, 민음사, 1979

20. 이병주, 사랑받는 이브의 초상, 문학예술사, 1979

[표 1] 1970년대 한글 본문 타이포그래피

제 목	조 판	가로 / 세로	제책	크기	00자 × 00행	한글글꼴	비고
수평적 사고	한한	세로	우철	10	31 × 15	명조	
한국인	한한영	가로	좌철	9	31 × 30	명조	
러브스토리	한글	세로	우철	9	42 × 16	명조	
이반데니소비치의 하루	한글	세로	우철	9	27.5 × 24	명조	
망향	한글	세로	우철	9	26 × 24 × 2단	명조	
세계의 나그네	한한	세로	우철	9	26 × 23 × 2단	명조	
별들의 고향(하)	한한	세로	우철	9	44 × 16	명조	
어린 왕자	한글	가로	좌철	10	29 × 22	명조	
고독한 당신에게	한한	가로	좌철	10	30 × 30	명조	
수용소 군도	한한	세로	우철	9	25 × 21 × 2단	명조	
노란 손수건	한글	세로	우철	9	41.5 × 15	명조	
위기의 여자	한글	세로	우철	10	38 × 17	명조	
코메리칸의 낮과 밤	한글	세로	우철	10	41 × 16	명조	
하늘과 바람과 별과 시	한한	세로	우철	9	25 × 11	명조	
한	한한	세로	우철	9	44 × 15	명조	
휘청거리는 오후	한한	가로	좌철	10	27 × 26	명조	
난장이가 쏘아올린 작은 공	한글	세로	우철	10	43 × 18	명조	
사랑을 위하여	한한	가로	좌철	10	28 × 24	명조	
사람의 아들	한한	세로	우철	10	36 × 16	명조	
사랑받는 이브의 초상	한한	세로	우철	9	43 × 16	명조	
비고							

1970년대 한글 단행본 20권의 분석 내용은 한글 전용으로 조판한 것이 8권, 한글과 한자 혼용 조판이 11권, 한글 / 한자 / 영어 혼용 조판이 1권이었다. 세로짜기 조판에 우철 방식으로 제책한 것이 15권, 가로짜기에 좌철이 5권으로, 1970년대는 아직도 세로짜기 조판이 우세한 것을 보여 준다.

1970년대 단행본 본문 활자의 글꼴은 20권 모두 본문체 중 명조체이다. 본문 활자의 크기는 9포인트가 11권, 10포인트가 9권으로, 9포인트 활자와 10포인트 활자가 비슷한 비율을 보인다. 한 페이지당 한 줄의 길이는 9포인트가 25자~44자, 10포인트가 27자~43자로 다양했다. 한 페이지당 줄 수는 9포인트가 11줄~30줄, 10포인트가 15줄~30줄이었고, 2단 조판은 10포인트 조판에는 없고, 9포인트 조판에만 3권이 있었다.

(2) 1980년대(제7기)

1986년에 김정빈이 쓴 '단'은 한글과 한자를 혼용하여 가로짜기로 조판한 책으로, 제책 방식은 좌철이다. 본문 활자의 한글 서체는 본문체 중 명조체이고, 활자 크기는 10포인트 크기이다. 한 페이지는 한 줄에 29.5자로 30줄 조판이다.

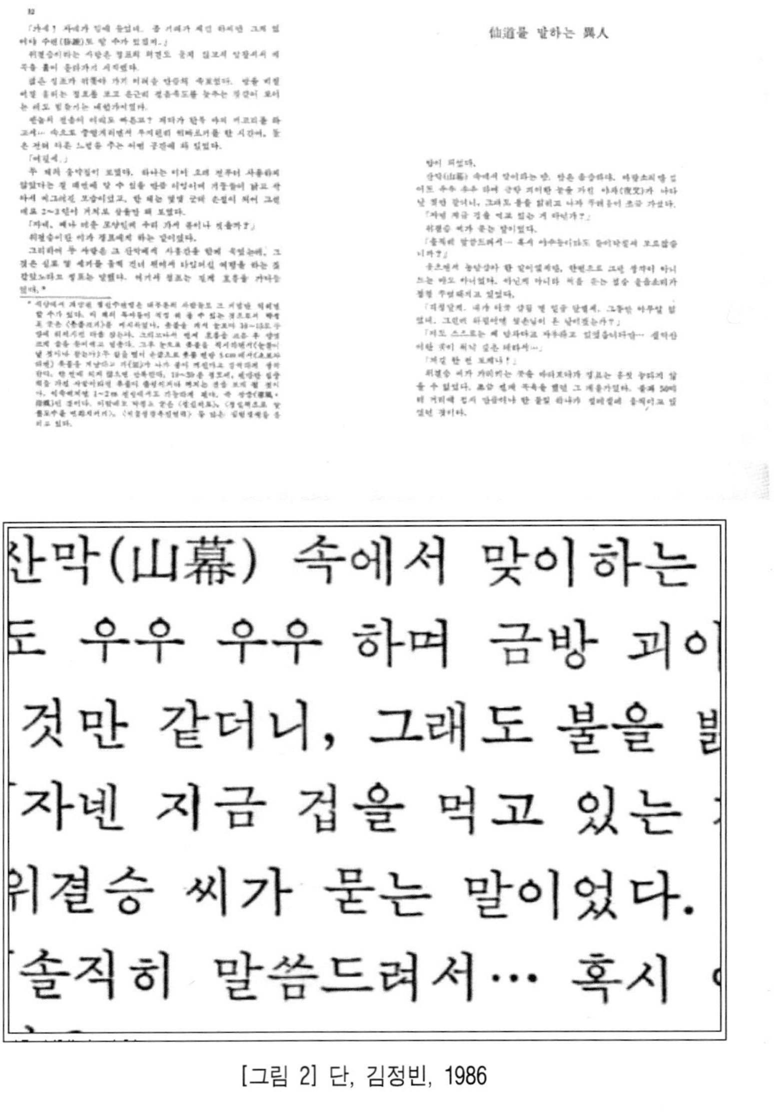

[그림 2] 단, 김정빈, 1986

② 제7기(1980년대)의 한글 단행본 20권 목록

  1. 죠반니노 과레스끼, 신부님 힘을 내세요, 백제, 1980

  2. 이주희, F학점의 천재들 2, 신우문화사, 1980

  3. 윤동주, 나의 별에도 봄이 오면, 문학세계사, 1981

  4. 김홍신, 인간시장, 행림출판, 1981

  5. 이시형, 배짱으로 삽시다, 집현전, 1982

  6. 김용성, 안개꽃, 문예출판사, 1982

  7. 윤흥길, 완장, 현대문학사, 1983

  8. 윌리엄 골딩, 파리 대왕, 민음사, 1983

  9. 김지하, 밥, 분도출판사, 1984

 10. 정비석, 소설 손자병법 제2권, 고려원, 1984

 11. 안병욱, 처음을 위하여 마지막을 위하여, 자유문학사, 1985

 12. 김팔봉, 초한지 1, 어문각, 1985

 13. 김정빈, 단, 정신세계사, 1986

 14. 이해인, 오늘은 내가 반달로 떠도, 분도출판사, 1986

 15. 도종환, 접시꽃 당신, 실천문학사, 1987

 16. 서정윤, 홀로서기, 청하, 1987

 17. 이기성, 전자출판, 영진출판사, 1988

 18. 김신, 쫄병시대, 실천문학사, 1988

 19. 윤정모, 고삐, 풀빛, 1989

 20. 이기성, dBASE Ⅲ PLUS 실무강좌, 영진출판사, 1989

[표 2] 1980년대 한글 본문 타이포그래피

제목	조판	가로 / 세로	제책	크기	00자 × 00행	한글 글꼴	비고
신부님 힘을 내세요	한글	가로	좌철	10	28 × 30	명조	
F학점의 천재들	한한	가로	좌철	9	27 × 29	명조	
나의 별에도 봄이 오면	한한	세로	우철	10	44.5 × 17	명조	
인간시장	한글	가로	좌철	10	27 × 29	명조	
배짱으로 삽시다	한한	가로	좌철	10.5	38 × 20	명조	
안개꽃	한한	가로	좌철	9	30.5 × 30	명조	
완장	한글	가로	좌철	9	29.5 × 31	명조	
파리 대왕	한글	가로	좌철	9	30 × 27	명조	
밥	한한	가로	좌철	9	33 × 28	명조	
소설 손자병법 제2권	한한	가로	좌철	9	30 × 30	명조	
처음을 위하여 마지막을 위하여	한한	가로	좌철	9	30 × 26	명조	
초한지 1	한한	가로	좌철	9	32.5 × 30	명조	
단	한한	가로	좌철	10	29.5 × 30	명조	
오늘은 내가 반달로 떠도	한한	가로	좌철	9	10 × 20	명조	
접시꽃 당신	한글	가로	좌철	10	22 × 22	명조	
홀로서기	한글	가로	좌철	10	21 × 28	명조	
전자출판	한영	가로	좌철	10.5	42 × 31	명조	
쫄병시대	한영	가로	좌철	10	34.5 × 31	명조	
고삐	한글	가로	좌철	10	31 × 25	명조	
dBASE III PLUS 실무강좌	한영	가로	좌철	10.5	39 × 31	명조	
비고							

　　1980년대 출판된 한글 단행본 20권의 분석 내용은 한글 전용으로 조판된 것이 7권, 한글과 한자를 혼용하여 조판된 것이 10권, 한글과 영어를 혼용한 조판이 3권이었고, 한글 / 한자 / 영어 혼용 조판은 없었다. 1980년까지도 한글과 한자의 혼용 조판이 한글 전용으로 조판된 것보다 많다는 것을 보여 준다. 세로짜기에 우철이 1권, 가로짜기에 좌철이 19권으로, 1980년대는 이미 가로짜기가 자리잡은 것을 보여 준다.

1980년대에 출판된 단행본 본문 활자의 글꼴은 1970년대와 같이 20권 모두 본문체 중 명조체이다. 본문 활자의 크기는 9포인트가 9권, 10포인트가 8권, 10.5포인트가 3권으로 9포인트와 10포인트가 비슷한 비율을 보인다. 1980년대는 5호 활자 크기인 10.5포인트가 눈에 띄기 시작한다. 한 페이지당 한 줄의 길이는 9포인트가 27자~33자이고, 10포인트가 21자~44.5자로 다양했다. 10.5포인트는 38자, 39자, 42자의 3가지였다. 9포인트 조판은 30자 내외가 보통인데, 예외로 10자가 있었는데, 이 책은 '시집'이었다. 이 시집은 10자에 20줄로 조판이 되었다.

한 페이지당 줄 수는 9포인트가 20줄~31줄, 10포인트가 17줄~31줄이었고, 10.5포인트는 20줄 조판 1권과 31줄 조판 2권이 있었다. 1980년대는 1970년대에 발견되던 2단 조판은 없었다.

(3) 1990년대(제8기)

1995년에 출판된 조정래의 소설 '아리랑'은 한글 전용으로 가로짜기 조판을 하였고, 제책은 좌철 방식이다. 본문 활자는 본문체 중 명조체이고, 11포인트 크기이다. 한 페이지는 한 줄에 29.5자로 24줄 조판이다.

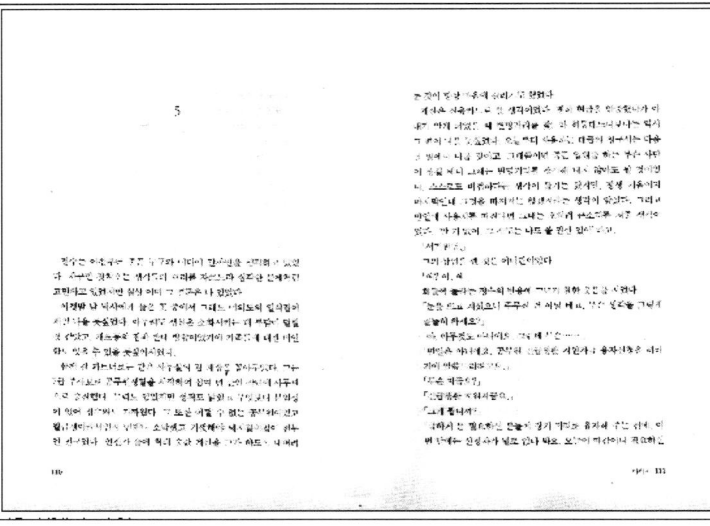

[그림 3] 아리랑, 조정래, 1995

2002년 서울출판미디어 출판사에서 발행한 '전자출판-4'는 한글 / 한
자 / 영어의 3가지 언어를 혼용하여 가로짜기로 조판을 하였고, 제책은
좌철 방식을 채택하였다. 본문의 한글 활자의 서체는 본문체 중 '문화
바탕체'이고, 10.5포인트 크기이다. 문화관광부에서 제작한 본문용 한글

글꼴의 표준을 따른 '문화바탕체'를 사용하여 조판한 책이 발견된 것이다. 본문 한 페이지는 한 줄에 35자씩 30줄로 조판되었다.

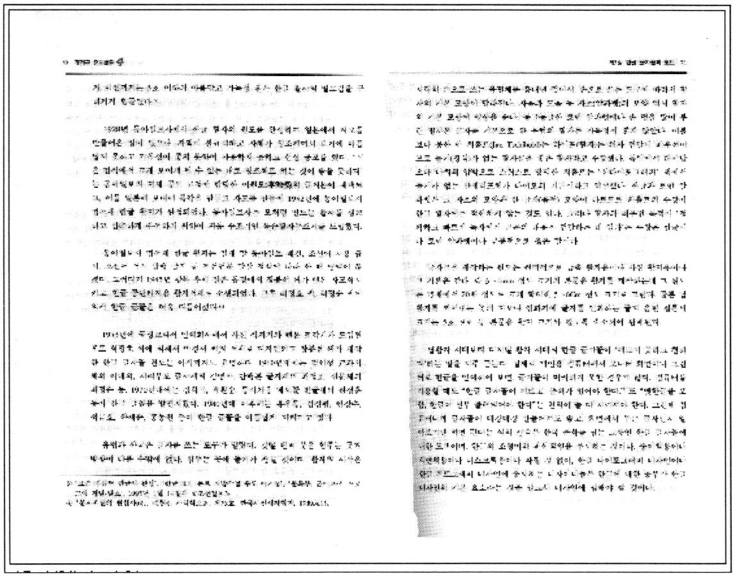

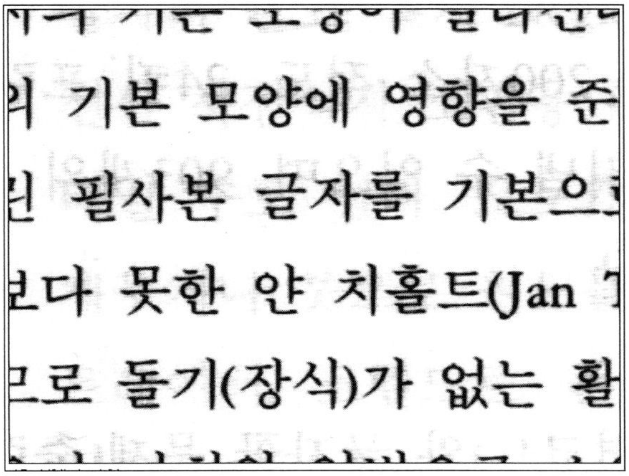

[그림 4] 전자출판-4, 이기성, 2002

③ 제8기(1990년대)의 한글 단행본 26권 목록

1. 박완서, 그대 아직도 꿈꾸고 있는가, 삼진기획, 1990
2. 에리히 쇼일만, 빠빠라기, 정신세계사, 1990
3. 우희태, 느낌?, 장원, 1991
4. 이은성, 소설 동의보감, 창작과비평사, 1991
5. 이외수, 벽오금 학도, 동문선, 1992
6. 이기성, 컴퓨터는 깡통이다, 가서원, 1992
7. 이청준, 서편제, 열림원, 1993
8. 이기성, 흔글 나와라 뚝딱!, 성안당, 1993
9. 김진명, 무궁화꽃이 피었습니다, 해냄, 1994
10. 이기성, 키스 도스, 성안당, 1994
11. 공지영, 고등어, 웅진출판사, 1995
12. 조정래, 아리랑, 해냄, 1995
13. 김정현, 아버지, 문이당, 1996
14. 윤대녕 외, 천지간, 문학사상사, 1996
15. 유홍준, 나의 문화유산 답사기, 창작과비평사, 1997
16. 법정, 무소유, 범우사, 1997
17. 양귀자, 모순, 살림, 1998
18. 김진재, 성공하는 리더를 위한 유머 기법 7가지, 뜨인돌, 1998
19. 신경숙, 기차는 7시에 떠나네, 문학과지성사, 1999
20. 홍세화, 쎄느강은 좌우를 나누고 한강은 남북을 가른다, 한겨레신문사, 1999
21. 스펜서 존슨, 누가 내 치즈를 옮겼을까?, 진명출판사, 2000
22. 이기성, e-book과 한글 폰트, 동일출판사, 2000
23. 박완서, 아주 오래된 농담, 실천문학사, 2001
24. 김진명, 황태자비 납치 사건, 해냄, 2001
25. 이기성, 전자출판-4, 서울출판미디어, 2002
26. 김원일, 마당 깊은 집, 문학과지성사, 2002

[표 3] 1990년대 한글 본문 타이포그래피

제 목	조판	가로 / 세로	제책	크기	00자 × 00행	한글글꼴	비고
그대 아직도 꿈꾸고 있는가	한한	가로	좌철	11	32.5 × 26	명조	
빠빠라기	한글	가로	좌철	10	30.5 × 26	명조	
느낌?	한한	가로	좌철	11	32 × 23	명조	
소설 동의보감	한한	가로	좌철	11	33 × 26	명조	
벽오금 학도	한한	가로	좌철	10	31.5 × 26	명조	
컴퓨터는 깡통이다	한글	가로	좌철	10.5	30 × 27	명조	
서편제	한한	가로	좌철	10	31 × 26	명조	
흔글 나와라 뚝딱!	한영	가로	좌철	11	28 × 27	명조	
무궁화꽃이 피었습니다	한글	가로	좌철	10.5	31 × 25	명조	
키스 도스	한영	가로	좌철	10	40.5 × 30	명조	
고등어	한한	가로	좌철	11	29.5 × 24	명조	
아리랑	한글	가로	좌철	11	29.5 × 24	명조	
아버지	한글	가로	좌철	11	30 × 24	명조	
천지간	한글	가로	좌철	11	31 × 27	명조	
나의 문화유산 답사기	한한	가로	좌철	11	33 × 28	명조	
무소유	한한	가로	좌철	11	27.5 × 21	명조	
모순	한글	가로	좌철	11	29 × 24	명조	
성공하는 리더를 위한 유머기법	한영	가로	좌철	10.5	32 × 22	명조	
기차는 7시에 떠나네	한글	가로	좌철	11	29 × 24	명조	
쎄느강은 좌우를 나누고 한강은	한글	가로	좌철	10.5	31 × 26	명조	
누가 내 치즈를 옮겼을까?	한영	가로	좌철	11	29 × 20	명조	
e-book과 한글 폰트	한영	가로	좌철	11	39 × 27	문화바탕체	
아주 오래된 농담	한글	가로	좌철	11	27.5 × 25	명조	
황태자비 납치 사건	한글	가로	좌철	11	30 × 23	명조	
전자출판−4	한한영	가로	좌철	10.5	35 × 30	문화바탕체	
마당 깊은 집	한글	가로	좌철	11	29 × 25	명조	
비고							

　　1990년대(1990년~2002년)의 한글 단행본 26권의 분석 내용은 한글 전용 조판이 12권, 한글과 한자 혼용 조판이 8권, 한글과 영어 혼용 조판이 5권, 한글 / 한자 / 영어 혼용 조판이 1권이었다. 세로짜기로 조판된

것은 한 권도 없고, 26권 전부 가로짜기 조판에 좌철 방식의 제책이었다. 1990년 이후는 시중에서 세로짜기 조판이 거의 사라졌음을 보여준다.

본문 한글 활자의 글꼴은 26권 중 24권이 본문체 중 명조체이고, 2권은 본문체 중 문화바탕체였다. 본문 활자의 크기는 10포인트가 4권, 10.5포인트가 5권, 11포인트가 17권으로 11포인트가 가장 많다. 1970년대와 1980년대에 보이던 9포인트 조판은 아예 사라졌고, 11포인트 조판이 가장 많은 것은 본문 활자의 크기가 커지는 추세를 반영한 것이다.

한 페이지당 한 줄의 길이는 10포인트가 30.5자~40.5자, 10.5포인트가 30자~35자, 11포인트가 27.5자~39자로 다양했다. 한 페이지당 줄수는 10포인트가 26줄~30줄, 10.5포인트가 22줄~30줄이었고, 11포인트는 21줄~28줄이었다. 1990년대 단행본의 2단 조판은 한 권도 없었다.

2) 책 본문의 한글 분석 결과

한국에서 출판된 단행본 베스트셀러 중에서 1970년대를 대표하는 20권, 1980년대를 대표하는 20권, 1990년대부터 2002년까지를 대표하는 26권, 모두 66권의 본문 타이포그래피를 6가지 항목으로 구분하여 분석했다(① 한글 전용 조판과 혼용 조판, ② 가로짜기 조판과 세로짜기 조판, ③ 제책 방법, ④ 본문 활자의 크기, ⑤ 본문 판면의 자수와 행수, ⑥ 한글글꼴의 6가지 항목).

한글 단행본 66권의 분석 내용은 한글 전용으로 조판한 것이 27권, 한글과 한자를 혼용하여 조판한 것이 29권, 한글과 영어 혼용 조판이

8권, 한글 / 한자 / 영어 혼용 조판이 2권이었다. 세로짜기로 조판된 것은 16권, 나머지 50권이 가로짜기 조판에 좌철 제책 방식이었다. 본문 조판은 1970년대부터 1980년대까지는 한글과 한자의 혼용 조판이 한글 전용 조판보다 많았으며, 1980년대부터 한글과 영어를 혼용한 조판이 늘고 있는 추세이다.

한국 단행본의 표지디자인을 분석했을 때에도, 본문 타이포그래피 분석과 같이, 표지 제호의 조판 형식이 1970년대와 1980년대는 한글 / 한자 조판이 우세했다가 1990년대부터는 한글 / 한자 조판보다 한글 전용 조판이 우세해진 것으로 결과가 나왔다.

단행본 본문 활자의 글꼴은 66권 중 64권이 본문체 중 명조체이고, 나머지 2권이 본문체 중 문화바탕체였다. 본문 활자의 크기는 9포인트가 20권, 10포인트가 21권, 10.5포인트가 8권, 11포인트가 17권으로 10포인트가 가장 많다. 그러나 9포인트 조판은 1970년대와 1980년대에는 있었지만 1990년 이후에는 보이지 않는다. 현대인의 시력 저하 경향 때문인지, 1990년대에는 11포인트 활자 크기가 주종을 이룬다.

[표 4] 1970년부터 2002년까지 총 66권 본문 분석

(단위: 개).

종류		1970 ˜ 1979	1980 ˜ 1989	1990 ˜ 2002	합계	비고
한글 조판	한글 전용	8	7	12	27	
	한한	11	10	8	29	
	한영	0	3	5	8	
	한한영	1	0	1	2	
가로짜기		5	19	26	50	
세로짜기		15	1	0	16	

종류		1970 ~ 1979	1980 ~ 1989	1990 ~ 2002	합계	비고
활자 크기 (P.)	9	11	9	0	20	
	10	9	8	4	21	
	10.5	0	3	5	8	
	11	0	0	17	17	
명조체		20	20	24	64	
문화바탕체		0	0	2	2	
비 고						

3) 부록

부록의 이미지는 방유선과 황지윤의 전자책 '한글 본문체 연구' 중에서 다운받아 가공한 것이다.

1970년대

1970년 –1971년

1970년

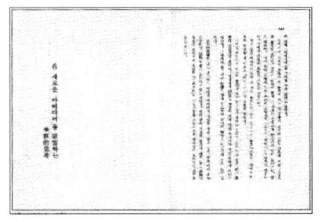

1971년

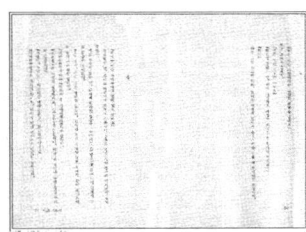
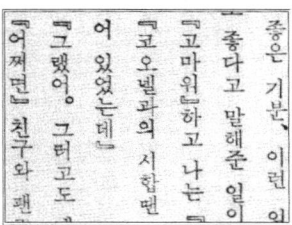

1972년 – 1973년

1972년

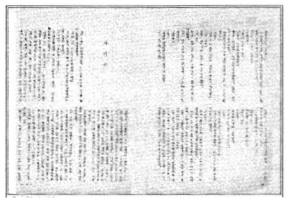

그보다 빨리 손님들
으로, 대문 밖으로 튀
인간은 죽었는지 살
려다보다가 천천히 마
(흥, 운명. 이것도
인지도 모르지. 그러나
훑어진 무수한 신발
마당에 내려서는 인간

차 받고 있다.
고사쯤은 대만 산맥을
三〇만에 이른다. 차츰
)을 버리고 평지로 내려
은 많이 높아졌지만 아
평평한 곳에 고구마를
섯 등을 재배하고 있다.
그러나 이같은 원시 경
지에 나아가 관광객을

1973년

왔다.
갓 목욕을 끝내 얼굴
이 지워진 얼굴로 서
그래서 나는 불현듯
의 모델대 위에 세워
심히 재기 시작했다.
「이게 무슨 짓이람.
간지럼 잘 타는 경아

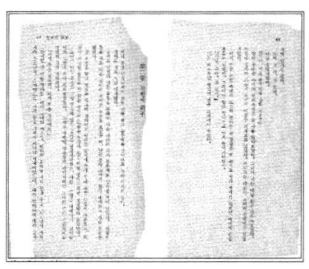

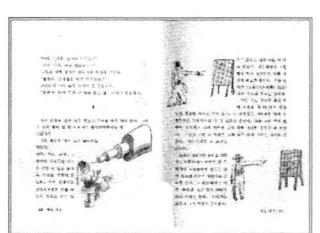

만한 상당한 이유를 갖고 있
문학자가 망원경으로 한 번
문학 총회에서 그가 발견한
다. 그러나 그의 옷 때문에
었다. 어른들이란 그 모양

1974년 - 1975년

1974년

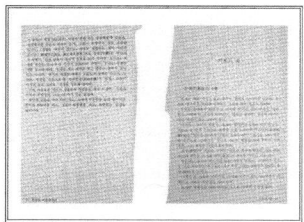

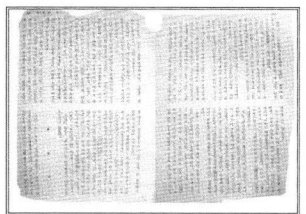

1975년

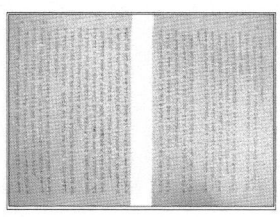

1976년 –1977년

1976년

1977년

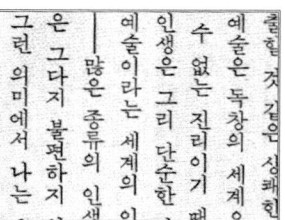

1978년 - 1979년

1978년

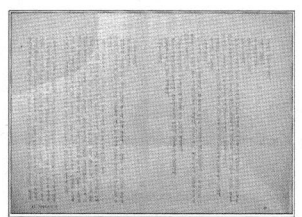

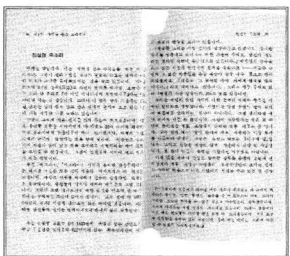

1979년

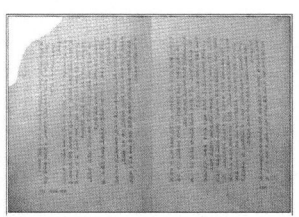

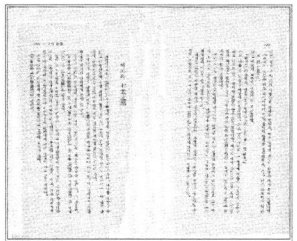

1980년대
1980년 – 1981년

1980년

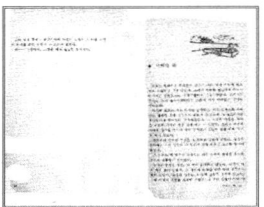

1981년

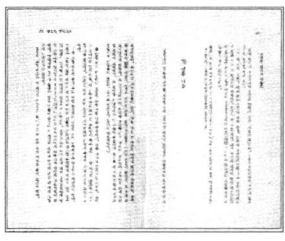

1982년 – 1983년

1982년

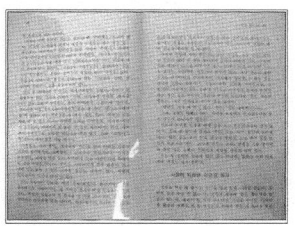

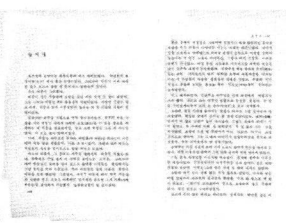

1983년

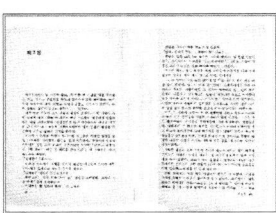

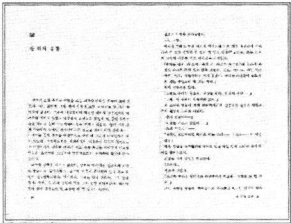

1984년 – 1985년

1984년

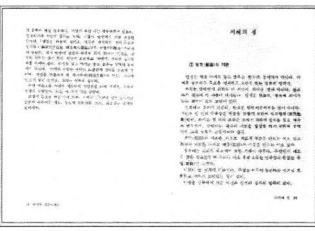

1985년

1986년 - 1987년

1986년

젊어서 혼자된
어머니의 멍울진 恨을
하얗게 풀어서
향기로 날리는가

1987년

하늘과 바다는 하나가 된다
아직 외로움을 알지 못한
미시시피로 가라
이미 푸른 어둠은 물결로
휘날리는 고동 소리에 목메
우리는 잠시 가난하다.

1988년–1989년

1988년

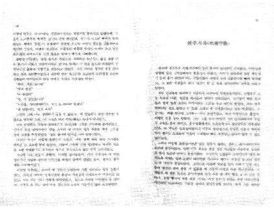

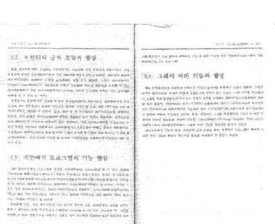

1989년

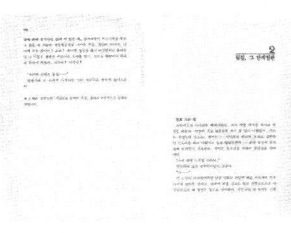

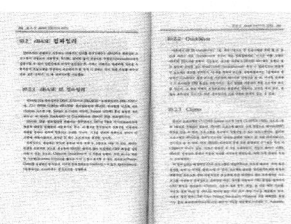

1990년대

1990년 – 1991년

1990년

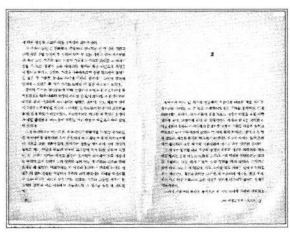

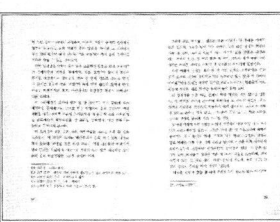

1991년

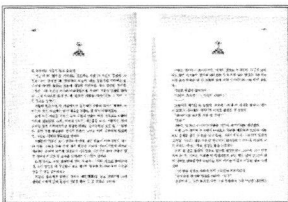

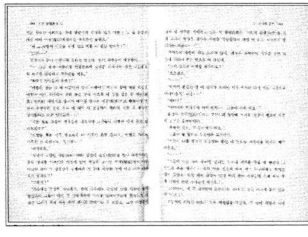

1992년 – 1993년

1992년

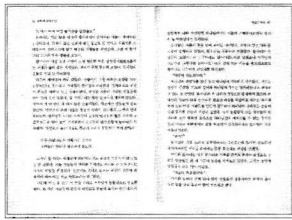

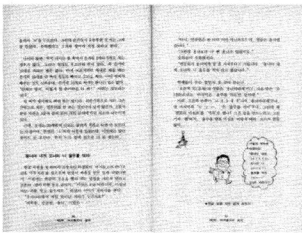

1993년

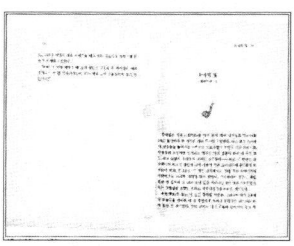

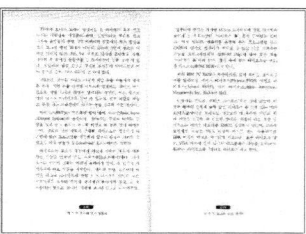

1994년 – 1995년

1994년

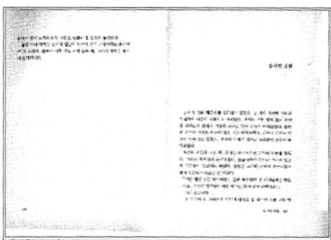

1995년

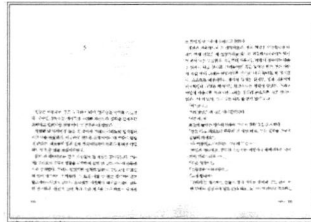

1996년 – 1997년

1996년

1997년

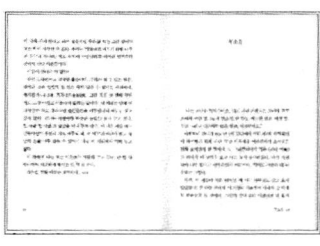

1998년 - 1999년

1998년

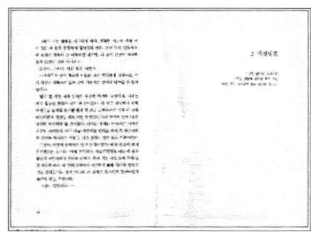

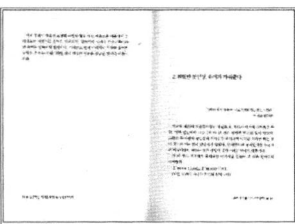

1999년

2000년대

2000년 – 2001년

2000년

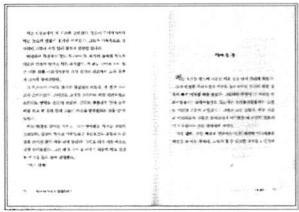

2001년

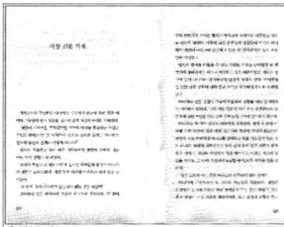

2002년

2002년

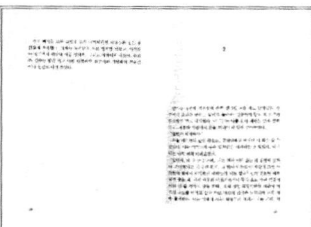

8. 책표지의 한글

　책의 표지는 앞표지(Front cover), 책등(Spine), 뒤표지(Back cover)로 구분된다. 앞표지와 책등은 독자의 눈에 가장 잘 띄는 부분이므로 특히 신경을 써서 디자인하여야 한다. 독자와 저자가 최초로 만나는 곳이 책의 표지이다. 이 표지에 대한 첫인상은 도서 구매에 영향을 크게 미친다. 표지는 도서의 내용을 함축적으로 표현하고 있으므로, 독자와 저자의 대화(커뮤니케이션)가 이루어지는 장소로서 표지디자인의 중요성이 강조된다.

　표지디자인의 기능에는 본문 보호 기능, 정보 전달 기능, 판매 촉진 기능이 있다. ① 표지의 기능은 도서의 본문을 보호하는 것이 첫째 임무이다. 비교적 얇은 종이에 인쇄되는 본문을 두껍거나 딱딱한 종이로 둘러싼 것이 표지이다. 이 표지 용지의 두께와 본문 용지의 두께가 다르므로 단행본이나 교과서 제책에서는 두 가지 종이의 두께의 중간 정도 되는 면지를 앞뒤에 넣게 된다.

　② 정보 전달 기능을 디자인하려면 미적 표지디자이너는 저자, 편집자, 기획자 등과 협조하여 지적디자인에 대한 지식을 얻어내야 한다. 본문의 내용, 저자의 의도, 기획 의도, 세부 독자 등 지적디자인 내용

을 이해했으면, 독자가 이것을 어떻게 쉽고, 예쁘고, 정확하고, 빠르게 알아차릴 수 있도록 시각화시켜서 독자에게 전달하는 것은 미적디자이너의 임무이다.

③ 표지디자인의 판매 촉진 기능을 만족시키려면 독자가 바르게 선택하고 만족할 수 있도록, 장정(표지용지, 제책) 방식과 제목 글자, 그림, 사진, 저자명, 출판사명, 배경색 등을 고려하여 레이아웃하여야 한다. 아름다워야 함은 물론이고 광고 기능을 가져야 한다. 즉 짧은 시간에 독자의 눈에 띄어야 하고, 깊은 인상을 주어야 판매로 연결된다.

1) 표지디자인 구성 요소

표지디자인은 지적 디자인과 미적 디자인으로 구분할 수 있다. 지적 디자인 쪽에서는 공저자일 경우 대표저자명만 넣을 것인지, 누구 외 몇 명으로 넣을 것인지, 전부 다 넣을 것인지를 결정한다. 또한 도서명, 저자명, 출판사명만 넣을 것인지, 아니면 본문의 내용을 대표하는 그림이나 사진을 넣을 것인지 등 미적 디자인을 할 때 처리할 내용도 정해 준다. 표지디자인의 외적 구성 요소를 정하는 것은 지적 디자이너나 편집자의 임무이다. 도서명을 한글, 한글 / 한자, 한글 / 영문, 영문으로 쓸 것인지를 결정하는 것이나 뒤표지에 내용을 요약하거나 설명문을 넣느냐 마느냐 하는 것은 지적 디자인 영역이고, 글자꼴을 본문체로 쓸 것인지, 네모체, 제목체, 그래픽체, 손글씨로 쓸 것인지를 선택하는 것이나 글자의 색을 정하는 것은 미적 디자인 영역이다.

표지디자인의 구성 요소는 외적 구성 요소와 내적 구성 요소로 구분된다. 앞표지, 책등, 뒤표지로 구성되는 표지의 디자인에서 외적 구성 요소는 도서명(교과서, 단행본, 잡지), 저자명, 발행자(출판사)명, 본문을 대표하거나 요약하는 이미지, 내용 요약문이나 저자 소개, 발행연도 표시, 출판사 로고나 상표 그림 등이다. 앞표지 용 요소와 책등 용 요소로 세분할 수 있으나 대개 이 정도이다.

표지디자인의 내적 구성 요소는 지면 배치(지면 구성, 레이아웃), 이미지(사진과 일러스트레이션), 타이포그래피, 색채(컬러), 판형 및 제책, 용지(종이), 인쇄방식 등이다.

(1) 한글 타이포그래피 요소

본문디자인용 본문 타이포그래피뿐 아니라, 표지디자인에서 사용되는 제목, 저자명, 출판사명 등의 한글 음절도 어떤 글꼴로, 어느 크기로, 어느 쪽으로 기울어지는지, 얼마만한 두께로, 얼마만한 길이로, 행간과 자간은 얼마로, 글자의 강약은 어떻게 구성하느냐 하는 것이 중요하다. 이렇게, 한글 음절을 구성하는 디자인이 바로 한글 타이포그래피이다. 한글 음절이 디자인된 출판물의 결과는 가독성, 변별성, 심미성을 만족시켜야 한다.

타이포그래피 요소에서 유의해야 할 점에는 ① 글자의 구조 및 종류와 형태(서체 크기 등), ② 활자의 느낌과 표정(서체의 색상 등), ③ 글무리 구조 표현(자간, 행간, 단 길이, 단 간격, 조판 형식 등), ④ 장식용 서체 사용과 본문용 서체 사용, ⑤ 각종 약물과 디자인 요소의 효과적 사용 등이 있다.

2) 표지디자인 분석

　한국 출판 디자인의 역사 중에서 디자인이 출판 분야에서 중요한 위치를 차지하기 시작하던 1970년대부터 2000년대까지 30여 년간의 표지디자인에 대하여 살펴보기로 한다. 실제로 한국 단행본의 30여 년간의 표지디자인을 살펴보기 위하여 5가지 요소를 정량적으로 분석하였다.

　① 지면 배치(레이아웃) 요소 분석은 제호 위치(좌 / 우 / 상 / 하)와 제호의 정렬 상태(좌 / 우 / 중심선)를 보고, ② 이미지 요소 분석은 사진(인물 / 일반)의 유무와 일러스트레이션(구상적 / 반구상적 / 추상적 / 초현실적)을 검토한다.

　③ 타이포그래피 요소 분석은 조판 상태(한글 / 한한 / 한영 / 한자)와 서체의 종류(본문체 / 네모체 / 레터링 / 붓글씨 / 기타)를 살피고, ④ 색채(컬러) 요소 분석은 인쇄 도수와 인쇄색(CMYK / 별색1,2,3,4) 명세를 본다. 마지막으로 ⑤ 제책 요소 분석은 제책 방식(호부장 / 무선철 / 양장 / 반양장)과 철한 위치(좌철 / 중철 / 우철)를 검토한다.

　10년 단위로 매년 2권씩 당시 베스트셀러 중에서 임의로 추출하여 표지디자인의 5가지 요소를 구체적으로 분석하였다. 표지 이미지는 계원조형예술대학 황혜련, 김지은, 유은정, 박소연 학생의 전자책 '한국 단행본의 표지디자인 연구'에서 추출하여, 재가공하였다.

1970년대(제6기)

드 노보, 수평적 사고, 한국능률협회, 1970년

항목	앞표지	책등	뒤표지
1. 지면 배치			
제호 위치	상	상	×
정렬(좌 / 우 / 중심)	중		
2. 이미지			
사진(인물 / 일반)	×	×	×
일러스트레이션	×	×	×
3. 한글 타이포그래피			
조판(한글 / 한한 / 한영 / 한자)	한자	한자	×
서체	본문체	본문체	×
4. 색채			
인쇄 도수	1		
인쇄색(CMYK / 별색1,2,3,4)	별1(금색)		
5. 제책			
방식	양장		
철위치(좌철 / 중철 / 우철)	우철		

오천석, 노란 손수건, 샘터, 1975년

항목	앞표지	책등	뒤표지
1. 지면 배치			
제호 위치	상	상	×
정렬(좌 / 우 / 중심)	중		
2. 이미지			
사진(인물 / 일반)	×	×	×
일러스트레이션	구상	×	구상
3. 한글 타이포그래피			
조판(한글 / 한한 / 한영 / 한자)	한글 / 한자	한글 / 한자	
서체	본문체	본문체	
4. 색채			
인쇄 도수	4		
인쇄색(CMYK / 별색1,2,3,4)	CMYK		
5. 제책			
방식	무선		
철위치(좌철 / 중철 / 우철)	좌철		

1980년대(제7기)

김홍신, 인간시장, 행림출판, 1981년

항목	앞표지	책등	뒤표지
1. 지면 배치			
제호 위치	상	상	상
정렬(좌 / 우 / 중심)	우		중
2. 이미지			
사진(인물 / 일반)	×	×	인물
일러스트레이션	추상		
3. 한글 타이포그래피			
조판(한글 / 한한 / 한영 / 한자)	한글 / 한자	한글 / 한자	한자
서체	본문체	본문체	본문체
4. 색채			
인쇄 도수	4		
인쇄색(CMYK / 별색1,2,3,4)	CMYK		
5. 제책			
방식	무선		
철위치(좌철 / 중철 / 우철)	좌철		

이기성, 전자출판, 영진출판사, 1988년

항목	앞표지	책등	뒤표지
1. 지면 배치			
제호 위치	상	상	설명문
정렬(좌 / 우 / 중심)	우		
2. 이미지			
사진(인물 / 일반)	일반		일반
일러스트레이션	추상		
3. 한글 타이포그래피			
조판(한글 / 한한 / 한영 / 한자)	한글 / 한자	한글 / 한자	한글
서체	본문체	본문체	본문체
4. 색채			
인쇄 도수	4		
인쇄색(CMYK / 별색1,2,3,4)	CMYK		
5. 제책			
방식	무선철		
철위치(좌철 / 중철 / 우철)	좌철		

1990년대(제8기)

이기성, 컴퓨터는 깡통이다, 가서원, 1992년

항목	앞표지	책등	뒤표지
1. 지면 배치			
제호 위치	상	상	설명문
정렬(좌 / 우 / 중심)	중		
2. 이미지			
사진(인물 / 일반)	×	×	×
일러스트레이션	반구상		반구상
3. 한글 타이포그래피			
조판(한글 / 한한 / 한영 / 한자)	한글	한글	한글
서체	레터링	레터링	네모체
4. 색채			
인쇄 도수	4		
인쇄색(CMYK / 별색1,2,3,4)	CMYK		
5. 제책			
방식	무선		
철위치(좌철 / 중철 / 우철)	좌철		

조정래, 아리랑, 해냄, 1995년

항목	앞표지	책등	뒤표지
1. 지면 배치			
제호 위치	상	상	설명문
정렬(좌 / 우 / 중심)	중		
2. 이미지			
사진(인물 / 일반)	×		
일러스트레이션	추상	추상	추상
3. 한글 타이포그래피			
조판(한글 / 한한 / 한영 / 한자)	한글 / 한자	한글 / 한자	한글
서체	기타(집자)	기타	본문체
4. 색채			
인쇄 도수	4		
인쇄색(CMYK / 별색1,2,3,4)	CMYK		
5. 제책			
방식	무선		
철위치(좌철 / 중철 / 우철)	좌철		

(1) 1970년부터 2002년까지 표지디자인 분석

한국 단행본 중에서 제6기(1970년대)를 대표하는 20권, 제7기(1980년대)를 대표하는 20권, 제8기(1990년대부터 2002년까지)를 대표하는 26권, 모두 66권을 분석했다.

지면 배치에서 제호 위치는 33년간 위(상)가 가장 많았고, 뒤표지에다 설명문을 넣는 것은 10년마다 증가하는 추세였다. 앞표지의 이미지는 33년 내내 사진보다 일러스트레이션이 훨씬 많았다. 일러스트레이션의 형식은 추상보다 구상이 우세했다.

한글 타이포그래피 입장에서, 제호의 조판 형식은 1970년대와 1980년대는 한글 / 한자 조판이 우세했으나 1990년대부터는 한글 / 한자 조판보다 한글 전용 조판이 우세해졌다. 제호의 서체 역시 1990년대 이후 레터링이 본문체보다 많아졌다.

인쇄 도수는 33년 내내 4도가 가장 많았으며, 1980년대부터 90% 정도로 거의 모든 단행본 표지가 원색 4도를 사용하고 있었다. 제책 방식은 양장이나 반양장보다 무선철이 가장 많았다. 철 위치는 1970년대에는 세로짜기의 형태인 우철이 좌철보다 많았으나, 1980년대와 1990년대에서는 좌철이 압도적으로 많아졌다.

[표 1] 1970년부터 2002년까지 총 66권 분석한 결과

(단위: 개).

항목	1970년대 (제6기)	1980년대 (제7기)	1990년대 (제8기)
1. 지면 배치(제호)	상 15(총 20개 중)	상 19(총 20개 중)	상 23(총 26개 중)
뒤표지(설명문)	유 9	유 13	유 22
정렬(좌 / 우 / 중심)	중 11	중 10	중 13
2. 이미지			
사진(인물 / 일반)	인물 1	인물 2	일반 2
일러스트레이션	구상 13	구상 12	구상 13
3. 한글 타이포그래피			
조판(한글 / 한한 / 한영 / 한자)	한 / 한 15 한글 1	한 / 한 13 한글 4	한 / 한 5 한글 19
서체	본문체 12 레터링 4	본문체 11 레터링 3	본문체 6 레터링 11
4. 색채(도수)	4도 14(총 20개 중)	4도 18(총 20개 중)	4도 23(총 26개 중)
5. 제책(방식)	무선 16	무선 20	무선 25
철 위치	우철 13 좌철 7	우철 1 좌철 19	우철 0 좌철 26

(2) 33년간에 걸쳐 표지디자인을 분석한 베스트셀러 목록

① 제6기(1970년대)

1. 윤태림, 한국인, 현암사, 1970

2. 드 노보, 수평적 사고, 한국능률협회, 1970

3. 에릭 시걸, 러브 스토리, 문예출판사, 1971

4. 솔제니첸, 이반 데니소비치의 하루, 문예출판사, 1971

5. 선우휘, 망향, 일지사, 1972

6. 김찬삼, 세계의 나그네, 삼중당, 1972

7. 최인호, 별들의 고향(하), 예문관, 1973

8. 생텍쥐페리, 어린 왕자, 문예출판사, 1973

9. 루이저 린저, 고독한 당신에게, 범우사, 1974

10. 솔제니첸, 수용소 군도, 한얼문고, 1974

11. 오천석, 노란 손수건, 샘터, 1975

12. 시몬느 드 보봐르, 위기의 여자, 정우사, 1975

13. 김용태, 코메리칸의 낮과 밤, 한진출판사, 1976

14. 윤동주, 하늘과 바람과 별과 시, 정음사, 1976

15. 천경자, 한, 샘터사, 1977

16. 박완서, 휘청거리는 오후, 창작과비평사, 1977

17. 조세희, 난장이가 쏘아올린 작은 공, 문학과지성사, 1978

18. 고은, 사랑을 위하여, 전예원, 1978

19. 이문열, 사람의 아들, 민음사, 1979

20. 이병주, 사랑받는 이브의 초상, 문학예술사, 1979

② 제7기(1980년대)

1. 죠반니노 과레스끼, 신부님 힘을 내세요, 백제, 1980

2. 이주희, F학점의 천재들 2, 신우문화사, 1980

3. 윤동주, 나의 별에도 봄이 오면, 문학세계사, 1981

4. 김홍신, 인간시장, 행림출판, 1981

5. 이시형, 배짱으로 삽시다, 집현전, 1982

6. 김용성, 안개꽃, 문예출판사, 1982

7. 윤흥길, 완장, 현대문학사, 1983

8. 윌리엄 골딩, 파리 대왕, 민음사, 1983

9. 김지하, 밥, 분도출판사, 1984

10. 정비석, 소설 손자병법 제2권, 고려원, 1984

11. 안병욱, 처음을 위하여 마지막을 위하여, 자유문학사, 1985

12. 김팔봉, 초한지 1, 어문각, 1985

13. 김정빈, 단, 정신세계사, 1986

14. 이해인, 오늘은 내가 반달로 떠도, 분도출판사, 1986

15. 도종환, 접시꽃 당신, 실천문학사, 1987

16. 서정윤, 홀로서기, 청하, 1987

17. 이기성, 전자출판, 영진출판사, 1988

18. 김신, 쫄병시대, 실천문학사, 1988

19. 윤정모, 고삐, 풀빛, 1989

20. 이기성, dBASE Ⅲ PLUS 실무강좌, 영진출판사, 1989

③ 제8기(1990년대)

1. 박완서, 그대 아직도 꿈꾸고 있는가, 삼진기획, 1990

2. 에리히 쇼일만, 빠빠라기, 정신세계사, 1990

3. 우희태, 느낌?, 장원, 1991

4. 이은성, 소설 동의보감, 창작과비평사, 1991

5. 이외수, 벽오금 학도, 동문선, 1992

6. 이기성, 컴퓨터는 깡통이다, 가서원, 1992

7. 이청준, 서편제, 열림원, 1993

8. 이기성, 흔글 나와라 뚝딱!, 성안당, 1993

9. 김진명, 무궁화꽃이 피었습니다, 해냄, 1994

10. 이기성, 키스 도스, 성안당, 1994

11. 공지영, 고등어, 웅진출판사, 1995

12. 조정래, 아리랑, 해냄, 1995

13. 김정현, 아버지, 문이당, 1996

14. 윤대녕 외, 천지간, 문학사상사, 1996

15. 유홍준, 나의 문화유산 답사기, 창작과비평사, 1997

16. 법정, 무소유, 범우사, 1997

17. 양귀자, 모순, 살림, 1998

18. 김진재, 성공하는 리더를 위한 유머 기법 7가지, 뜨인돌, 1998

19. 신경숙, 기차는 7시에 떠나네, 문학과지성사, 1999

20. 홍세화, 쎄느강은 좌우를 나누고 한강은 남북을 가른다, 한겨

레신문사, 1999
21. 스펜서 존슨, 누가 내 치즈를 옮겼을까?, 진명출판사, 2000
22. 이기성, e-book과 한글 폰트, 동일출판사, 2000
23. 박완서, 아주 오래된 농담, 실천문학사, 2001
24. 김진명, 황태자비 납치 사건, 해냄, 2001
25. 이기성, 전자출판-4, 서울출판미디어, 2002
26. 김원일, 마당 깊은 집, 문학과지성사, 2002

9. 한글 도활자 글꼴

　서기 1234년 고금상정예문을 인쇄한 우리의 금속활자 인쇄술은 1456년 독일의 구텐베르히가 금속활자를 제작한 서양보다 200여 년이나 앞선 것은 사실이다. 그러나 금속활자, 특히 납활자의 유해 성분 등의 원인으로 인하여 활판 인쇄방식에서 오프셋 인쇄방식으로 변화한 현시점에서는 우리의 인쇄술이 세계의 으뜸이 되지 못하고 있다. 또한, 자음과 모음을 다시 초성 / 중성 / 받침으로 조합하여 음절을 재구성하는 한글의 특성상 알파벳보다 많은 가로줄기와 세로줄기를 갖고 있어, 오프셋 인쇄로는 한글의 아름다움을 나타내기 어렵다. 줄기가 많은 한글 음절의 특징을 잘 살릴 수 있는 활판 인쇄 방법에 적당한 한글 활자가 없을까?

1) 환경친화적 활자

　활판 인쇄술용 활자에는 목판활자, 금속활자 외에 현재 사장되어 버린 도활자가 있다. 고려 시대에는 조그마한 도자기 도장에 글자를 새기던 것이, 조선 숙종 시대(1688년, 기아(箕雅))에 도활자 인쇄물을 출현시키고 있다. 도활자는 납 대신 흙이라는 환경친화적 재료를 사용하는 활자이다.

한글 활자로서 금속활자 같은 명쾌함을 갖고, 금속활자의 공해를 피하는 방법을 연구하던 중, 한글 도활자를 그 해결 방법으로 생각해 내게 되었다. 본 연구에서는 도활자와 일반 활자를 비교하고, 가로줄기와 세로줄기가 알파벳보다 많은 한글 음절의 특성을 살려 낼 수 있는 활판 인쇄방식에 적합한 한글 활자를 찾아내도록 한다.

활자 조판 방식의 역사를 살펴보면, 금속활자 시대에는 납으로 만든 활자를 미리 글자수대로 만들어 놓았다가 필요한 글자만 골라서 잉크를 칠하여 인쇄를 하였다. 우리나라에서는 일부 소규모 신문사와 인쇄소에서 1990년대까지 납활자를 사용하고 있었다.23)

사진 기술과 컴퓨터 기술이 발달하면서 인쇄 분야도 금속활자 시대에서 사진식자 시대로 바뀌었다. 사진식자기의 발명은 공판타자기를 사용하거나 초가 입혀진 등사 용지에 철필로 글자를 써서 등사판으로 프린트하는 방법에서 금속활자 조판 방식으로 바뀐 이후 또 다른 새로운 조판 방식의 혁명이라고 볼 수 있다. 납활자를 골라서 조판하거나 타자기에 의존하다가 타자기처럼 입력하면 사진 찍은 것같이 인화지에 글자가 인화되어 나오는 수동식 사진식자기의 발명은 활판 인쇄방식이 아닌, 오프셋(아연판 인쇄) 인쇄방식을 대중화시키는 데 기여하였다.24)

컴퓨터의 발달과 레이저프린터의 발달은 수동식 사진식자기에서 컴퓨터 사진식자기, 즉 전산사식기의 발명을 가져왔다. 전산사식기의 발

---

23) 1998년도 <인쇄 백서>에 의하면, 국내에는 두 군데 금속활자 조판 활판 인쇄소가 남아 있다.
24) 이기성, '밀레니엄 시대를 앞둔 출판계의 대응 방안', <출판문화> PP.12-22, 대한출판문화협회, 1999.2.

명은 조판 방식의 변화를 가져왔다. 또, 1990년대부터는 글편기(워드프로세서)로 원고를 쓰고 디스크에 저장하여 인쇄소로 넘기거나, 통신망을 사용하여 원고 파일을 인쇄소로 보내는 방식으로 변화하였다.25)

조 판	활자 제작
금속활자 조판	원도-벤톤 조각-역글자
도활자 조판	원도-세라믹 조각-역글자
사진식자 조판	원도-음판 필름-양판 이미지
컴퓨터 조판(전산조판)	원도-한글 코드-폰트 이미지

[그림 1] 활자 제작과 조판

납활자를 사용할 때는 원하는 글자가 없으면, 나무도장 파는 식으로 목각활자를 파서 사용할 수가 있다. 또 인화지 글자를 사용할 때는 모자라는 글자는 2개의 다른 자를 가위로 오려붙여서 원하는 글자를 만들어 사용한다. 이런 방식을 쪽자를 만든다고 한다. 그러나 컴퓨터에서 사용하는 디지털 방식이 되면 원하는 글자가 컴퓨터 내부에 들어 있지 않으면 나무도장을 파거나, 쪽자를 만드는 방식을 사용할 도리가 없다. 그러므로 디지털 방식에서는 납활자와는 달리, 자기네 국민이 사용하는 한글 글자는 반드시 전부 다 미리 그 글자가 컴퓨터 안에 들어가야 한다.

---

25) 이기성, '전자출판', 과학동아 1987년 7월호, PP.150-153, 동아일보사, 1987

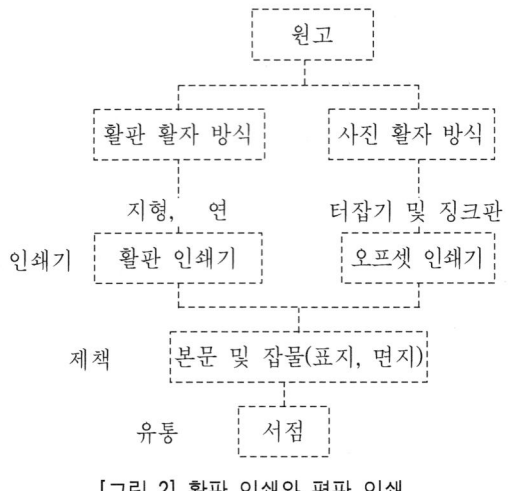

[그림 2] 활판 인쇄와 평판 인쇄
(오프셋 인쇄) 공정

2) 한글 글자꼴과 활자

글자꼴은 어디에 기록하느냐에 따라 달라질 수 있고, 어느것으로 기록하느냐에 따라서도 달라질 수 있다. 또 글자가 가지고 있는 특성에 따라서도 글자꼴은 달라지는 것이 보통이다. 붓, 볼펜, 만년필, 싸인펜, 연필 등 기록하는 도구가 달라지면 아무리 표준꼴을 정했다고 하더라도 기록된 결과는 조금씩 다를 수밖에 없다. 혼자서 기록하는 것만이 아니고, 대량 생산을 위한 인쇄에서도 어떤 인쇄형식을 따르느냐에 따라서 같은 글자꼴이 예뻐 보이기도 하고, 힘이 없게 보이기도 한다.

그러나 이런 걱정은 이미 글자가 있다는 전제하에 나타나는 문제이다. 글자가 없다면 글자꼴을 만들 수 없는 것은 당연하지 않는가. 우리가 컴퓨터를 사용하면서 우리의 글자를 많이 없애 버렸다. 1987년, 우리의 정부는 KSC-5601-87이라는 한글 코드 표준 규격을 발표함으로써, 우리도 모르는 사이에 컴퓨터전문가들이 모여서, 우리의 한글 숫자를 반의반 이하로 줄여 버린 것이다. 1만 1172개의 현대 한글 음절을 컴퓨터상에서는 2350개로 줄였다. 그러나 나무활자, 구리활자, 납활자, 도활자로는 1만 1172개를 다 제작할 수 있다.26)

[그림 3] 금속활자(납활자)

26) 이기성, '출판사에서 컴퓨터의 이용', <출판문화> 1985년 8월호, PP.17-21, 대한출판문화협회, 1985
이기성, 'PC를 전산 사식기로도 사용한다', 월간 <하이테크> 1987년 11월호, PP.98-102, 매일경제신문사, 1987

[그림 4] 도활자(세라믹 활자)

인간의 의사를 나타내는 부호를 기록하는 매체는 진흙서부터 대나무, 명주조각, 종이, 레코드판, 마그네틱테이프(카세트테이프, 비디오테이프), 디스크로 발전하였고, 드디어는 데이터베이스가 기록매체로 나타났다. 데이터베이스에 기록을 하면 통신망을 이용하여 먼 거리에서 여러 명이 자기가 필요한 부분만 언제든지 찾아서 볼 수 있는 장점이 있다. 물론 전화망 등 통신망으로 연결된 데이터베이스의 내용은 자기의 컴퓨터에 달린 모니터 화면으로 읽는 것이다.27)

한편으로, 세종대왕 기념 사업회의 한글글꼴 연구개발원에서는 현대 한글글꼴 중에서 문화바탕체, 문화돋움체, 문화바탕제목체, 문화돋움제목체, 문화쓰기정체, 문화쓰기반흘림체, 문화궁체를 디지털 한글 활자로 개발하였다.

---

27) '컴퓨터로 원고 작성, 편집한 책 나와', <서울신문> 1987년 11월27일자, 서울신문사, 1987

[표 1] 글자꼴별 원도 개발자와 폰트 개발자

글자꼴	개발 연도	밑그림 기초 디자인	원도 개발자	폰트 알고리듬 개발	폰트 개발자
문화바탕체	1991년	이기성	최정순	이기성	이기성
문화돋움체	1992년	이기성	최정순	이기성	이기성
문화제목체 (바탕 / 돋움)	1993년	이기성	최정순	이기성	이기성
문화쓰기체 (정체 / 반흘림)	1994년	이기성	정주상	이기성	서울시스템
문화궁체	1995년	박병천	조희구	이기성	서울시스템

3) 한글의 모습

우리나라 한글 글자의 역사는 서기 1446년 훈민정음이 창제된 때부터 시작된다. 그 당시의 한글 글자꼴의 모양은 '훈민정음'과 '용비어천가'에서 나타나는 한글의 낱자(자모)와 낱내(음절)로서 알 수 있다. 그러나 550여 년이 지나면서 낱자와 낱내의 모습도 점차로 바뀌었다. 알파벳 문화권의 글자와는 달리, 한글은 창제 당시부터 거의 완벽한 형태를 갖고 있으므로, 변화의 정도가 그다지 심하지는 않으나, 한글 글자 모양 역시 원칙이 없이 변화하여 왔다.

필기도구가 붓에서 연필, 볼펜으로 바뀌면서 서서히 변화하던 한글 글자꼴의 모양은 급속히 다양한 형태로 바뀌기 시작했으며, 출판용 글자꼴 역시, 목판 인쇄용 활자나 활판 인쇄용의 금속활자 형태를 벗어나 사진식자기용 글자꼴이 등장한다. 사진식자기는 원래 수동식이었으나, 컴퓨터의 발명으로 컴퓨터식 사진식자기(전산사식기)가 출현하면서 새로운 형태의 디지털 활자(폰트)가 필요하게 되었다.28)

---

28) '컴퓨터 출판', −전국은 지금, KBS-2 TV, 1987년 6월 23일 8시 방영

한글의 음절은 획(줄기)이나 점 등에 부분적으로 가해진 압력이, 기 (氣) 또는 호흡의 조화와 균형으로서, 사람의 생체률 또는 이 문자의 사용자와 정서적 일치를 이루어 인간 친화적 요소가 다른 어떤 문자보 다도 탁월하다고 할 수 있다. 이것은 나아가 서예 또는 서도의 분야로 발전하여 그 조형예술성과 종교적 차원에서의 연구 대상이 되는 것은 서양의 컬리그래피(Calligraphy)나 폰트 디자인 개념을 훨씬 능가하는 고도의 정신문화적 대상이 되는 것이다.29)

한글 도활자의 글꼴 디자인은 한글 음절 1만 1172개의 본문체 글꼴 을 디자인하는 것이다. 1만 1172개는 19개 초성 자음 ㄱ부터 ㅎ까지 (ㄱ ㄲ ㄴ ㄷ ㄸ ㄹ ㅁ ㅂ ㅃ ㅅ ㅆ ㅇ ㅈ ㅉ ㅊ ㅋ ㅌ ㅍ ㅎ)와 중성 모 음 21개 ㅏ부터 ㅣ까지 (ㅏ ㅐ ㅑ ㅒ ㅓ ㅔ ㅕ ㅖ ㅗ ㅘ ㅙ ㅚ ㅛ ㅜ ㅝ ㅞ ㅟ ㅠ ㅡ ㅢ ㅣ), 그리고 받침 27개 자음 ㄱ부터 ㅎ까지 (ㄱ ㄲ ㄳ ㄴ ㄵ ㄶ ㄷ ㄹ ㄺ ㄻ ㄼ ㄽ ㄾ ㄿ ㅀ ㅁ ㅂ ㅄ ㅅ ㅆ ㅇ ㅈ ㅊ ㅋ ㅌ ㅍ ㅎ) 로 구성된 것이다. 다시 말하면 초성 자음과 모음, 받침 자음의 조합으 로 1만 1172개의 출판 디자인용 한글 본문체 음절을 제작해 낼 수 있 는 것이다.

현대 한글 음절을 받침이 있는 것과 없는 것으로 구분한 결과는 다 음 [그림]과 같다. 받침 없는 것은 399개 음절(초성 19개 × 중성 21개 = 399개)이고, 받침이 있는 것은 10,773개 음절(초성 19개 × 중성 21개 × 받침 27개 =10,773개)이다.

'컴퓨터로 원고 작성, 편집한 책 나와', 월간 <인쇄계> 1987년 12월호, PP.40-43, 인쇄계사, 1987
김강호 기자, '세종대왕이 만든 한글글꼴 11,172자 컴퓨터 재구성. 문화바탕체 등 3가지 기본 서체 완성', <문화일보>, 1994년 9월 29일자, 문화일보사, 1994
29) 이기성, 이기강, 김의규, '인간 친화성 한글 세라믹 폰트 개발 계획서' -1998년 국제 협력 공동 연구 계획서, 세부 분야: 문자론, 1998

[그림 5] 받침으로 구분한 한글 음절과 자소수

받침	한글 음절수	조합용 자소수
받침 없음	399	175
받침 있음	10,773	728
합	11,172 개	903 개

4) 조선 시대의 도활자

컴퓨터가 발명되어 '0'과 '1'로 디지털 활자를 만들어내기 이전까지는 나무, 흙, 돌, 쇠 등이 활자를 만드는 재료로 이용되었고, 이를 디지털 활자에 대비하여 아날로그 활자라 부를 수 있다. 활판 인쇄용 금속활자 이외에 네거티브 필름에 글자의 원도를 새긴 사진식자 활자도 있다. 사진기에 재래식 아날로그 사진기와 디지털 사진기가 있듯이, 사진식자도 아날로그 방식에서 디지털 방식으로 발전하여 왔다. 목활자(나무활자), 흙활자, 쇠활자(금속활자, 납활자) 등 전통 활자는 사진 제판작업을 필요로 하지 않는 활판 인쇄에 적합하다.

흙활자는 '오지활자' 또는 '도활자'라고도 하며, 질그릇 만드는 차진 흙을 빚어 만든 활자를 말한다. 우리나라의 도활자 인쇄는 1729년 6월에 황해병사로 재임하던 이재항에 의해 처음 실용화된 것으로 짐작된다. 이것은 중국에서 도활자 인쇄에 성공하였다고 알려진 청나라의 18세기 이후와 비슷한 시기이다.

우리나라 도활자본에 관하여 최초로 발표한 사람은 일본인 아유가이(鮎貝房之進)이고, 도활자 인쇄본으로 <삼략직해(三略直解)> 1책과 <경서집설(經史集說)> 7책을 들었다. 아유가이가 도활자본임을 감정한 근거는 <삼략직해>의 권말에 표시된 '上之二年 壬寅三月 靑海 文會軒

陶字契 新刊'의 간인 기록이다. '上之二年 壬寅'은 1722년(경종 2년)이
고, '靑海'는 함경북도 북청군이고, 그곳에 있던 문회헌(文會軒)의 도자
계(陶字契)에서 도활자를 만들어 찍어낸 것으로 본 것이다.

인쇄 시기와 활자 명칭이 표시된 도활자본 완질이 1994년 미국 콜롬
비아대학 동아도서관에서 천혜봉에 의해 발견되었다. 1593년부터 1646
년까지 살았던 김세렴(金世濂)의 <동명선생집(東溟先生集)> 10권 7책
의 완질본이 도활자본이다. 서지 사항은 '東溟先生集 卷 1-10, 附錄.
金世濂(1593-1646) 著. 陶活字版. 英祖13(1737) 印'이다. 저자의 증손인
김일기(金一基)가 이 문집의 인쇄를 마치고 권말에 쓴 기록은 '영조 13
년(1737) 5월 초하루에 흙활자로 찍기 시작하여 그해 7월 그믐날에 마
치었다'라고 되어 있다.30)

또한, 편저자를 알 수 없는 <동국후생록>이란 사본(寫本)의 토주조(土
鑄條)의 항목에는 통제사 이재항(李載恒)이 황해도 해주 병관에 있었을
때 손수 체험한 도활자 만드는 법이 다음과 같이 소개되고 있다.31)
오지 그릇 만드는 찰흙을 아주 곱게 빻아 유자나무 즙 같은 기름을
섞어서 고루 잘 찧어 빚는다. 한편, 이에 앞서 쇠로 된 둥근 주판알과
같은 구멍을 줄줄이 뚫고 그 등 뒤의 흙이 나오는 곳을 쌍육(雙六)의
주사위와 같이 만든 나무판을 사용하여 활자 모양의 네모꼴을 만들어
낸다. 이것을 햇빛에 널어놓고 반쯤 말린 다음, <홍무정운(洪武正韻)>의
글자꼴을 쓴 얇은 중국 종이를 그 뒤에 뒤집어 붙이고 그대로 새긴다.

---

30) 천혜봉, 도활자본 <동명선생집>의 발굴, 계간 서지학보(15)
   鮎具房之進, '支那及朝鮮支 古活字', <書物同好會 會報>, 책자 제10호, 京城,
   書物同好會, 昭和 16(1941).
31) 도활자를 만든 이재항은 1723년에 경상좌수사, 1725년에 경상우병사를 거쳐
   통제사가 되었다. 1729년 6월에 황해병사로 부임하여 1년 3개월간 해주 병영
   에 있으면서 도활자를 제작한 것으로 여겨진다. 이재항은 1730년 9월에 평안
   병사로 부임했다.

거기에 흰 밀랍을 두텁게 칠한 뒤 불에 구어 하나하나 만들어낸다.32)

　우리나라 절에서 전통적으로 금속활자를 만들 때는 주형(鑄型)을 먼저 만들고 이 주형에다 녹인 쇳물을 부어 활자를 만든다. 밀랍을 활자 모양으로 만들어 한쪽 면에다 글자를 새긴 다음에 찰흙과 도가니 만드는 흙을 섞어 덮어 싸서 주형을 만들어 구워 낸다. 밀랍에다 새긴 글자는 주형을 구울 때 녹아 없어지므로, 꼭 같은 모양의 금속활자는 거의 나타날 수가 없다. 도활자 만드는 법 역시 활자 모양의 흙에다 새겨서 구워 내므로 꼭 같은 모양의 도활자가 거의 나타날 수 없다.

5) 한글 도활자 만들기

　한글 도활자는 1997년에 계원조형예술대학에서 실험 제작에 성공하였고, 경기대학교 대학원에서 2000년에 실용적인 한글 도활자 대량 생산 방법을 개발해 내는 데 성공하였다. 한글 도활자의 개발과 재현은 우리에게 다음과 같은 이점을 가져다줄 수 있다.

① 도활자는 수명 및 내구성이 반영구적이어서 경제성, 기능성, 환경 친화성의 측면에서 그 기대 효과가 지대하다.
② 도활자는 이미 조선조에 선조가 이루어낸 유산으로, 그 명맥을 현대의 첨단 과학 기술과 접목하여 민족 유산을 풍요롭게 한다.
③ 활자 문화 사용자의 공중 보건 위생을 최대한 보장하는 최적의 신소재 활자이다.
④ 지속적 개발을 통한 민족 고유 정서를 잘 반영한 글꼴의 완성과 이의 사용을 통한 민족정서의 고취와 함양을 꾀할 수 있다.

---

32) 천혜봉, <고인쇄>, PP.102-103, 대원사, 1989

⑤ 활자 문화의 새로운 조형적 가능성을 전개함으로써, 문자의 발전을 더욱 도모할 수 있게 된다.

계원조형예술대학 출판 디자인과에서는 1997년에 현대 한글 음절 1만 1172자 중 자음 자소와 모음 자소가 모두 포함된 대표 음절로 추출된 '가는다−로면보−서이자−여용수−을램에−치컴터−퓨하야−화원된−의'의 25개 글자를 큰 것, 중간 것, 작은 것의 3종류로 제작하였다. 한글 도활자 중 큰 것은 54포인트, 중간 것은 34포인트, 작은 것은 18포인트 크기이다.[33)

계원조형예술대학 출판 디자인과에서 제작한 한글 도활자 3종류의 글자 모양과 수축률 등을 조사한 결과는 다음과 같다.

① 글자 모양: 백자토에 활자를 일일이 손으로 새기기 때문에 동일한 글자라 하더라도 같은 글자 모양이 없고 조금씩 다르다. 그리고 작은 글자는 학생들의 경험 부족과 실수로 인해 많이 손상되었다. 그러나 도장 파는 사람한테 부탁한다면 작은 글자도 제작 가능하리라고 본다.

② 수축성: 약 20% 정도의 수축률을 보였다. 도활자는 흙의 종류와 굽는 온도에 따라 수축률이 다르기 때문에 제작하는 데 어려움이 있었다. 로에서 한 번 굽는데 보통 10% 정도 수축되어, 두 번 구운 결과 약 20%가 작아 졌다. 70포인트 밑그림이 23% 줄어 77%인 54포인트로, 42 포인트 밑그림이 19% 줄어 81%인 34포인트로, 22포인트 밑그림이 18% 줄어 82%인 18포인트 크기로 줄어들었다. 수축률 23%, 19%, 18%를 더하여 3으로 나누면 평균 20%가 된다.

---

33) 이기성, '한글 본문체와 한글 제목체의 자소에 관한 연구', <전자출판−Ⅱ> 개정판, PP.118-119, 장왕사, 1997

③ 글자획: 도활자는 글자본을 일일이 써서 뒤집어 붙이고, 말린 백자토 위에 직접 새기기 때문에 글자획의 굵기에 차이가 심하여 고르지 않았다. 다른 활자와 달리 글자획의 끝부분이 둥글다는 것이 특징이다.

④ 마멸: 활자의 마멸률은 거의 없으나, 제작 과정 시 재료의 특성으로 쉽게 떨어져 나가는 어려움이 있었다.

⑤ 칼자국: 글자꼴을 새길 때 사용하는 조각칼의 사용 기술에 따라 칼자국이 드러나긴 하지만, 초벌구이와 재벌구이를 거치면서 활자면이 부드러워졌다.

⑥ 먹과 번짐: 활자 인쇄 시에 일반 수성 잉크는 잘 번지고, 유약 처리를 하지 않았기 때문에 한지 위에 찍어내기가 힘들었다. 그러나 유성 잉크를 사용하니 활자가 선명히 찍히고 번짐이 거의 없었다.

⑦ 파손: 대부분의 활자들은 파손이 없었으나, 작은 크기의 활자의 몇몇에는 뒤틀림 현상이 나타났다. 1루베와 1.5루베짜리 작은 로에서 실험을 한 결과인지도 모른다. 로 안의 불에 직접 닿았었는지도 모른다.

도자기 활자의 제조 시 요구되는 특성은 활자 크기에 따라 달라진다. 활자가 40포인트 이상인 경우에는 높은 곡강도와 인성 및 낮은 수축률이 필요하며, 40포인트 이하인 경우에는 높은 압축강도와 곡강도 및 인성이 필요하게 된다. 따라서 40포인트 이상인 경우에는 도자기 원료로서의 활자재료가 가능하나, 40포인트 이하인 활자의 경우에는 높은 압축강도 및 인성을 요구하므로 특수한 세라믹 원료가 사용되어야 한다.

다음 [그림 6] '도활자로 인쇄한 한글 25개 음절(1997년)'에서 보는 바와 같이, 시험 제작한 도활자의 글자꼴 모양이 완벽하지는 못하다. 그러나 이 연구로 큰 활자와 중간 활자는 실용화가 가능하다는 것이 증명되었고, 무엇보다도 큰 성과는 소멸되었던 도활자 제작 기법을 재현해 내었다는 데 있을 것이다.

[그림 6] 도활자로 인쇄한 한글 25개 음절(1997년)

1997년에 계원조형예술대학 출판 디자인과의 실험 제작에서는 54포인트, 34포인트, 18포인트 크기의 도활자 75개를 문화바탕체로 제작하였으나, 제대로 실험을 하려면 좀더 긴 시간이 필요했다. 초벌구이의 시간, 재벌구이의 시간, 초벌구이의 온도, 재벌구이의 온도 등 여러 변수가 있기 때문이다.

1997년도 도활자 실험 제작 성공에 이어, 한글 세라믹 활자의 대량 제작 방법을 계속 연구한 결과 3년 만인 2000년에 그 방법을 찾아내는 데 성공하였다. 출판용 한글 세라믹 활자는 기계가공성과 소결수축이 적어야 한다. 이러한 조건을 만족하기 위하여 고체윤활성이 우수하며, 고온에서 산화가 어려운 BN을 점토소지에 혼합하여야 한다. 그러나 BN은 고체윤활성과 수분 혼합이 매우 안 되는 특성 때문에 균일한 혼합이 어려워 BN의 표면에 지르코니아 코팅을 하여 균일한 혼합특성을 갖는 점토-BN 슬립을 제조한 후 응집시켜 건조하여 세라믹 활자를 제조하였다.

2000년 경기대학교 대학원 재료공학과 실험실에서 지르코니아가 코팅된 BN을 청자토 슬립에 분산시킨 후 응집제로 응집시켜 건조한 후 건식가압 성형하였다. 성형체를 냉간 정수압 성형하여, 로에 넣어 900℃에서 1차 소성하였다. 1차 소성된 활자는 여러 가지 글자로 각인하였으며, 각인된 활자를 1050℃에서 2차 소성하였다. 각인된 글자는 미당 서정주의 '국화옆에서'라는 시의 일부이며, 문화바탕체로 글자크기 42p로 총 33자를 제조하였다.

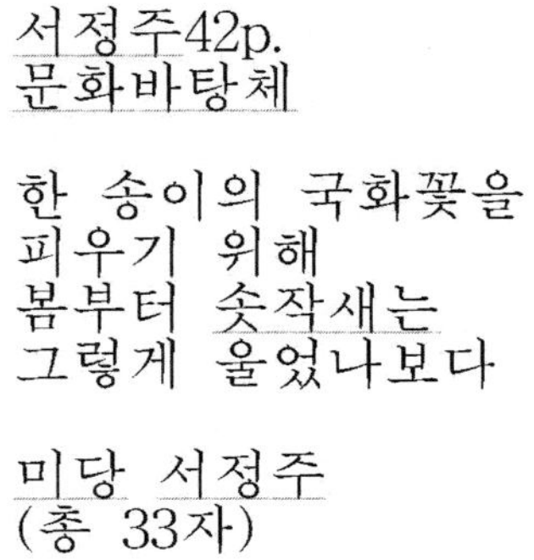

서정주42p.
문화바탕체

한 송이의 국화꽃을
피우기 위해
봄부터 솟작새는
그렇게 울었나보다

미당 서정주
(총 33자)

[그림 7] 세라믹 도활자로 인쇄한 한글 3자(2000년)

[그림 8] 경향신문 세라믹 도활자 제작 기술 재현 성공
보도(2000년 12월 22일)

6) 한글 도활자 글꼴 분석

종이에 인쇄가 끝난 인쇄물은 오자나 탈자의 유무, 그림이나 사진의
정확성, 인쇄된 글자의 높낮이 상태, 제판 터잡기 상태, 망점(halftone)
재현 상태, 핀트의 정확성, 잉크의 농도, 색의 정확도, 인쇄의 밀림(더
블) 현상, 잉크의 뒤묻음, 접지 상태 등을 검토해야 한다. 이런 확인 사
항들은 겉으로 보이는 것만 확인하는 것이고, 한 단계 더 깊이 들어가
서 출판 전문가의 예술적 안목으로 확인한다면 이런 것 이외에 인쇄물
에서 은은히 드러나는 힘과 글자의 율동성을 확인할 수 있는 것이다.

인쇄물에 힘이 들어가 있으면 그 내용이 뚜렷이 부각되고, 전체적으
로 지루하게 느껴지지 않는다. 특히, 글자의 율동성은 한글 글자꼴의
가로줄기와 세로줄기의 모양과 배치에서 좌우된다. 한글 음절의 각 줄
기의 배치는 글자꼴의 원도에서 이미 확정되지만, 줄기의 모양이 완성

되는 것은 글자꼴의 원도 상태가 아니고 최종적으로 종이에 인쇄된 연후에 줄기의 모양이 완성된다. 줄기의 굵기, 줄기의 끝 모양이 아주 중요한데, 이런 세밀한 부분의 상태는 글자꼴을 새긴 활자가 종이에 접촉하여 글자 모양을 형성할 때에 완성되는 것이다. 즉, 활자에다 압력을 가하여 종이에 활자에 새겨진 글자에 묻힌 잉크를 인쇄할 때 완성되는 글자 모양이 힘이 있느냐 없느냐 하는 것이다.

다음 [그림] 왼쪽과 같이 활자에 새겨진 글자가 볼록하게 튀어나온 상태와 오른쪽의 디지털 활자나 사진 활자처럼 글자면(얼굴)과 자면(활자면)이 평평하여 높낮이가 없는 상태는 종이에 인쇄한 후에 종이에 나타나는 글자의 모양에 힘이 들어가 있느냐, 안 들어가 있느냐를 판가름하는 비교 조건이 된다.

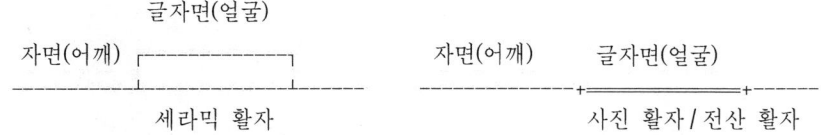

[그림 9] 글자면과 자면

활판 인쇄와 오프셋 인쇄의 차이점은 잉크의 양 차이나 편차로 알 수 있는 것도 있지만 출판에서 보는 안목으로는 오프셋 인쇄는 글자의 자소가 날카롭게 인쇄되어 명쾌하고 선명한 느낌이 들게 하고, 활판 인쇄는 글자의 세로줄기나 가로줄기의 끝부분이 부드럽고 문장 전체에서 강한 힘을 느끼게 한다.

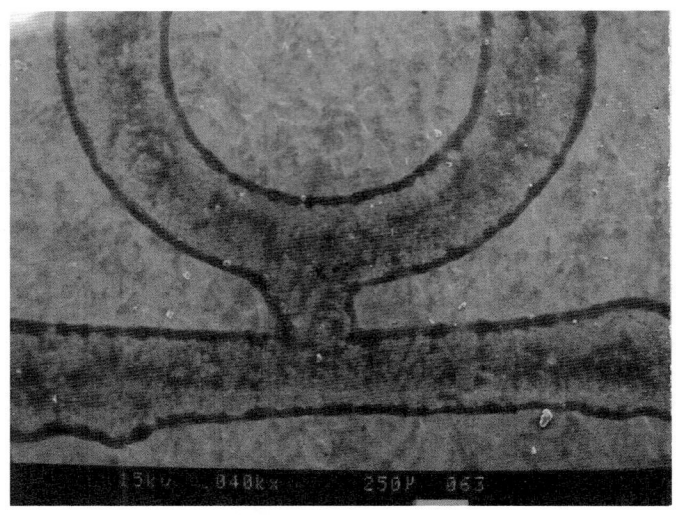

[그림 10] 도활자 활판 인쇄 결과(테두리가 있다)

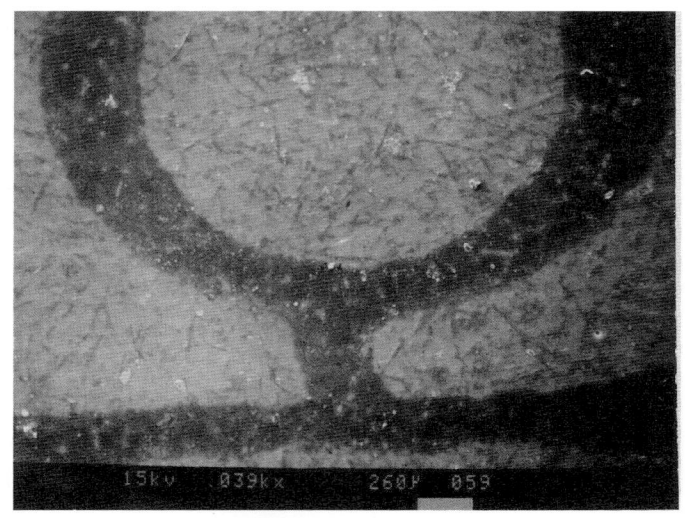

[그림 11] 일반 활자(전산활자) 오프셋 인쇄 결과

　본 연구를 통해서 제조된 세라믹 활자와 일반 활자와의 비교를 해
본 결과 몇 가지 차이점을 발견할 수 있었다.

① 먼저 한 개의 음절 안에서 가로줄기와 세로줄기의 두께가 다르다는 것이다.

특히 세라믹 활자 쪽의 구석 부분이 더 굵어진 것을 알 수 있다. 세라믹 활자 인쇄물의 한글 음절 줄기의 두께가 골고루 굵어진 것이 아니고, 시작돌기, 끝맺음, 상투 등이 많이 굵어지고 나머지 부분은 상대적으로 덜 굵어지는 것을 알 수 있다.

② 다음은 힘의 문제이다.

세라믹 활자 쪽의 느끼는 힘이 훨씬 큼을 알 수 있다. 생리적인 힘이 아니라 느끼는 힘의 정도를 말하는 것이다. 일반 폰트에 비해서 세라믹 활자의 폰트는 인쇄압이 많이 가해져서 가로줄기와 세로줄기의 시작 부분이 더 굵게 인쇄됨으로써 가독성과 변별성을 한층 더 높여준다. 둥근줄기의 경우에도 동그라미 줄기의 두께가 일반폰트의 두께보다 골고루 굵으므로 힘이 있지만 부드러운 질감을 나타내고 있다. 일반 활자의 폰트는 인쇄 시 인쇄압이 가하여지지 않으므로 테두리선이 나타나지 않는다.

7) 맺음말

왜, 한글 도활자 글꼴에 대한 연구를 하여야만 했는가? 이는 우리의 한글이 시각 조형적으로 독특한 특성을 갖고 있기 때문이라고 볼 수 있다.

① 한글이 갖는 여러 우수성 중 시각 조형적인 면을 살펴보면 그 구조적 단순함으로 말미암아 시각적 명료성이 매우 뛰어나며, 주어진 네모난 문자틀(4각형) 안에서의 구성적 완벽함으로 사용자의 편에서 볼

때 독해기능성과 예술성이 뛰어난 조화를 이룸을 알 수 있다.

그리고 어떤 필기도구를 사용하든지 그 실용성과 기능상의 아무런 장애를 받지 않음은 물론이요, 문자 사용자의 정서적 요구에 의해 그 조형적 변형도 또한 다채로움이 사실이다.

② 또한, 글자의 부피와 모양에 의해 그 글을 읽는 사람에게도 정서적 영향을 준다는 점에서 우리 글자의 정서적 특질을 규명함과 이를 실사에 반영한다는 것은 매우 중대하고 의미 있는 일이 될 것이다.

가령 날카롭게 표현된 글을 읽으면 자연히 보는 이의 심성도 예민하고 신경질적이 되며, 느릿하고 두텁게 표현된 글자를 읽고 나면 심성 또한 느긋하고 둔해질 수 있다는 것이다. 우리 민족의 심성과 정서는 현대에서 어떻게 이루어져야 하는가 하는 점은 바로 이러한 시각에서 그 의미와 가치를 부여할 수 있을 것이다. 이렇게 하여 이루어진 한글의 모양은 그 실제적 특성이 인쇄술과 인쇄재에 의하여 반드시 반영되어야 함이 또한 자명하다.

③ 도활자는 모든 과정이 흙으로 시작해서 흙으로 끝난다. 도활자는 내구성, 보존성, 마멸률이 다른 활자보다 강하다는 장점을 갖고 있다. 직접 손으로 글자를 파야하는 작업 과정이 있으나, 짧은 시간에 세밀한 부분까지 깎을 수 있는 도구가 개발되면 될수록 대량으로 제작할 수 있을 것이다. 산업이 발전하면서 환경에 대한 문제가 점점 부각되고 있다.

납이 70% 이상의 주성분인 금속활자는 치명적인 결함이 있다. 공해 문제이다. 납활자 활판 방식의 인쇄는 납활자 주조 시 주조인의 납중독 및 대기중 납성분의 방출에 따른 환경오염을 유발한다. 또한 납활자 인쇄물 사용자, 특히 아동들의 납활자 인쇄물과 신체의 직접적 접

축은 납성분에 무방비로 노출된다. 그리고 폐지 재활용 과정에서 납성분의 유출이 불가피함에 따른 자연 환경오염과 훼손이 또 발생한다.

결론적으로, 최고급 한글글꼴을 인쇄하기 위해서는, 간접 인쇄인 오프셋 방식보다는 직접 인쇄인 활판 방식이 금속활자의 글꼴과 똑같은 명쾌함을 인쇄해 낼 수 있으므로 활판 인쇄방식이 한글 인쇄에 적당하다는 것에는 누구도 이의가 없다.

그러나 기존 활판 인쇄용 금속활자는 주재료인 납성분이 공해를 유발한다. 따라서 새로운 대체 활자인 한글 도활자가 개발되었다는 것은 환경오염과 사용자의 납중독을 방지하고, 한글의 우수성을 극대화하여 최고 품질의 한글글꼴 인쇄를 가능케 하는 것이며, 한국 전통 문화의 기반에서 세계적인 새로운 문화 창달을 이룰 수 있는 것이다.

[참고문헌]

손보기, <한국의 고활자>, 보진재, 1987

이기성, '컴퓨터와 출판시스템', '90출판문화발전 심포지움, 문화부, 1990

이기성, <사진식자개론 (증보판)>, 장왕사, 1991

이흥림, <엔지니어링 세라믹스>, 반도출판사, 1990

인쇄계, '특집 / 전자출판', <인쇄계>, 87년 송년호, 1987

한국글꼴개발원, <글꼴 1998>, 세종대왕기념사업회, 1998

홍우동, '전산조판과 서체문제', <전자출판연구회보>, 한국전자출판연구회, 1990.7.20

D.J. Green, et. al., Transformation toughening of ceramics, CRC Press Inc.,

Florida, U.S.A., 1989

J.B. Watchman, Mechancal properties of Ceramics, A Wiley-Interscience publication, U.S.A., 1996

10. 간판의 한글

옥외광고물등관리법시행령에 따르면, 가로형 간판은 '문자·도형 등을 목재·아크릴·금속재 등의 판에 표시하거나 입체형으로 제작하여 건물의 벽면에 가로로 길게 부착하거나 벽면 등에 직접 도료(색상이 표시된 천·종이·비닐·테이프 등을 포함)로 표시하는 광고물'이라고 정의한다. 또한, 돌출간판은 '문자·도형 등을 표시한 목재·아크릴·금속재 등의 판이나 이·미용업소의 표지 등을 건물의 벽면에 돌출되게 부착하는 광고물'을 말한다고 정의되어 있다.

우리가 일반적으로 간판이라고 부르는 것은 옥외광고물에 속한다. 옥외광고물관리법시행령의 제3조에서 옥외광고물의 종류를 들고 있다. 본 논문에서는 병원의 가로형 간판을 조사했으며, 가로형 간판이 없는 병원인 경우에는 돌출간판을 촬영하여 분석하였다.

연구 방법은 병원 간판 100개를 ① 바탕색, ② 글자색, ③ 어느 색 바탕에 어느 색 글자, ④ 이름, ⑤ 글꼴, ⑥ 조판, ⑦ 그림, ⑧ 한글 음절 쓰기 원칙의 8개 항목으로 구분하여 분석하는 방법을 택하였다.

연구 목적은 기존 간판의 한글 타이포그래피를 연구 분석하여 그 특

징을 알아보고, 그 현상과 문제점을 알아보려는 것이다. 1993년 2월24
일에 개정된 '광고물 등의 일반적 표시 방법'에 의하면 '광고물의 문자
는 한글맞춤법·국어의 로마자표기법·외래어 표기법 등에 맞추어 한글
로 표시함을 원칙으로 하되, 외국문자로 표시할 경우에는 특별한 사유
가 없는 한 한글과 병기하여야 한다.'고 되어 있다. 그러나 일반적으로,
간판에서 보는 현실은 그렇지 않고 영문자 상호만 있거나 영문자 상호
는 아주 큰 글자로 썼고 한글 상호 글자는 상대적으로 아주 조그만 크
기의 글자로 써 있는 경우가 많다.

1) 간판 분석 양식

촬영한 100개의 병원 / 의원 간판을 아래 양식(표 1)에 의하여 분석하
였다. 색에 관하여 간판의 바탕색과 글자색은 어떤 색인지를 살펴보고,
이름에 관하여는 순한글 이름인지, 외국어와 혼용된 이름인지를 구분했
다. 조판 상태는 한글 전용, 한글 / 한자, 한글 / 영문, 기타로 구분했고,
간판에 그림이 있는지 없는지를 조사하였다. 또한 한글 쓰기 원칙(한글
글자본 제정 기준)에 맞게 썼는지 틀리게 썼는지도 확인하였다.

간판 사진은 2004년 6월부터 7월 사이에 계원조형예술대학 출판 디
자인과 2학년생인 안영선, 이미주, 정현영에 의해 촬영되었다. 이 3명
이 촬영한 병원, 약국, 미장원 간판 등 300여 개의 사진 중에서 100개
를 재가공하여 본 연구의 기초 자료로 사용하였다.

[표 1] 간판 분석 양식

1. 바탕색: 단색(　　　　), 여러 색(　,　　　　　　　　　　　　)	
2. 글자색: 단색(　　　　), 여러 색(　,　　　　　　　　　　　)	
3. 어느 바탕에 어느 글자:	
(　　)색 바탕에 (　　　　　　　　　　　　　　)색 글자	
4. 이름: 한글이름(　), 외국어이름(　)	
5. 글꼴: 한 종류 체(　), 여러 종류 체(　,　　　　　　　　　　)	
6. 조판: 한글(　), 한 / 한(　), 한 / 영(　), 기타(　)	
7. 그림: 있음(　), 없음(　)	
8. 쓰기 원칙(장 / 원): 맞음(　), 틀림(　)	

2) 간판에 나타난 음절

병원 간판에 나타난 병원(100개) 이름 글자의 길이는 일정하지 않았다. 전공별로 외과, 내과, 산부인과, 치과, 안과 등 또 한의원과 양의원 등 다양한 병원 / 의원의 이름을 볼 수 있었다. 먼저, 병원 간판 100개를 가나다순으로 정리하고 다시 빈도순으로 정리하여 보았다. 병원 간판이라 X과의 '과', 치과의 '치', 성형외과의 '성', 병원의 '원', 의원의 '의', 외과의 '외' 글자가 많이 출현했다. 한국 병원인데도 불구하고 'JS 의원' 등 외국어 이름의 병원이 포함되어 있어, 음절 분석 결과에 한글 음절 이외에 로만알파벳도 눈에 띈다.

빈도 수치로 살펴보면, 과 87, 치 26, 성 25, 원 24, 의 23, 외 19, 한 19, 부 18, 형 18, 이 12, 인 12, 피 11, 안 11, 정 9까지가 9번 이상 출현한 음절이다. 8번 출현한 음절은 김, 아, 비, 7번 출현한 음절은 산, 6번 출현한 음절은 남, 기, 세, 강, 5번 출현한 음절은 '신, 내, 뇨, 소, 스'였다. 4번 출현은 '미, 앤, 리, 희'였고 3번 출현한 음절은 '트, 모, 사, 후, 박, 상, 현, 경, 로, 손, 조, 고, 가, 식, 연, 본'이었다. 2번 출현한 음절은 '준, 종, 진, 지, M, 재, 학, S, L, 8, C, 창, 1, 유, 실, 운, 금, 요, 다, 오, 훈, 교, 림, 마, 호, 랑, +, 어, 양, 배, 바, 명, 광, 수, 나, 더, 당'이었다. 나머지 음절은 1번씩만 사용된 음절이다.

'약속한의원', '길치과의원', '더블유성형외과' 등 [그림 1]에서 보는 간판 역시, 병원/의원 간판에서 많이 사용되는 음절인 '과', '치', '성', '원'의 글자가 사용된 것을 볼 수 있다.

[그림 1] 간판의 음절(글자)

[표 2] 간판 100개 이름

8+1한의원	마리아외과
강남믿음치과	마이더스성형외과
강남베스트의원	메트로치과(치열교정)
강남리즈산부인과	명안과
강남성모안과	모아산부인과
강남신경정신과	문희식내과(소아과)
강남이비인후과	미엔미치과
갸름한성형외과	민안과
경희가정의원	박규홍피부비뇨기과
고명인산부인과	박형국치과
고운나라의원(성형외과 피부과 비뇨기과)	방배치과
고운세상피부과	본외과
공안과	본치과
곽앤지성형외과	본+한의원
광림한의원	삐땅기성형외과
금성연세의원	사당의원
금창현치과	사랑가득한치과
길치과	서재학소아과
김앤김피부과(피부관리실)	성바오로의원(성형외과)
김재호이비인후과	성일한의원
김종찬성형외과	소프트터치피부과
김태권안과	손발한의원
김현식산부인과	손성조치과
김희종치과	신농당한의원
노바피부과	실로암한의원
다사랑한의원	아이세상치과
다솜의원	아이언스안과
대양치과의원	안치과
더블유성형외과	약손한의원
두리이비인후과	양정인소아과
드림성모안과	어린이한의원

어성초한의원	정현교성형외과
에이엘씨안과(ALC)	조강선비뇨기과(피부과)
연세심미안안과	조희준내과
연세성형외과	준성형외과
예스피부비뇨기과	진세훈성형외과
오수혁내과	CNP차앤박피부과
요요치과	참통증의학과
우성산부인과	최광배성형외과
원진성형외과	포스치과
유나산부인과	필성형외과
윤병녕산부인과	한미성형외과
을지한의원	한솔치과
이상목성형외과	한앤김내과
이수철신경정신과	한호비뇨기과(피부과)
이시원치과	함께하는치과
이창혜내과	행복한치과
전훈식치과	JS의원
정가정의원	LIME치과그룹치과
정소아과	STM치과

3) 간판의 바탕색과 글자색

 병원 간판 100개를 구체적으로, 바탕색, 글자색, 어느 바탕에 어느 글자, 이름, 글꼴, 조판, 그림, 쓰기 원칙의 8개 항목으로 구분하여 조사하였다. 먼저, 바탕색과 글자색을 분석하였다.

 바탕색은 단색이 77%, 여러 색으로 혼합된 간판이 23%로 단색이 많았고, 글자색은 단색 글자와 여러 색 글자가 절반씩으로 같았다.

① 병원 간판의 바탕색은 파랑색이 28%, 흰색이 18%, 초록색이 10%로 많았다. 병원 간판이라 그런지, 바탕색에는 까만색이 없었다. ② 간판의 글자색은 흰색이 29%로 가장 많았고, 까만색 11%, 파랑색 7%, 회색 3%가 그다음 순서였다. 흰색은 바탕색으로도, 글자색으로도 많이 사용되었다.

간판의 바탕색은 파랑색, 흰색, 초록색, 다음으로 노랑색이 5%, 주황색과 오렌지색이 각각 4%, 빨강과 회색이 각기 3%, 보라색이 2%의 비율로 나타났다.

[그림 2] 간판의 바탕색(파랑색, 초록색, 빨강색)

[표 3] 바탕색

단색				혼합색		
77%				23%		
(단 색)						
파랑	흰색	초록	기타	노랑(5),	주황색(4),	오렌지색(4),
28%	18%	10%	21%	빨강색(3),	회색(3),	보라색(2)

[그림 3] 간판의 글자색(흰색, 까망색, 파랑색)

[표 4] 글자색

단색 50%				혼합색 50%
(단색)				
흰색	까망색	파랑	회색	
29%	11%	7%	3%	

　　간판의 바탕색과 글자색을 연관시켜 살펴보면, 단색의 바탕색에 단색(단색 / 단색)의 글자색은 44%였고, 단색 / 여러 색, 여러 색 / 단색, 여러 색 / 여러 색은 56%였다.

　　앞에서 알아본 대로 바탕색만 본다면, 파랑색, 흰색, 초록색 순서였고, 글자색만 본다면 흰색, 까망색, 파랑색의 순서였다. 단색 바탕색에 단색을 사용한 글자 간판을 다시 색별로 구분해 보니까, 파랑색 바탕에 흰색 글자가 1위로, 흰색 바탕에 파랑색 글자와 초록색 바탕에 흰색 글자가 동률 2위로, 주황색 바탕에 까만색 글자가 4위로 나타났다.

병원 / 의원 간판에서 파랑색 바탕에 흰색 글자가 가장 많다는 것은
간판 자체의 미려도나 디자인을 생각하기보다는 간판의 글자가 잘 보
이게 하는 데 중점을 둔 배색이라고 생각할 수 있다.

단색 / 단색	단색 / 여러 색	여러 색 / 여러 색	여러 색 / 단색
44%	34%	17%	5%

[그림 4] 바탕색과 글자색

[표 5] 단색 / 단색(44%)의 구조

바탕색	바탕색 비율	글자색과 글자색 비율
파랑색	17%	흰색 16, 까망색 1
흰 색	10%	파랑색 5, 까망색 4, 회색 1
초록색	5%	흰색 5
주황색	4%	까망색 3, 흰색 1
오렌지색	2%	회색 2
빨강색	2%	까망색 2
노랑색	2%	파랑색 2
보라색	2%	흰색 2
합 계	44%	

[표 6] 상가 간판의 바탕색과 글자색 비교[34]

간판의 색	상 가	사용색
바탕색	병원 / 의원	파랑, 흰색, 초록색, 노랑색
	약령시(약국) 상가	파랑, 흰색, 초록색, 까망색
	자동차부품 상가	파랑, 흰색, 빨강색, 노랑색
글자색	병원 / 의원	흰색, 까망색, 파랑색, 회색
	약령식(약국) 상가	흰색, 파랑색, 까망색, 빨강색
	자동차부품 상가	흰색, 파랑색, 까망색, 노랑색

4) 간판의 글자 분석

병원 이름은 한글 이름이 74%, 외국어 이름이 26%였다. 한글 이름이 많긴 했어도, 외국어 이름의 병원이 4분의 1이나 되는 것은 잘못된 것으로 사료된다. 간판에 사용된 글꼴은 한 가지 체가 42%, 여러 체를 사용한 것이 58%였다. 한글과 영문자, 한글과 한자 등 혼합된 간판은 당연히 여러 글꼴을 사용할 수밖에 없을 것이다.

[그림 5] 병원 이름(한글 / 외국어)

[표 7] 한글 이름과 외국어 이름

한글 이름	외국어 이름
74%	26%

---

34) 이선애, '도시 간판 디자인의 현황과 그 환경적 영향에 관한 연구', 경희대 교육대학원, 2001

[그림 6] 간판 글자 조판

간판 글자 조판은 한글과 영문자를 혼용한 것이 55%로 가장 많았고, 그 다음으로는 한글 전용이 42%, 한글과 한자를 혼용한 것은 2%, 한글 / 영문자 / 한자를 혼용한 것은 1%였다.

[표 8] 한글 전용 조판과 혼용 조판

한글 / 영문자 혼용	한글 전용	한글 한자 혼용	한글 한자 영문
55%	42%	2%	1%

병원 간판에 그림이 포함된 것이 70%, 그림이 없는 것이 30%로, 2 / 3가 글자와 그림이 같이 있었다.

간판 중에서 '원'자와 '지읏(ㅈ)', '치읓(ㅊ)'이 가장 많이 틀린 글자로 발견되었다. [그림 7]에서 '사랑 가득한 치과의원'의 '치, 원'은 쓰는 원칙에 맞는 글자이고, '을지한의원'의 '원'자는 맞으나 '지'의 지읏은 틀린 글자이다. '조희준 내과 진료과목 소아과'에서 '조, 준, 진'의 지읏은 전부 쓰기 원칙 기준에 맞는 지읏이다.

[그림 7] 한글 쓰기 원칙에 맞는 간판{'원' 자와 '지읒' (조, 준, 진), '치읓' (치)}

[그림 8]에 보이는 '박형국치과의원'의 '원'자, 'JS의원'의 '원', '원진 성형외과'의 '원'은 전부 다 쓰기 원칙에 어긋난 글자이다.

[그림 8] 한글 쓰기 원칙에 틀린 간판{'원' 자와 '지읒' (진)}

간판에 나타난 한글 글자꼴은 글자 쓰는 규정(한글 글자본 제정 기준)에 맞는 것이 39%로 과반수에 미치지 못했고, '원', '윤', '지읒', '치읓' 등이 들어간 대부분의 간판은 틀리게 써졌다. 61%가 틀렸고, 맞는 39%의 간판은 이런 글자가 들어가지 않은 간판이 대부분이었다.

[표 9] 한글 글자본 제정 기준에 맞는 간판과 틀린 간판

맞는 것	틀린 것
39%	61%

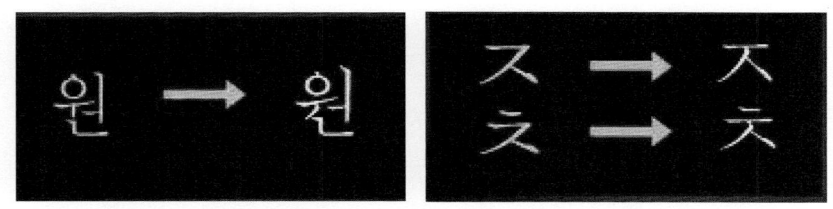

[그림 9] 문화바탕체의 '원' 과 '지읒', '치읓'

1991년 7월 5일 당시 문화부가 '한글서체개발 위원회'를 구성하고, 소위원회, 평가회, 공청회, 자문회의를 거치면서 1991년 12월 27일에 '한글 글자본 제정 기준'을 확정하였다. 1991년에 문화부에서 임명한 한글서체개발 운영위원에는 출판계, 인쇄계, 학계, 관 등, 각 분야의 대표인 김낙준(당시 대한출판문화협회 회장), 김석득(연세대학교 대학원장), 김일근(건국대학교 명예교수), 박병천(인천교육대학 교수), 박용진(교육부 장학편수실장), 박종국(세종대왕기념사업회 회장), 박충일(대한인쇄문화협회 회장), 손보기(단국대학교 초빙교수), 송현(한글기계화추진위원회 회장), 안병희(국립국어연구원 원장), 이기성(당시 신구전문대학 교수), 이상욱(가톨릭의과대학 안과 교수), 정덕용(문화부 어문출판국장), 최정순(한글서체 디자인개발연구원 원장), 허웅(한글학회 이사장), 홍윤표(당시 단국대학교 교수)의 16명이 운영위원으로 임명되었다.35)

서체개발 운영위원과 별도로, 폰트 개발연구 위원회와 폰트검토 위원회도 구성되었다. 이기성과 한국전자출판연구회의 손애경 선임연구원을 비롯한 4명이 폰트 개발연구위원으로 위촉되었다. 당시(1991년~1993년)의 폰트 검토위원은 김장실, 최진용(문화부 어문과장), 김진평(서울여자대학교 교수), 박영실(한국 편집아카데미 원장), 박종국(세종대왕기념사업회 회장), 박창수(국정교과서 편집과장), 박충일(한국 인쇄협회 회장), 윤종목, 김상구(서울시스템 이사), 이기성(신구전문대 출판과 교수), 이승구(대한교과서 전무), 정준섭(교육부 연구관), 최정순(서체 디자인개발연구원 원장), 한성동(동아출판사 서체개발실 부장)의 14명이었다.

5) 간판 100개의 한글 타이포그래피

병원 / 의원 간판 100개의 한글 타이포그래피에 관한 연구 결과는 다음과 같이 10개 항목으로 정리할 수 있었다.

① 빈도 수치: 간판에 나타난 한글 음절을 출현 빈도별로 정리해 보니, 10번 이상 출현한 음절은 '과, 치, 성, 원, 의, 외, 한, 부, 형, 이, 인, 피, 안'의 13개였다.

② 바탕색: 바탕색은 단색으로 된 것이 77%, 여러 색이 혼합된 것이 23%였다. 단색의 바탕색에는 파랑색, 흰색, 초록색이 많았다.

③ 글자색: 바탕색은 단색이 많았던 것과 달리 글자색은 단색과 혼합색이 똑같은 숫자였다. 글자색의 단색은 흰색, 까만색, 파랑색, 회색 순서였다.

④ 바탕색과 글자색: 단색 바탕에 단색 글자를 사용한 간판 중에서는

---

35) 한글 글자본 제정 기준에는 ① 교과서 본문용 한글 글자본 제정 기준, ② 한글 네모체 글자본 제정 기준, ③ 제목용 한글 글자본 제정 기준 등이 있다.

파랑색 바탕에 흰색 글자가 가장 많았다.

⑤ 병원 이름: 한글 이름이 3 / 4, 외국어 이름이 1 / 4로 한글 병원 이름이 많았다.

⑥ 글꼴: 글자의 꼴은 한 가지 체를 사용한 것이 42%, 여러 체를 사용한 것이 58%였고, 2개의 글꼴을 사용한 간판이 가장 많았다.

⑦ 글자 조판: 한글 전용보다 한글과 영문자를 같이 사용한 간판이 더 많았다. 한글과 한자를 혼용한 것은 아주 적게 발견되었고, 한글과 영문자를 혼용한 간판이 가장 많아서 과반수를 넘었다.

⑧ 그림 유무: 병원 간판에 그림이 함께 있는 것이 그림이 없이 글자만 있는 것보다 두 배 이상 많았다.

⑨ 쓰기 원칙 준수: 한글 글자본 제정 기준에 맞춰 쓴 것보다 틀리게 쓴 것이 더 많았다. 특히, '원'자와 '지읏'은 대부분 틀렸다.

⑩ 한글과 영문 글자의 크기: 병원 간판에서 영문자가 크게 강조되고 한글이 상대적으로 왜소하거나 위축된 것은 몇 개 나타나지 않았다. 따라서 '광고물 등의 일반적 표시 방법'에 어긋난 병원과 의원 간판은 소수에 불과해서 다행이었다.

전체적으로 정리한다면, 간판의 바탕색은 파랑색과 흰색, 글자색은 흰색과 까만색이 많이 사용되었고, 흰색은 바탕색과 글자색 둘 다에서 많이 사용되었다. 문제점으로는 한국 사람이 주로 이용하는 병원의 이름인데, 외국어 이름이 26%나 된다는 것은 잘못된 현상이라고 생각된다. 또한, 한글 전용 간판보다 한글 / 영문자 혼용 간판이 더 많은 현실은 역시 문제점이 있다고 사료된다.

가장 큰 문제점은 '한글 글자본 제정 기준'에 틀리게 쓴 간판 글자가 많은 것이다. 아름답고 밉고의 차원이 아니라 한글을 쓰는 방법이 틀렸다는 것은 큰일이다. 더군다나 대부분의 사람들은 '한글 글자를 쓰는 데 무슨 원칙이 있냐?'며 대수롭지 않게 여긴다는 데 심각성이 있다. 대중의 눈에 잘 띄는 간판의 한글 글자가 틀린 것을 그대로 두면 이를 묵인하는 것이 된다. 간판을 관리하는 해당 기관에서 제재를 가해야 고쳐질 수 있을 것이다. 간판용 한글 글자는 반드시 문화관광부에서 제정한 '제목용 한글 글자본 제정 기준'에 따라서 한글 글자를 써야 할 것이다.

[참고문헌]

김주홍, '소규모 상점 간판의 한글 글자표현 방법 연구-관철동 일대 가로형 점두 간판을 중심으로', 서울여대 대학원, 2002

나창현, '간판 타이포그래피의 효율적 커뮤니케이션에 관한 연구', 동의대 대학원, 2002

이기성, '출판 매체에서 한글글꼴 개발의 미래에 관한 연구, <글꼴 2001>, 한국글꼴개발원, 2001

한영진, '사인보드에서의 타이포그래피 개선 방향에 관한 연구', 경희대 대학원, 2003

6) 가나다순 – 부록

+	2	공	1	노	1	림	2	부18		신	5	외19		즈	1	하	1
1	2	과87		농	1	마	2	블	1	실	2	요	2	증	1	학	2
8	2	곽	1	뇨	5	메	1	비	8	심	1	우	1	지	2	한19
A	1	관	1	는	1	명	2	삐	1	씨	1	운	2	진	2	함	1
C	2	광	2	다	2	모	3	사	3	아	8	원24		찬	1	행	1
E	1	교	2	당	2	목	1	산	7	안11		유	2	참	1	혁	1
I	1	국	1	대	1	문	1	상	3	암	1	윤	1	창	2	현	3
J	1	권	1	더	2	미	4	서	1	앤	4	을	1	철	1	형18
L	2	규	1	두	1	민	1	선	1	약	1	음	1	초	1	혜	1
M	2	그	1	드	1	밀	1	성25		양	2	의23		최	1	호	2
N	1	금	2	득	1	바	2	세	6	어	2	이12		치26		홍	1
P	1	기	6	땅	1	박	3	소	5	언	1	인12		태	1	후	3
S	2	길	1	라	1	발	1	손	3	에	1	일	1	터	1	훈	2
T	1	김	8	랑	2	방	1	솔	1	엔	1	재	2	통	1	희	4
가	3	께	1	로	3	배	2	솜	1	엘	1	전	1	트	3		
강	6	나	2	룹	1	베	1	수	2	연	3	정	9	포	1		
갸	1	남	6	름	1	병	1	스	5	열	1	조	3	프	1		
경	3	내	5	리	4	복	1	시	1	예	1	종	2	피11			
고	3	녕	1	린	1	본	3	식	3	오	2	준	2	필	1		

7) 병원 간판 100개 사진

#1_20

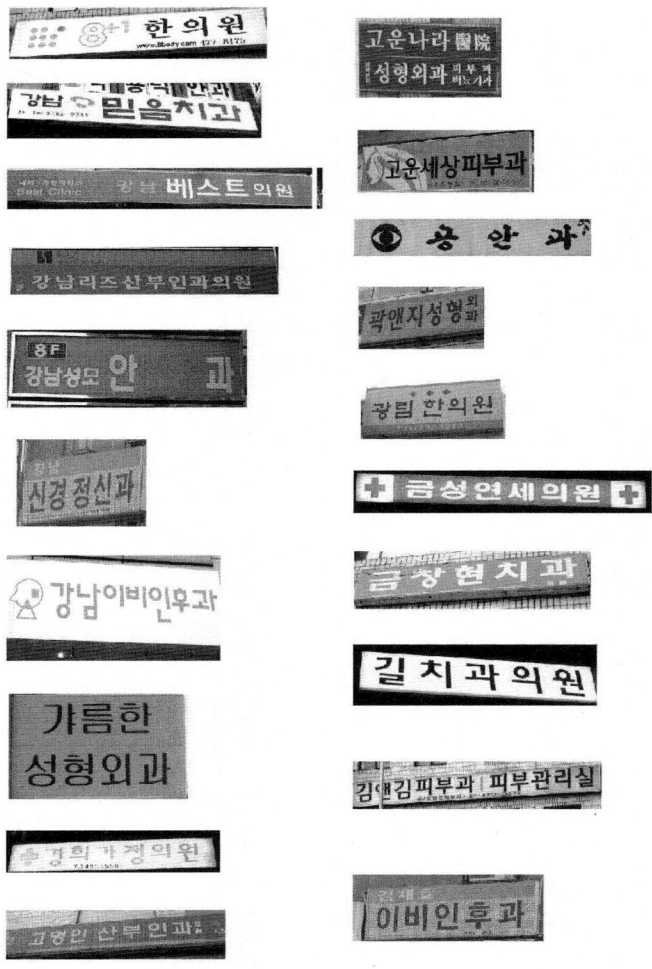

#21__40

#41__60

#61＿80

#81__100

11. 출판 디자인용
한글 타이포그래피의 자소

　출판 디자인용 한글 본문체를 분석하려면 우선 출판 디자인이 무엇인지를 정확히 알아볼 필요가 있다. 출판 디자인(Publishing Design, Publication Design)은 출판 전 과정을 기획(디자인)하는 것이다(Publishing design is the total publication plan itself). 다시 말하면, 출판 디자인은 기획 과정, 편집 과정, 제작 과정, 마케팅 과정의 출판(publishing) 전 분야를 디자인하는 총체적인 출판 기획을 말한다. 출판 디자인은 출판물을 창조해 내는 출판 전 과정에서 디자인의 기술적 방법을 통하여 상품 가치를 창출해 내는 총체적인 출판 기획을 의미하는 것이다. 좀더 자세히 설명한다면, 출판 디자인은 편집 방향의 메시지를 디자인의 기술적 방법을 통하여 기획에서부터 편집, 제작, 마케팅까지 출판물(publications)의 상품 가치를 창출해 내는 총체적인 출판(publishing, publication) 기획을 말한다. 출판물의 한 쪽이나 펼쳐진 양쪽(양 면)의 조판된 글자와 그림을 예술적으로 배치하는 것만이 디자인이 아니고, 출판 디자인이라고 할 때의 디자인은 기획, 설계와 같이 머릿속에서의 디자인을 포함한다.

　반면에, 협의로 출판 디자인을 정의하는 경우에는 출판 기획에서 정해진, 발행 예정 출판물을 편집, 제작, 마케팅 과정에서 디자인의 기술적 방법을 통하여 상품 가치를 창출해 내는 종합 구성(기획)을 말한다. 협의의 의미로는 출판 과정에서 기획 과정을 제외한 경우이다. 영문으로는 Publishing Design을 출판 전 과정의 디자인으로 보고, Publication Design을 협의의 출판 디자인으로 구분하는 경우도 있으나, 일반적으로 Publication Design을 출판 전 과정의 디자인으로 정의한다. 다시 한번, 정확히 구분한다면 출판 디자인은 Publishing Design이고, 출판물 디자인은 Publication Design이 된다.

Roy Paul Nelson은 'Publication Design' 책에서 출판 디자인을 협의로 해석하여, Publication Design은 활자로 표현된 출판물의 내용을 예술적으로 조화시키는 것이고, 책(교과서와 단행본)은 글자(text)와 그림(illustration)을 매력적이고 읽기 쉽도록 쪽(page)을 만드는 것이라고 했다.36)

출판 디자인이 출판의 전 과정을 디자인(기획)하는 것이므로, 출판 디자이너는 우선 출판의 첫 번째 목적과 사명이 무엇인지 잊지 말아야 할 것이다. '고유문화를 보호, 육성한다'는 것이 출판의 첫째 사명이므로, 한국 출판인은 한국 문화를 보호하고, 미국 출판인은 미국 문화를 보호하여야 한다. 출판인은 그 나라, 그 민족의 고유문화를 알고 기획, 편집, 제작, 마케팅을 하여야 한다.

상품과 국민의 기호 성향은 나라마다, 문화마다 다를 수 있다. 출판도 문화를 취급하는 산업이다. 문화 상품을 취급하는 한, 민족마다 나라마다 문화가 일률적이지 않으므로, 각 나라의, 각 민족의 출판 관련자들은 그 나라의, 그 민족의 고유문화에 걸맞은 출판물을 기획하고 편집하고 디자인하고 제작하여야 할 것이다.

---

36) 'how to coordinate art and typography with content', Roy Paul Nelson, Publication Design, WCB McGraw-Hill.

출판물뿐 아니라 인간의 의식주에 해당하는 모든 것은 디자인의 결과물이라 할 수 있다. 즉, 디자인은 바로 문화를 반영하는 것이라 볼 수 있다. 이 문화를 반영하는 디자인 중에서 특히 출판 디자인(Publishing Design, 광의의 Publication Design)과 출판물 디자인(협의의 Publication Design)은 전통을 바탕에 두거나 전통에 따른 주체성(고유문화)을 갖춘 디자인이어야 할 것이다.37)

이중한 서울신문 논설위원은 '서점에 가 보면 국내 도서에 있어 미국, 일본 등의 도서와 각별히 별다른 차이를 느낄 수 없는데, 이 점이 바로 편집 디자인(Editorial Design)의 문화적 책임이다. 우리만의 냄새를 갖는, 한국 도서의 이미지를 나타낼 수 있는 연구와 작업이 있어야만 한다.'고 했다. 38)

1) 한글 폰토그래피

출판용 활자를 다루는 것이 폰토그래피이고, 디자인용 글자를 다루는 것이 타이포그래피이다. 폰토그래피는 한 면에 300자 이상의 글자가 조판된 상태로 아름다운 글자를 추구하는 반면에 타이포그래피는 한 면에 20자 정도의 글자를 그리는 작업이다. 폰토그래피는 활자를 다루므로, 사용할 때마다 글자를 그리는 것이 아니고 이미 정해진 형태(꼴)의 글자(활자)를 사용하므로 타이포그래피처럼 용도에 따라서 글자를 그리는 작업이 아니고, 사용할 경우마다 활자를 찍는(복제하는) 작업이다.

---

37) '전통이 없는 디자인은 고유한 문화적인 identity를 갖지 못하고, 혁신이 없는 디자인은 시대에 뒤떨어질 수밖에 없다.', 한국미술연구소, 디자인? 디자인!, 시공사, 1997
38) 서울신문사가 1998년에 대한매일신문사로 명칭이 변경되었다.

한글 폰토그래피에서 취급하는 글자꼴은 한글 글자꼴 한 벌을 의미한다. 초성, 중성, 받침의 자소가 조합하여 음절이 완성되는 '한글 글자'와 자음, 모음이 나열됨으로 단어를 먼저 만들고 음절은 나중에 읽는 법을 배워서 구별할 수 있는 '알파벳 글자'는 그 특성이 다를 수밖에 없다. 알파벳은 음절을 이루는 자음과 모음의 형태가 변하지 않고 옆으로 쭉 나열되는 것으로 그치나, 한글은 받침이 있는 글자와 없는 글자의 자음과 모음의 모양이 바뀐다. 따라서 알파벳은 폰토그래피나 타이포그래피나 자음과 모음 26자만 한 벌 그리면 완성이 되나, 한글은 폰토그래피와 타이포그래피에서 자음과 모음 24개를 그려서 완성되는 것이 아니고, 필요한 한글 음절을 1만 1172개를 그려야 완성이 된다. 여기서 1만 1172개는 맞춤법에 맞는 현대 한글 음절의 최대치이며, 아래아한(ᄒᆞᆫ) 같은 옛한글 음절은 별도로 제작하여야 한다. 따라서 알파벳은 포스터 한 장에 들어가는 글자나 책 한 권에 들어가는 글자나 똑같이 26개의 자음과 모음만 그리지만, 한글은 포스터는 한 장에 들어가는 20자-30자의 글자를 그리고, 책은 한 권에 들어가는 1000개 이상(300개-1만 1172개)의 글자를 그려야 한다.39)

한국 문화권에 속한 한국인에게 시간과 공간을 초월하여 뜻을 전달하는 출판에서는 당연히 한글을 사용하는데, 이때 한글의 글꼴 모양이 매우 중요한 역할을 한다. 한자 같은 표의문자보다 한글 같은 표음문자는 처음 배우기가 쉽고, 읽기에 편한 장점이 있는데, 글꼴의 조형이 제대로 되지 않은 경우에는 읽기에 편하다는 장점을 잃을 수 있다. 지금 실정은 한글글꼴 중에서도 본문 디자인(text design)의 기본이 되는 한글 본문체에 대한 연구가 활발하지 못하여 안타깝다. 한글 본문체 글꼴(body text type font)은 음절 단위로 아름다워야 할 뿐 아니라 단

---

39) 실제로는 영문(알파벳) 글자는 자음과 모음 26개만 그려서는 안 된다. 대문자와 소문자가 있으므로 대문자 1벌, 소문자 1벌의 52개를 제작해야 한다(26개 × 2벌).

어, 문장, 문단, 글, 책 단위로도 아름다워야 한다. 1만 1172개 음절의 한글 본문체 글꼴을 개발하는 것은 한글 타이포그래피가 아니고 한글 폰토그래피 쪽이다.

고등학생용 교과서는 보통, 한 페이지에 750개의 한글 음절이 들어 있다(30자 × 25줄). 한 페이지에 750개의 한글 음절이 있고, 300페이지 책이라면 22만 5천 개의 한글 음절이 사용된 셈이다. 그렇다고 22만 5천 개의 한글 음절 글꼴을 개발하여야 하는 것은 아니다. 같은 음절이 반복하여 사용되고 있기 때문에, 교과서 한 권을 조판하는 데는 약 1000개 정도의 한글 음절 글꼴만 개발하여도 된다. 실제로, '컴퓨터는 깡통이다'라는 종이 단행본은 1권에 1037개의 한글 음절이 들어 있었지만, 손애경 씨의 동국대 정보산업대학원 석사논문과 문화부 프로젝트로 진행된 초등학교 교과서 '말하기 · 듣기' 책의 조사 결과는 1권당 800개 미만의 음절이 있었다. 초등학교 1학년 '말하기 · 듣기' 교과서는 398개 한글 음절, 2학년 '말하기 · 듣기' 교과서는 470개, 3학년 584개, 4학년 697개, 5학년 737개, 6학년 756개의 음절이 사용되고 있었다.

(1) 한글 폰토그래피와 한글 본문체

한글 본문체를 일제시대에는 한글 명조체라 불렀는데, 이 명조체라는 명칭은 명조체 한자에 어울리는 모양의 부호라는 뜻으로, 한글을 글자로 인정하고 싶지 않은 일본인들의 심정을 나타낸 단어이다. 사실 일본인들의 한국 문화 말살 정책의 일환으로 한글 글자꼴의 이름을 '명나라 한자체에 토를 다는 기호'라 했다는 이야기도 들려온다.

일본글자인 카타카나와 히라카나만으로는 일본말을 다 표현할 수 없기에, 일본인은 한자를 빌려서 사용할 수밖에 없고, 이 빌린 한자에 토를 달아서 읽는 방법을 표시하는 것처럼, 한글도 일본글과 같이 저등

한 글자로 취급하려는 일본인의 속셈의 발로가, 한글을 명조체라는 이름으로 명조체 한자의 일부분으로 귀속시켜, 한글 글자꼴 이름을 전락시킨 것이다.

그러나 일제시대를 겪은 한국 사람은 물론, 1960년 말부터 수입한 일본의 인화지식자기, 전산조판기를 사용하는 인쇄인이나 제판인, 출판인들은 자기도 모르게 명조체라는 이름에 익숙해져 버렸다. 현재 사용되는 많은 명조체라는 이름의 한글 글자꼴은 명조체 한자 꼴보다는 차라리 청조체 한자꼴에 더 가깝다. 어쨌든 이 기회에 우리글의 글자꼴 명칭을 우리말로 원상 회복시켜야겠다.40)

1980년대부터 출판계와 전자출판학계, 인쇄계 등에서 '본문체'라는 이름으로 글자꼴 이름의 우리말화 운동을 벌여와서, 본문 조판에 주로 사용되는 네모틀(사각형) 안에 붓으로 쓴 것 같은 형태의 한글 글자꼴 이름이 '명조체'라는 이름 대신에 '본문체'라는 이름으로 많이 친숙해졌다. 그러나 국립국어연구원에서 '본문체'가 순수 토박이말이 아니고 한자말이라는 이유 등으로 '본문'을 토박이말인 '바탕'으로 바꾸어서 '바탕체'라고 용어를 지정함으로서, 겨우 '본문체'로 정착되어 가던 출판계와 인쇄계를 혼란스럽게 만들었다. 업계와 학계의 현실을 외면한 국립국어연구원의 용어 제정 작업은 그 의도는 좋았으나, 도리어 일본인에게 도움이 되도록 하는 결과를 가져왔다고 생각한다.

[참고] 일본인들이 네모반듯한 모양의 자소로 구성된 훈민정음체를 역시, 한국 문화 말살 정책의 일환으로, 명칭을 고딕체라고 주장하고 있던바, 이 명칭을 거부하고 일부 출판학계와 업계에서 네모 모양의

---

40) 개인용컴퓨터가 대중화되기 시작할 무렵 많이 팔리던 것이 삼보컴퓨터의 프린터였다. 이것은 일제 엡슨프린터를 수입한 것인데, 프린터 메뉴를 한글화시킬 때에 '명조체, 고딕체'라는 용어를 그대로 사용하였다. 또한 일부 워드프로세서 프로그램에서도 '명조체'라는 용어를 사용하고 있다.

자소로 이루어진 '네모체'라고 명명하여 이 '네모체'라는 이름 또한 어느 정도 보급되고 있었다. 그러나 국립국어연구원에서 '네모체'와 '네모틀체'를 제대로 구별하지 못하고, '네모체'라는 용어를 새로운 이름인 '돋움체'로 바꾸었다.

우리가 현재 대부분 사용하는 글꼴은 네모틀 안에 들어가는 형태임으로, 네모틀체 글자에 속하고, 네모체는 기존의 고딕체에 해당하는 용어이다. '탈네모체'라는 용어는 없고 '탈네모틀체'라는 용어가 있는 것이다. '탈네모틀체'는 받침이 있거나 아래로 내려 긋는 세로줄기의 모음이 있는 음절이 일정한 형태의 네모틀 밖으로 튀어나오는 글자꼴을 말한다. 샘물체니, 빨래줄체니, 안상수체니 하는 글꼴이 탈네모틀체에 속한다.

(2) 출판물과 활자조판 디자인

출판물은 내용상으로 교과서류, 단행본류, 잡지류의 3가지 종류로 크게 구분된다. 매출액으로는 교과서류가 단연 우위에 있지만, 종별로는 단행본 종수가 훨씬 많다.

출판물을 출력 매체로 구분하면 종이 출판물과 비종이 출판물로 구분할 수 있다. 비종이 매체 중에서는 디스크 매체와 통신망 화면(스크린) 매체가 출판물로 많이 사용된다. 디스크 매체나 통신망 화면 매체나 모니터 등 화면으로 내용을 보여 주는 것은 같다. 반면에 종이 매체는 종이 위에 인쇄된 글자로 내용을 보여 준다.

출판에서의 디자인은 그래픽 디자인과 달리, 그림보다는 글자들의 조합인 활자 조판(typeset)이 위주가 되고, 지정된 크기 내에서 같은 포맷이 49페이지 이상 반복되므로, 종이 위나 모니터 화면에서의 글자 표현이 아주 중요한 비중을 차지한다.

출판계는 물론 인쇄계에서도 모니터 화면에서 까망 바탕에 하양 글자나 초록 바탕에 흰 글자, 파랑 바탕에 흰 글자 또는 파랑 바탕에 주황 글자를 쓰는 등, 눈이 쉽게 피로하지 않고 명확한 글자를 보여 주려고 노력했으나, 결국은 종이 위에 인쇄된 글자처럼 흰 바탕에 까망 글자를 쓰는 것이 추세로 되었다. 특히 워드프로세서나 지면배치 프로그램에서 그렇다. 흰 종이에 까만 글자를 쓴 것을 멀리서 쳐다보면 회색으로 보인다.

수천 년간 흰 한지에 까만 먹으로 써 온 것 역시 같은 이치라 볼 수 있다. 흰색에 까만 글자, 멀리서 보면 까만 점, 이것을 더 멀리서 보면 흰색에 까만 블록, 좀더 멀리서 보면 흰색과 검정이 합친 회색톤으로 나타난다. 즉 까만 글자와 하양 종이는 서로 합쳐서 인간의 눈에 필요한, 균형이 잡힌 평형 상태를 이루어 왔다.

그러나 같은 평형 상태라 하더라도 종이 위의 글자는 고정되어 움직이지 않으나, 모니터 화면의 글자는 쉴 새 없이 번쩍거려서 심리적으로 안정성이 부족하기 쉽다. 화면에서는 매우 짧은 시간 내에 꺼짐과 켜짐이 반복되면, 그냥 보아서는 고정된 글자로 보인다. 그러나 모니터 화면 앞에 손을 대고 손을 좌우로 흔들어 보면 형광등 불빛 아래서와 같이 여러 개의 형상이 중첩되는 현상을 발견할 것이다. 비종이 매체용 글꼴 디자인에서는 잔상이 눈에 미치는 영향을 크게 고려하여야 한다. 같은 색의 진동으로 인한 잔상뿐 아니라, 칼라일 경우에 눈이 느끼는 잔상은 그 글자의 실제 색과 다를 수도 있다는 점을 신경 써야 한다.

2) 한글 음절의 구성 요소

한글 본문체 폰트의 타이프페이스의 자소 구성은 초성, 중성, 받침을

몇 벌씩 사용하여 완성된 음절 모양을 조합하느냐에 따라 자소의 개수
가 달라진다. 먼저, 펜티엄급 컴퓨터가 개인용 컴퓨터로 사용되기 이전
에 사용되던 시절의 IBM PC XT, AT, 386용 한글 입력 프로그램인 도
깨비 한글의 자소는 초성 8벌, 중성 4벌, 받침 4벌로 구성되었다.41)

[표 1] 도깨비 한글 자소(302 자소)

1) 초성 벌수 구분(8벌)

1. 중성 1 계열 (ㅏ ㅐ ㅑ ㅒ ㅓ ㅔ ㅕ ㅖ ㅣ)	받침 없음
2. 중성 2 계열 (ㅗ ㅛ ㅡ)	받침 없음
3. 중성 3 계열 (ㅜ ㅠ)	받침 없음
4. 중성 4 계열 (ㅘ ㅙ ㅚ ㅢ)	받침 없음
5. 중성 5 계열 (ㅝ ㅞ ㅟ)	받침 없음
6. 중성 1 계열 (ㅏ ㅐ ㅑ ㅒ ㅓ ㅔ ㅕ ㅖ ㅣ)	받침 있음
7. 중성 6(＝2+3) 계열 (ㅗ ㅛ ㅜ ㅠ ㅡ)	받침 있음
8. 중성 7(＝4+5) 계열 (ㅘ ㅙ ㅚ ㅢ ㅝ ㅞ ㅟ)	받침 있음

2) 중성 벌수 구분(4벌)

1. 초성 1 계열 (ㄱ ㅋ)	받침 없음
2. 초성 2 계열 (ㄱ ㅋ을 제외한 나머지)	받침 없음
3. 초성 1 계열 (ㄱ ㅋ)	받침 있음
4. 초성 2 계열 (ㄱ ㅋ을 제외한 나머지)	받침 있음

3) 받침 벌수 구분(4벌)

1. 중성 8 계열 (ㅏ ㅑ ㅘ)
2. 중성 9 계열 (ㅓ ㅕ ㅝ ㅟ ㅚ ㅢ ㅣ)
3. 중성 10 계열 (ㅐ ㅒ ㅔ ㅖ ㅙ ㅞ)
4. 중성 6(＝2+3) 계열 (ㅗ ㅛ ㅜ ㅠ ㅡ)

DOS를 운영체제로 사용하던 시절, 월간 마이크로소프트웨어 잡지사

---

41) 이기성, '출판 디자인용 한글 본문체의 폰토그래피에 관한 연구', <출판문화연
구소 논문집> 제1집, pp.257-292, 혜전대학출판연구소, 1999

의 기자이던 최철용이 1989년에 발표한 도깨비 한글의 자소는 초성 152개(8벌 × 19자소), 중성 42개(2벌 × 21자소), 받침 108개(4벌 × 27자소) 로 모두 302개의 자소가 된다.[42]

전산조판용과 탁상출판용 한글글꼴을 연구하여 발표한, 903개 자소로 1만 1172개의 음절을 표현할 수 있는, 릭스절충형 한글 본문체 폰트의 타이프페이스의 자소 구성은 초성 21벌, 중성 6벌, 받침 14벌이었다. 초성은 중성을 7계열로 나누고, 이를 다시 받침 없음, 단자음 받침, 복자음 받침의 3벌로 나누어 모두 21벌의 초성이 필요하다. 중성은 초성을 단자음과 복자음으로 구분하고 다시 받침 없음과 단자음 받침 있음, 복자음 받침 있음의 3벌로 구분하여 모두 6벌의 중성으로 구분된다. 받침은 단자음 초성과 복자음 초성으로 나누고, 다시 중성을 7계열로 나누어 모두 14벌이 된다.

[표 2] 릭스절충형 한글 자소(903 자소)

1) 초성 벌수 구분(21벌)	
1. 중성 1 계열 (ㅏ ㅑ ㅓ ㅕ)	받침 없음
2. 중성 2 계열 (ㅐ ㅒ ㅔ ㅖ)	받침 없음
3. 중성 3 계열 (ㅗ ㅛ ㅜ ㅠ)	받침 없음
4. 중성 4 계열 (ㅘ ㅚ ㅝ ㅟ ㅢ)	받침 없음
5. 중성 5 계열 (ㅙ ㅞ)	받침 없음
6. 중성 6 계열 (ㅡ)	받침 없음
7. 중성 7 계열 (ㅣ)	받침 없음
8. 중성 1 계열 (ㅏ ㅑ ㅓ ㅕ)	단자음 받침
9. 중성 2 계열 (ㅐ ㅒ ㅔ ㅖ)	단자음 받침
10. 중성 3 계열 (ㅗ ㅛ ㅜ ㅠ)	단자음 받침
11. 중성 4 계열 (ㅘ ㅚ ㅝ ㅟ ㅢ)	단자음 받침

---

42) dkbb라는 파일 이름으로 개인용컴퓨터에서 한글 1만 1172자를 전부 입력할 수 있도록 소프트웨어적으로 처리에 성공한 최철용은 한글 도깨비라는 뜻의 한도 컴퓨터 회사를 차려 한글 도깨비 알고리즘을 채택한 한글 카드를 제작하였다. dkby는 양왕성이 dkbb를 수정한 프로그램이다.

12. 중성 5 계열 (ㅙ ㅞ)	단자음 받침
13. 중성 6 계열 (ㅡ)	단자음 받침
14. 중성 7 계열 (ㅣ)	단자음 받침
15. 중성 1 계열 (ㅏ ㅑ ㅓ ㅕ)	복자음 받침
16. 중성 2 계열 (ㅐ ㅒ ㅔ ㅖ)	복자음 받침
17. 중성 3 계열 (ㅗ ㅛ ㅜ ㅠ)	복자음 받침
18. 중성 4 계열 (ㅘ ㅚ ㅝ ㅟ ㅢ)	복자음 받침
19. 중성 5 계열 (ㅙ ㅞ)	복자음 받침
20. 중성 6 계열 (ㅡ)	복자음 받침
21. 중성 7 계열 (ㅣ)	복자음 받침

2) 중성 벌수 구분(6벌)

1. 단자음 초성	받침 없음
2. 복자음 초성	받침 없음
3. 단자음 초성	단자음 받침
4. 단자음 초성	복자음 받침
5. 복자음 초성	단자음 받침
6. 복자음 초성	복자음 받침

3) 받침 벌수 구분(14벌)

1. 중성 1 계열 (ㅏ ㅑ ㅓ ㅕ)	단자음 초성
2. 중성 2 계열 (ㅐ ㅒ ㅔ ㅖ)	단자음 초성
3. 중성 3 계열 (ㅗ ㅛ ㅜ ㅠ)	단자음 초성
4. 중성 4 계열 (ㅘ ㅚ ㅝ ㅟ ㅢ)	단자음 초성
5. 중성 5 계열 (ㅙ ㅞ)	단자음 초성
6. 중성 6 계열 (ㅡ)	단자음 초성
7. 중성 7 계열 (ㅣ)	단자음 초성
8. 중성 1 계열 (ㅏ ㅑ ㅓ ㅕ)	복자음 초성
9. 중성 2 계열 (ㅐ ㅒ ㅔ ㅖ)	복자음 초성
10. 중성 3 계열 (ㅗ ㅛ ㅜ ㅠ)	복자음 초성
11. 중성 4 계열 (ㅘ ㅚ ㅝ ㅟ ㅢ)	복자음 초성
12. 중성 5 계열 (ㅙ ㅞ)	복자음 초성
13. 중성 6 계열 (ㅡ)	복자음 초성
14. 중성 7 계열 (ㅣ)	복자음 초성

당시, (주)장왕사 상무이사이던 이기성이 1987년에 발표한 릭스절충형 한글의 자소는 초성 399개(21벌 × 19자소), 중성 126개(6벌 × 21자소), 받침 378개(14벌 × 27자소)로 모두 903개의 자소가 된다. 이 903개로 모든 한글 본문체의 음절을 표현할 수 있으며, 탁상출판(DTP)용 글꼴로 사용할 수 있다. 그러나 전산조판(CTS)용 글꼴로 사용할 정도의 고품위의 글꼴로는 적당치 않다. 고품위의 한글 본문체 글꼴을 요구하는 곳에서는 현대 한글 음절 1만 1172자 중에서 2500개를 완성자로 제작하고, 나머지 8672개 음절만을 903개의 자소로 조합하여야 할 것이다.[43]

현대 한글 음절 1만 1172개를 예쁘게 표현할 수 있는 자소를 연구하던 오정금 연구원이 1992년에 동국대 정보산업대학원 출판잡지 과정 석사논문에서 발표한 한글 본문체 폰트의 자소 구성은 초성 52벌, 중성 8벌, 받침 26벌이었다.

[표 3] 오정금 조합형 한글 자소(1858 자소)

1) 초성 벌수 구분(52벌)	
1. 중성 1 계열 (ㅏ ㅑ)	받침 없음
2. 중성 2 계열 (ㅓ ㅕ)	받침 없음
3. 중성 3 계열 (ㅐ ㅒ)	받침 없음
4. 중성 4 계열 (ㅔ ㅖ)	받침 없음
5. 중성 5 계열 (ㅗ ㅛ)	받침 없음
6. 중성 6 계열 (ㅜ ㅠ)	받침 없음
7. 중성 7 계열 (ㅘ ㅚ)	받침 없음
8. 중성 8 계열 (ㅝ ㅟ)	받침 없음
9. 중성 9 계열 (ㅢ)	받침 없음

43) 이기성의 한글 폰트 릭스절충형 903개 자소는 1992년 10월 9일 한글날 당시 문화체육부에 의해 '본문용 한글 디지털 글자꼴' 조합 알고리즘이란 이름으로 2500개 완성자와 함께 공개 발표되었다. 이 조합 알고리즘은 1993년에 발표된 '돋움체(네모체) 한글 디지털 폰트' 제작에도 이용되었다.

10. 중성 10 계열 (ㅙ)	받침 없음
11. 중성 11 계열 (ㅞ)	받침 없음
12. 중성 12 계열 (ㅡ)	받침 없음
13. 중성 13 계열 (ㅣ)	받침 없음
14. 중성 1 계열 (ㅏ ㅑ)	단자음 받침(ㄴ 제외)
15. 중성 2 계열 (ㅓ ㅕ)	단자음 받침(ㄴ 제외)
16. 중성 3 계열 (ㅐ ㅒ)	단자음 받침(ㄴ 제외)
17. 중성 4 계열 (ㅔ ㅖ)	단자음 받침(ㄴ 제외)
18. 중성 5 계열 (ㅗ ㅛ)	단자음 받침(ㄴ 제외)
19. 중성 6 계열 (ㅜ ㅠ)	단자음 받침(ㄴ 제외)
20. 중성 7 계열 (ㅘ ㅚ)	단자음 받침(ㄴ 제외)
21. 중성 8 계열 (ㅝ ㅟ)	단자음 받침(ㄴ 제외)
22. 중성 9 계열 (ㅢ)	단자음 받침(ㄴ 제외)
23. 중성 10 계열 (ㅙ)	단자음 받침(ㄴ 제외)
24. 중성 11 계열 (ㅞ)	단자음 받침(ㄴ 제외)
25. 중성 12 계열 (ㅡ)	단자음 받침(ㄴ 제외)
26. 중성 13 계열 (ㅣ)	단자음 받침(ㄴ 제외)
27. 중성 1 계열 (ㅏ ㅑ)	단자음 받침(ㄴ)
28. 중성 2 계열 (ㅓ ㅕ)	단자음 받침(ㄴ)
29. 중성 3 계열 (ㅐ ㅒ)	단자음 받침(ㄴ)
30. 중성 4 계열 (ㅔ ㅖ)	단자음 받침(ㄴ)
31. 중성 5 계열 (ㅗ ㅛ)	단자음 받침(ㄴ)
32. 중성 6 계열 (ㅜ ㅠ)	단자음 받침(ㄴ)
33. 중성 7 계열 (ㅘ ㅚ)	단자음 받침(ㄴ)
34. 중성 8 계열 (ㅝ ㅟ)	단자음 받침(ㄴ)
35. 중성 9 계열 (ㅢ)	단자음 받침(ㄴ)
36. 중성 10 계열 (ㅙ)	단자음 받침(ㄴ)
37. 중성 11 계열 (ㅞ)	단자음 받침(ㄴ)
38. 중성 12 계열 (ㅡ)	단자음 받침(ㄴ)
39. 중성 13 계열 (ㅣ)	단자음 받침(ㄴ)
40. 중성 1 계열 (ㅏ ㅑ)	복자음
41. 중성 2 계열 (ㅓ ㅕ)	복자음

42. 중성 3 계열 (ㅐ ㅒ)	복자음
43. 중성 4 계열 (ㅔ ㅖ)	복자음
44. 중성 5 계열 (ㅗ ㅛ)	복자음
45. 중성 6 계열 (ㅜ ㅠ)	복자음
46. 중성 7 계열 (ㅘ ㅚ)	복자음
47. 중성 8 계열 (ㅝ ㅟ)	복자음
48. 중성 9 계열 (ㅢ)	복자음
49. 중성 10 계열 (ㅙ)	복자음
50. 중성 11 계열 (ㅞ)	복자음
51. 중성 12 계열 (ㅡ)	복자음
52. 중성 13 계열 (ㅣ)	복자음

2) 중성 벌수 구분(8벌)

1. 단자음 초성	받침 없음
2. 복자음 초성	받침 없음
3. 단자음 초성	단자음 받침
4. 단자음 초성	ㄴ 받침
5. 단자음 초성	복자음 받침
6. 복자음 초성	단자음 받침
7. 복자음 초성	ㄴ 받침
8. 복자음 초성	복자음 받침

3) 받침 벌수 구분(26벌)

1. 중성 1 계열 (ㅏ ㅑ)	단자음
2. 중성 2 계열 (ㅓ ㅕ)	단자음
3. 중성 3 계열 (ㅐ ㅒ)	단자음
4. 중성 4 계열 (ㅔ ㅖ)	단자음
5. 중성 5 계열 (ㅗ ㅛ)	단자음
6. 중성 6 계열 (ㅜ ㅠ)	단자음
7. 중성 7 계열 (ㅘ ㅚ)	단자음
8. 중성 8 계열 (ㅝ ㅟ)	단자음
9. 중성 9 계열 (ㅢ)	단자음

10. 중성 10 계열 (ᅫ)	단자음
11. 중성 11 계열 (ᅰ)	단자음
12. 중성 12 계열 (ㅡ)	단자음
13. 중성 13 계열 (ㅣ)	단자음
14. 중성 1 계열 (ㅏ ㅑ)	복자음
15. 중성 2 계열 (ㅓ ㅕ)	복자음
16. 중성 3 계열 (ㅐ ㅒ)	복자음
17. 중성 4 계열 (ㅔ ㅖ)	복자음
18. 중성 5 계열 (ㅗ ㅛ)	복자음
19. 중성 6 계열 (ㅜ ㅠ)	복자음
20. 중성 7 계열 (ㅘ ㅚ)	복자음
21. 중성 8 계열 (ㅝ ㅟ)	복자음
22. 중성 9 계열 (ㅢ)	복자음
23. 중성 10 계열 (ᅫ)	복자음
24. 중성 11 계열 (ᅰ)	복자음
25. 중성 12 계열 (ㅡ)	복자음
26. 중성 13 계열 (ㅣ)	복자음

　오정금 조합형 한글의 자소는 초성 988개(52벌 × 19자소), 중성 168개 (8벌 × 21자소), 받침 702개(26벌 × 27자소)로 모두 1858개의 자소가 된다. 1993년 김진하는 '디지탈 자소의 위치 이동에 의한 경제적인 CTS용 한글 글자꼴 구현 방식에 관한 연구' 논문에서 '1858자소 오정금 조합형' 한글 폰트는 1024개를 줄인 834개의 자소만으로 구현시킬 수 있다고 하며, '834 자소 이동 조합형' 한글 폰트를 제시한 바 있다.

[표 4] 한글 초성 / 중성 / 받침 자소 수

초성 = 19 자소

ㄱ ㄲ ㄴ ㄷ ㄸ ㄹ ㅁ ㅂ ㅃ ㅅ
ㅆ ㅇ ㅈ ㅉ ㅊ ㅋ ㅌ ㅍ ㅎ

중성 = 21 자소

ㅏ ㅐ ㅑ ㅒ ㅓ ㅔ ㅕ ㅖ ㅗ ㅘ
ㅙ ㅚ ㅛ ㅜ ㅝ ㅞ ㅟ ㅠ ㅡ ㅢ
ㅣ

받침 = 27 자소

ㄱ ㄲ ㄳ ㄴ ㄵ ㄶ ㄷ ㄹ ㄺ ㄻ
ㄼ ㄽ ㄾ ㄿ ㅀ ㅁ ㅂ ㅄ ㅅ ㅆ
ㅇ ㅈ ㅊ ㅋ ㅌ ㅍ ㅎ

[표 5] 한글 자소 수

	도깨비 한글	릭스절충형	오정금 조합형
발표 연도	1989년	1987년	1992년
초성 자소 수	152	399	988
벌 수	8	21	52
중성 자소 수	42	126	168
벌 수	2	6	8
받침 자소 수	108	378	702
벌 수	4	14	26
총 자소 수	302	903	1858

도깨비 한글이 302개의 자소로, 릭스절충형 한글이 903개의 자소로, 오정금 조합형 한글이 1858개의 자소로 현대 한글 음절 1만 1172자를 전부 다 표현해 낸다. 그러면 이 중에서 어떠한 것이 출판 디자인용 한글 본문체 타이포그래피에 적당한 것인가? 302개 자소로 개인용컴퓨터의 출력 프린터용 폰트를 제작하는 것은 괜찮다.

그러나 출판용 폰트인 전산조판용으로는 글꼴의 품질이 떨어진다. 한글 자소와 미려도의 상관관계를 그린 Leeks curve(한글 미려도 곡선)에도 나와 있듯이, 전산조판용 폰트로는 903개 이상의 자소로 조합한

한글글꼴이 적당하다.44)

3) 한글 자소 추출

문화바탕체 한글 음절 1만 1172개를 분석한 결과 903개의 자소가 추출되었다. 릭스절충형 한글 알고리즘을 사용했으므로 당연히 903개의 자소가 나와야 한다. 릭스절충형 한글의 자소는 초성이 399개, 중성이 126개, 받침이 378개로 총 903개의 자소로 구성된다. 초성과 받침이 같이 자음이나 한글 맞춤법상 초성에 못 올라가는 자음이 있고, 쌍디귿이나 쌍비읍, 쌍지읒처럼 받침에 못 들어가는 자음이 있어 초성 자음의 개수(19개)와 받침 자음의 개수(27개)는 차이가 있다.

[표 6] 릭스절충형 한글 자소 수

	자소수	구성 비율
초 성	21벌 × 19자소 = 399 개	44.2%
중 성	6벌 × 21자소 = 126 개	13.9%
받 침	14벌 × 27자소 = 378 개	41.9%
합	903 개	100%

(1) 완성자 한글 음절

도깨비 한글은 초성 자소(50.3%), 중성 자소(13.9%), 받침 자소(35.8%)이고, 오정금 조합형 한글은 초성 자소(53.2%), 중성 자소(9.0%), 받침 자소(37.8%)이다. 도깨비 한글과 오정금 조합형 한글의

---

44) 이기성, 한글 출력코드의 릭스 곡선(Leeks curve)에 관한 연구, '92 출판학 연구 pp.213-225, 한국출판학회 편, 범우사, 1992

초성 자소 비율이 50.3%와 53.2%인 데 반하여 릭스절충형 한글의 초성 자소는 44.2%에 불과하여 릭스절충형 한글의 초성 자소 비율이 상대적으로 낮다. 그러나 중성 자소 비율은 도깨비 한글이나 릭스절충형 한글이 둘 다 13.9%여서 오정금 조합형 한글 중성 자소 비율인 9.0% 보다 높다. 받침 자소 비율은 도깨비 한글이 35.8% 이고, 오정금 조합형 한글이 37.8%로 비슷하나 릭스절충형 한글은 41.9%로 받침 자소 비율이 높다.

다른 방식으로, 현대 한글 음절을 받침이 있는 것과 없는 것으로 구분한 결과는 다음 표와 같다. 받침 없는 것은 399개 음절(초성 19개 × 중성 21개=399개)이고, 받침이 있는 것은 10,773개 음절(초성 19개 × 중성 21개 × 받침 27개=10,773개)이다.

[표 7] 받침으로 구분한 음절과 자소수

받침	음절수	자소수
받침 없음	399	175
받침 있음	10,773	728
합	11,172	903

KSC-5601-87의 2350개 음절이 아니고, 한글 음절 1만 1172개 중 2500개 음절을 완성자로 추출한 근거는 완성된 글자꼴의 개수와 출현 빈도의 상관관계 곡선인 '한글 글자의 빈도 곡선'의 오른쪽 마진인 2500에 따른 것이다.[45]

한글 완성자 2350개의 명세표는 남한 측의 '가나다' 순서로 정렬시킨 것이다. 한국은 자음의 배열 순서를 'ㄱ ㄲ ㄴ ㄷ ㄸ ㄹ ㅁ ㅂ ㅃ ㅅ

---

45) 글자의 빈도 곡선(Frequency curve) [그림 5], 이기성, 전자출판 시스템 중 CTS 용 한글 음절 출력방식에 관한 연구, pp.30., 단국대 경영대학원 전자정보처리 석사논문, 1991

ㅆ ㅇ ㅈ ㅉ ㅊ ㅋ ㅌ ㅍ ㅎ'으로 하나, 북한은 'ㄱ ㄴ ㄷ ㄹ ㅁ ㅂ ㅅ ㅇ
(받침) ㅈ ㅊ ㅋ ㅌ ㅍ ㅎ ㅇ(초성) ㄲ ㄸ ㅃ ㅆ ㅉ'으로 배열하고, 중국
의 조선족은 'ㄱ ㄴ ㄷ ㄹ ㅁ ㅂ ㅅ ㅇ(받침) ㅈ ㅊ ㅋ ㅌ ㅍ ㅎ ㄲ ㄸ ㅃ
ㅆ ㅉ ㅇ(초성)'의 순서로 배열하고 있다. 쌍자음의 배열 순서와 초성의
ㅇ과 받침의 ㅇ을 구분하여 배열하는 것이 서로 다르다.

  모음의 배열은 한국이 'ㅏ ㅐ ㅑ ㅒ ㅓ ㅔ ㅕ ㅖ ㅗ ㅘ ㅙ ㅚ ㅛ ㅜ ㅝ
ㅞ ㅟ ㅠ ㅡ ㅢ ㅣ'의 순서이고, 북한과 중국은 'ㅏ ㅑ ㅓ ㅕ ㅗ ㅛ ㅜ ㅠ
ㅡ ㅣ ㅐ ㅒ ㅔ ㅖ ㅚ ㅟ ㅢ ㅘ ㅝ ㅙ ㅞ'의 순서이다.

(2) 한글 자소와 대표 음절

  903개의 자소를 추출한 음절은 완성자로 그린 2500개 음절에는 649
개가 있고, 나머지 254개는 2500개 음절 안에 있지 않다. 따라서 254
개의 자소는 완성자로 별도로 그려서 뽑아내야 한다. 903개 명세는 '부
록-3'에 있다.[46)]

  컴퓨터에서 사용하는 한글 코드는 한글 입력 코드, 한글 처리 코드,
한글 출력 코드의 세 종류가 있다. 한글 음절은 한글 출력 코드에 의
해 글꼴 모양이 결정된다. 또, 이 한글 출력 코드는 한글 처리 코드에
의해 제한되므로 한글 출력 코드와 한글 처리 코드는 밀접한 관계가 있다.
한글 처리 코드에 대하여 1995년 9월과 1996년 8월에 중국 연변에서 남한,
북한, 조선족 학자들이 모여서 통일 시까지 컴퓨터에서 한글을 다음과 같이
처리하기로 합의한 바 있다.[47)]

---

46) 한국글꼴개발원, 1998년도 제1차 운영위원회, 개발위원회, 개발위원 명단: 박종
   국, 강경수, 박병천, 석금호, 안상수, 윤영기, 이기성, 이웅근, 이종만, 이해철,
   한재준, 홍윤표., 사단법인 세종대왕기념사업회, 1998.12.28.
47) '96 우리말 컴퓨터 처리 국제 학술대회에서 북한 측에서는 ISO 10646-1에 있

[표 8] 1995년 9월 14일 한글 코드 합의안

1. 현재 남, 북과 중국에서 사용하고 있는 2바이트 완성형과 2바이트 조합형 부호계는 그대로 둔다.
2. ISO 2022를 따르면서 우리글을 제대로 지원할 수 있는 1바이트 조합형 부호계 작성의 필요성을 인식하고 공동안을 만들기 위한 연구를 진행한다.
3. ISO 10646-1의 우리글 부호계를 완성하기 위하여 검토 연구한다.
4. 우리글을 좀더 폭넓게 지원할 수 있는 부호계를 공동으로 연구한다.
5. 남, 북과 중국의 서로 다른 부호계를 변환할 수 있는 프로그램 공동안을 연구 개발한다.

[표 9] 1996년 8월 한글 코드 합의안

1. 현재 각기 사용하고 있는 2바이트 완성형과 2바이트 조합형 부호계는 그대로 둔다.
2. ISO 2022를 따르면서 우리글을 제대로 지원할 수 있는 1바이트 조합형 부호계를 만들고 우리글 정보 교환용으로 쓰기로 한다.
3. 각 측의 부호계 변환 프로그램은 각기 만들어 쓰기로 한다(95년도 제5항 참조).
4. 우리글을 좀더 폭넓게 지원할 수 있는 부호계를 지속적으로 공동 연구해 나가기로 한다.
5. 합의된 우리 글자 배열 순서에 따라 ISO 10646-1을 재배열하는 문제와 공동 명칭 문제는 구체적으로 연구 검토하여 제기한다(95년도 제3항 참조).

　　본 연구에서 살펴본 2350개 음절만 표현되는 KSC-5601-87 완성형 한글 코드와 1만 1172개 음절이 표현되는 KSC-5601-92 조합형 한글 코드가 바로 2바이트 완성형과 2바이트 조합형 부호계에 해당한다.

[참고] 북한에서는 '국규 9566-93'에서 2바이트 완성형 한글 코드용 완성자를 2개의 수준으로 지정하고 있다. 1수준은 2420자로 한국의 KSc-5601-87의 2350자보다 70자가 더 많다. 2수준은 1743자

는 한글(Hangul)이라는 용어부터 받아들이기 어렵다고 했다. 북한은 '조선글'로 남한은 '한글'로 부르니까 ISO의 Hangul은 남한 글만을 뜻한다고 주장하여, 학술대회 기간 중에는 잠정적으로 '우리글'이라고 불렀다. '등불'제10호, 사단법인 국어정보학회, 1996.10.

로 1수준과 합하여 모두 4163자의 완성자를 지정하고 있다. 그러나 북한의 개인용컴퓨터의 운영체제에서 사용하는 한글 코드는 2바이트 조합형 방식을 택하여 한글 음절 1만 1172자를 전부 다 표현해 낼 수 있다. 북한의 창덕 워드프로세서도 조합형 한글 코드를 사용한다.

4) 결 론

출판 디자인은 편집 방향의 메시지를 디자인의 기술적 방법을 통하여 기획에서부터 편집, 제작, 마케팅까지 출판물(publications)의 상품 가치를 창출해 내는 총체적인 출판(publishing, publication) 기획을 말한다. 또한 '고유문화를 보호, 육성한다'는 출판의 첫째 사명도 출판 디자이너는 잊지 않고 있어야 한다. 디자이너건 편집자건 기획자건 마케팅 담당자건 한국 출판인은 한국의 고유문화를 이해하고 출판물을 기획, 편집, 디자인, 제작, 마케팅을 하여야 할 것이다.

출판용 활자를 다루는 것이 폰토그래피이고, 디자인용 글자를 다루는 것이 타이포그래피이다. 일반적으로 '폰토그래피'와 '타이포그래피'를 구별하지 않고 사용하지만, 정확히 살피면 한글글꼴에서 두 가지는 서로 다르다. 한글 폰토그래피에서 취급하는 글자꼴은 한글 글자꼴 한 벌을 의미한다. 알파벳은 음절을 이루는 자음과 모음의 형태가 변하지 않고 옆으로 쭉 나열되는 것으로 그치나, 본문체 한글은 네모틀 속에 균형 있고 아름답게 자소가 재배치되므로, 받침이 있는 글자와 없는 글자의 자음과 모음의 모양이 바뀐다. 따라서 한글은 폰토그래피와 타이포그래피에서 자음과 모음 24개를 그려서 완성되는 것이 아니고, 필요한 한글 음절을 1만 1172개를 제작해야 완성이 된다.

현대 한글 1만 1172개 음절을 전부 다 완성자로 그리는 것이 원칙이나, 이는 너무 비경제적이다. 1만 1172개를 다 그리지 않고 마치 1만 1172개를 다 그린 양 보이도록 하면 될 것이다. 한글 음절의 초성, 중성 받침을 구성하는 자소를 살펴보면 서로 비슷한 것들이 발견된다. 한글 본문체 음절 글자꼴을 받침이 있는 것과 없는 것으로 나누어 분석해 보면 약 300개에서 1900개 내외의 독특한 꼴의 자소 모양이 추출된다. 이 중에서 출판 디자인용으로 사용할 수 있는 품질의 자소의 수는 한글 자소와 미려도의 상관관계를 그린 Leeks curve에 나와 있는 대로, 903개가 적당하다. 903개 내용은 초성이 399개, 중성이 126개, 받침이 378개이다.

이는 19개 초성 자음 ㄱ부터 ㅎ까지 (ㄱ ㄲ ㄴ ㄷ ㄸ ㄹ ㅁ ㅂ ㅃ ㅅ ㅆ ㅇ ㅈ ㅉ ㅊ ㅋ ㅌ ㅍ ㅎ)×21벌과 중성 모음 21개 ㅏ부터 ㅣ까지 (ㅏ ㅐ ㅑ ㅒ ㅓ ㅔ ㅕ ㅖ ㅗ ㅘ ㅙ ㅚ ㅛ ㅜ ㅝ ㅞ ㅟ ㅠ ㅡ ㅢ ㅣ)×6벌, 받침 27개 자음 ㄱ부터 ㅎ까지 (ㄱ ㄲ ㄳ ㄴ ㄵ ㄶ ㄷ ㄹ ㄺ ㄻ ㄼ ㄽ ㄾ ㄿ ㅀ ㅁ ㅂ ㅄ ㅅ ㅆ ㅇ ㅈ ㅊ ㅋ ㅌ ㅍ ㅎ)×14벌로 구성된 것이다. 다시 말하면 초성 자음 21벌, 모음 6벌, 받침 자음 14벌의 903개 자소로 1만 1172개의 출판 디자인용 한글 본문체 음절을 제작해 낼 수 있는 것이다.

물론, 자음과 모음의 가나다순서 배열이 현재, 한국과 북한, 중국이 서로 다르지만 다행히도 서로 훈민정음 창제 원리에 따르고 그 역사성을 존중한 결과 자음과 모음의 숫자가 같아서, 한글 음절을 제작하는 데 문제점은 없다. 단지 받침의 ㅇ과 초성의 ㅇ을 구별하는 점만을 고려하면 된다. 이는 민족 통일이 된 후에 반드시 고려하여야 할 사항이다.

[참고문헌]

김진하, 디지털 자소의 위치 이동에 의한 경제적인 CTS용 한글 글자꼴 구현 방
　　식에 관한 연구, 동국대 정보산업대학원, 석사논문, 1993 세종대왕기념사업
　　회, <한글 글자본 제정>-1992년 제2차년도 한글 네모체 및 옛한글 글자
　　본-, 문화부, 1992

오정금, 자소조합에 의한 전자출판용 본문체 개발 및 미려도 연구, 동국대 정보산
　　업대학원, 석사논문, 1992

이기성, 글꼴 개발 및 방안, <글꼴 1998>, pp.53-88, 한국글꼴개발원, 1998

이기성, 전자출판시스템 중 CTS용 한글 음절 출력방식에 관한 연구, 단국대 경영
　　대학원, 석사논문, 1991

이기성, <사진식자 개론>(증보판), 장왕사, 1991

이기성, 전자출판용 기본 한글 글자꼴 개발에 관한 연구, <계원논총> VOL.1, pp.343-363,
　　계원조형예술전문대학, 1996

이기성, 전자출판용 한글 쓰기체와 한글 본문체의 자소에 관한 연구, <계원논총>
　　VOL.3, pp.157-185, 계원조형예술전문대학, 1998

이기성, <한글 주요서체 폰트 및 자소조합 프로그램에 관한 연구>, 장왕사, 1992

이기성, <현대 한글 낱내 순위표>, 장왕사, 1992

이기성, 서평-디자인 용어 제대로 쓰기를 기대하며, 계간 <정·글> 11호,
　　pp.32-33, 윤디자인연구소, 1998.12.1.

최정호, 서체개발의 실제, <한글 글자꼴 기초연구>, 1990

한국전자출판연구회, <출판논총> 제1집, (주)장왕사, 1995

한국전자출판연구회, <출판논총>, 제2집, (주)장왕사, 2000

한국전자출판학회, <출판논총>, 제3집, (주)장왕사, 2006

www.hangeulmuseum.org, 디지털한글박물관, 2007.3.20.

typography

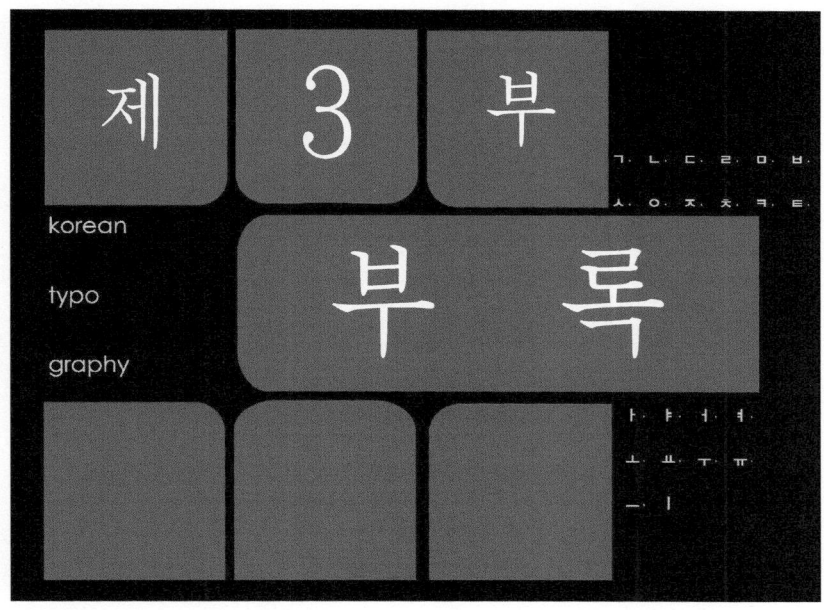

제 3 부

korean

typo

graphy

부 록

부록-1. 한글 본문체 글꼴 제정 기준

1. 한글 교과서본문체 글자본 제정 기준

한글 글자본 제정 기준(안)

총 칙

제1항 한글 글자본은 한글의 기독성과 변별성을 높이며, 조형적 아름다움을 담도록 함을 원칙으로 한다.

제2항 한글 글자본은 한글의 기계화를 용이하게 할 뿐만 아니라 손으로 쓰는 데에도 편리하도록 함을 원칙으로 한다.

제3항 한글 글자본 제정의 대상인 한글은 한글맞춤법(문교부 고시 제88-1호, 88, 1, 19)에 규정된 낱자와 이들 낱짜에 의하여 이루어지는 낱내글자로 하되, 옛한글도 포함시킨다.

제4항 한글의 외곽 모양은 네모꼴을 원칙으로 하되, 경우에 따라서는 변형할 수도 있다.

제5항 한글 각 낱자의 기본꼴은 글자체의 종류와 크기에 관계없이 통

일시킴을 원칙으로 하되, 낱내글자를 구성할 때 쓰이는 위치에
따라 낱자의 모양이나 크기를 변형할 수 있다.

제6항 한글 각 낱자의 기본꼴은 다음과 같이 정한다.

닿소리 글자

홀소리 글자

제7항 한글의 모든 낱자는 서로 띄어서 씀을 원칙으로 한다.

제8항 한글의 각 글자체에 대한 기본원칙은 별도로 정한다.

교과서 본문용 한글 글자본 제정기준

제1장 기본원칙

제1항 한글 글자본은 교과서 본문 글자체를 통일시킬 것을 원칙으로
　　　한다.

제2항 글자본은 교과서 출판용으로 쓰되, 교육용 필법에도 알맞도록
　　　함을 원칙으로 한다.

제3항 글자체는 가로쓰기에 알맞은 정자체로 한정한다.

제4항 글자의 외곽 모양(자형)은 정사각형을 원칙으로 한다.

제5항 글자의 가로줄기(가로선)는 세로줄기(세로선)보다 가늘게 나타내
　　　되, 하나의 줄기(선)는 부분에 따라 굵기를 다르게 나타냄을 원
　　　칙으로 한다.

제2장 제정 세칙

제1절 닿소리 글자(자음 문자)

제6항 닿소리 글자는 다음과 같은 기본획형 구성의 공통적인 세칙에
　　　따라 이루어지게 한다.

1. 가로줄기는 세로줄기와 연결되는 것과 수평으로 쓴 것으로 이루어
　　진 것이 있는데 이 줄기는 처음부분은 굵게, 중간부분은 가늘게, 끝

부분은 조금 굵게 나타낸다. 다른 하나는 오른쪽을 조금 올려 쓴 가로줄기인데 처음부분은 굵게, 중간부분은 조금 굵게, 끝부분은 더욱 가늘어지게 한다.

2. 세로줄기는 머리(처음 시작되는 부분)을 80° 정도 굽게 뾰족한 점형으로 시작하고 중간부분은 수직방향으로 굵게, 끝부분은 점점 가늘어지게 한다.

3. ㅇ, ㅎ과 같이 둥글게 그은 선인 둥근줄기는 머리를 삐침줄기 방향으로 뾰족하게 하되, 줄기는 거의 같은 굵기로 한다.

4. 삐침줄기(사선)는 ㅅ, ㅈ, ㅊ,의 왼쪽 삐침줄기와 같이 처음부분은 굵게, 중간부분은 조금 더 가늘어지게, 끝부분은 점점 뾰족하게 하되, 긴 줄기는 조금 굽은 모양, 짧은 줄기는 곧은 모양으로 하는 것과, ㅅ, ㅈ, ㅊ의 오른쪽 삐침줄기와 같이 처음부분은 뾰족하게, 중간부분은 조금 더 굵게, 끝부분은 뭉툭한 모양으로 한다.

5. 점은 ㅊ, ㅎ의 꼭짓점과 같이 30° 정도 기울기로 처음부분은 뾰족하게 중간부분은 조금 굵게, 끝부분은 조금 가늘어지게 한다.

6. 닿소리 겹글자는 왼쪽 닿소리 글자를 작게, 오른쪽 닿소리를 조금 크게 하되, 서로 붙지 않게 한다.

닿소리 글자 기본 줄기·점의 보기 그림

가로 줄기	세로 줄기	둥근 줄기	삐침 줄기	점	겹글자
ㄱ의 ―	ㄴ의 ㅣ	ㅇ의 ㅇ	ㅅ의 ノ	ㅊ의 -	ㄲ
ㅈ의 ―	ㅂ의 ㅣ	ㅎ의 ㅇ	ㅈ의 ヽ	ㅎ의 -	ㄹㅣ

제7항 ㄱ, ㅋ, ㄲ 글자는 홀로 쓸 때와 날내 글자를 만들 때 쓰이는 잘에 따라 다음과 같이 이루어지게 한다.

1. ㄱ

(1) 홀로 쓸 때 : 가로줄기는 수평, 세로줄기는 수직으로 길이를 서로 같게 한다.

(2) 왼쪽에 쓸 때 : 가로줄기는 수평, 세로줄기는 삐침으로 가로줄기보다 길게 굽은 모양으로 한다.

(3) 위에 쓸 때 : 가로줄기는 수평, 세로줄기는 수직 또는 삐침으로, 가로줄기보다 짧게 한다.

2. ㅋ

(1) 홀로 쓸 때 : 두 개의 가로줄기를 수평, 세로줄기는 수직으로 하되, 둘째 가로줄기는 세로줄기의 1/2부분보다 조금 윗부분에 살짝 붙게 한다.

(2) 왼쪽에 쓸 때 : ㄱ부분은 왼쪽에 쓸 때의 ㄱ과 같고, 둘째 가로줄기는 삐침줄기의 1/3 되는 자리에 살짝 붙게 한다.

(3) 위에 쓸 때 : ㄱ부분은 위에 쓸 때의 ㄱ과 같고, 둘째 가로줄기는 세로줄기의 1/2 또는 1/3 되는 자리에 붙게 한다.

(4) 받침에 쓸 때 : ㄱ부분은 받침에 쓸 때의 ㄱ과 같고, 둘째 가로줄기는 세로줄기의 1/2 되는 자리에 살짝 붙게 한다.

3. ㄲ

(1) 홀로 쓸 때 : 두 ㄱ은 가로줄기를 수평으로 짧게, 세로줄기는 수직으로 길게 하되, 두 ㄱ의 크기는 같게 하고 사이는 떼어지게 한다.

(2) 왼쪽에 쓸 때 : 두 ㄱ은 가로줄기를 짧게, 세로줄기는 삐침으로 가로줄기보다 길게 굽은 모양으로 하되, 오른쪽 ㄱ은 조금 크게 나타낸다.

(3) 위에 쓸 때 : 두 ㄱ은 가로줄기를 수평, 세로줄기는 수직으로

<blockquote>하되, 두 ㄱ의 크기를 같게 한다.</blockquote>

(4) 받침에 쓸 때　: 두 ㄱ의 가로, 세로줄기를 수평, 수직으로 하되,
　　　　　　　　　　세로줄기는 가로줄기보다 조금 짧게 한다.

ㄱ, ㅋ, ㄲ 글자 기본형의 보기 그림

홀로 쓸 때	왼쪽에 쓸 때	위에 쓸 때	받침에 쓸 때
ㄱ ㅋ ㄲ	ㄱ ㅋ ㄲ	ㄱ ㅋ ㄲ	ㄱ ㅋ ㄲ

제8항 ㄴ, ㄷ, ㅌ, ㄹ, ㄸ 글자는 홀로 쓸 때와 쓰이는 자리에 따라 다음
과 같이 이루어지게 한다.

1. ㄴ

(1) 홀로 쓸 때　　: 가로, 세로줄기는 수평, 수직으로 하되 가로줄기
　　　　　　　　　는 조금 길게 한다.

(2) 왼쪽에 쓸 때　: 세로줄기는 수직으로, 가로줄기는 오른쪽이 올라
　　　　　　　　　가는 삐침의 굽은 줄기로 하되, ㅣ ㅏ ㅑ ㅐ ㅒ에
　　　　　　　　　쓰이는 ㄴ은 가로줄기를 조금 짧게 한다.

(3) 위에 쓸 때　　: 세로줄기는 수직, 가로줄기는 수평으로 하되, 가
　　　　　　　　　로줄기는 조금 길게 한다.

(4) 받침에 쓸 때　: 세로줄기는 수직(또는 조금 기울게), 가로줄기는
　　　　　　　　　수평으로 하되, 가로줄기를 조금 길게 한다.

2. ㄷ

(1) 홀로 쓸 때　　: 두 개의 가로줄기는 수평, 세로줄기는 수직으로
　　　　　　　　　줄기방향을 정하고, 세로줄기는 첫 가로줄기의

왼쪽에서 조금 들어온 부분에 살짝 닿게 하되,
두 가로줄기의 끝부분 자리는 같게 한다.

(2) 왼쪽에 쓸 때 : 첫 가로줄기는 수평으로, 세로줄기의 맞닿는 자
리는 (1) 경우와 같고 마지막 가로줄기는 끝부분
을 조금 올라가는 기울기로 삐쳐 올려 한다.

(3) 위에 쓸 때 : 가로줄기는 수평, 세로줄기는 수직으로 하고, 두
개의 가로줄의 끝부분 길이는 같게 하되, 세로줄
기 길이보다 길게 한다.

3. ㅌ

(1) 홀로 쓸 때 : 첫 가로줄기는 길게 하되, 세 개의 모든 가로줄
기는 수평으로 하고 끝부분 위치는 같게 한다.
가운데 가로줄기는 세로줄기의 중간 위치에 붙이
되, 세로줄기는 가로줄기보다 짧게 한다.

(2) 왼쪽에 쓸 때 : 가로줄기는 세로줄기보다 짧게 하되, 마지막 가
로줄기는 조금 길게 사향으로 삐쳐 올리는 모양
으로 한다.

(3) 위에 쓸 때 : (1)항의 ㅌ과 같은 모양으로 하되, ㅌ의 가로폭을
조금 더 크게 보이도록 한다.

(4) 받침에 쓸 때 : 위에 쓸 때의 ㅌ과 같은 모양으로 한다.

4. ㄹ

(1) 홀로 쓸 때 : 세 개의 가로줄기는 수평으로 길이를 같게, 두
개의 세로주기는 수직으로 길이를 같게 하되 외
형의 가로폭의 길이는 좀 길게 한다.

(2) 왼쪽에 쓸 때 : ㄹ의 상하폭의 길이를 길게 하되, 마지막 가로줄기
는 왼쪽으로 점점 가늘어지게 삐쳐 올리게 한다.
ㅣ ㅏ ㅑ ㅐ ㅒ 에 쓰이는 ㄹ의 마지막 가로줄기는

ㅣ ㅕ ㅔ ㅖ에 쓰는 ㄹ보다 길게 삐치게 한다.

(3) 위에 쓸 때   : (1)과 같은 모양으로 하되, 가로폭의 길이를 조금 크게 한다.

(4)받침에 쓸 때   : 위에 쓸 때의 ㄹ과 같은 모양으로 한다.

5. ㄸ

(1) 홀로 쓸 때   : 두 ㄷ모양은 홀로 쓸 때의 ㄷ과 같게 하고, 위아래 폭의 길이를 길게 한두 개의 ㄷ을 똑같은 크기로 나란히 하되, 전체 모양은 좌우폭의 길이를 조금 길게 한다.

(2) 왼쪽에 쓸 때   : 오른쪽 ㄷ을 조금 더 크게, 위 아래폭의 길이를 길게 하고, 끝줄기는 오른쪽 위로 조금 길게 삐쳐 올리게 한다.

(3) 위에 쓸 때   : (1)과 같은 모양으로 하되, 가로폭의 길이를 조금 길게 한다.

ㄴ, ㄷ, ㅌ, ㄹ, ㄸ 글자 기본형의 보기 그림

홀로 쓸 때	왼쪽에 쓸 때	위에 쓸 때	받침에 쓸 때
ㄴ ㄷ ㅌ ㄹ ㄸ	ㄴ ㄷ ㄹ ㄸ	ㄴ ㄷ ㅌ ㄹ ㄸ	ㄴ ㄷ ㅌ ㄹ

제9항 ㅁ, ㅂ, ㅍ, ㅃ글자는 홀로 쓸 때와 낱내 글자를 만들 때 쓰이는 자리에 따라 다음과 같이 이루어지게 한다.

1. ㅁ

(1)홀로 쓸 때   : 두 개의 가로줄기를 평행으로 하되, 윗 가로줄기

길이를 조금 길게 하고, 왼쪽 세로줄기의 윗부분
이 왼쪽으로 기우는 사향으로, 오른쪽에 세로줄기
는 수직으로 한다. 전체의 모양은 가로폭과 세로
폭이 비슷한 정사각형에 가까운 모양으로 한다.

(2) 왼쪽에 쓸 때 : (1)과 같은 방법으로 하되, 전체 모양의 위아래폭
의 길이를 조금 덜 길게 한다.

(3) 위에 쓸 때 : (1)과 같게 하되, 좌우폭의 길이를 위아래 폭의
길이보다 조금 더 길게 한다.

(4) 받침에 쓸 때 : (3)과 같은 모양으로 한다.

2. ㅂ

(1) 홀로 쓸 때 : 두 개의 세로줄기는 수직으로 평행이 되게 하되,
오른쪽 세로줄기의 윗부분을 조금 크게 하고, 두
개의 가로줄기는 평행으로 좌우의 세로줄기와 붙
이되 첫 가로줄기는 세로줄기의 중간에 오게 한다.

(2) 왼쪽에 쓸 때 : (1)과 같게 하되, 위아래폭의 길이를 조금 더 길
게 한다.

(3) 위에 쓸 때 : (1)과 같게 하되, 좌우폭의 길이를 조금 더 길게
한다.

(4) 받침에 쓸 때 : (3)과 같은 모양으로 한다.

4. ㅍ

(1) 홀로 쓸 때 : 두 개의 가로줄기는 같은 크기로 수평으로, 두
개의 세로줄기는 왼쪽이 조금 벌어지는 듯하게
사향으로 하되, 아래 가로줄기와 살짝 붙게 한다.
두 개의 짧은 세로줄기와 윗 가로줄기와는 사이
를 조금 띄우게 한다. 전체 모양은 정사각형 모
양으로 한다.

(2)왼쪽에 쓸 때   : (1)과 같은 방법으로 하되, 아래의 가로줄기는 오른쪽 방향으로 살짝 끌어 올리는 듯 짧게 삐치거나(ㅓ ㅕ ㅔ ㅖ), 길게 삐친다(ㅣ ㅏ ㅑ ㅐ ㅒ에 쓸 때). ㅍ의 전체 모양은 위아래폭의 길이를 조금 큰 듯하게 한다.

(3) 위에 쓸 때   : (1)과 같게 하되, 좌우폭의 길이를 조금 더 길게 한다.

(4) 받침에 쓸 때   : (3)과 같게 한다.

4. ㅃ

(1) 홀로 쓸 때   : 두 ㅂ 모양은 홀로 쓸 때의 ㅂ과 같게 하되, 위아래폭의 길이를 길게 쓴 똑같은 두 개의 ㅂ을 사이를 띄워서 좌우 쪽에 나란히 한다.

(2) 왼쪽에 쓸 때   : 오른쪽 ㅂ을 조금 더 크게 한다.

(3) 위에 쓸 때   : (1)과 같게 하되, 전체 모양은 좌우폭의 길이를 조금 크게 한다.

ㅁ, ㅂ, ㅍ, ㅃ 글자 기본형의 보기 그림

홀로쓸 때	왼쪽에 쓸 때	위에 쓸 때	받침에 쓸 때
ㅁ ㅂ ㅍ ㅃ	ㅁ ㅂ ㅍ ㅃ	ㅁ ㅂ ㅍ ㅃ	ㅁ ㅂ ㅍ

제10항 ㅅ, ㅈ, ㅊ, ㅆ, ㅉ글자는 홀로 쓸 때와 낱내 글자를 만들 때 쓰이는 자리에 따라 다음과 같이 이루어지게 한다.

1. ㅅ

(1) 홀로 쓸 때 : 왼쪽 삐침은 오른쪽으로 향하는 머리(처음 시작
되는 부분)로 시작하여 다시 방향을 바꾸어 왼쪽
으로 점점 가늘어지게 삐치는 사향곡선인 왼삐침
줄기와 오른쪽으로 향하는 오른삐침줄기가 서로
붙게 한다. 오른삐침붙기는 왼삐침줄기의 1/2 조
금 못되는 자리에 살짝 붙이되, ㅅ의 전체 외곽
모양은 정사각형에 가깝게 한다.

(2) 왼쪽에 쓸 때 : ㅣ ㅏ ㅑ ㅐ ㅒ에 쓰는 ㅅ은 (1)과 같게 하되, 위
아래폭의 길이가 긴 모양이 되게 하고, ㅓ ㅕ ㅔ
ㅖ에 쓰는 ㅅ은 오른삐침줄기를 (1)과 같은 모양
으로 하되, 조금 짧게 한다.

(3) 위에 쓸 때 : (1)과 같게 하되, 오른삐침줄기의 방향은 수평에
가깝도록 하고 왼삐침줄기의 처음 부분에 붙게
한다. 이렇게 함으로써 좌우 폭의 길이가 긴 ㅅ
이 되게 한다.

(4) 받침에 쓸 때 : 두 줄기의 아랫부분은 수평이 되도록 하고, 전체
모양은 좌우폭의 길이가 조금 길게 한다.

2. ㅈ

(1)홀로 쓸 때 : 가로줄기 가운데 자리에 ㅅ을 살짝 닿게 하되, ㅈ
의 외곽 형태는 정사각형에 가까운 형으로 한다.
왼쪽으로 삐치는 줄기는 가로줄기의 왼쪽 끝보다
밖으로 나가게 한다.

(2) 왼쪽에 쓸 때 : ㅣ ㅏ ㅑ ㅐ ㅒ에 쓰는 ㅈ은 (1)과 같게 하되 위아
래폭의 길이를 길게 하고, ㅓ ㅕ ㅔ ㅖ에 쓰는 ㅈ
은 오른삐침줄기를 (1)과 같은 모양으로 하되, 조
금 짧게 한다.

(3) 위에 쓸 때   : (1)과 같게 하되, 좌우폭의 길이를 더 길게 한다.

(4) 받침에 쓸 때   : (1)과 같은 모양으로 하되, 가로퍼짐 홀소리 글자 아래에 올 때에는 (3)과 같게 좌우폭의 길이를 길게 하고, 세로퍼짐 홀소리 글자 아래에 올 때에는 (2)와 같게 위아래폭의 길이를 길게 한다.

3. ㅊ

(1) 홀로 쓸 때   : 점(꼭짓점)은 30° 정도 기울기로 앞부분이 일어나게 짧은 줄기 모양으로 하고, 점 밑에는 사이를 떼어서 홀로 쓸 때의 ㅈ 글자가 오게 하되 위아래폭의 길이가 긴 모양이 되게 한다.

(2) 왼쪽에 쓸 때   : ㅣㅏㅑㅐㅒ 앞에 쓰는 ㅊ은 (1)과 같게 하되 위아래폭의 길이를 더 길게 하고, ㅓㅕㅔㅖ 앞에 오는 ㅊ은 오른삐침줄기를 (1)과 같은 모양으로 하되, 조금 짧게 한다.

(3) 위에 쓸 때   : (1)과 같게 하되, 위아래폭을 짧게 한다.

(4) 받침에 쓸 때   : (3)과 같게 한다.

4. ㅆ

(1) 홀로 쓸 때   : 두 ㅅ 모양은 홀로 쓸 때의 ㅅ과 같되, 위아래폭의 길이를 길게 하도, 두 개의 ㅅ끼리는 서로 붙지 않게 같은 크기로 하여 전체 자형이 정사각형이 되도록 한다.

(2) 왼쪽에 쓸 때   : ㅓㅕㅔㅖ에 쓰는 ㅆ은 오른쪽 ㅅ을 크게 하되, ㅅ의 오른삐침줄기는 (1)과 같음 모양으로 하되, 조금 짧게 하고, ㅣㅏㅑㅐㅒ에 쓰는 ㅆ은 (1)과 같게 한다.

(3) 위에 쓸 때   : (1)과 같게 하되, 좌우폭의 길이는 길게 한다.

(4) 받침에 쓸 때　:　두 개의 ㅅ 모양은 같게 하되, 오른쪽 ㅅ을 조금
　　　　　　　　　　　크게 한다.

5. ㅉ

(1) 홀로 쓸 때　　　:　두 ㅈ 모양은 홀로 쓸 때의 ㅈ과 같되, 위아래폭
　　　　　　　　　　　의 길이를 길게 하여 서로 닿지 않게 한다.
(2) 왼쪽에 쓸 때　　:　(1)과 같되, 좌우폭의 길이를 길게 한다.

ㅅ, ㅈ, ㅊ, ㅆ, ㅉ 글자 기본형의 보기 그림

홀로 쓸 때	왼쪽에 쓸 때	위에 쓸 때	받침에 쓸 때
ㅅ ㅈ ㅊ ㅆ ㅉ	ㅅ ㅈ ㅊ ㅆ ㅉ	ㅅ ㅈ ㅊ ㅆ ㅉ	ㅅ ㅈ ㅊ ㅆ

제11항 ㅇ, ㅎ글자는 홀로 쓸 때의 낱내 글자를 만들 때 쓰이는 자리에
　　　따라 다음과 같이 이루어지게 한다.

1. ㅇ

(1) 홀로 쓸 때　　　:　ㅇ의 맨 윗부분에 시작의 느낌이 조금 나타나는
　　　　　　　　　　　아주 작은 머리를 삐침줄기 방향으로 뾰족하게
　　　　　　　　　　　하되, 줄기는 같은 굵기로 둥글게 한다.
(2) 왼쪽에 쓸 때　　:　(1)과 같은 모양으로 한다.
(3) 위에 쓸 때　　　:　(1)과 같되, 실제로는 조금 좌우로 큰 듯한 타원
　　　　　　　　　　　형이 되도록 한다.
(4) 받침에 쓸 때　　:　(3)과 같게 한다.

2. ㅎ

(1) 홀로 쓸 때 : ㅎ의 ㅡ 부분은 ㅊ의 ㅡ 부분과 같게, ㅇ부분은 ㅇ글
자와 같게 하되, ·, ㅡ, ㅇ 사이는 각각 같은 간격
으로 띄우게 한다. ㅇ의 폭은 점의 가로폭보다 조금
크게 하되, ㅎ의 외형은 정사각형이 되도록 한다.

(2) 왼쪽에 쓸 때 : (1)과 같게 하되, 위아래폭의 길이는 조금 더 길
게 한다.

(3) 위에 쓸 때 : (1)과 같게 하되, 좌우폭의 길이는 길게 하고 ㅇ
을 작게 한다.

(4) 받침에 쓸 때 : (3)과 같게 한다.

ㅇ, ㅎ글자 기본형의 보기 그림

홀로 쓸 때	왼쪽에 쓸 때	위에 쓸 때	받침에 쓸 때
ㅇ ㅎ	ㅇ ㅎ	ㅇ ㅎ	ㅇ ㅎ

제12항 받침에만 쓰는 ㄳ, ㄵ, ㄶ, ㄺ, ㄻ, ㄼ, ㄽ, ㄾ, ㄿ, ㅄ 겹글자는
다음과 같이 이루어지게 한다.

1. ㄳ : ㄱ은 세로줄기를 길게 수직으로, 가로줄기는 수평으로 하되, ㅅ
은 ㄱ과 사이를 띄어서 조금 크게 하여 전체 모양의 좌우폭 길
이를 길게 한다.

2. ㄵ : ㄴ은 세로줄기를 수직으로 하고 가로줄기는 조금 끌어 올리는
듯 삐치며, ㅈ은 받침에 쓸 때의 ㅈ과 같은 모양으로 ㄴ보다
위아래폭의 길이를 길게 한다.

3. ㄶ : ㄴ은 ㄵ의 ㄴ과 같게 하고, ㅎ은 ㄴ보다 조금 더 크게 하되, ㄶ

의 아랫부분은 수평이 되게 한다.

4. ㄺ : ㄹ은 두 개의 세로줄기는 수직으로, 두 개의 가로줄기는 수평
으로 하되, 마지막 가로줄기는 오른쪽으로 삐쳐 올리고, ㄱ은
ㄹ보다 조금 크게 한다.

5. ㄻ : ㄹ은 ㄺ의 ㄹ과 같게 하고, ㅁ은 ㄹ보다 조금 더 크게 하되, 왼
쪽 세로줄기만 사향으로 한다.

6. ㄼ : ㄹ은 ㄺ이나 ㄻ의 ㄹ과 같게 하고, ㅂ은 왼쪽 세로줄기를 오른
쪽 세로줄기보다 짧게 하되, ㄹ보다 크게 한다.

7. ㄽ : ㄹ은 ㄼ의 ㄹ과 같게 하고, ㅅ은 크게 하되, ㅅ의 오른삐침줄기
는 사향으로 한다.

8. ㄾ : ㄹ은 ㄽ의 ㄹ과 같게 하고, ㅌ은 두 개의 가로줄기의 길이를 같
게 하되, 위아래폭의 길이는 길게 한다.

9. ㄿ : ㄹ은 ㄾ의 ㄹ과 같게 하고, ㅍ은 두 개의 가로줄기의 길이를 같
게 하되, 위아래폭의 길이는 길게 한다.

10. ㅀ : ㄹ은 ㄿ의 ㄹ과 같게 하고, ㅎ은 ㄹ보다 위아래폭의 길이를 길
게 한다.

11. ㅄ : ㅂ은 왼쪽 세로줄기를 짧게 하고, ㅅ은 ㄽ의 ㅅ과 같게 하되
ㅂ보다는 크게 한다.

ㄳ, ㄵ, ㄶ, ㄺ, ㄻ, ㄼ, ㄽ, ㄾ, ㄿ, ㅄ 글자 기본형의 보기 그림

ㄳ	ㄵ	ㄶ	ㄺ	ㄻ	ㄼ	ㄽ
ㄳ	ㄵ	ㄶ	ㄺ	ㄻ	ㄼ	ㄽ

ㄾ	ㄿ	ㅀ	ㅄ
ㄾ	ㄿ	ㅀ	ㅄ

제2절 홀소리 글자(모음 문자)

제13항 홀소리 글자는 다음과 같은 기본획형 구성의 공통적인 세칙에
따라 이루어지게 한다.

1. 긴 가로줄기는 두 가지가 있는데 하나는 처음부분을 굵게, 가운데부
   분은 가늘게, 끝부분은 뭉툭한 수평으로 하여 가로퍼진 모양으로 하
   고, 또 하나는 중간부분에서부터 점점 가늘어지게 하여 사향방향의
   삐침 모양으로 한다.
2. 긴 세로줄기는 처음부분을 45° 방향으로 뾰족하게 시작한 머리부분
   은 짧은 줄기 모양으로 하고, 중간부분은 굵은 수직선으로 하며, 끝
   부분은 뭉툭하게 수직으로 뽑아 내린 모양으로 한다.
3. 삐침줄기는 닿소리 글자 ㅅ의 왼삐침줄기의 비슷한 모양으로 한다
   (보기 : ㅠ).
4. 짧은 줄기는 방향에 따라 여러 가지 모양으로 한다.
   (1) 수평 줄기 : 처음부분은 가늘게, 끝부분은 뭉툭하게 나타낸다
       (보기 : ㅏ ㅑ).
   (2) 치킴 줄기 : 처음은 뾰족하게 시작하되 굵어졌다가 다시 뾰족
       하게 한다(보기 : ㅓ ㅕ).
   (3) 수직 줄기 : 긴 세로줄기를 축소한 모양과 같게 수직으로 한다
       (보기 : ㅗ ㅛ ㅜ ㅠ).

홀소리 글자 기본 줄기의 보기 그림

긴 가로줄기	긴 세로줄기	삐침줄기	짧은 줄기
ㅡ ㅗ 의 ㅡ ㅓ ㅚ	ㅣ ㅏ 의 ㅣ ㅓ ㅓ	ㅠ 의 ㅣ	ㅏ ㅓ 의 ㅡ ㅗ ㅜ 의 ㅣ

제14항 ㅣ, ㅏ, ㅑ, ㅐ, ㅒ 글자는 홀로 쓸 때와 낱내 글자를 만들 때 받
　　침이 없고 있음에 따라 다음과 같이 이루어지게 한다.

1. ㅣ
(1) 홀로 쓸 때　　　: 머리를 45° 방향으로 뾰족하게 하고, 계속하여
　　　　　　　　　　중간부분을 수직으로 길게 뽑아내되, 맺음은 뭉
　　　　　　　　　　툭하게 한다.
(2) 받침이 없을 때 : (1)과 같이 길게 한다.
(3) 받침이 있을 때 : (1)과 같은 모양으로 짧게 한다.

2. ㅏ
(1) 홀로 쓸 때　　　: 세로부분은 ㅣ와 같게 하고, 수평줄기는 ㅣ의 1/2
　　　　　　　　　　자리에 수평 방향으로 살짝 붙게 한다.
(2) 받침이 없을 때 : (1)과 같이 길게 한다.
(3) 받침이 있을 때 : 세로줄기 모양은 (1)과 같게 하되 짧게 하고, 수
　　　　　　　　　　평줄기는 ㅣ의 1/2자리보다 조금 아래에 살짝 붙
　　　　　　　　　　게 하되 짧은 ㅣ 줄기일수록 수평줄기는 더욱 아
　　　　　　　　　　래 부분에 붙게 한다.

3. ㅑ
(1) 홀로 쓸 때　　　: 세로부분은 ㅣ와 같고, 두개의 수평줄기는 수직줄
　　　　　　　　　　기의 1/3, 2/3자리에 수평으로 살짝 붙게 한다,
(2) 받침이 없을 때 : (1)과 같이 길게 한다.
(3) 받침이 있을 때 : 세로줄기 모양은 (1)과 같게 하되 짧게 하고, 두
　　　　　　　　　　줄기의 자리는 (2) 경우보다 조금 아래의 자리에
　　　　　　　　　　붙게 한다.

4. ㅐ

(1) 홀로 쓸 때　　： 왼쪽 ㅣ는 오른쪽 ㅣ보다 짧게 하고 수평줄기는 ㅣ의
　　　　　　　　　1/2 자리에 붙이되, 두 세로줄기에 서로 붙게 한다.

(2) 받침이 없을 때 ： (1)과 같이 길게 한다.

(3) 받침이 있을 때 ： 두 세로줄기는 (1)보다 짧게 하고 수평줄기는 ㅣ
　　　　　　　　　의 1/2 자리보다 아래에 서로 붙게 한다.

5. ㅒ

(1) 홀로 쓸 때　　： 왼쪽 ㅣ는 오른쪽 ㅣ보다 짧게 하고, 두 개의 수
　　　　　　　　　평줄기는 세로줄기의 ㅣ의 1/3, 2/3 자리 정도에
　　　　　　　　　붙이되, 세로줄기에 서로 붙게 한다.

(2) 받침이 없을 때 ： (1)과 같이 길게 한다.

(3) 받침이 있을 때 ： 두 세로줄기는 (1)보다 짧게 하고, 두 개의 수평
　　　　　　　　　줄기는 받침이 없을 때의 ㅒ보다 조금 아래 자리
　　　　　　　　　에 서로 붙게 한다.

ㅣ, ㅏ, ㅑ, ㅐ, ㅒ 글자 기본형의 보기그림

홀로 쓸 때	받침이 없을 때	받침이 있을 때
ㅣ ㅏ ㅑ ㅐ ㅒ	ㅣ ㅏ ㅑ ㅐ ㅒ	ㅣ ㅏ ㅑ ㅐ ㅒ

제15항 ㅓ, ㅕ, ㅔ, ㅖ 글자는 홀로 쓸 때와 낱내 글자를 만들 때 받침
　　　이 없고 있음에 따라 다음과 같이 이루어지게 한다.

1. ㅓ

(1) 홀로 쓸 때　　： 세로줄기는 ㅣ와 같게 하고, 치킴줄기는 ㅣ의 1/2

자리에 살짝 붙게 한다.

(2) 받침이 없을 때 : (1)과 같이 길게 한다.

(3) 받침이 있을 때 : 세로줄기 모양은 (1)과 같게 하되 짧게 하고, 치킴줄기는 은 ㅣ의 1/2자리 또는 조금 아래 자리에 살짝 붙게 한다.

2. ㅕ

(1) 홀로 쓸 때　　　: 세로줄기는 ㅣ와 같게 하고, 위가로 줄기는 ㅣ의 1/4 정도, 아래가로줄기는 2/4 정도 자리에 살짝 붙게 한다.

(2) 받침이 없을 때 : (1)과 같이 길게 하되, 왼쪽의 닿소리 글자에 따라 두 가로줄기의 자리가 조금씩 달라지게 한다.

(3) 받침이 있을 때 : 세로줄기 모양은 (1)과 같게 하되 짧게 하고 두 가로줄기의 자리는 (1)의 ㅕ보다 아래 자리에 붙게 한다.

3. ㅖ

(1) 홀로 쓸 때　　　: ㅐ와 같이 왼세로줄기는 짧게, 오른세로줄기는 조금 길게 하고 위쪽 짧은 줄기는 긴 줄기의 위아래 중간에 오도록 하되 치킴줄기는 왼쪽 ㅣ의 1/2 되는 자리에 붙게 한다.

(2) 받침이 없을 때 : (1)과 같이 길게 한다.

(3) 받침이 있을 때 : 두 세로줄기는 (1)보다 짧게 하고, 치킴줄기는 왼쪽 ㅣ의 1/2자리 정도에 붙게 한다.

4. ㅖ

(1) 홀로 쓸 때　　　: 두 세로줄기는 ㅔ 의 두 세로줄기의 길이와 같게 하고, 두 치킴줄기는 ㅣ의 1/3, 2/3 정도 되는 부

분에 나란히 붙게 한다.

(2) 받침이 없을 때 : (1)과 같이 길게 한다.

(3) 받침이 있을 때 : (1)보다 두 세로줄기를 짧게 한다.

ㅓ, ㅕ, ㅔ, ㅖ 글자 기본형의 보기 그림

홀로 쓸 때	받침이 없을 때	받침이 있을 때
ㅓ ㅕ ㅔ ㅖ	ㅓ ㅕ ㅔ ㅖ	ㅓ ㅕ ㅔ ㅖ

제16항 ㅡ, ㅗ, ㅛ 글자는 홀로 쓸 때와 낱내 글자를 만들 때 받침이 없고 있음에 따라 다음과 같이 이루어지게 한다.

1. ㅡ

(1) 홀로 쓸 때 : 머리 부분은 뾰족하게 시작하여 아랫부분은 굵게, 중간부분은 가늘게, 끝부분은 위쪽을 굵게 하여 맺음은 둥글게 하되, ㅡ의 기울기는 수평으로 한다.

(2) 받침이 없을 때 : (1)과 같이 길게 한다.

(3) 받침이 있을 때 : (1)과 같이 길게 한다.

2. ㅗ

(1) 홀로 쓸 때 : 가로줄기는 ㅡ와 같게 하고 수직줄기는 ㅡ의 1/2 되는 자리에 가로줄기의 1/3정도의 길이로 수직 방향으로 붙게 한다.

(2) 받침이 없을 때 : ㅗ 위에 오는 닿소리 글자에 따라 수직줄기의 길이를 다르게 한다. (보기: '고' 자는 'ㅗ'의 수직

줄기를 길게, '보' 자는 짧게 한다.)

(3) 받침이 있을 때 : ㅡ 부분은 ㅡ와 같게 하고, 수직줄기는 (2)보다 짧게 한다.

3. ㅛ

(1) 홀로 쓸 때　　: 가로줄기는 ㅡ와 같게 하고, 두 수직줄기는 ㅡ의 1/3, 2/3정도 자리에 붙이되, 왼쪽 수직줄기는 오른쪽 수직줄기보다 조금 짧게 수직으로 붙게 한다.

(2) 받침이 없을 때 : 두 수직줄기는 받침이 있는 ㅛ 보다 길게 하고, 첫소리에 쓰인 닿소리 글자에 따라 수직줄기의 길이를 다르게 한다. (보기: '교'는 ㅛ, '요'는 ㅛ)

(3) 받침이 있을 때 : 받침이 없는 ㅛ 보다 두 수직줄기의 길이를 짧게 한다.

ㅡ,ㅗ,ㅛ 글자 기본형의 보기 그림

홀로 쓸 때	받침이 없을 때	받침이 있을 때
ㅡ　ㅗ　ㅛ	ㅡ　ㅗ　ㅛ	ㅡ　ㅛ　ㅛ

제17항 ㅓ, ㅔ, ㅏ, ㅐ 글자는 홀로 쓸 때와 낱내 글자를 만들 때 받침이 없고 있음에 따라 다음과 같이 이루어지게 한다.

1. ㅓ

(1) 홀로 쓸 때　　: 가로줄기는 오른쪽 끝을 뾰족하게 삐치고, 세로줄기는 ㅣ와 같이 하되, ㅡ를 ㅣ의 1/2정도 자리에 살짝 붙게 한다.

(2) 받침이 없을 때 : ㅣ는 (1)과 같게 하고, ㅡ는 첫소리에 쓰인 닿소리 글자에 따라 ㅣ와 붙이는 자리를 다르게 한다.

(3) 받침이 있을 때 : ㅣ는 짧게 하되 받침 글자에 따라 길이를 다르게 한다.

2. ㅢ

(1) 홀로 쓸 때 : 세로줄기는 ㅣ와 같게 길게 하고, ㅡ 부분은 ㅣ의 1/2정도 아래 자리에 붙이며, 수직줄기는 ㅡ 부분의 1/2정도 자리에 붙게 한다.

(2) 받침이 없을 때 : ㅣ는 (1)과 같게 하고, 수직줄기와 가로줄기의 붙임, 가로줄기와 세로줄기의 붙임자리는 첫소리에 쓰인 닿소리 글자에 따라 다르게 한다.

(3) 받침이 있을 때 : ㅣ의 길이는 (2)보다 짧게 하되, 받침 글자에 따라 길이를 다르게 한다.

3. ㅘ

(1) 홀로 쓸 때 : 홀로 쓸 때 ㅢ와 같게 하고, 오른쪽 수평줄기를 ㅣ의 1/2정도 되는 자리에 붙게 한다.

(2) 받침이 없을 때 : (1)과 같게 하고, 첫소리에 쓰인 닿소리 글자에 따라 줄기의 길이와 줄기의 자리를 다르게 한다.

(3) 받침이 있을 때 : ㅣ의 길이는 (2)보다 짧게 하되, 받침 글자에 따라 길이를 다르게 한다.

4. ㅙ

(1) 홀로 쓸 때 : 왼쪽 ㅣ부분은 오른쪽 ㅣ부분보다 짧게 하고, ㅢ 부분 짜임의 규칙은 홀로 쓸 때의 ㅢ와 같게 한다. 가로줄기는 ㅣ의 1/2되는 자리에 붙게 한다.

(2) 받침이 없을 때 : 첫소리에 쓰인 닿소리 글자에 따라 ㅢ부분의 길이, 붙임자리를 다르게 한다.

(3) 받침이 있을 때 : (2)와 같은 규칙으로 하되, 위 아래쪽의 길이는
　　　　　　　　　　　짧게 한다.

ㅓ, ㅚ, ㅘ, ㅙ 글자 기본형의 보기 그림

홀로 쓸 때	받침이 없을 때	받침이 있을 때
ㅓ　ㅚ	ㅓ　ㅚ	ㅓ　ㅚ
ㅘ　ㅙ	ㅘ　ㅙ	ㅘ　ㅙ

제18항 ㅜ, ㅠ 글자는 홀로 쓸 때와 낱내 글자를 만들 때 받침이 없고
있음에 따라 다음과 같이 이루어지게 한다.

1. ㅜ

(1) 홀로 쓸 때　　　 : 가로줄기는 ㅡ와 같게 하고, 수직줄기는 머리가
　　　　　　　　　　　없는 ㅣ와 모양을 같게 하되, ㅣ 줄기는 ㅡ의 1/2
　　　　　　　　　　　되는 자리에 붙게 한다.

(2) 받침이 없을 때 : (1)과 같게 한다.

(3) 받침이 있을 때 : (1)과 같게 하되, 수직줄기는 받침 글자에 따라 길
　　　　　　　　　　　이를 다르게 하고, ㅡ와 붙는 자리도 다르게 한다.

2. ㅠ

(1) 홀로 쓸 때　　　 : 가로줄기는 ㅡ와 같고, 왼쪽 수직줄기는 왼쪽으로
　　　　　　　　　　　비스듬히 삐치고 오른쪽 수직줄기는 수직으로 하
　　　　　　　　　　　되 ㅡ 줄기의 1/3, 2/3 정도 자리에 붙게 한다.

(2) 받침이 없을 때 : (1)과 같게 한다.

(3) 받침이 있을 때 : 받침이 없는 ㅠ보다 두 수직줄기의 길이를 짧게 한다.

ㅜ, ㅠ 글자 기본형의 보기 그림

홀로 쓸 때	받침이 없을 때	받침이 있을 때
ㅜ ㅠ	ㅜ ㅠ	ㅜ ㅠ

제19항 ㅟ, ㅝ, ㅞ 글자는 홀로 쓸 때와 낱내 글자를 만들 때 받침이 없고 있음에 따라 다음과 같이 이루어지게 한다.

1. ㅟ

(1) 홀로 쓸 때   : 세로줄기는 ㅣ와 같고 가로줄기는 삐침줄기로 ㅣ 의 1/2정도 자리에 붙이며, ㅜ 부분의 수직줄기는 ㅡ 부분의 1/2정도 되는 자리에 붙여서 왼쪽으로 삐치게 한다.

(2) 받침이 없을 때 : 첫소리에 쓰인 닿소리 글자에 따라 가로줄기와 ㅣ 와의 닿는 자리를 다르게 한다.

(3) 받침이 있을 때 : (2)와 같게 하되, ㅣ 부분 길이를 짧게 한다.

2. ㅝ

(1) 홀로 쓸 때   : ㅣ 의 1/2정도 되는 자리에 수평줄기를 붙이고, ㅜ 부분은 독립된 ㅟ 의 ㅜ 부분과 같게 하되, ㅓ 부분의 수평줄기보다 조금 위로 가게 한다.

(2) 받침이 없을 때 : 첫소리에 쓰인 닿소리 글자에 따라 ㅜ 의 위 아래 자리를 다르게 한다.

(3) 받침이 있을 때 : (1)과 같게 하되, 받침 글자에 따라 위 아래 길이를 다르게 한다.

3. ㅖ

(1) 홀로 쓸 때　　　： ㅓ 부분은 홀로 쓸 때의 ㅓ 의 모양과 같게 하되,
　　　　　　　　　　　오른쪽 ㅣ 줄기는 첫째 세로줄기보다 길게 한다.

(2) 받침이 없을 때 : 첫소리에 쓰인 닿소리 글자에 따라 ㅓ 의 위 아
　　　　　　　　　　　래 길이를 다르게 한다.

(3) 받침이 있을 때 : 웨의 전체 세로 길이를 ㅣ 보다 짧게 하되, 받침
　　　　　　　　　　　글자에 따라 다르게 한다.

ㅟ, ㅝ, ㅖ 글자 기본형의 보기 그림

홀로 쓸 때	받침이 없을 때	받침이 있을 때
ㅟ ㅝ ㅖ	ㅟ ㅝ ㅖ	ㅟ ㅝ ㅖ

제3절 낱내 글자(음절 문자)

제20항 닿소리글자와 홀소리 글자가 낱내 글자를 이름에 있어 닿소리
　　　 글자와 홀소리 글자만으로 맞춰지는 글자와, 닿소리 글자와 홀
　　　 소리 글자와 닿소리 글자 차례로 맞춰지는 글자는 다음과 같은
　　　 몇 가지의 공통적인 세칙에 따라서 이루어지게 한다.

1. 닿소리 글자와 홀소리 글자는 놓이는 자리에 따라 그 크기와 모양
　　이 아래 3의 그림과 같이 이루어지게 한다.
2. 닿소리 글자는 홀소리 글자보다 작게 한다.
3. 낱내 글자가 이루어지는 규칙은 각 낱자의 크기, 자리, 간격, 균형 또
　　는 외곽모양(자형)에 대하여 기본적인 내용만을 다음 그림과 같이 제시
　　한다.

낱내 글자 형성 규칙의 보기 그림

닿소리·홀소리글자의 맞춤			닿소리·홀소리·닿소리 글자의 맞춤		
위·아래	왼·오른쪽	위·아래·오른쪽	위·가운데·아래	왼·오른쪽·아래	위·아래·오른쪽·아래
로	라	놔	롱 곱	란 밝	놘 웠

제21항 닿소리 글자와 홀소리 글자로 맞춰진 낱내 글자는 다음과 같이
　　　이루어지게 한다.

1. 위, 아래 차례로 맞춰진 낱내 글자
(1) 닿소리 글자와 가로퍼진 홀소리 글자 ㅡ, ㅗ, ㅛ 로 맞춰진 글자
　　① 닿소리 글자는 홀소리 글자 위에 작게 하고, 그 아래에 홀소리
　　　글자 ㅡ, ㅗ, ㅛ를 크게 한다.
　　② 닿소리 글자와 홀소리 글자 ㅡ, ㅗ, ㅛ 는 붙지 않게 한다.
　　③ ㅗ, ㅛ 글자의 수직줄기는 닿소리 글자와 홀소리 글자 ㅜ, ㅠ로
　　　맞춰진 글자의 수직줄기의 길이보다 짧게 한다.
　　④ 닿소리 글자는 ㅡ, ㅗ, ㅛ 의 좌우 중간 위에 배치하되 균형있게
　　　보이도록 중심선을 기준으로 조금 왼쪽 자리에 오게 한다.
(2) 닿소리 글자와 가로퍼진 홀소리 글자 ㅜ, ㅠ 로 맞춰진 글자
　　① (1)의 ① ②와 같은 방법으로 한다.
　　② ㅜ, ㅠ, 글자의 수직줄기의 길이는 닿소리 글자와 홀소리 글자와
　　　닿소리 글자로 맞춰진 글자의 줄기 길이와 같게 한다.
　　③ 닿소리 글자는 (1)의 ④와 같이 글자의 균형이 맞도록 한다.

위, 아래 차례로 맞춰진 낱내 글자 기본형의 보기 그림

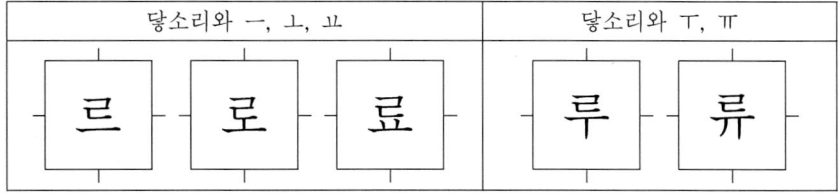

2. 왼쪽, 오른쪽 차례로 맞춰진 낱내 글자
(1) 닿소리 글자와 세로퍼진 홀소리 글자 ㅣ, ㅏ, ㅐ, ㅒ 로 맞춰진 글자
   ① 닿소리 글자는 홀소리 글자 왼쪽에 작게, 홀소리 글자 ㅣ, ㅏ,
      ㅑ, ㅐ, ㅒ 는 오른쪽에 크게 한다.
   ② 닿소리 글자는 ㅣ 줄기의 1/2 자리를 기준으로 조금 위로 올라가게
      한다.
   ③ 닿소리 글자와 홀소리 글자는 띄어보이게 한다.
   ④ 글자의 수평줄기의 길이는 닿소리 글자와 홀소리 글자와 닿소리
      글자로 맞춰진 글자의 길이와 같게 한다.
(2) 닿소리 글자와 세로퍼긴 홀소리 글자 ㅓ, ㅕ, ㅔ, ㅖ 로 맞춰진 글자
   ① 닿소리 글자와 홀소리 글자의 크기와 자리 정하는 방법은 (1)의
      ① ②와 같게 한다.
   ② ㅓ 의 치킴줄기는 닿소리 글자 ㅅ, ㅈ, ㅊ 과 같이 꾸며지는 글
      자는 ㅅ, ㅈ, ㅊ 의 삐침줄기 공간으로 들어가도록 하되 나머지
      닿소리 글자와는 닿지 않게 한다.
   ③ 닿소리 글자와 홀소리 글자와 닿소리 글자로 맞춰진 글자는 수
      직줄기의 길이와 같게 한다.

왼쪽, 오른쪽 차례로 맞춰진 낱내 글자 기본형의 보기 그림

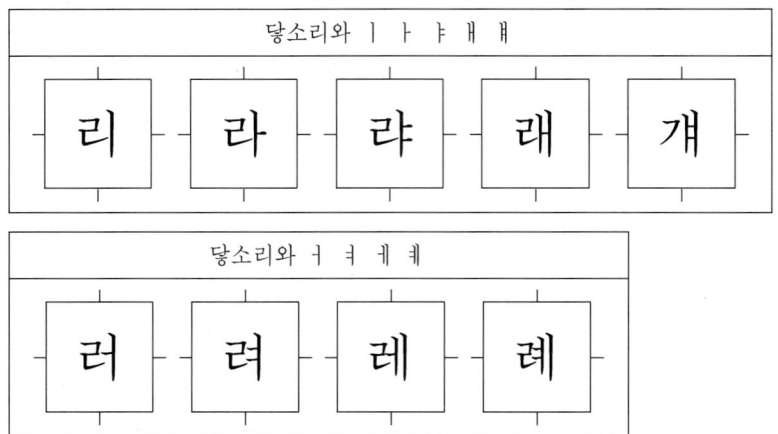

3. 왼쪽 위·오른쪽 차례로 맞춰진 낱내 글자

(1) 닿소리 글자와 홀소리 글자 ㅢ, ㅚ, ㅘ, ㅙ 로 맞춰진 글자

　　① 닿소리 글자의 세로폭 길이는 1의 (1) (2), 2의 (1) (2) 글자의 크
　　　기보다 아주 작게 하되 ㅢ, ㅚ, ㅘ, ㅙ 차례대로 점점 작게 한다.

　　② 닿소리 글자에 따라 홀소리 글자 ― 부분은 ㅣ 부분과 닿는 자
　　　리를 다르게 한다.

(2) 닿소리 글자와 홀소리 글자 ㅟ, ㅝ, ㅞ 로 맞춰진 글자

　　① 닿소리 글자는 (1)의 ①과 같은 방법으로 작게 한다.

　　② 닿소리 글자는 홀소리 글자의 줄기의 수가 많음을 고려하여 간
　　　격을 알맞게 한다.

　　③ (2)와 같이 맞춰진 글자는 닿소리 글자와 홀소리 글자와 닿소리
　　　글자로 맞춰진 글자의 세로줄기나 수직줄기의 길이와 같게 한다.

왼쪽 위·아래, 오른쪽 차례로 맞춰진 낱내글자 기본형의 보기 그림

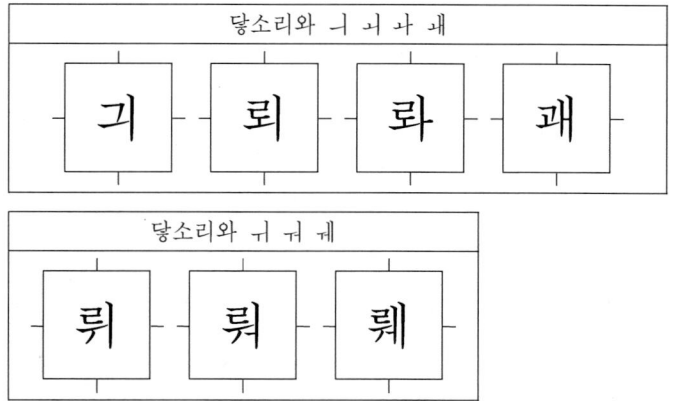

제22항 닿소리 글자와 홀소리 글자와 닿소리 글자로 맞춰진 낱내 글자
는 다음과 같이 이루어지게 한다.

1. 위, 가운데, 아래 차례로 맞춰진 낱내글자
(1) 닿소리 글자와 가로퍼진 홀소리 글자와 홀닿소리 글자(단자음 문
자)로 맞춰진 글자
① 첫소리에 쓰인 닿소리 글자와 받침 글자의 자리는 ― 선을 기준
으로 같은 간격으로 한다.
② 첫소리에 쓰인 닿소리 글자와 받침 글자의 좌우 자리는 대칭이 되게 한다.
③ 첫소리에 쓰인 닿소리 글자와 받침 글자가 같은 것일 때에는 크
기를 같게 하되 서로 다를 때에도 비슷하게 한다. 그러나 닿소
리 글자 ㅅ, ㅈ, ㅊ 은 아주 크게, ㅇ은 아주 작게 한다.
(2) 닿소리 글자와 가로퍼진 홀소리 글자와 겹닿소리 글자(중자음 문
자)로 맞춰진 글자
① 위, 아래, 왼쪽·오른쪽 간격은 (1)의 ① ②와 같게 한다.
② 받침인 겹닿소리 글자의 좌우폭 크기는 첫소리에 쓰인 닿소리

글자보다 크게 한다.

③ 첫소리에 쓰인 닿소리 글자와 받침 글자가 같은 겹닿소리 글자나 ㅅ, ㅈ, ㅊ 글자로 이루어지는 경우의 글자 크기는 비슷하게 한다.

위, 가운데, 아래 차례로 맞춰진 낱내글자 기본형의 보기 그림

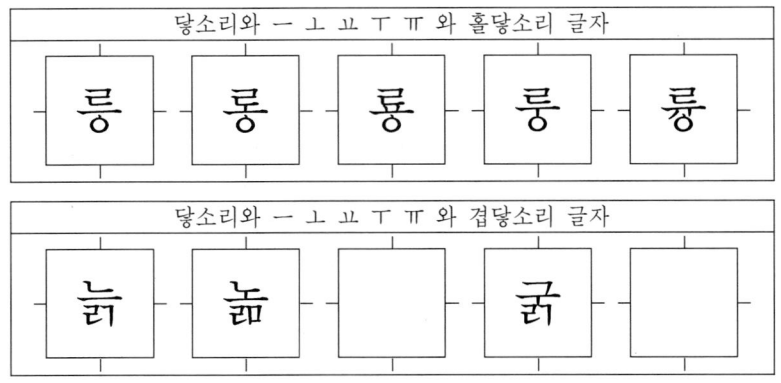

2. 왼쪽, 오른쪽, 아래 차례로 맞춰진 낱내글자

(1) 닿소리 글자와 세로퍼진 홀소리 글자와 홀닿소리 글자로 맞춰진 글자

　① 받침의 닿소리 글자 가로폭 길이는 닿소리 글자와 홀소리 글자로 맞춰진 글자의 가로폭 길이보다 짧게 한다.

　② 받침의 닿소리 글자 오른쪽 부분은 세로줄기의 연장선 밖으로 되도록 나가지 않게 한다. 다만 ㅅ, ㅈ, ㅊ 글자는 오른삐침줄기를 세로줄기보다 조금 나가게 한다.

　③ 받침의 닿소리 글자는 닿소리 글자와 홀소리 글자의 부분과 닿지 않게 한다.

(2) 닿소리 글자와 세로퍼진 홀소리 글자와 겹닿소리 글자로 맞춰진 글자

　① 받침의 가로폭은 닿소리 글자와 홀소리 글자로 맞춰진 글자의 가로폭 비슷하게 한다.

　② 받침의 오른쪽 위치 한계선 규칙은 (1)의 ②와 같게 한다.

③ 받침의 닿소리 글자는 닿소리 글자와 홀소리 글자의 부분과 닿지 않게 한다.

왼쪽, 오른쪽, 아래 차례로 맞춰진 낱내글자 기본형의 보기 그림

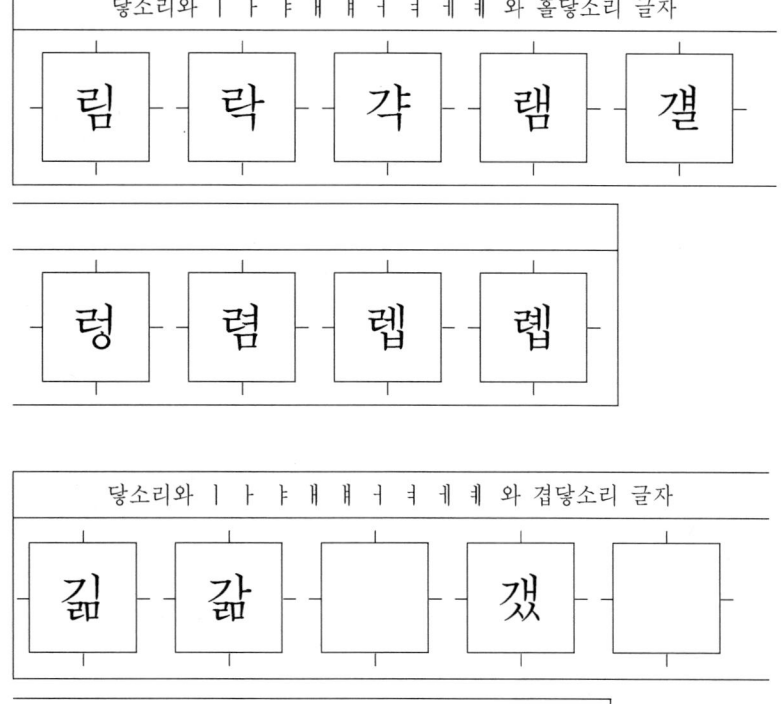

3. 왼쪽 위·아래, 오른쪽, 아래 차례로 맞춰진 낱내 글자

(1) 닿소리 글자와 겹홀소리 글자와 홀닿소리 글자로 맞춰진 글자

① 받침의 가로폭은 닿소리 글자와 겹홀소리 글자로 맞춰진 글자의 가로폭보다 작게 한다.

② 닿소리 글자 ㅅ, ㅈ, ㅊ을 제외한 받침의 오른쪽 부분은 겹홀소리 글자의 가장 오른쪽 세로줄기 밖으로 되도록 나가지 않게 한다.

③ 첫소리에 쓰인 닿소리 글자와 받침글자는 겹홀소리 글자와 닿지 않게 한다.

(2) 닿소리 글자와 겹홀소리 글자와 겹닿소리 글자로 맞춰진 글자

① 받침의 가로폭 크기는 닿소리 글자와 홀소리 글자로 맞춰진 글자의 가로폭과 비슷하게 한다.

② ㄵ, ㅆ, ㅄ 이외의 받침의 오른쪽 부분은 겹홀소리 글자의 가장 오른쪽 세로줄기 밖으로 나가지 않게 한다.

③ 닿소리 글자와 홀소리 글자와 닿소리 글자는 서로 닿지 않게 한다.

왼쪽 위·아래, 오른쪽, 아래 차례로 맞춰진 낱내글자 기본형의 보기 그림

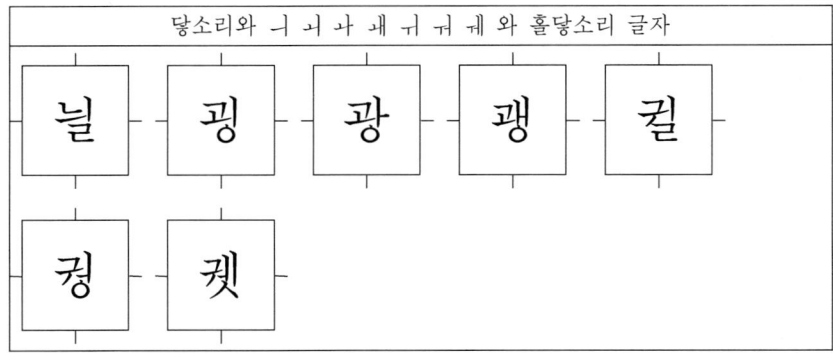

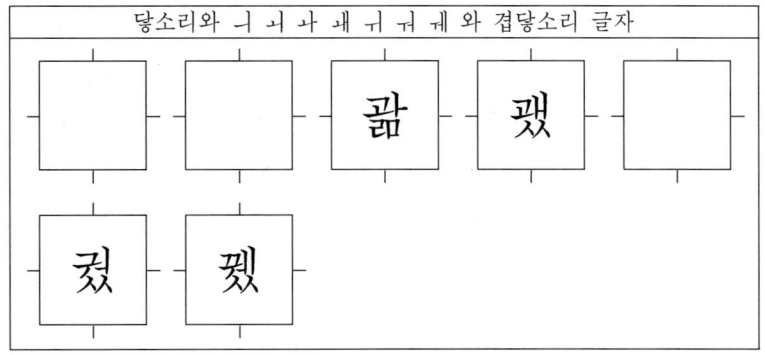

제3장 그밖의 것

제23항 옛 한글 글자본 제정 기준안 규정은 별도로 정한다.

부록: 한글 낱자의 부분 이름

부록-2. 한글 음절 1만 1172자와 2350자 대비표

1. 한글 음절 1만 1172자와 2350자 대비표
(글자 번호 아래에 '5601'이라고 쓴 것이 2350자에 해당하는 것임)

가₁ 각₂ 갂₃ 갃₄ 간₅ 갅₆ 갆₇ 갇₈ 갈₉ 갉₁₀ 갊₁₁ 갋₁₂ 갌₁₃ 갍₁₄ 갎₁₅ 갏₁₆ 감₁₇ 갑₁₈ 값₁₉ 갓₂₀
5601 5601   5601   5601 5601 5601 5601   5601 5601 5601 5601

갔₂₁ 강₂₂ 갖₂₃ 갗₂₄ 갘₂₅ 같₂₆ 갚₂₇ 갛₂₈ 개₂₉ 객₃₀ 갞₃₁ 갟₃₂ 갠₃₃ 갡₃₄ 갢₃₅ 갣₃₆ 갤₃₇ 갥₃₈ 갦₃₉ 갧₄₀
5601 5601 5601 5601   5601 5601 5601 5601 5601   5601   5601

갨₄₁ 갩₄₂ 갪₄₃ 갫₄₄ 갬₄₅ 갭₄₆ 갮₄₇ 갯₄₈ 갰₄₉ 갱₅₀ 갲₅₁ 갳₅₂ 갴₅₃ 갵₅₄ 갶₅₅ 갷₅₆ 갸₅₇ 갹₅₈ 갺₅₉ 갻₆₀
5601 5601 5601 5601   5601 5601 5601 5601   5601 5601

갼₆₁ 갽₆₂ 갾₆₃ 갿₆₄ 걀₆₅ 걁₆₆ 걂₆₇ 걃₆₈ 걄₆₉ 걅₇₀ 걆₇₁ 걇₇₂ 걈₇₃ 걉₇₄ 걊₇₅ 걋₇₆ 걌₇₇ 걍₇₈ 걎₇₉ 걏₈₀
5601   5601   5601   5601

걐₈₁ 걑₈₂ 걒₈₃ 걓₈₄ 걔₈₅ 걕₈₆ 걖₈₇ 걗₈₈ 걘₈₉ 걙₉₀ 걚₉₁ 걛₉₂ 걜₉₃ 걝₉₄ 걞₉₅ 걟₉₆ 걠₉₇ 걡₉₈ 걢₉₉ 걣₁₀₀
      5601   5601   5601

걤₁₀₁ 걥₁₀₂ 걦₁₀₃ 걧₁₀₄ 걨₁₀₅ 걩₁₀₆ 걪₁₀₇ 걫₁₀₈ 걬₁₀₉ 걭₁₁₀ 걮₁₁₁ 걯₁₁₂ 거₁₁₃ 걱₁₁₄ 걲₁₁₅ 걳₁₁₆ 건₁₁₇ 걵₁₁₈ 걶₁₁₉ 걷₁₂₀
                                                5601 5601   5601

걸₁₂₁ 걹₁₂₂ 걺₁₂₃ 걻₁₂₄ 걼₁₂₅ 걽₁₂₆ 걾₁₂₇ 걿₁₂₈ 검₁₂₉ 겁₁₃₀ 겂₁₃₁ 것₁₃₂ 겄₁₃₃ 겅₁₃₄ 겆₁₃₅ 겇₁₃₆ 겈₁₃₇ 겉₁₃₈ 겊₁₃₉ 겋₁₄₀
5601   5601   5601 5601   5601 5601 5601 5601   5601 5601 5601

게₁₄₁ 겍₁₄₂ 겎₁₄₃ 겏₁₄₄ 겐₁₄₅ 겑₁₄₆ 겒₁₄₇ 겓₁₄₈ 겔₁₄₉ 겕₁₅₀ 겖₁₅₁ 겗₁₅₂ 겘₁₅₃ 겙₁₅₄ 겚₁₅₅ 겛₁₅₆ 겜₁₅₇ 겝₁₅₈ 겞₁₅₉ 겟₁₆₀
5601   5601   5601   5601 5601   5601

겠₁₆₁ 겡₁₆₂ 겢₁₆₃ 겣₁₆₄ 겤₁₆₅ 겥₁₆₆ 겦₁₆₇ 겧₁₆₈ 겨₁₆₉ 격₁₇₀ 겪₁₇₁ 겫₁₇₂ 견₁₇₃ 겭₁₇₄ 겮₁₇₅ 겯₁₇₆ 결₁₇₇ 겱₁₇₈ 겲₁₇₉ 겳₁₈₀
5601 5601   5601 5601 5601   5601   5601 5601

겴₁₈₁ 겵₁₈₂ 겶₁₈₃ 겷₁₈₄ 겸₁₈₅ 겹₁₈₆ 겺₁₈₇ 겻₁₈₈ 겼₁₈₉ 경₁₉₀ 겾₁₉₁ 겿₁₉₂ 곀₁₉₃ 곁₁₉₄ 곂₁₉₅ 곃₁₉₆ 계₁₉₇ 곅₁₉₈ 곆₁₉₉ 곇₂₀₀
            5601 5601   5601 5601 5601   5601   5601

-- 7 --

견	곌	곍	곈	곌	곍	곎	곏	곐	곑	곒	곓	겸	겹	겺	겻	겼	겅	겿	곛
201	202	203	204	205	206	207	208	209	210	211	212	213	214	215	216	217	218	219	220
5601				5601									5601		5601				

곗	곘	곙	곚	고	곡	곢	곣	곤	곥	곦	곧	골	곩	곪	곫	곬	곭	곮	곯
221	222	223	224	225	226	227	228	229	230	231	232	233	234	235	236	237	238	239	240
				5601	5601			5601			5601	5601		5601		5601			5601

곰	곱	곲	곳	곴	공	곶	곷	곸	곹	곺	곻	과	곽	곾	곿	관	괁	괂	관
241	242	243	244	245	246	247	248	249	250	251	252	253	254	255	256	257	258	259	260
5601	5601		5601		5601								5601	5601		5601			

괄	괅	괆	괇	괈	괉	괊	괋	괌	괍	괎	괏	괐	광	괒	괓	괔	괕	괖	괗
261	262	263	264	265	266	267	268	269	270	271	272	273	274	275	276	277	278	279	280
5601		5601									5601	5601		5601		5601			

괘	괙	괚	괛	괜	괝	괞	괟	괠	괡	괢	괣	괤	괥	괦	괧	괨	괩	괪	괫
281	282	283	284	285	286	287	288	289	290	291	292	293	294	295	296	297	298	299	300
5601				5601				5601										5601	

괬	괭	괮	괯	괰	괱	괲	괳	괴	괵	괶	괷	괸	괹	괺	괻	괼	괽	괾	괿
301	302	303	304	305	306	307	308	309	310	311	312	313	314	315	316	317	318	319	320
5601	5601							5601				5601							

굀	굁	굂	굃	굄	굅	굆	굇	굈	굉	굊	굋	굌	굍	굎	굏	고	곡	곢	곣
321	322	323	324	325	326	327	328	329	330	331	332	333	334	335	336	337	338	339	340
		5601	5601		5601		5601									5601			

곤	굒	굓	곤	골	굖	굗	굘	굙	굚	굛	굜	곱	굞	곳	굠	공	곶	곷
341	342	343	344	345	346	347	348	349	350	351	352	353	354	355	356	357	(358)	359	360
5601				5601								5601		5601				

곡	곹	굡	굢	구	국	굮	굯	군	굲	굳	굴	굵	굶	굷	굸	굹	굺	굻	궁
361	362	363	364	365	366	367	368	369	370	371	372	373	374	375	376	377	378	379	380
				5601	5601		5601				5601	5601	5601	5601					5601

굼	굽	굾	굿	궀	궁	궂	궃	국	굳	굽	궁	귀	귁	귂	귃	권	귅	귆	권
381	382	383	384	385	386	387	388	389	390	391	392	393	394	395	396	397	398	399	400
5601	5601		5601		5601	5601							5601	5601		5601			

궐	긝	긞	긟	긠	긡	긢	긣	검	겁	겂	긧	긨	겅	긫	긬	격	긭	긮	긯
401	402	403	404	405	406	407	408	409	410	411	412	413	414	415	416	417	418	419	420

5601 (401) · 5601 (412) · 5601 (413)

궤	궥	궦	궧	궨	궩	궪	궫	궬	궭	궮	궯	궰	궱	궲	궳	궴	궵	궶	궷
421	422	423	424	425	426	427	428	429	430	431	432	433	434	435	436	437	438	439	440

5601 (421) · 5601 (440)

궸	궹	궺	궻	궼	궽	궾	궿	귀	귁	귂	귃	귄	귅	귆	귇	길	귉	귊	귋
441	442	443	444	445	446	447	448	449	450	451	452	453	454	455	456	457	458	459	460

5601 (447) · 5601 (448) · 5601 (452) · 5601 (457)

귌	귍	귎	귏	귐	귑	귒	귓	귔	귕	귖	귗	귘	귙	귚	귛	규	극	긖	긗
461	462	463	464	465	466	467	468	469	470	471	472	473	474	475	476	477	478	479	480

5601 (464) · 5601 (465) · 5601 (467) · 5601 (477)

군	긙	긚	귿	글	긝	긞	긟	긠	긡	긢	금	급	긦	긧	긨	긩	긪	긫	긬
481	482	483	484	485	486	487	488	489	490	491	492	493	494	495	496	497	498	499	500

5601 (481) · 5601 (485)

긬	긭	긮	긯	그	극	규	긵	근	긷	긹	글	긂	긃	긄	긅	긆	긇	긊	긍
501	502	503	504	505	506	507	508	509	510	511	512	513	514	515	516	517	518	519	520

5601 (505) · 5601 (506) · 5601 (509) · 5601 (513) · 5601 (514) · 5601 (515)

금	급	긌	긎	긌	긍	긎	즞	극	글	긒	긓	긔	긕	긖	긗	긙	긚	긛	근
521	522	523	524	525	526	527	(528)	529	530	531	532	533	534	535	536	(537)	538	539	540

5601 (521) · 5601 (522) · 5601 (524) · 5601 (526) · 5601 (534)

글	긝	긞	긟	긠	긡	긢	긣	김	깁	긦	긧	긨	깅	긫	긫	긕	긭	긮	긯
541	542	543	544	545	546	547	548	549	550	551	552	553	554	555	556	557	558	559	560

기	긱	긲	긳	긴	긵	긶	긷	길	긹	긺	긻	긼	긽	긾	긿	김	깁	깂	깃
561	562	563	564	565	566	567	568	569	570	571	572	573	574	575	576	577	578	579	580

5601 (561) · 5601 (562) · 5601 (565) · 5601 (570) · 5601 (571) · 5601 (573) · 5601 (577) · 5601 (578) · 5601 (580)

깄	깅	깆	깇	깈	깉	깊	깋	까	깍	깎	깏	깐	깑	깒	깓	깔	깕	깖	깗
581	582	583	584	585	586	587	588	589	590	591	592	593	594	595	596	597	598	599	600

5601 (581) · 5601 (582) · 5601 (587) · 5601 (590) · 5601 (591) · 5601 (592) · 5601 (594) · 5601 (597) · 5601 (599)

깂 깄 깄 깄 깜 깝 깞 깟 깠 깡 깣 깣 깍 깥 깦 깧 깨 깩 깪 깫
601 602 603 604 605 606 607 608 609 610 611 612 613 614 615 616 617 618 619 620
    5601 5601   5601 5601 5601   5601   5601 5601

깬 깼 깸 깼 깰 깱 깲 깳 깴 깵 깶 깷 깸 깹 깺 깻 깼 깽 깼 깼
621 622 623 624 625 626 627 628 629 630 631 632 633 634 635 636 637 638 639 640
5601   5601   5601 5601   5601 5601 5601

깩 깥 깳 깷 꺄 꺅 꺆 꺇 꺈 꺉 꺊 꺋 꺍 꺎 꺏 꺐 꺑 꺒 꺓 꺔
641 642 643 644 645 646 647 648 649 650 651 652 653 654 655 656 657 658 659 660
        5601 5601   5601

깜 깝 깞 깟 깠 깡 깣 깣 깍 깥 깦 깧 깨 깩 깪 깫 깬 깼 깸 깼
661 662 663 664 665 666 667 668 669 670 671 672 673 674 675 676 677 678 679 680

깰 깱 깲 깳 깴 깵 깶 깷 깸 깹 깺 깻 깼 깽 깼 깼 깩 깥 깳 깷
681 682 683 684 685 686 687 688 689 690 691 692 693 694 695 696 697 698 699 700

꺼 꺽 꺾 꺿 껀 껁 껂 껃 껄 껅 껆 껇 껈 껉 껊 껋 껌 껍 껎 껏
701 702 703 704 705 706 707 708 709 710 711 712 713 714 715 716 717 718 719 720
5601 5601 5601   5601   5601   5601 5601   5601

껐 껑 껒 껓 껔 껕 껖 껗 께 껙 껚 껛 껜 껝 껞 껟 껠 껡 껢 껣
721 722 723 724 725 726 727 728 729 730 731 732 733 734 735 736 737 738 739 740
5601 5601   5601 5601   5601

껤 껥 껦 껧 껨 껩 껪 껫 껬 껭 껮 껯 껰 껱 껲 껳 꺼 껵 껶 껷
741 742 743 744 745 746 747 748 749 750 751 752 753 754 755 756 757 758 759 760
     5601   5601 5601   5601

껸 껹 껺 껻 껼 껽 껾 껿 꼀 꼁 꼂 꼃 껌 껍 껎 껏 껐 껑 껒 껓
761 762 763 764 765 766 767 768 769 770 771 772 773 774 775 776 777 778 779 780
5601   5601   5601 5601

껵 껶 껷 껸 께 껙 껚 껛 껜 껝 껞 껟 껠 껡 껢 껣 껤 껥 껦 껧
781 782 783 784 785 786 787 788 789 790 791 792 793 794 795 796 797 798 799 800
    5601   5601

껨 껩 껪 껫 껬 껭 껮 껯 껰 껱 껲 껳 꼬 꼭 꾺 꼲 꼰 꼲 꼲 꼳
801 802 803 804 805 806 807 808 809 810 811 812 813 814 815 816 817 818 819 (820)
　　　　　　　　　　　　5601 5601　　　5601　　　5601

꼴 꼵 꼶 꼷 꼸 꼹 꼺 꼻 꼼 꼽 꼾 꼿 꽀 꽁 꽂 꽃 꽄 꽅 꽆 꽇
821 822 823 824 825 826 827 828 829 830 831 832 833 834 835 836 837 838 839 840
5601　　　　　　　　5601 5601　　5601　　5601 5601 5601

꽈 꽉 꽊 꽋 꽌 꽍 꽎 꽏 꽐 꽑 꽒 꽓 꽔 꽕 꽖 꽗 꽘 꽙 꽚 꽛
841 842 843 844 845 846 847 848 849 850 851 852 853 854 855 856 857 858 859 860
5601 5601　　　　　　5601

꽜 꽝 꽞 꽟 꽠 꽡 꽢 꽣 꽤 꽥 꽦 꽧 꽨 꽩 꽪 꽫 꽬 꽭 꽮 꽯
861 862 863 864 865 866 867 868 869 870 871 872 873 874 875 876 877 878 879 880
5601 5601　　　　　5601 5601

꽰 꽱 꽲 꽳 꽴 꽵 꽶 꽷 꽸 꽹 꽺 꽻 꽼 꽽 꽾 꽿 꾀 꾁 꾂 꾃
881 882 883 884 885 886 887 888 889 890 891 892 893 894 895 896 897 898 899 900
　　　　　　　　　5601　　　　5601

꾄 꾅 꾆 꾇 꾈 꾉 꾊 꾋 꾌 꾍 꾎 꾏 꾐 꾑 꾒 꾓 꾔 꾕 꾖 꾗
901 902 903 904 905 906 907 908 909 910 911 912 913 914 915 916 917 918 919 920
5601　　　5601　　　　　　　5601 5601　　5601

꾘 꾙 꾚 꾛 꾜 꾝 꾞 꾟 꾠 꾡 꾢 꾣 꾤 꾥 꾦 꾧 꾨 꾩 꾪 꾫
921 922 923 924 925 926 927 928 929 930 931 932 933 934 935 936 937 938 939 940
　　　　5601

꾬 꾭 꾮 꾯 꾰 꾱 꾲 꾳 꾴 꾵 꾶 꾷 꾸 꾹 꾺 꾻 꾼 꾽 꾾 꾿
941 942 943 944 945 946 947 948 949 950 951 952 953 954 955 956 957 958 959 960
　　　　　　　　　　　5601 5601　　5601

꿀 꿁 꿂 꿃 꿄 꿅 꿆 꿇 꿈 꿉 꿊 꿋 꿌 꿍 꿎 꿏 꿐 꿑 꿒 꿓
961 962 963 964 965 966 967 968 969 970 971 972 973 974 975 976 977 978 979 980
5601　　　　　　　5601 5601 5601　　5601　　5601 5601

꿔 꿕 꿖 꿗 꿘 꿙 꿚 꿛 꿜 꿝 꿞 꿟 꿠 꿡 꿢 꿣 꿤 꿥 꿦 꿧
981 982 983 984 (985) 986 987 988 989 990 991 992 993 994 995 996 997 998 999 1000
5601　　　　5601

꿨 꿩 꿪 꿫 꿬 꿭 꿮 꿯 꿰 꿱 꿲 꿳 꿴 꿵 꿶 꿷 꿸 꿹 꿺 꿻
1001 1002 1003 1004 1005 1006 1007 1008 1009 1010 1011 1012 1013 1014 1015 1016 1017 1018 1019 1020
5601 5601   5601 5601   5601   5601

꿼 꿽 꿾 꿿 뀀 뀁 뀂 뀃 뀄 뀅 뀆 뀇 뀈 뀉 뀊 뀋 뀌 뀍 뀎 뀏
1021 1022 1023 1024 1025 1026 1027 1028 1029 1030 1031 1032 1033 1034 1035 1036 1037 1038 1039 1040
    5601 5601   5601

뀐 뀑 뀒 뀓 뀔 뀕 뀖 뀗 뀘 뀙 뀚 뀛 뀜 뀝 뀞 뀟 뀠 뀡 뀢 뀣
1041 1042 1043 1044 1045 1046 1047 1048 1049 1050 1051 1052 1053 1054 1055 1056 1057 1058 1059 1060
5601   5601   5601 5601

뀤 뀥 뀦 뀧 뀨 뀩 뀪 뀫 뀬 뀭 뀮 뀯 뀰 뀱 뀲 뀳 뀴 뀵 뀶 뀷
1061 1062 1063 1064 1065 1066 1067 1068 1069 1070 1071 1072 1073 1074 1075 1076 1077 1078 1079 1080
5601

뀸 뀹 뀺 뀻 뀼 뀽 뀾 뀿 끀 끁 끂 끃 끄 끅 끆 끇 끈 끉 끊 끋
1081 1082 1083 1084 1085 1086 1087 1088 1089 1090 1091 1092 1093 1094 1095 1096 1097 1098 1099 1100
             5601 5601   5601   5601

끌 끍 끎 끏 끐 끑 끒 끓 끔 끕 끖 끗 끘 끙 끚 끛 끜 끝 끞 끟
1101 1102 1103 1104 1105 1106 1107 1108 1109 1110 1111 1112 1113 1114 1115 1116 1117 1118 1119 1120
5601   5601   5601 5601 5601   5601   5601

끠 끡 끢 끣 끤 끥 끦 끧 끨 끩 끪 끫 끬 끭 끮 끯 끰 끱 끲 끳
1121 1122 1123 1124 1125 1126 1127 1128 1129 1130 1131 1132 1133 1134 1135 1136 1137 1138 1139 1140

끴 끵 끶 끷 끸 끹 끺 끻 끼 끽 끾 끿 낀 낁 낂 낃 낄 낅 낆 낇
1141 1142 1143 1144 1145 1146 1147 1148 1149 1150 1151 1152 1153 1154 1155 1156 1157 1158 1159 1160
         5601 5601   5601   5601

낈 낉 낊 낋 낌 낍 낎 낏 낐 낑 낒 낓 낔 낕 낖 낗 나 낙 낚 낛
1161 1162 1163 1164 1165 1166 1167 1168 1169 1170 1171 1172 1173 1174 1175 1176 1177 1178 1179 1180
    5601 5601   5601   5601   5601 5601 5601

난 낝 낞 낟 날 낡 낢 낣 낤 낥 낦 낧 남 납 낪 낫 났 낭 낮 낯
1181 1182 1183 1184 1185 1186 1187 1188 1189 1190 1191 1192 1193 1194 1195 1196 1197 1198 1199 1200
5601   5601 5601 5601   5601 5601   5601 5601 5601 5601 5601

낙 낱 낲 낳 내 넥 넦 낸 낻 낼 낼 낽 낾 낿 냀 냁 냂 냃 냄
1201 1202 1203 1204 1205 1206 1207 1208 1209 1210 1211 1212 1213 1214 1215 1216 1217 1218 1219 1220
　　 5601 　　 　　 5601 5601 5601 　　 5601 　　 　　 5601

냄 냅 냆 냇 냈 냉 냊 냋 냌 냍 냎 냐 냑 냒 냓 냔 냕 냖 냗
1221 1222 1223 1224 1225 1226 1227 1228 1229 1230 1231 1232 1233 1234 1235 1236 1237 1238 1239 1240
5601 5601 　　 5601 5601 5601 　　 　　 　　 　　 　　 　　 5601 5601 　　 5601

냘 냙 냚 냛 냜 냝 냞 냟 냠 냡 냢 냣 냤 냥 냦 냧 냨 냩 냪 냫
1241 1242 1243 1244 1245 1246 1247 1248 1249 1250 1251 1252 1253 1254 1255 1256 1257 1258 1259 1260
5601 　　 　　 　　 　　 　　 　　 　　 5601 　　 　　 　　 　　 5601

내 넥 넦 냇 넌 넍 넎 넏 널 넑 넒 넓 넔 넕 넖 넗 넘 넙 넚 넛
1261 1262 1263 1264 1265 1266 1267 1268 1269 1270 1271 1272 1273 1274 1275 1276 1277 1278 1279 1280

냈 냉 냊 냋 냌 냍 냎 냏 너 넉 넋 넌 넌 넋 넍 넌 널 넑 넒 넓
1281 1282 1283 1284 1285 1286 1287 1288 1289 1290 1291 1292 1293 1294 1295 1296 1297 1298 1299 1300
　　　　　　　　　　 5601 5601 　　 5601 5601 　　 　　 5601 　　 5601 5601

넔 넕 넖 넗 넘 넙 넚 넛 넜 넝 넞 넟 넠 넡 넢 넣 내 넥 넦 넧
1301 1302 1303 1304 1305 1306 1307 1308 1309 1310 1311 1312 1313 1314 1315 1316 1317 1318 1319 1320
　　　　　　 5601 5601 　　 5601 5601 　　 　　 　　 　　 　　 5601 5601 5601

넌 넍 넎 넏 넬 넭 넮 넯 넰 넱 넲 넳 넴 넵 넶 넷 넸 녕 넺 넻
1321 1322 1323 1324 1325 1326 1327 1328 1329 1330 1331 1332 1333 1334 1335 1336 1337 1338 1339 1340
5601 　　　　 5601 　　　　　　　　　　　　　　 5601 5601 　　 5601 5601 5601

넼 넽 넾 넿 녀 녁 녂 녃 년 녅 녆 녇 녈 녉 녊 녋 녌 녍 녎 녏
1341 1342 1343 1344 1345 1346 1347 1348 1349 1350 1351 1352 1353 1354 1355 1356 1357 1358 1359 1360
　　　　 5601 5601 　　 5601 　　　 　 5601

념 녑 녒 녓 녔 녕 녖 녗 녘 녙 녚 녛 네 넥 넦 넧 넨 넩 넪 넫
1361 1362 1363 1364 1365 1366 1367 1368 1369 1370 1371 1372 1373 1374 1375 1376 1377 1378 1379 1380
5601 5601 　　 5601 5601 　　 5601 　　　　 5601 　　　 5601

넬 넭 넮 넯 넰 넱 넲 넳 넴 넵 넶 넷 넸 넝 넺 넻 넼 넽 넾 넿
1381 1382 1383 1384 1385 1386 1387 1388 1389 1390 1391 1392 1393 1394 1395 1396 1397 1398 1399 1400

노 녹 눆 눇 논 녻 녹 돈 놀 놁 놂 놃 놄 놅 놆 놇 놈 놉 놊 놋
1401 1402 1403 1404 1405 1406 1407 1408 1409 1410 1411 1412 1413 1414 1415 1416 1417 1418 1419 1420
5601 5601 5601 5601 5601 5601 5601 5601

놌 농 놎 놏 녹 놑 높 놓 놔 놕 놖 놗 놘 놙 놚 놛 놜 놝 놞 놟
1421 1422 1423 1424 1425 1426 1427 1428 1429 1430 1431 1432 1433 1434 1435 1436 1437 1438 1439 1440
5601 5601 5601 5601 5601 5601

놠 놡 놢 놣 놤 놥 놦 놧 놨 놩 놪 놫 놬 놭 놮 놯 놰 놱 놲 놳
1441 1442 1443 1444 1445 1446 1447 1448 1449 1450 1451 1452 1453 1454 1455 1456 1457 1458 1459 1460
5601

놴 놵 놶 놷 놸 놹 놺 놻 놼 놽 놾 놿 뇀 뇁 뇂 뇃 뇄 뇅 뇆 뇇
1461 1462 1463 1464 1465 1466 1467 1468 1469 1470 1471 1472 1473 1474 1475 1476 1477 1478 1479 1480

뇈 뇉 뇊 뇋 뇌 뇍 뇎 뇏 뇐 뇑 뇒 뇓 뇔 뇕 뇖 뇗 뇘 뇙 뇚 뇛
1481 1482 1483 1484 1485 1486 1487 1488 1489 1490 1491 1492 1493 1494 1495 1496 1497 1498 1499 1500
5601 5601 5601

뇜 뇝 뇞 뇟 뇠 뇡 뇢 뇣 뇤 뇥 뇦 뇧 뇨 뇩 뇪 뇫 뇬 뇭 뇮 뇯
1501 1502 1503 1504 1505 1506 1507 1508 1509 1510 1511 1512 1513 1514 1515 1516 1517 1518 1519 1520
5601 5601 5601 5601 5601 5601

뇰 뇱 뇲 뇳 뇴 뇵 뇶 뇷 뇸 뇹 뇺 뇻 뇼 뇽 뇾 뇿 눀 눁 눂 눃
1521 1522 1523 1524 1525 1526 1527 1528 1529 1530 1531 1532 1533 1534 1535 1536 1537 1538 1539 1540
5601 5601 5601 5601

누 눅 눆 눇 눈 눉 눊 눋 눌 눍 눎 눏 눐 눑 눒 눓 눔 눕 눖 눗
1541 1542 1543 1544 1545 1546 1547 1548 1549 1550 1551 1552 1553 1554 1555 1556 1557 1558 1559 1560
5601 5601 5601 5601 5601 5601 5601 5601

눘 눙 눚 눛 눜 눝 눞 눟 눠 눡 눢 눣 눤 눥 눦 눧 눨 눩 눪 눫
1561 1562 1563 1564 1565 1566 1567 1568 1569 1570 1571 1572 1573 1574 1575 1576 1577 1578 1579 1580
5601 5601

눬 눭 눮 눯 눰 눱 눲 눳 눴 눵 눶 눷 눸 눹 눺 눻 눼 눽 눾 눿
1581 1582 1583 1584 1585 1586 1587 1588 1589 1590 1591 1592 1593 1594 1595 1596 1597 1598 1599 1600
5601 5601

-- 14 --

뷘	뷧	뷇	뷘	뷀	뷝	뷞	뷟	뷠	뷡	뷟	뷣	뷥	뷟	뷧	뷧	뷩	뷧	뷧
1601	1602	1603	1604	1605	1606	1607	1608	1609	1610	1611	1612	1613	1614	1615	1616	1617	1618	1619	1620

뉙	뉕	뉖	뉗	뉘	늑	뉚	뉛	뉜	늤	늖	늗	늘	늙	늚	늛	늜	늞	늟
1621	1622	1623	1624	1625	1626	1627	1628	1629	1630	1631	1632	1633	1634	1635	1636	1637	1638	1639	1640

늠	늡	늢	늣	늤	능	늦	늧	늨	늩	늪	늫	뉴	눅	눆	눇	눈	눉	눊	눌
1641	1642	1643	1644	1645	1646	1647	1648	1649	1650	1651	1652	1653	1654	1655	1656	1657	1658	1659	(1660)

눌	눍	눎	눏	눐	눒	눓	눔	눕	눖	눗	눘	눙	눚	눛	눅	눝	눞	눟
1661	1662	1663	1664	1665	1666	1667	1668	1669	1670	1671	1672	1673	1674	1675	1676	1677	1678	1679	1680

느	늑	늒	늓	는	늕	늖	든	늘	늙	늚	늛	늜	늝	늞	늟	늠	늡	늢	늣
1681	1682	1683	1684	1685	1686	1687	1688	1689	1690	1691	1692	1693	1694	1695	1696	1697	1698	1699	1700

늤	능	늦	늧	늨	늩	늪	능	늬	늭	늮	늯	닌	늱	늲	늳	늴	늵	늶	늷
1701	1702	1703	1704	1705	1706	1707	1708	1709	1710	1711	1712	1713	1714	1715	1716	1717	1718	1719	1720

늸	늹	늺	늻	늼	늽	늾	늿	닁	닂	닃	닄	닅	닆	닇	니	닉	닊	닋
1721	1722	1723	1724	1725	1726	1727	1728	1729	(1730)	1731	1732	1733	1734	1735	1736	1737	1738	1739	1740

닌	닍	닎	닏	닐	닑	닒	닓	닔	닕	닖	닗	님	닙	닚	닛	닜	닝	닞	닟
1741	1742	1743	(1744)	1745	1746	1747	1748	1749	1750	1751	1752	1753	1754	1755	1756	1757	1758	1759	1760

닠	닡	닢	닣	다	닥	닦	닧	단	닩	닪	닫	달	닭	닮	닯	닰	닱	닲	닳
1761	1762	1763	1764	1765	1766	1767	1768	1769	1770	1771	1772	1773	1774	1775	1776	1777	1778	1779	1780

담	답	닶	닷	닸	당	닺	닻	닼	닽	닾	닿	대	댁	댂	댄	댅	댆	댄
1781	1782	1783	1784	1785	1786	1787	1788	1789	1790	1791	1792	1793	1794	1795	1796	1797	1798	1799	1800

-- 15 --

댈 댉 댊 댋 댌 댍 댎 댏 댐 댑 댒 댓 댔 댕 댖 댗 댘 댙 댚 댛
1801 1802 1803 1804 1805 1806 1807 1808 1809 1810 1811 1812 1813 1814 1815 1816 1817 1818 1819 1820
5601   5601 5601   5601 5601 5601

다 댝 댞 댟 단 댡 댢 댣 달 댥 댦 댧 댨 댩 댪 댫 담 답 댮 댯
1821 1822 1823 1824 1825 1826 1827 1828 1829 1830 1831 1832 1833 1834 1835 1836 1837 1838 1839 1840
5601

댰 댱 댲 댳 댴 댵 댶 댷 대 댹 댺 댻 댼 댽 댾 댿 댈 덁 덂 덃
1841 1842 1843 1844 1845 1846 1847 1848 1849 1850 1851 1852 1853 1854 1855 1856 1857 1858 1859 1860

덄 덅 덆 덇 덈 덉 덊 덋 덌 덍 덎 덏 덐 덑 덒 덓 더 덕 덖 덗
1861 1862 1863 1864 1865 1866 1867 1868 1869 1870 1871 1872 1873 1874 1875 1876 1877 1878 1879 1880
                                              5601 5601 5601

던 덙 덚 덛 덜 덝 덞 덟 덠 덡 덢 덣 덤 덥 덦 덧 덨 덩 덪 덫
1881 1882 1883 1884 1885 1886 1887 1888 1889 1890 1891 1892 1893 1894 1895 1896 1897 1898 1899 1900
5601   5601 5601   5601 5601   5601 5601   5601   5601

덬 덭 덮 덯 데 덱 덲 덳 덴 덵 덶 덷 델 덹 덺 덻 덼 덽 덾 덿
1901 1902 1903 1904 1905 1906 1907 1908 1909 1910 1911 1912 1913 1914 1915 1916 1917 1918 1919 1920
    5601   5601 5601   5601   5601

뎀 뎁 뎂 뎃 뎄 뎅 뎆 뎇 뎈 뎉 뎊 뎋 더 덕 덖 덗 던 덙 덚 던
1921 1922 1923 1924 1925 1926 1927 1928 1929 1930 1931 1932 1933 1934 1935 1936 1937 1938 1939 1940
5601 5601   5601 5601 5601   5601   5601

덜 덝 덞 덟 덠 덡 덢 덣 덤 덥 덦 덧 덨 덩 덪 덫 덬 덭 덮 덯
1941 1942 1943 1944 1945 1946 1947 1948 1949 1950 1951 1952 1953 1954 1955 1956 1957 1958 1959 1960
5601   1949   1951   5601 5601

데 덱 덲 덳 덴 덵 덶 덷 델 덹 덺 덻 덼 덽 덾 덿 뎀 뎁 뎂 뎃
1961 1962 1963 1964 1965 1966 1967 1968 1969 1970 1971 1972 1973 1974 1975 1976 1977 1978 1979 1980
5601   5601

뎄 뎅 뎆 뎇 뎈 뎉 뎊 뎋 도 독 돆 돇 돈 돉 돊 돋 돌 돍 돎 돏
1981 1982 1983 1984 1985 1986 1987 1988 1989 1990 1991 1992 1993 1994 1995 1996 1997 1998 1999 2000
                        5601 5601   5601   5601 5601   5601

-- 16 --

돐 돑 돒 돓 돔 돕 돖 돗 돘 동 돚 돛 독 돝 돞 동 돠 돡 돢 돣
2001 2002 2003 2004 2005 2006 2007 2008 2009 2010 2011 2012 2013 2014 2015 2016 2017 2018 2019 2020
5601   5601 5601   5601   5601   5601   5601   5601

돤 돥 돦 돧 돨 돩 돪 돫 돬 돭 돮 돯 돰 돱 돲 돳 돴 돵 돶 돷
2021 2022 2023 2024 2025 2026 2027 2028 2029 2030 2031 2032 2033 2034 2035 2036 2037 2038 2039 2040
5601   5601

돸 돹 돺 돻 돼 돽 돾 돿 된 됀 됁 됂 됃 됄 됅 됆 됇 됈 됉 됊
2041 2042 2043 2044 2045 2046 2047 2048 2049 2050 2051 2052 2053 2054 2055 2056 2057 2058 2059 2060
5601

됋 됌 됍 됎 됏 됐 됑 됒 됓 됔 됕 되 됙 됚 됛 된 됝 됞 됟 된
2061 2062 2063 2064 2065 2066 2067 2068 2069 2070 2071 2072 2073 2074 2075 2076 2077 2078 2079 2080
5601   5601   5601

될 됡 됢 됣 됤 됥 됦 됧 됨 됩 됪 됫 됬 됭 됮 됯 됰 됱 됲 됳
2081 2082 2083 2084 2085 2086 2087 2088 2089 2090 2091 2092 2093 2094 2095 2096 2097 2098 2099 2100
5601   5601 5601   5601

됴 됵 됶 됷 됸 됹 됺 됻 됼 됽 됾 됿 둀 둁 둂 둃 둄 둅 둆 둇
2101 2102 2103 2104 2105 2106 2107 2108 2109 2110 2111 2112 2113 2114 2115 2116 2117 2118 2119 2120
5601

둈 둉 둊 둋 둌 둍 둎 둏 두 둑 둒 둓 둔 둕 둖 둗 둘 둙 둚 둛
2121 (2122) 2123 2124 2125 2126 2127 2128 2129 2130 2131 2132 2133 2134 2135 (2136) 2137 2138 2139 2140
5601 5601   5601   5601

둜 둝 둞 둟 둠 둡 둢 둣 둤 둥 둦 둧 둨 둩 둪 둫 둬 둭 둮 둯
2141 2142 2143 2144 2145 2146 2147 2148 2149 2150 2151 2152 2153 2154 2155 2156 2157 2158 2159 2160
5601 5601   5601   5601   5601

둰 둱 둲 둳 둴 둵 둶 둷 둸 둹 둺 둻 둼 둽 둾 둿 뒀 뒁 뒂 뒃
2161 2162 2163 2164 2165 2166 2167 2168 2169 2170 2171 2172 2173 2174 2175 2176 2177 2178 2179 2180
5601

뒄 뒅 뒆 뒇 뒈 뒉 뒊 뒋 뒌 뒍 뒎 뒏 뒐 뒑 뒒 뒓 뒔 뒕 뒖 뒗
2181 2182 2183 2184 2185 2186 2187 2188 2189 2190 2191 2192 2193 2194 2195 2196 2197 2198 2199 2200
5601

뒘 뒙 뒚 뒛 뒜 뒝 뒞 뒟 뒠 뒡 뒢 뒣 뒤 뒥 뒦 뒧 뒨 뒩 뒪 뒫
2201 2202 2203 2204 2205 2206 2207 2208 2209 2210 2211 2212 2213 2214 2215 2216 2217 2218 2219 2220
5601   5601   5601

뒬 뒭 뒮 뒯 뒰 뒱 뒲 뒳 뒴 뒵 뒶 뒷 뒸 뒹 뒺 뒻 뒼 뒽 뒾 뒿
2221 2222 2223 2224 2225 2226 2227 2228 2229 2230 2231 2232 2233 2234 2235 2236 2237 2238 2239 2240
5601   5601   5601   5601

듀 득 듂 듃 듄 듅 듆 듇 듈 듉 듊 듋 듌 듍 듎 듏 듐 듑 듒 듓
2241 2242 2243 2244 2245 2246 2247 2248 2249 2250 2251 2252 2253 2254 2255 2256 2257 2258 2259 2260
5601   5601   5601   5601

듔 등 듖 듗 듘 듙 듚 듛 드 득 듞 듟 든 듡 듢 듣 들 듥 듦 듧
2261 2262 2263 2264 2265 2266 2267 2268 2269 2270 2271 2272 2273 2274 2275 2276 2277 2278 2279 2280
5601   5601 5601   5601   5601 5601   5601

듨 듩 듪 듫 듬 듭 듮 듯 듰 등 듲 듳 득 듵 듶 듷 듸 듹 듺 듻
2281 2282 2283 2284 2285 2286 2287 2288 2289 2290 2291 2292 2293 2294 2295 2296 2297 2298 2299 2300
5601   5601 5601   5601   5601   5601

딘 딙 딚 딛 딜 딝 딞 딟 딠 딡 딢 딣 딤 딥 딦 딧 딨 딩 딪 딫
2301 2302 2303 2304 2305 2306 2307 2308 2309 2310 2311 2312 2313 2314 2315 2316 2317 2318 2319 2320

딬 딭 딮 딯 디 딕 딖 딗 딘 딙 딚 딛 딜 딝 딞 딟 딠 딡 딢 딣
2321 2322 2323 2324 2325 2326 2327 2328 2329 2330 2331 2332 2333 2334 2335 2336 2337 2338 2339 2340
5601 5601   5601   5601 5601

딤 딥 딦 딧 딨 딩 딪 딫 딬 딭 딮 딯 따 딱 딲 딳 딴 딵 딶 딷
2341 2342 2343 2344 2345 2346 2347 2348 2349 2350 2351 2352 2353 2354 2355 2356 2357 2358 2359 2360
5601 5601   5601 5601 5601 5601   5601 5601   5601

딸 딹 딺 딻 딼 딽 딾 딿 땀 땁 땂 땃 땄 땅 땆 땇 딱 땉 땊 땋
2361 2362 2363 2364 2365 2366 2367 2368 2369 2370 2371 2372 2373 2374 2375 2376 2377 2378 2379 2380
5601   5601 5601   5601 5601 5601   5601

때 땍 땎 땏 땐 땑 땒 땓 땔 땕 땖 땗 땘 땙 땚 땛 땜 땝 땞 땟
2381 2382 2383 2384 2385 2386 2387 2388 2389 2390 2391 2392 2393 2394 2395 2396 2397 2398 2399 2400
5601 5601   5601   5601   5601 5601   5601

-- 18 --

| 2401 땠 | 2402 땡 | 2403 땢 | 2404 땣 | 2405 땤 | 2406 땥 | 2407 땦 | 2408 땧 | (2409) 따 | 2410 딱 | 2411 딲 | 2412 딳 | 2413 단 | 2414 딵 | 2415 딶 | 2416 닫 | 2417 달 | 2418 딹 | 2419 딺 | 2420 딻 |
| 5601 | 5601 | | | | | | | | | | | | | | | | | | |

| 2421 딼 | 2422 딽 | 2423 딾 | 2424 딿 | 2425 땀 | 2426 땁 | 2427 땂 | 2428 땃 | 2429 땄 | 2430 땅 | 2431 땆 | 2432 땇 | 2433 땈 | 2434 땉 | 2435 땊 | 2436 땋 | 2437 때 | 2438 땍 | 2439 땎 | 2440 땏 |

| 2441 땐 | 2442 땑 | 2443 땒 | 2444 땓 | 2445 땔 | 2446 땕 | 2447 땖 | 2448 땗 | 2449 땘 | 2450 땙 | 2451 땚 | 2452 땛 | 2453 땜 | 2454 땝 | 2455 땞 | 2456 땟 | 2457 땠 | 2458 땡 | 2459 땢 | 2460 땣 |

| 2461 땤 | 2462 땥 | 2463 땦 | 2464 땧 | 2465 떠 | 2466 떡 | 2467 떢 | 2468 떣 | 2469 떤 | 2470 떥 | 2471 떦 | 2472 떧 | 2473 떨 | 2474 떩 | 2475 떪 | 2476 떫 | 2477 떬 | 2478 떭 | 2479 떮 | 2480 떯 |
| | | | | 5601 | 5601 | | 5601 | | | | 5601 | | 5601 | 5601 | | | | | |

| 2481 떰 | 2482 떱 | 2483 떲 | 2484 떳 | 2485 떴 | 2486 떵 | 2487 떶 | 2488 떷 | 2489 떸 | 2490 떹 | 2491 떺 | 2492 떻 | 2493 떼 | 2494 떽 | 2495 떾 | 2496 떿 | 2497 뗀 | 2498 뗁 | 2499 뗂 | 2500 뗃 |
| 5601 | 5601 | | 5601 | 5601 | 5601 | | | | | | | 5601 | 5601 | 5601 | | 5601 | | | |

| 2501 뗄 | 2502 뗅 | 2503 뗆 | 2504 뗇 | 2505 뗈 | 2506 뗉 | 2507 뗊 | 2508 뗋 | 2509 뗌 | 2510 뗍 | 2511 뗎 | 2512 뗏 | 2513 뗐 | 2514 뗑 | 2515 뗒 | 2516 뗓 | 2517 뗔 | 2518 뗕 | 2519 뗖 | 2520 뗗 |
| 5601 | | | | | | | | 5601 | 5601 | | 5601 | 5601 | 5601 | | | | | | |

| 2521 떠 | 2522 떡 | 2523 떢 | 2524 떣 | 2525 떤 | 2526 떥 | 2527 떦 | 2528 떧 | 2529 떨 | 2530 떩 | 2531 떪 | 2532 떫 | 2533 떬 | 2534 떭 | 2535 떮 | 2536 떯 | 2537 떰 | 2538 떱 | 2539 떲 | 2540 떳 |
| 5601 | | | | | | | | | | | | | | | | | | | |

| 2541 떴 | 2542 떵 | 2543 떶 | 2544 떷 | 2545 떸 | 2546 떹 | 2547 떺 | 2548 떻 | 2549 떼 | 2550 떽 | 2551 떾 | 2552 떿 | 2553 뗀 | 2554 뗁 | 2555 뗂 | 2556 뗃 | 2557 뗄 | 2558 뗅 | 2559 뗆 | 2560 뗇 |
| 5601 | | | | | | | | | | | | | | | | | | | |

| 2561 뗈 | 2562 뗉 | 2563 뗊 | 2564 뗋 | 2565 뗌 | 2566 뗍 | 2567 뗎 | 2568 뗏 | 2569 뗐 | 2570 뗑 | 2571 뗒 | 2572 뗓 | 2573 뗔 | 2574 뗕 | 2575 뗖 | 2576 뗗 | 2577 또 | 2578 똑 | 2579 똒 | 2580 똓 |
| | | | | | | | | | | | | | | | | 5601 | 5601 | | |

| 2581 똔 | 2582 똕 | 2583 똖 | 2584 똗 | 2585 똘 | 2586 똙 | 2587 똚 | 2588 똛 | 2589 똜 | 2590 똝 | 2591 똞 | 2592 똟 | (2593) 똠 | 2594 똡 | 2595 똢 | 2596 똣 | 2597 똤 | 2598 똥 | 2599 똦 | 2600 똧 |
| 5601 | | | | 5601 | | | | | | | | | | | | | 5601 | | |

똑 뜔 똟 뜰 똬 뙥 뙦 뙧 뙨 뙩 뙪 뙫 뙬 뙭 뙮 뙯 뙰 뙱 뙲 뙳
2601 2602 2603 2604 2605 2606 2607 2608 2609 2610 2611 2612 2613 2614 2615 2616 2617 2618 2619 2620
5601 5601

뙴 뙵 뙶 뙷 뙸 뙹 뙺 뙻 뙼 뙽 뙾 뙿 뚀 뚁 뚂 뚃 뚄 뚅 뚆 뚇
2621 2622 2623 2624 2625 2626 2627 2628 2629 2630 2631 2632 2633 2634 2635 2636 2637 2638 2639 2640
5601

뚈 뚉 뚊 뚋 뚌 뚍 뚎 뚏 뚐 뚑 뚒 뚓 뚔 뚕 뚖 뚗 뚘 뚙 뚚 뚛
2641 2642 2643 2644 2645 2646 2647 2648 2649 2650 2651 2652 2653 2654 2655 2656 2657 2658 2659 2660

뙤 뙥 뙦 뙧 뙨 뙩 뙪 뙫 뙬 뙭 뙮 뙯 뙰 뙱 뙲 뙳 뙴 뙵 뙶 뙷
2661 2662 2663 2664 2665 2666 2667 2668 2669 2670 2671 2672 2673 2674 2675 2676 2677 2678 2679 2680
5601 5601

뚨 뚩 뚪 뚫 뚬 뚭 뚮 뚯 뚰 똑 뚲 뚳 뚴 뚵 뚶 뚷 뚸 뚹 뚺 뚻
2681 2682 2683 2684 2685 2686 2687 2688 (2689) 2690 2691 2692 2693 2694 2695 2696 2697 2698 2699 2700

뚼 뚽 뚾 뚿 뛀 뛁 뛂 뛃 뛄 뛅 뛆 뛇 뛈 뛉 뛊 뛋 뚜 뚝 뚞 뚟
2701 2702 2703 2704 2705 2706 2707 2708 2709 2710 2711 2712 2713 2714 2715 2716 2717 2718 2719 2720
5601 5601

뚠 뚡 뚢 뚣 뚤 뚥 뚦 뚧 뚨 뚩 뚪 뚫 뚬 뚭 뚮 뚯 뚰 뚱 뚲 뚳
2721 2722 2723 2724 2725 2726 2727 2728 2729 2730 2731 2732 2733 2734 2735 2736 2737 2738 2739 2740
5601 5601 5601 5601

뚴 뚵 뚶 뚷 뛰 뛱 뛲 뛳 뛴 뛵 뛶 뛷 뛸 뛹 뛺 뛻 뛼 뛽 뛾 뛿
2741 2742 2743 2744 2745 2746 2747 2748 2749 2750 2751 2752 2753 2754 2755 2756 2757 2758 2759 2760

뜀 뜁 뜂 뜃 뜄 뜅 뜆 뜇 뜈 뜉 뜊 뜋 뭐 뙥 뙦 뙧 뙨 뙩 뙪 뙫
2761 2762 2763 2764 2765 2766 2767 2768 2769 2770 2771 2772 2773 2774 2775 2776 2777 2778 2779 2780
5601

뙬 뙭 뙮 뙯 뙰 뙱 뙲 뙳 뙴 뙵 뙶 뙷 뙸 뙹 뙺 뙻 뙼 뙽 뙾 뙿
2781 2782 2783 2784 2785 2786 2787 2788 2789 2790 2791 2792 2793 2794 2795 2796 2797 2798 2799 2800

뛰	뛱	뛲	뛳	뛴	뛵	뛶	뛷	뛸	뛹	뛺	뛻	뛼	뛽	뛾	뛿	뜀	뜁	뜂	뜃
2801	2802	2803	2804	2805	2806	2807	2808	2809	2810	2811	2812	2813	2814	2815	2816	2817	2818	2819	2820
5601				5601				5601							5601	5601			

뜄	뜅	뜆	뜇	뜈	뜉	뜊	뜋	뜌	뜍	뜎	뜏	뜐	뜑	뜒	뜓	뜔	뜕	뜖	뜗
2821	2822	2823	2824	2825	2826	2827	2828	2829	2830	2831	2832	2833	2834	2835	2836	2837	2838	2839	2840
5601																			

뜘	뜙	뜚	뜛	뜜	뜝	뜞	뜟	뜠	뜡	뜢	뜣	뜤	뜥	뜦	뜧	뜨	뜩	뜪	뜫
2841	2842	2843	2844	2845	2846	2847	2848	2849	2850	2851	2852	2853	2854	2855	2856	2857	2858	2859	2860
																5601	5601		

뜬	뜭	뜮	뜯	뜰	뜱	뜲	뜳	뜴	뜵	뜶	뜷	뜸	뜹	뜺	뜻	뜼	뜽	뜾	뜿
2861	2862	2863	2864	2865	2866	2867	2868	2869	2870	2871	2872	2873	2874	2875	2876	2877	2878	2879	2880
5601			5601	5601									5601	5601		5601			

띀	띁	띂	띃	띄	띅	띆	띇	띈	띉	띊	띋	띌	띍	띎	띏	띐	띑	띒	띓
2881	2882	2883	2884	2885	2886	2887	2888	2889	2890	2891	2892	2893	2894	2895	2896	2897	2898	2899	2900
				5601				5601				5601							

띔	띕	띖	띗	띘	띙	띚	띛	띜	띝	띞	띟	띠	띡	띢	띣	띤	띥	띦	띧
2901	2902	2903	2904	2905	2906	2907	2908	2909	2910	2911	2912	2913	2914	2915	2916	2917	2918	2919	2920
5601	5601												5601			5601			

띨	띩	띪	띫	띬	띭	띮	띯	띰	띱	띲	띳	띴	띵	띶	띷	띸	띹	띺	띻
2921	2922	2923	2924	2925	2926	2927	2928	2929	2930	2931	2932	2933	2934	2935	2936	2937	2938	2939	2940
5601								5601	5601		5601		5601						

라	락	띾	띿	란	랁	랂	랃	랄	랅	랆	랇	랈	랉	랊	람	랍	랎	랏
2941	2942	2943	2944	2945	2946	2947	2948	2949	2950	2951	2952	2953	2954	2955	2956	2957	2958	2959	2960
5601	5601			5601											5601	5601	5601		5601

랐	랑	랒	랓	랔	랕	랖	랗	래	랙	랚	랛	랜	랝	랞	랟	램	랡	랢	랣
2961	2962	2963	2964	2965	2966	2967	2968	2969	2970	2971	2972	2973	2974	2975	2976	2977	2978	2979	2980
5601	5601	5601												5601		5601			5601

랤	랥	랦	랧	램	랩	랪	랫	랬	랭	랮	랯	랰	랱	랲	랳	랴	략	랶	랷
2981	2982	2983	2984	2985	2986	2987	2988	2989	2990	2991	2992	2993	2994	2995	2996	2997	2998	2999	3000
				5601	5601			5601	5601	5601						5601	5601		

랸 략 럏 란 랄 랅 랆 랇 랈 랉 랊 랋 람 랍 랎 랏 랐 랑 랒 랓
3001 3002 3003 3004 3005 3006 3007 3008 3009 3010 3011 3012 3013 3014 3015 3016 3017 3018 3019 3020
5601 5601 5601

랔 랕 랖 랗 래 랙 랚 랛 랜 랝 랞 랟 랠 랡 랢 랣 랤 랥 랦 랧
3021 3022 3023 3024 3025 3026 3027 3028 3029 3030 3031 3032 3033 3034 3035 3036 3037 3038 3039 3040

램 랩 랪 랫 랬 랭 랮 랯 략 랱 랲 랳 러 럭 럮 럯 런 럱 럲 럳
3041 3042 3043 3044 3045 3046 3047 3048 3049 3050 3051 3052 3053 3054 3055 3056 3057 3058 3059 3060
5601 5601 5601

럴 럵 럶 럷 럸 럹 럺 럻 럼 럽 럾 럿 렀 렁 렂 렃 럭 렅 렆 렇
3061 3062 3063 3064 3065 3066 3067 3068 3069 3070 3071 3072 3073 3074 3075 3076 3077 3078 3079 3080
5601 5601 5601 5601 5601 5601 5601

레 렉 렊 렋 렌 렍 렎 렏 렐 렑 렒 렓 렔 렕 렖 렗 렘 렙 렚 렛
3081 3082 3083 3084 3085 3086 3087 3088 3089 3090 3091 3092 3093 3094 3095 3096 3097 3098 3099 3100
5601 5601 5601 5601 5601 5601 5601

렜 렝 렞 렟 렠 렡 렢 렣 려 력 렦 렧 련 렩 렪 련 렬 렭 렮 렯
3101 3102 3103 3104 3105 3106 3107 3108 3109 3110 3111 3112 3113 3114 3115 (3116) 3117 3118 3119 3120
5601 5601 5601 5601 5601

렰 렱 렲 렳 렴 렵 렶 렷 렸 령 렺 렻 렼 렽 렾 렿 례 렉 렊 렋
3121 3122 3123 3124 3125 3126 3127 3128 3129 3130 3131 3132 3133 3134 3135 3136 3137 3138 3139 3140
5601 5601 5601 5601 5601 5601

련 롃 롄 롅 롆 롇 롈 롉 롊 롋 롌 롍 롎 롏 롐 롑 롒 롓 롔 롕
3141 3142 3143 3144 3145 3146 3147 3148 3149 3150 3151 3152 3153 3154 3155 3156 3157 3158 3159 3160
5601 5601 5601

롖 롗 롘 롙 로 록 롞 롟 론 롡 롢 론 롤 롥 롦 롧 롨 롩 롪 롫
3161 3162 3163 3164 3165 3166 3167 3168 3169 3170 3171 3172 3173 3174 3175 3176 3177 3178 3179 3180
5601 5601 5601 5601

롬 롭 롮 롯 롰 롱 롲 롳 록 롵 롶 롷 롸 롹 롺 롻 롼 롽 롾 롿
3181 3182 3183 3184 3185 3186 3187 3188 3189 3190 3191 3192 3193 3194 3195 3196 3197 3198 3199 3200
5601 5601 5601 5601 5601 5601

뢀	뢁	뢂	뢃	뢄	뢅	뢆	뢇	뢈	뢉	뢊	뢋	뢌	뢍	뢎	뢏	뢐	뢑	뢒	뢓
3201	3202	3203	3204	3205	3206	3207	3208	3209	3210	3211	3212	3213	3214	3215	3216	3217	3218	3219	3220

5601

뢔	뢕	뢖	뢗	뢘	뢙	뢚	뢛	뢜	뢝	뢞	뢟	뢠	뢡	뢢	뢣	뢤	뢥	뢦	뢧
3221	3222	3223	3224	3225	3226	3227	3228	3229	3230	3231	3232	3233	3234	3235	3236	3237	3238	3239	3240

뢨	뢩	뢪	뢫	뢬	뢭	뢮	뢯	뢰	뢱	뢲	뢳	뢴	뢵	뢶	뢷	뢸	뢹	뢺	뢻
3241	3242	3243	3244	3245	3246	3247	3248	3249	3250	3251	3252	3253	3254	3255	3256	3257	3258	3259	3260

5601 _ _ _ _ _ _ _ 5601 _ _ _ _ 5601 _ _ _ _ 5601

뢼	뢽	뢾	뢿	룀	룁	룂	룃	룄	룅	룆	룇	룈	룉	룊	룋	료	룍	류	룏
3261	3262	3263	3264	3265	3266	3267	3268	3269	3270	3271	3272	3273	3274	3275	3276	3277	3278	3279	3280

5601 5601 _ _ 5601 _ _ 5601 _ _ _ _ _ _ _ _ 5601

룐	룑	룒	룓	룔	룕	룖	룗	룘	룙	룚	룛	룜	룝	룞	룟	룠	룡	룢	룣
3281	3282	3283	3284	3285	3286	3287	3288	3289	3290	3291	3292	3293	3294	3295	3296	3297	3298	3299	3300

5601 _ _ _ 5601 _ _ _ _ _ _ _ 5601 _ 5601 _ 5601

룤	룥	룦	룧	루	룩	룪	룫	룬	룭	룮	룯	룰	룱	룲	룳	룴	룵	룶	룷
3301	3302	3303	3304	3305	3306	3307	3308	3309	3310	3311	3312	3313	3314	3315	3316	3317	3318	3319	3320

5601 5601 _ _ 5601 _ _ _ 5601

룸	룹	룺	룻	룼	룽	룾	룿	뤀	뤁	뤂	뤃	뤄	뤅	뤆	뤇	뤈	뤉	뤊	뤋
3321	3322	3323	3324	3325	3326	3327	3328	3329	3330	3331	3332	3333	3334	3335	3336	3337	3338	3339	3340

5601 5601 _ _ 5601 _ _ _ 5601

뤌	뤍	뤎	뤏	뤐	뤑	뤒	뤓	뤔	뤕	뤖	뤗	뤘	뤙	뤚	뤛	뤜	뤝	뤞	뤟
3341	3342	3343	3344	3345	3346	3347	3348	3349	3350	3351	3352	3353	3354	3355	3356	3357	3358	3359	3360

5601

뤠	뤡	뤢	뤣	뤤	뤥	뤦	뤧	뤨	뤩	뤪	뤫	뤬	뤭	뤮	뤯	뤰	뤱	뤲	뤳
3361	3362	3363	3364	3365	3366	3367	3368	3369	3370	3371	3372	3373	3374	3375	3376	3377	3378	3379	3380

5601

뤴	뤵	뤶	뤷	뤸	뤹	뤺	뤻	뤼	뤽	뤾	뤿	륀	륁	륂	륃	륄	륅	륆	륇
3381	3382	3383	3384	3385	3386	3387	3388	3389	3390	3391	3392	3393	3394	3395	3396	3397	3398	3399	3400

5601 5601 _ _ 5601 _ _ 5601

륁	륂	륃	륄	륌	륍	륎	륏	륐	륑	륒	륓	륔	륕	륖	륗	류	륙	륚	륛
3401	3402	3403	3404	3405	3406	3407	3408	3409	3410	3411	3412	3413	3414	3415	3416	3417	3418	3419	3420
				5601		5601		5601							5601	5601			

륜	륝	륞	륟	률	륡	륢	륣	륤	륥	륦	륧	름	륩	륪	륫	륬	륭	륮	륯
3421	3422	3423	3424	3425	3426	3427	3428	3429	3430	3431	3432	3433	3434	3435	3436	3437	3438	3439	3440
5601				5601								5601	5601		5601		5601		

류	륱	륲	륳	르	륵	륶	륷	른	륹	륺	를	를	륽	륾	륿	릀	릁	릂	릃
3441	3442	3443	3444	3445	3446	3447	3448	3449	3450	3451	3452	3453	3454	3455	3456	3457	3458	3459	3460
				5601	5601			5601			5601								

름	릅	릆	릇	릈	릉	릊	릋	릌	릍	릎	릏	리	릑	릒	릓	린	릕	릖	릗
3461	3462	3463	3464	3465	3466	3467	3468	3469	3470	3471	3472	(3473)	3474	3475	3476	3477	3478	3479	3480
5601	5601		5601		5601	5601			5601	5601									

릘	릙	릚	릛	릜	릝	릞	릟	림	립	릢	릣	릤	릥	릦	릧	릨	릩	릪	릫
3481	3482	3483	3484	3485	3486	3487	3488	3489	3490	3491	3492	3493	3494	3495	3496	3497	3498	3499	3500

리	릭	릮	릯	린	릱	릲	릳	릴	릵	릶	릷	릸	릹	릺	릻	림	립	릾	릿
3501	3502	3503	3504	3505	3506	3507	3508	3509	3510	3511	3512	3513	3514	3515	3516	3517	3518	3519	3520
5601	5601		5601			5601									5601	5601		5601	

맀	링	맂	맃	맄	맅	맆	맇	마	막	맊	맋	만	맍	많	맏	말	맑	맒	맓
3521	3522	3523	3524	3525	3526	3527	3528	3529	3530	3531	3532	3533	3534	3535	3536	3537	3538	3539	3540
	5601							5601	5601		5601		5601	5601	5601	5601	5601		

맔	맕	맖	맗	맘	맙	맚	맛	맜	망	맞	맟	맠	맡	맢	맣	매	맥	맦	맧
3541	3542	3543	3544	3545	3546	3547	3548	3549	3550	3551	3552	3553	3554	3555	3556	3557	3558	3559	3560
				5601	5601		5601		5601	5601		5601		5601	5601	5601			

맨	맩	맪	맫	맬	맭	맮	맯	맰	맱	맲	맳	맴	맵	맶	맷	맸	맹	맺	맻
3561	3562	3563	3564	3565	3566	3567	3568	3569	3570	3571	3572	3573	3574	3575	3576	3577	3578	3579	3580
5601				5601								5601	5601		5601	5601	5601		

맼	맽	맾	맿	먀	먁	먂	먃	먄	먅	먆	먇	먈	먉	먊	먋	먌	먍	먎	먏
3581	3582	3583	3584	3585	3586	3587	3588	3589	3590	3591	3592	3593	3594	3595	3596	3597	3598	3599	3600
				5601	5601						5601								

-- 24 --

맘	맙	맚	맛	맜	망	맞	맟	맠	맡	맢	매	맥	맦	맨	맧	맩	맪
3601	3602	3603	3604	3605	3606	3607	3608	3609	3610	3611	3612	3613	3614	3615	3616	3617	3618	3619	3620

(3605) 5601

맬	맭	맮	맯	맰	맱	맲	맳	맴	맵	맶	맷	맸	망	맺	맻	맼	맽	맾	맿
3621	3622	3623	3624	3625	3626	3627	3628	3629	3630	3631	3632	3633	3634	3635	3636	3637	3638	3639	3640

머	먁	먂	먃	먄	먅	먆	먇	먈	먉	먊	먋	먌	먍	먎	먏	먐	먑	먒	먓
3641	3642	3643	3644	3645	3646	3647	3648	3649	3650	3651	3652	3653	3654	3655	3656	3657	3658	3659	3660

5601 5601 5601 5601 5601 5601 5601 5601

먔	먕	먖	먗	먘	먙	먚	먛	메	먝	먞	먟	먠	먡	먢	먣	먤	먥	먦	먧
3661	3662	3663	3664	3665	3666	3667	3668	3669	3670	3671	3672	3673	3674	3675	3676	3677	3678	3679	3680

5601 5601   5601 5601 5601   5601   5601

먨	먩	먪	먫	먬	먭	먮	먯	먰	먱	먲	먳	먴	먵	먶	먷	머	먹	먺	먻
3681	3682	3683	3684	3685	3686	3687	3688	3689	3690	3691	3692	3693	3694	3695	3696	3697	3698	3699	3700

5601 5601 5601 5601 5601   5601 5601

면	먽	먾	먿	멀	멁	멂	멃	멄	멅	멆	멇	멈	멉	멊	멋	멌	멍	멎	멏
3701	3702	3703	3704	3705	3706	3707	3708	3709	3710	3711	3712	3713	3714	3715	3716	3717	3718	3719	3720

5601   5601   5601 5601 5601 5601

멐	멑	멒	멓	메	멕	멖	멗	면	멙	멚	멛	멜	멝	멞	멟	멠	멡	멢	멣
3721	3722	3723	3724	3725	3726	3727	3728	3729	3730	3731	3732	3733	3734	3735	3736	3737	3738	3739	3740

5601

멤	멥	멦	멧	멨	멩	멪	멫	멬	멭	멮	멯	모	목	몪	몫	몬	몭	몮	몯
3741	3742	3743	3744	3745	3746	3747	3748	3749	3750	3751	3752	3753	3754	3755	3756	3757	3758	3759	(3760)

5601 5601   5601 5601

몰	몱	몲	몳	몴	몵	몶	몷	몸	몹	몺	못	몼	몽	몾	몿	뫀	뫁	뫂	뫃
3761	3762	3763	3764	3765	3766	3767	3768	3769	3770	3771	3772	3773	3774	3775	3776	3777	3778	3779	3780

5601   5601   5601 5601   5601   5601

와	확	뫆	뫇	뫈	뫉	뫊	뫋	뫌	뫍	뫎	뫏	뫐	뫑	뫒	뫓	뫔	뫕	뫖	뫗
3781	3782	3783	3784	3785	3786	3787	3788	3789	3790	3791	3792	3793	3794	3795	3796	3797	3798	3799	3800

5601   5601

뫘	뫙	뫚	뫛	뫜	뫝	뫞	뫟	뫠	뫡	뫢	뫣	뫤	뫥	뫦	뫧	뫨	뫩	뫪	뫫
3801	3802	3803	3804	3805	3806	3807	3808	3809	3810	3811	3812	3813	3814	3815	3816	3817	3818	3819	3820
5601	5601																		

뫬	뫭	뫮	뫯	뫰	뫱	뫲	뫳	뫴	뫵	뫶	뫷	뫸	뫹	뫺	뫻	뫼	뫽	뫾	뫿
3821	3822	3823	3824	3825	3826	3827	3828	3829	3830	3831	3832	3833	3834	3835	3836	3837	3838	3839	3840
																5601			

묀	묁	묂	묃	묄	묅	묆	묇	묈	묉	묊	묋	묌	묍	묎	묏	묐	묑	묒	묓
3841	3842	3843	3844	3845	3846	3847	3848	3849	3850	3851	3852	3853	3854	3855	3856	3857	3858	3859	3860
5601				5601									5601		5601		5601		

묔	묕	묖	묗	묘	묙	묚	묛	묜	묝	묞	묟	묠	묡	묢	묣	묤	묥	묦	묧
3861	3862	3863	3864	3865	3866	3867	3868	3869	3870	3871	3872	3873	3874	3875	3876	3877	3878	3879	3880
		5601							5601				5601						

묨	묩	묪	묫	묬	묭	묮	묯	묰	묱	묲	무	묵	묶	묷	문	묹	묺	묻
3881	3882	3883	3884	3885	3886	3887	3888	3889	3890	3891	3892	3893	3894	3895	3896	3897	3898	3899	3900
	5601		5601									5601	5601	5601		5601			5601

물	묽	묾	묿	뭀	뭁	뭂	뭃	뭄	뭅	뭆	뭇	뭈	뭉	뭊	뭋	뭌	뭍	뭎	뭏
3901	3902	3903	3904	3905	3906	3907	3908	3909	3910	3911	3912	3913	3914	3915	3916	3917	3918	3919	3920
5601	5601	5601						5601	5601		5601		5601			5601			5601

뭐	뭑	뭒	뭓	뭔	뭕	뭖	뭗	뭘	뭙	뭚	뭛	뭜	뭝	뭞	뭟	뭠	뭡	뭢	뭣
3921	3922	3923	3924	3925	3926	3927	3928	3929	3930	3931	3932	3933	3934	3935	3936	3937	3938	3939	3940
5601				5601				5601									5601		5601

뭤	뭥	뭦	뭧	뭨	뭩	뭪	뭫	뭬	뭭	뭮	뭯	뭰	뭱	뭲	뭳	뭴	뭵	뭶	뭷
3941	3942	3943	3944	3945	3946	3947	3948	3949	3950	3951	3952	3953	3954	3955	3956	3957	3958	3959	3960
								5601											

뭸	뭹	뭺	뭻	뭼	뭽	뭾	뭿	뮀	뮁	뮂	뮃	뮄	뮅	뮆	뮇	뮈	뮉	뮊	뮋
3961	3962	3963	3964	3965	3966	3967	3968	3969	3970	3971	3972	3973	3974	3975	3976	3977	3978	3979	3980
																			5601

뮌	뮍	뮎	뮏	뮐	뮑	뮒	뮓	뮔	뮕	뮖	뮗	뮘	뮙	뮚	뮛	뮜	뮝	뮞	뮟
3981	3982	3983	3984	3985	3986	3987	3988	3989	3990	3991	3992	3993	3994	3995	3996	3997	3998	3999	4000
5601				5601															

뮉 뮡 뮢 뮣 뮤 뮥 뮦 뮧 문 뮩 뮪 뮫 뮬 뮭 뮮 뮯 뮰 뮱 뮲 뮳
4001 4002 4003 4004 4005 4006 4007 4008 4009 4010 4011 4012 4013 4014 4015 4016 4017 4018 4019 4020

뮴 뮵 뮶 뮷 뮸 뮹 뮺 뮻 뮼 뮽 뮾 뮿 므 믁 믂 믃 믄 믅 믆 믇
4021 4022 4023 4024 4025 4026 4027 4028 4029 4030 4031 4032 4033 4034 4035 4036 4037 4038 4039 4040

믈 믉 믊 믋 믌 믍 믎 믏 믐 믑 믒 믓 믔 믕 믖 믗 믘 믙 믚 믛
4041 4042 4043 4044 4045 4046 4047 4048 4049 4050 4051 4052 4053 4054 4055 4056 4057 4058 4059 4060

미 믝 믞 믟 민 믡 믢 믣 밀 믥 믦 믧 믨 믩 믪 믫 밈 밉 밊 밋
4061 4062 4063 4064 4065 4066 4067 4068 4069 4070 4071 4072 4073 4074 4075 4076 4077 4078 4079 4080

밌 밍 및 및 믝 믡 믢 믣 미 믝 믞 믟 민 믡 믢 민 밀 믥 믦 믧
4081 4082 4083 4084 4085 4086 4087 4088 4089 4090 4091 4092 4093 4094 4095 4096 4097 4098 4099 4100

믨 믩 믪 믫 밈 밉 밊 밋 밌 밍 및 밎 밐 밑 밒 밓 바 박 밖 밗
4101 4102 4103 4104 4105 4106 4107 4108 4109 4110 4111 4112 4113 4114 4115 4116 4117 4118 4119 4120

반 밚 받 반 발 밝 밞 밟 밠 밡 밢 밤 밥 밦 밧 밨 방 밪 밫
4121 4122 4123 4124 4125 4126 4127 4128 4129 4130 4131 4132 4133 4134 4135 4136 4137 4138 4139 4140

밬 밭 밮 밯 배 백 밲 밳 밴 밵 밶 밷 밸 밹 밺 밻 밼 밽 밾 밿
4141 4142 4143 4144 4145 4146 4147 4148 4149 4150 4151 4152 4153 4154 4155 4156 4157 4158 4159 4160

뱀 뱁 뱂 뱃 뱄 뱅 뱆 뱇 뱈 뱉 뱊 뱋 뱌 뱍 뱎 뱏 뱐 뱑 뱒 뱓
4161 4162 4163 4164 4165 4166 4167 4168 4169 4170 4171 4172 4173 4174 4175 4176 4177 4178 4179 4180

뱔 뱕 뱖 뱗 뱘 뱙 뱚 뱛 뱜 뱝 뱞 뱟 뱠 뱡 뱢 뱣 뱤 뱥 뱦 뱧
4181 4182 4183 4184 4185 4186 4187 4188 4189 4190 4191 4192 4193 4194 4195 4196 4197 4198 4199 4200

배 백 뱍 뱃 뱐 뱄 뱝 뱐 뱔 뱕 뱖 뱗 뱘 뱙 뱚 뱜 뱝 뱞 뱟
4201 4202 4203 4204 4205 4206 4207 4208 4209 4210 4211 4212 4213 4214 4215 4216 4217 4218 4219 4220

뱠 뱡 뱢 뱣 뱤 뱥 뱦 뱧 버 벅 벆 벇 번 벉 벊 벋 벌 벍 벎 볆
4221 4222 4223 4224 4225 4226 4227 4228 4229 4230 4231 4232 4233 4234 4235 4236 4237 4238 4239 4340
                                      5601 5601   5601   5601 5601   5601

벐 벑 벒 벓 범 법 벖 벗 벘 벙 벚 벛 벜 벝 벞 벟 베 벡 벢 벣
4241 4242 4243 4244 4245 4246 4247 4248 4249 4250 4251 4252 4253 4254 4255 4256 4257 4258 4259 4260
          5601 5601   5601   5601 5601   5601 5601

벤 벥 벦 벧 벨 벩 벪 벫 벬 벭 벮 벯 벰 법 벲 벳 벴 벵 벶 벷
4261 4262 4263 4264 4265 4266 4267 4268 4269 4270 4271 4272 4273 4274 4275 4276 4277 4278 4279 4280
5601   5601 5601   5601 5601   5601 5601 5601

벸 벹 벺 벻 벼 벽 벾 벿 변 볁 볂 변 별 볅 볆 볇 볈 볉 볊 볋
4281 4282 4283 4284 4285 4286 4287 4288 4289 4290 4291 4292 4293 4294 4295 4296 4297 4298 4299 4300
          5601 5601   5601   5601

볌 볍 볎 볏 볐 병 볒 볓 볔 볕 볖 볗 볘 볙 볚 볛 볜 볝 볞 볟
4301 4302 4303 4304 4305 4306 4307 4308 4309 4310 4311 4312 4313 4314 4315 4316 4317 4318 4319 4320
     5601   5601 5601 5601   5601   5601   5601

별 볢 볣 볤 볥 볦 볧 볨 봄 법 볫 볬 볭 병 봇 봊 봌 봍 봎 병
4321 4322 4323 4324 4325 4326 4327 4328 4329 4330 4331 4332 4333 4334 4335 4336 4337 4338 4339 4340

보 복 볶 볷 본 볹 볺 볻 볼 볽 볾 볿 봀 봁 봄 봅 봆 봇
4341 4342 4343 4344 4345 4346 4347 4348 4349 4350 4351 4352 4353 4354 4355 4356 4357 4358 4359 4360
5601 5601 5601   5601   5601   5601 5601   5601

봈 봉 봊 봋 봌 봍 봎 봏 봐 봑 봒 봓 봔 봕 봖 봗 봘 봙 봚 봛
4361 4362 4363 4364 4365 4366 4367 4368 4369 4370 4371 4372 4373 4374 4375 4376 4377 4378 4379 4380
     5601   5601   5601

봜 봝 봞 봟 봠 봡 봢 봣 봤 봥 봦 봧 봨 봩 봪 봫 봬 봭 봮 봯
4381 4382 4383 4384 4385 4386 4387 4388 4389 4390 4391 4392 4393 4394 4395 4396 4397 4398 4399 4400
                         5601   5601

-- 28 --

뷘	뷙	뷚	뷛	뷜	뷝	뷞	뷟	뷠	뷡	뷢	뷤	뷥	뷦	뷧	뷨	뷩
4401	4402	4403	4404	4405	4406	4407	4408	4409	4410	4411	4412	4413	4414	4415	4416	4417	4418	4419	4420

5601 (4419)

뷪	뷫	뷬	뷭	뷰	뷱	뷲	뷳	뷴	뷵	뷶	뷷	뷸	뷹	뷺	뷻	뷼	뷽	뷾
4421	4422	4423	4424	4425	4426	4427	4428	4429	4430	4431	4432	4433	4434	4435	4436	4437	4438	4439	4440

5601 5601 (4425) 5601 (4429) 5601 (4433)

뷿	븀	븁	븂	(4445)	븄	븅	븆	븇	븈	븉	보	복	뵦	뵧	본	뵩	뵪	본
4441	4442	4443	4444	4445	4446	4447	4448	4449	4450	4451	4452	4453	4454	4455	4456	4457	4458	4459	4460

5601 5601 (4441, 4442) 5601 (4453) 5601 (4457)

볼	볽	볾	볿	봀	봁	봂	봄	봅	봆	봇	봈	봉	봊	봋	복	봍	봎	봏
4461	4462	4463	4464	4465	4466	4467	4468	4469	4470	4471	4472	4473	4474	4475	4476	4477	4478	4479	4480

부	북	붂	붃	분	붅	붆	분	불	붉	붊	붋	붌	붍	붎	붏	붐	붑	붒	붓
4481	4482	4483	4484	4485	4486	4487	4488	4489	4490	4491	4492	4493	4494	4495	4496	4497	4498	4499	4500

5601 5601 5601 5601 5601 5601 5601 5601 5601 5601

붔	붕	붖	붗	북	붙	붚	붛	뷔	뷕	뷖	뷗	(4513)	뷙	뷚	뷛	뷜	뷝	뷞	뷟
4501	4502	4503	4504	4505	4506	4507	4508	4509	4510	4511	4512	4513	4514	4515	4516	4517	4518	4519	4520

5601 5601 5601 5601 5601

뷠	뷡	뷢	뷣	뷤	뷥	뷦	뷧	뷨	뷩	뷪	뷫	뷬	뷭	뷮	뭬	뭭	뭮	뭯
4521	4522	4523	4524	4525	4526	4527	4528	4529	4530	4531	4532	4533	4534	4535	4536	4537	4538	4539	4540

5601 5601

뭰	뭱	뭲	뭳	뭴	뭵	뭶	뭷	뭸	뭹	뭺	뭻	뭼	뭽	뭾	뭿	뮀	뮁	뮂
4541	4542	4543	4544	4545	4546	4547	4548	4549	4550	4551	4552	4553	4554	4555	4556	4557	4558	4559	4560

5601

뮃	뮄	뮅	뮆	뮈	뮉	뮊	뮋	뮌	뮍	뮎	뮏	뮐	뮑	뮒	뮓	뮔	뮕	뮖
4561	4562	4563	4564	4565	4566	4567	4568	4569	4570	4571	4572	4573	4574	4575	4576	4577	4578	4579	4580

5601 5601 5601 5601

뮗	뮘	뮙	뮚	뮛	뮜	뮝	뮞	뮟	뮠	뮡	뮢	뮤	뮥	뮦	뮧	분	뮩	뮪	분
4581	4582	4583	4584	4585	4586	4587	4588	4589	4590	4591	4592	4593	4594	4595	4596	4597	4598	4599	4600

5601 5601 5601

붋	붉	붊	붋	붌	붍	붎	붐	붑	붒	붓	붔	붕	붖	붗	붘	붙	붚	붛
4601	4602	4603	4604	4605	4606	4607	4608	4609	4610	4611	4612	4613	4614	4615	4616	4617	4618	4619	4620
5601							5601			5601			5601						

브	븍	뷔	븏	븐	븑	븒	븓	블	븕	븖	븗	븘	븙	븚	븛	븜	븝	븞	븟
4621	4622	4623	4624	4625	4626	4627	(4628)	4629	4630	4631	4632	4633	4634	4635	4636	4637	4638	4639	4640
5601	5601			5601				5601								5601	5601		5601

븠	븡	븢	븣	븤	븥	븦	븧	비	빅	뷔	빇	빈	빉	빊	빋	빌	빍	빎	빏
4641	4642	4643	4644	4645	4646	4647	4648	(4649)	4650	4651	4652	4653	4654	4655	4656	4657	4658	4659	4660

빐	빑	빒	빓	빔	빕	빖	빗	빘	빙	빚	빛	빜	빝	빞	빟	비	빅	뷔	빇
4661	4662	4663	4664	4665	4666	4667	4668	4669	4670	4671	4672	4673	4674	4675	4676	4677	4678	4679	4680
																5601	5601		

빈	빉	빊	빋	빌	빍	빎	빏	빐	빑	빒	빓	빔	빕	빖	빗	빘	빙	빚	빛
4681	4682	4683	(4684)	4685	4686	4687	4688	4689	4690	4691	4692	4693	4694	4695	4696	4697	4698	4699	4700
5601		5601		5601							5601	5601		5601			5601	5601	5601

빜	빝	빞	빟	빠	빡	빢	빣	빤	빥	빦	빧	빨	빩	빪	빫	빬	빭	빮	빯
4701	4702	4703	4704	4705	4706	4707	4708	4709	4710	4711	4712	4713	4714	4715	4716	4717	4718	4719	4720
		5601	5601			5601				5601			5601						

빰	빱	빲	빳	빴	빵	빶	빷	빸	빹	빺	빻	빼	빽	빾	빿	뺀	뺁	뺂	뺃
4721	4722	4723	4724	4725	4726	4727	4728	4729	4730	4731	4732	4733	4734	4735	4736	4737	4738	4739	4740
5601	5601		5601	5601	5601					5601	5601	5601				5601			

뺄	뺅	뺆	뺇	뺈	뺉	뺊	뺋	뺌	뺍	뺎	뺏	뺐	뺑	뺒	뺓	뺔	뺕	뺖	뺗
4741	4742	4743	4744	4745	4746	4747	4748	4749	4750	4751	4752	4753	4754	4755	4756	4757	4758	4759	4760
5601								5601	5601		5601	5601	5601			5601			

뺘	뺙	뺚	뺛	뺜	뺝	뺞	뺟	뺠	뺡	뺢	뺣	뺤	뺥	뺦	뺧	뺨	뺩	뺪	뺫
4761	4762	4763	4764	4765	4766	4767	4768	4769	4770	4771	4772	4773	4774	4775	4776	4777	4778	4779	4780
5601	5601																	5601	

뺬	뺭	뺮	뺯	뺰	뺱	뺲	뺳	뺴	뺵	뺶	뺷	뺸	뺹	뺺	뺻	뺼	뺽	뺾	뺿
4781	4782	4783	4784	4785	4786	4787	4788	4789	4790	4791	4792	4793	4794	4795	4796	4797	4798	4799	4800

뺐	뺔	뺎	뺓	뺌	뺘	뺗	뺙	뺔	뺑	뺓	뺓	뺔	뺕	뺘	뺗	뻐	뻐	뻐	뻐
4801	4802	4803	4804	4805	4806	4807	4808	4809	4810	4811	4812	4813	4814	4815	4816	4817	4818	4819	4820
																5601	5601		

뻐	뻐	뻐	뻐	뻐	뻐	뻐	뻐	뻐	뻐	뻐	뻐	뻐	뻐	뻐	뻐	뻐	뻐	뻐	뻐
4821	4822	4823	4824	4825	4826	4827	4828	4829	4830	4831	4832	4833	4834	4835	4836	4837	4838	4839	4840
5601			5601	5601								5601			5601	5601	5601		

뻑	뻔	뻐	뻥	뻬	뻭	뻮	뻯	뻰	뻱	뻲	뻳	뻴	뻵	뻶	뻷	뻸	뻹	뻺	뻻
4841	4842	4843	4844	4845	4846	4847	4848	4849	4850	4851	4852	4853	4854	4855	4856	4857	4858	4859	4860
				5601															

뻼	뻽	뻾	뻿	뼀	뼁	뼂	뼃	뼄	뼅	뼆	뼇	뼈	뼉	뼊	뼋	뼌	뼍	뼎	뼏
4861	4862	4863	4864	4865	4866	4867	4868	4869	4870	4871	4872	4873	4874	4875	4876	(4877)	4878	4879	4880
			5601										5601	5601					

뼐	뼑	뼒	뼓	뼔	뼕	뼖	뼗	뼘	뼙	뼚	뼛	뼜	뼝	뼞	뼟	뼠	뼡	뼢	뼣
4881	4882	4883	4884	4885	4886	4887	4888	4889	4890	4891	4892	4893	4894	4895	4896	4897	4898	4899	4900
					5601	5601		5601	5601	5601									

뼤	뼥	뼦	뼧	뼨	뼩	뼪	뼫	뼬	뼭	뼮	뼯	뼰	뼱	뼲	뼳	뼴	뼵	뼶	뼷
4901	4902	4903	4904	4905	4906	4907	4908	4909	4910	4911	4912	4913	4914	4915	4916	4917	4918	4919	4920

뼸	뼹	뼺	뼻	뼼	뼽	뼾	뼿	뽀	뽁	뽂	뽃	뽄	뽅	뽆	뽇	뽈	뽉	뽊	뽋
4921	4922	4923	4924	4925	4926	4927	4928	4929	4930	4931	4932	4933	4934	4935	4936	4937	4938	4939	4940
					5601	5601		5601				5601				5601			

뽌	뽍	뽎	뽏	뽐	뽑	뽒	뽓	뽔	뽕	뽖	뽗	뽘	뽙	뽚	뽛	뽜	뽝	뽞	뽟
4941	4942	4943	4944	4945	4946	4947	4948	4949	4950	4951	4952	4953	4954	4955	4956	4957	4958	4959	4960
			5601	5601				5601											

뽠	뽡	뽢	뽣	뽤	뽥	뽦	뽧	뽨	뽩	뽪	뽫	뽬	뽭	뽮	뽯	뽰	뽱	뽲	뽳
4961	4962	4963	4964	4965	4966	4967	4968	4969	4970	4971	4972	4973	4974	4975	4976	4977	4978	4979	4980

뽴	뽵	뽶	뽷	뽸	뽹	뽺	뽻	뽼	뽽	뽾	뽿	뾀	뾁	뾂	뾃	뾄	뾅	뾆	뾇
4981	4982	4983	4984	4985	4986	4987	4988	4989	4990	4991	4992	4993	4994	4995	4996	4997	4998	4999	5000

뺌 뺍 뺎 뺏 뺐 뺑 뺒 뺓 뺔 뺕 뺖 뺗 뾔 뾕 뾖 뾗 뾘 뾙 뾚 뾛
5001 5002 5003 5004 5005 5006 5007 5008 5009 5010 5011 5012 5013 5014 5015 5016 5017 5018 5019 5020
5601

뾜 뾝 뾞 뾟 뾠 뾡 뾢 뾣 뾤 뾥 뾦 뾧 뾨 뾩 뾪 뾫 뾬 뾭 뾮 뾯
5021 5022 5023 5024 5025 5026 5027 5028 5029 5030 5031 5032 5033 5034 5035 5036 5037 5038 5039 5040

뽀 뽁 뽂 뽃 뽄 뽅 뽆 뽇 뽈 뽉 뽊 뽋 뽌 뽍 뽎 뽏 뽐 뽑 뽒 뽓
5041 5042 5043 5044 5045 5046 5047 5048 5049 5050 5051 5052 5053 5054 5055 5056 5057 5058 5059 5060
5601

뽔 뽕 뽖 뽗 뽘 뽙 뽚 뽛 뽜 뽝 뽞 뽟 뽠 뽡 뽢 뽣 뽤 뽥 뽦 뽧
5061 5062 5063 5064 5065 5066 5067 5068 5069 5070 5071 5072 5073 5074 5075 5076 5077 5078 5079 5080
5601 5601 5601 5601 5601

뽨 뽩 뽪 뽫 뽬 뽭 뽮 뽯 뽰 뽱 뽲 뽳 뽴 뽵 뽶 뽷 뿔 뾄 뾅 뾆
5081 5082 5083 5084 5085 5086 5087 5088 5089 5090 5091 5092 5093 5094 5095 5096 5097 5098 5099 5100
5601 5601 5601

뾇 뾈 뾉 뾊 뾋 뾌 뾍 뾎 뾏 뾐 뾑 뾒 뾓 뾔 뾕 뾖 뾗 뾘 뾙 뾚
5101 5102 5103 5104 5105 5106 5107 5108 5109 5110 5111 5112 5113 5114 5115 5116 5117 5118 5119 5120

뾛 뾜 뾝 뾞 뾟 뾠 뾡 뾢 뾣 뾤 뾥 뾦 뾧 뾨 뾩 뾪 뾫 뾬 뾭 뾮
5121 5122 5123 5124 5125 5126 5127 5128 5129 5130 5131 5132 5133 5134 5135 5136 5137 5138 5139 5140

뾯 뾰 뾱 뾲 뾳 뾴 뾵 뾶 뾷 뾸 뾹 뾺 뾻 뾼 뾽 뾾 뾿 뿀 뿁 뿂
5141 5142 5143 5144 5145 5146 5147 5148 5149 5150 5151 5152 5153 5154 5155 5156 5157 5158 5159 5160

뿃 뿄 뿅 뿆 뿇 뿈 뿉 뿊 뿋 뿌 뿍 뿎 뿏 뿐 뿑 뿒 뿓 뿔 뿕 뿖
5161 5162 5163 5164 5165 5166 5167 5168 5169 5170 5171 5172 5173 5174 5175 5176 5177 5178 5179 5180

뿗 뿘 뿙 뿚 뿛 뿜 뿝 뿞 뿟 뿠 뿡 뿢 뿣 뿤 뿥 뿦 뿧 뿨 뿩 뿪
5181 5182 5183 5184 5185 5186 5187 5188 5189 5190 5191 5192 5193 5194 5195 5196 5197 5198 5199 5200
5601

뺬	뺭	뺮	뺯	뺰	뺱	뺲	뺳	쁘	쁙	쁚	쁛	쁜	쁝	쁞	쁟	쁠	쁡	쁢	쁣
5201	5202	5203	5204	5205	5206	5207	5208	5209	5210	5211	5212	5213	5214	5215	5216	5217	5218	5219	5220

쁤	쁥	쁦	쁧	쁨	쁩	쁪	쁫	쁬	쁭	쁮	쁯	쁰	쁱	쁲	쁳	삐	삑	삒	삓
5221	5222	5223	5224	5225	5226	5227	5228	5229	5230	5231	5232	5233	5234	5235	5236	5237	5238	5239	5240

삔	삕	삖	삗	삘	삙	삚	삛	삜	삝	삞	삟	삠	삡	삢	삣	삤	삥	삦	삧
5241	5242	5243	5244	5245	5246	5247	5248	5249	5250	5251	5252	5253	5254	5255	5256	5257	5258	5259	5260

삨	삩	삪	삫	뻬	뻭	뻮	뻯	뻰	뻱	뻲	뻳	뻴	뻵	뻶	뻷	뻸	뻹	뻺	뻻
5261	5262	5263	5264	5265	5266	5267	5268	5269	5270	5271	5272	5273	5274	5275	5276	5277	5278	5279	5280

뻼	뻽	뻾	뻿	뼀	뼁	뼂	뼃	뼄	뼅	뼆	뼇	사	삭	삮	삯	산	삱	삲	산
5281	5282	5283	5284	5285	5286	5287	5288	5289	5290	5291	5292	5293	5294	5295	5296	5297	5298	5299	5300

살	삵	삶	삷	삸	삹	삺	삻	삼	삽	삿	샀	상	샃	샄	샅	샆	샇		
5301	5302	5303	5304	5305	5306	5307	5308	5309	5310	5311	5312	5313	5314	5315	5316	5317	5318	5319	5320

새	색	샋	샌	샍	샎	샏	샐	샑	샒	샓	샔	샕	샖	샗	샘	샙	샚	샛	
5321	5322	5323	5324	5325	5326	5327	5328	5329	5330	5331	5332	5333	5334	5335	5336	5337	5338	5339	5340

샜	생	샞	샟	샠	샡	샢	샣	샤	샥	샦	샧	샨	샩	샪	샫	샬	샭	샮	샯
5341	5342	5343	5344	5345	5346	5347	5348	5349	5350	5351	5352	5353	5354	5355	5356	5357	5358	5359	5360

샰	샱	샲	샳	샴	샵	샶	샷	샸	샹	샺	샻	샼	샽	샾	샿	섀	섁	섂	섃
5361	5362	5363	5364	5365	5366	5367	5368	5369	5370	5371	5372	5373	5374	5375	5376	5377	5378	5379	5380

섄	섅	섆	섇	섈	섉	섊	섋	섌	섍	섎	섏	섐	섑	섒	섓	섔	섕	섖	섗
5381	5382	5383	5384	5385	5386	5387	5388	5389	5390	5391	5392	5393	5394	5395	5396	5397	5398	5399	5400

섁	섂	섃	섄	서	석	섞	섟	선	섡	섢	섣	설	섥	섦	섧	섨	섩	섪	섫
5401	5402	5403	5404	5405	5406	5407	5408	5409	5410	5411	5412	5413	5414	5415	5416	5417	5418	5419	5420
				5601	5601	5601	5601	5601		5601	5601		5601	5601					

섬	섭	섮	섯	섰	성	섲	섳	섴	섵	섶	섷	세	섹	섺	섻	센	섽	섾	섿
5421	5422	5423	5424	5425	5426	5427	5428	5429	5430	5431	5432	5433	5434	5435	5436	5437	5438	5439	5440
5601	5601		5601	5601	5601							5601		5601	5601			5601	

셀	셁	셂	셃	셄	셅	셆	셇	셈	셉	셊	셋	셌	셍	셎	셏	셐	셑	셒	셓
5441	5442	5443	5444	5445	5446	5447	5448	5449	5450	5451	5452	5453	5454	5455	5456	5457	5458	5459	5460
5601								5601	5601		5601	5601	5601						

셔	셕	셖	셗	션	셙	셚	셛	셜	셝	셞	셟	셠	셡	셢	셣	셤	셥	셦	셧
5461	5462	5463	5464	5465	5466	5467	5468	5469	5470	5471	5472	5473	5474	5475	5476	5477	5478	5479	5480
5601	5601															5601	5601		5601

셨	셩	셪	셫	셬	셭	셮	셯	셰	셱	셲	셳	셴	셵	셶	셷	셸	셹	셺	셻
5481	5482	5483	5484	5485	5486	5487	5488	5489	5490	5491	5492	5493	5494	5495	5496	5497	5498	5499	5500
5601	5601							5601				5601				5601			

셼	셽	셾	셿	솀	솁	솂	솃	솄	솅	솆	솇	솈	솉	솊	솋	소	속	솎	솏
5501	5502	5503	5504	5505	5506	5507	5508	5509	5510	5511	5512	5513	5514	5515	5516	5517	5518	5519	5520
					5601												5601	5601	5601

손	솑	솒	(5524)	솔	솕	솖	솗	솘	솙	솚	솛	솜	솝	솞	솟	솠	송	솢	솣
5521	5522	5523	5524	5525	5526	5527	5528	5529	5530	5531	5532	5533	5534	5535	5536	5537	5538	5539	5540
5601				5601		5601						5601	5601		5601		5601		

솤	솥	솦	솧	솨	솩	솪	솫	솬	솭	솮	솯	솰	솱	솲	솳	솴	솵	솶	솷
5541	5542	5543	5544	5545	5546	5547	5548	5549	5550	5551	5552	5553	5554	5555	5556	5557	5558	5559	5560
	5601			5601	5601			5601				5601							

솸	솹	솺	솻	솼	솽	솾	솿	쇀	쇁	쇂	쇃	쇄	쇅	쇆	쇇	쇈	쇉	쇊	쇋
5561	5562	5563	5564	5565	5566	5567	5568	5569	5570	5571	5572	5573	5574	5575	5576	5577	5578	5579	5580
					5601								5601			5601			

쇌	쇍	쇎	쇏	쇐	쇑	쇒	쇓	쇔	쇕	쇖	쇗	쇘	쇙	쇚	쇛	쇜	쇝	쇞	쇟
5581	5582	5583	5584	5585	5586	5587	5588	5589	5590	5591	5592	5593	5594	5595	5596	5597	5598	5599	5600
5601										5601		5601	5601						

쇠 쇡 쇢 쇣 쇤 쇥 쇦 쇧 쇨 쇩 쇪 쇫 쇬 쇭 쇮 쇯 쇰 쇱 쇲 쇳
5601 5602 5603 5604 5605 5606 5607 5608 5609 5610 5611 5612 5613 5614 5615 5616 5617 5618 5619 5620
5601 5601 5601 5601 5601 5601

쇴 쇵 쇶 쇷 쇸 쇹 쇺 쇻 소 속 쇽 쇾 쇿 숁 숂 손 솔 숅 숆 숇
5621 5622 5623 5624 5625 5626 5627 5628 5629 5630 5631 5632 5633 5634 5635 5636 5637 5638 5639 5640
5601 5601 5601 5601

숈 숉 숊 숋 솜 솝 숎 숏 숐 송 숒 숓 속 솥 숖 솧 수 숙 슈 숚
5641 5642 5643 5644 5645 5646 5647 5648 5649 5650 5651 5652 5653 5654 5655 5656 5657 5658 5659 5660
5601 5601 5601 5601 5601 5601

순 숝 숞 숟 술 숡 숢 숣 숤 숥 숦 숧 숨 숩 숪 숫 숬 숭 숮 숯
5661 5662 5663 5664 5665 5666 5667 5668 (5669) 5670 5671 5672 5673 5674 5675 5676 5677 5678 5679 5680
5601 5601 5601 5601 5601 5601

숰 숱 숲 숳 쉬 쉭 쉮 쉯 쉰 쉱 쉲 쉳 쉴 쉵 쉶 쉷 쉸 쉹 쉺 쉻
5681 5682 5683 5684 5685 5686 5687 5688 5689 5690 5691 5692 5693 5694 5695 5696 5697 5698 5699 5700
5601 5601 5601

쉼 쉽 쉾 쉿 슀 슁 슂 슃 슄 슅 슆 슇 쉐 쉑 쉒 쉓 쉔 쉕 쉖 쉗
5701 5702 5703 5704 5705 5706 5707 5708 5709 5710 5711 5712 5713 5714 5715 5716 5717 5718 5719 5720
5601 5601 5601 5601

쉘 쉙 쉚 쉛 쉜 쉝 쉞 쉟 쉠 쉡 쉢 쉣 쉤 쉥 쉦 쉧 쉨 쉩 쉪 쉫
5721 5722 5723 5724 5725 5726 5727 5728 5729 5730 5731 5732 5733 5734 5735 5736 5737 5738 5739 5740
5601 5601 5601

쉬 쉭 쉮 쉯 쉰 쉱 쉲 쉳 쉴 쉵 쉶 쉷 쉸 쉹 쉺 쉻 쉼 쉽 쉾 쉿
5741 5742 5743 5744 5745 5746 5747 5748 5749 5750 5751 5752 5753 5754 5755 5756 5757 5758 5759 5760
5601 5601 5601 5601 5601 5601 5601

슀 슁 슂 슃 슄 슅 슆 슇 슈 슉 슊 슋 순 슍 슎 슏 슐 슑 슒 슓
5761 5762 5763 5764 5765 5766 5767 5768 5769 5770 5771 5772 (5773) 5774 5775 5776 5777 5778 5779 5780
5601 5601 5601

슔 슕 슖 슗 슘 슙 슚 슛 슜 슝 슞 슟 슠 슡 슢 슣 스 슥 슈 슧
5781 5782 5783 5784 5785 5786 5787 5788 5789 5790 5791 5792 5793 5794 5795 5796 5797 5798 5799 5800
5601 5601 5601 5601 5601

스 슸 승 슫 슬 슭 슲 슳 슸 슫 슢 슭 슴 습 슸 슷 쓰 승 슺 슻
5801 5802 5803 5804 5805 5806 5807 5808 5809 5810 5811 (5812) 5813 5814 5815 5816 5817 5818 5819 5820
5601   5601 5601   5601 5601   5601   5601

슥 슽 슢 숭 싀 싁 싀 싌 싄 싌 싀 싄 싈 싉 싊 싌 싀 싌 싌 싈
5821 5822 5823 5824 5825 5826 5827 5828 5829 5830 5831 5832 (5833) 5834 5835 5836 5837 5838 5839 5840

싐 싑 싒 싌 싌 싌 싌 싌 싀 싈 싀 싀 시 식 싀 싌 신 싌 싌 신
5841 5842 5843 5844 5845 5846 5847 5848 5849 5850 5851 5852 5853 5854 5855 5856 5857 5858 5859 5860
                                      5601 5601   5601   5601

실 싉 싒 싌 싌 싌 싌 싌 심 십 싌 싀 싌 싱 싌 싌 싀 싀 싀 싀
5861 5862 5863 5864 5865 5866 5867 5868 5869 5870 5871 5872 5873 5874 5875 5876 5877 5878 5879 5880
5601   5601 5601 5601 5601   5601   5601

싸 싹 싺 싻 싼 싽 쌍 싿 쌀 쌁 쌂 쌃 쌄 쌅 쌆 쌇 쌈 쌉 쌊 쌋
5881 5882 5883 5884 5885 5886 5887 5888 5889 5890 5891 5892 5893 5894 5895 5896 5897 5898 5899 5900
5601 5601   5601 5601   5601   5601 5601

쌌 쌍 쌎 쌏 쌐 쌑 쌒 쌓 쌔 쌕 쌖 쌗 쌘 쌙 쌚 쌛 쌜 쌝 쌞 쌟
5901 5902 5903 5904 5905 5906 5907 5908 5909 5910 5911 5912 5913 5914 5915 5916 5917 5918 5919 5920
5601 5601   5601 5601 5601   5601   5601

쌠 쌡 쌢 쌣 쌤 쌥 쌦 쌧 쌨 쌩 쌪 쌫 쌬 쌭 쌮 쌯 쌰 쌱 쌲 쌳
5921 5922 5923 5924 5925 5926 5927 5928 5929 5930 5931 5932 5933 5934 5935 5936 (5937) 5938 5939 5940
          5601 5601   5601 5601

쌴 쌵 쌶 쌷 쌸 쌹 쌺 쌻 쌼 쌽 쌾 쌿 썀 썁 썂 썃 썄 썅 썆 썇
5941 5942 5943 5944 5945 5946 5947 5948 5949 5950 5951 5952 5953 5954 5955 5956 5957 5958 5959 5960
                                                  5601

썈 썉 썊 썋 썌 썍 썎 썏 썐 썑 썒 썓 썔 썕 썖 썗 썘 썙 썚 썛
5961 5962 5963 5964 5965 5966 5967 5968 5969 5970 5971 5972 5973 5974 5975 5976 5977 5978 5979 5980

썜 썝 썞 썟 썠 썡 썢 썣 썤 썥 썦 썧 써 썩 썪 썫 썬 썭 썮 썯
5981 5982 5983 5984 5985 5986 5987 5988 5989 5990 5991 5992 5993 5994 5995 5996 5997 5998 5999 6000
                                      5601 5601   5601

썰	썱	썲	썳	썴	썵	썶	썷	썸	썹	썺	썻	썼	썽	썾	썿	쎀	쎁	쎂	쎃
6001	6002	6003	6004	6005	6006	6007	6008	6009	6010	6011	6012	6013	6014	6015	6016	6017	6018	6019	6020
5601		5601							5601	5601			5601	5601					

쎄	쎅	쎆	쎇	쎈	쎉	쎊	쎋	쎌	쎍	쎎	쎏	쎐	쎑	쎒	쎓	쎔	쎕	쎖	쎗
6021	6022	6023	6024	6025	6026	6027	6028	6029	6030	6031	6032	6033	6034	6035	6036	6037	6038	6039	6040
5601			5601				5601												

쎘	쎙	쎚	쎛	쎜	쎝	쎞	쎟	쎠	쎡	쎢	쎣	쎤	쎥	쎦	쎧	쎨	쎩	쎪	쎫
6041	6042	6043	6044	6045	6046	6047	6048	6049	6050	6051	6052	6053	6054	6055	6056	6057	6058	6059	6060

쎬	쎭	쎮	쎯	쎰	쎱	쎲	쎳	쎴	쎵	쎶	쎷	쎸	쎹	쎺	쎻	쎼	쎽	쎾	쎿
6061	6062	6063	6064	6065	6066	6067	6068	6069	6070	6071	6072	6073	6074	6075	6076	6077	6078	6079	6080

쏀	쏁	쏂	쏃	쏄	쏅	쏆	쏇	쏈	쏉	쏊	쏋	쏌	쏍	쏎	쏏	쏐	쏑	쏒	쏓
6081	6082	6083	6084	6085	6086	6087	6088	6089	6090	6091	6092	6093	6094	6095	6096	6097	6098	6099	6100
5601																			

쏔	쏕	쏖	쏗	쏘	쏙	쏚	쏛	쏜	쏝	쏞	쏟	쏠	쏡	쏢	쏣	쏤	쏥	쏦	쏧
6101	6102	6103	6104	6105	6106	6107	6108	6109	6110	6111	6112	6113	6114	6115	6116	6117	6118	6119	6120
				5601	5601			5601				5601	5601		5601				

쏨	쏩	쏪	쏫	쏬	쏭	쏮	쏯	쏰	쏱	쏲	쏳	쏴	쏵	쏶	쏷	쏸	쏹	쏺	쏻
6121	6122	6123	6124	6125	6126	6127	6128	6129	6130	6131	6132	6133	6134	6135	6136	6137	6138	6139	6140
5601	5601			5601								5601	5601		5601				

쏼	쏽	쏾	쏿	쐀	쐁	쐂	쐃	쐄	쐅	쐆	쐇	쐈	쐉	쐊	쐋	쐌	쐍	쐎	쐏
6141	6142	6143	6144	6145	6146	6147	6148	6149	6150	6151	6152	6153	6154	6155	6156	6157	6158	6159	6160
												5601							

쐐	쐑	쐒	쐓	쐔	쐕	쐖	쐗	쐘	쐙	쐚	쐛	쐜	쐝	쐞	쐟	쐠	쐡	쐢	쐣
6161	6162	6163	6164	6165	6166	6167	6168	6169	6170	6171	6172	6173	6174	6175	6176	6177	6178	6179	6180
5601																			

쐤	쐥	쐦	쐧	쐨	쐩	쐪	쐫	쐬	쐭	쐮	쐯	쐰	쐱	쐲	쐳	쐴	쐵	쐶	쐷
6181	6182	6183	6184	6185	6186	6187	6188	6189	6190	6191	6192	6193	6194	6195	6196	6197	6198	6199	6200
5601								5601				5601				5601			

쎊	쎋	쎌	쎍	쎎	쎏	쎐	쎑	쎒	쎓	쎔	쎕	쎖	쎗	쎘	쎙	쏘	쏙	쏚	쏛
6201	6202	6203	6204	6205	6206	6207	6208	6209	6210	6211	6212	6213	6214	6215	6216	6217	6218	6219	6220
				5601	5601											5601			

쏜	쏝	쏞	쏟	쏠	쏡	쏢	쏣	쏤	쏥	쏦	쏧	쏨	쏩	쏪	쏫	쏬	쏭	쏮	쏯
6221	6222	6223	6224	6225	6226	6227	6228	6229	6230	6231	6232	6233	6234	6235	6236	6237	6238	6239	6240

쏰	쏱	쏲	쏳	쏴	쏵	쏶	쏷	쏸	쏹	쏺	쏻	쏼	쏽	쏾	쏿	쐀	쐁	쐂	쐃
6241	6242	6243	6244	6245	6246	6247	6248	6249	6250	6251	6252	6253	6254	6255	6256	6257	6258	6259	6260
				5601	5601			5601				5601							

쐄	쐅	쐆	쐇	쐈	쐉	쐊	쐋	쐌	쐍	쐎	쐏	쒀	쒁	쒂	쒃	쒄	쒅	쒆	쒇
6261	6262	6263	6264	6265	6266	6267	6268	6269	6270	6271	6272	6273	6274	6275	6276	6277	6278	6279	6280
5601	5601			5601								5601							

쒈	쒉	쒊	쒋	쒌	쒍	쒎	쒏	쒐	쒑	쒒	쒓	쒔	쒕	쒖	쒗	쒘	쒙	쒚	쒛
6281	6282	6283	6284	6285	6286	6287	6288	6289	6290	6291	6292	6293	6294	6295	6296	6297	6298	6299	6300
												5601							

쒜	쒝	쒞	쒟	쒠	쒡	쒢	쒣	쒤	쒥	쒦	쒧	쒨	쒩	쒪	쒫	쒬	쒭	쒮	쒯
6301	6302	6303	6304	6305	6306	6307	6308	6309	6310	6311	6312	6313	6314	6315	6316	6317	6318	6319	6320
5601																			

쒰	쒱	쒲	쒳	쒴	쒵	쒶	쒷	쒸	쒹	쒺	쒻	쒼	쒽	쒾	쒿	쓀	쓁	쓂	쓃
6321	6322	6323	6324	6325	6326	6327	6328	6329	6330	6331	6332	6333	6334	6335	6336	6337	6338	6339	6340
								5601				5601							

쓄	쓅	쓆	쓇	쓈	쓉	쓊	쓋	쓌	쓍	쓎	쓏	쓐	쓑	쓒	쓓	쓔	쓕	쓖	쓗
6341	6342	6343	6344	6345	6346	6347	6348	6349	6350	6351	6352	6353	6354	6355	6356	(6357)	6358	6359	6360

쓘	쓙	쓚	쓛	쓜	쓝	쓞	쓟	쓠	쓡	쓢	쓣	쓤	쓥	쓦	쓧	쓨	쓩	쓪	쓫
6361	6362	6363	6364	6365	6366	6367	6368	6369	6370	6371	6372	6373	6374	6375	6376	6377	6378	6379	6380
																	5601		

쓬	쓭	쓮	쓯	쓰	쓱	쓲	쓳	쓴	쓵	쓶	쓷	쓸	쓹	쓺	쓻	쓼	쓽	쓾	쓿
6381	6382	6383	6384	6385	6386	6387	6388	6389	6390	6391	6392	6393	6394	6395	6396	6397	6398	6399	6400
				5601	5601			5601				5601		5601					5601

쏨 6401　쏩 6402　쏪 6403　쏫 6404　쏬 6405　쏭 6406　쏮 6407　쏯 6408　쓱 6409　쓷 6410　쑆 6411　쑹 6412　씌 6413　씍 6414　씎 6415　씏 6416　씐 6417　씑 6418　씒 6419　씓 6420
（5601 · 6401）（5601 · 6402）（5601 · 6413）（5601 · 6418）

씔 6421　씕 6422　씖 6423　씗 6424　씘 6425　씙 6426　씚 6427　씛 6428　씜 6429　씝 6430　씞 6431　씟 6432　씠 6433　씡 6434　씢 6435　씣 6436　씤 6437　씥 6438　씦 6439　씧 6440
（5601 · 6429）

씨 6441　씩 6442　씪 6443　씫 6444　씬 6445　씭 6446　씮 6447　씯 6448　씰 6449　씱 6450　씲 6451　씳 6452　씴 6453　씵 6454　씶 6455　씷 6456　씸 6457　씹 6458　씺 6459　씻 6460
（5601 · 6441）（5601 · 6442）（5601 · 6445）（5601 · 6449）（5601 · 6457）（5601 · 6458）（5601 · 6460）

씼 6461　씽 6462　씾 6463　씿 6464　앀 6465　앁 6466　앂 6467　앃 6468　아 6469　악 6470　앆 6471　앇 6472　안 6473　앉 6474　않 6475　앋 6476　알 6477　앍 6478　앎 6479　(앏 6480)
（5601 · 6462）（5601 · 6469）（5601 · 6470）（5601 · 6473）（5601 · 6474）（5601 · 6475）（5601 · 6477）

앐 6481　앑 6482　(앒 6483)　앓 6484　암 6485　압 6486　앖 6487　앗 6488　았 6489　앙 6490　앚 6491　앛 6492　앜 6493　앝 6494　앞 6495　앟 6496　애 6497　액 6498　앢 6499　앣 6500
（5601 · 6485）（5601 · 6486）（5601 · 6487）（5601 · 6488）（5601 · 6489）（5601 · 6490）（5601 · 6491）（5601 · 6495）（5601 · 6497）（5601 · 6498）（5601 · 6499）

앤 6501　앥 6502　앦 6503　앧 6504　앨 6505　앩 6506　앪 6507　앫 6508　앬 6509　앭 6510　앮 6511　앯 6512　앰 6513　앱 6514　앲 6515　앳 6516　앴 6517　앵 6518　앶 6519　앷 6520
（5601 · 6501）（5601 · 6505）（5601 · 6513）（5601 · 6514）（5601 · 6516）（5601 · 6517）（5601 · 6518）

앸 6521　앹 6522　앺 6523　앻 6524　야 6525　약 6526　앾 6527　앿 6528　얀 6529　얁 6530　얂 6531　얃 6532　얄 6533　얅 6534　얆 6535　얇 6536　얈 6537　얉 6538　얊 6539　얋 6540
（5601 · 6525）（5601 · 6526）（5601 · 6529）（5601 · 6533）（5601 · 6536）

얌 6541　얍 6542　얎 6543　얏 6544　(얐 6545)　양 6546　얒 6547　얓 6548　얔 6549　얕 6550　얖 6551　얗 6552　얘 6553　얙 6554　얚 6555　얛 6556　얜 6557　얝 6558　얞 6559　얟 6560
（5601 · 6541）（5601 · 6542）（5601 · 6544）（5601 · 6549）（5601 · 6551）（5601 · 6552）（5601 · 6557）

얠 6561　얡 6562　얢 6563　얣 6564　얤 6565　얥 6566　얦 6567　얧 6568　얨 6569　얩 6570　얪 6571　얫 6572　얬 6573　얭 6574　얮 6575　얯 6576　얰 6577　얱 6578　얲 6579　얳 6580
（5601 · 6561）（5601 · 6571）

어 6581　억 6582　얶 6583　얷 6584　언 6585　얹 6586　얺 6587　얻 6588　얼 6589　얽 6590　얾 6591　얿 6592　엀 6593　엁 6594　엂 6595　엃 6596　엄 6597　업 6598　없 6599　엇 6600
（5601 · 6581）（5601 · 6582）（5601 · 6585）（5601 · 6586）（5601 · 6589）（5601 · 6590）（5601 · 6591）（5601 · 6592）（5601 · 6597）（5601 · 6598）（5601 · 6599）（5601 · 6600）

었	엉	엊	엋	엌	엍	엎	엏	에	엑	엒	엓	엔	엕	엖	엗	엘	엙	엚	엛
6601	6602	6603	6604	6605	6606	6607	6608	6609	6610	6611	6612	6613	6614	6615	6616	6617	6618	6619	6620
5601	5601	5601		5601		5601	5601					5601				5601			

엜	엝	엞	엟	엠	엡	엢	엣	엤	엥	엦	엧	엨	엩	엪	엫	여	역	엮	엯
6621	6622	6623	6624	6625	6626	6627	6628	6629	6630	6631	6632	6633	6634	6635	6636	6637	6638	6639	6640
				5601	5601		5601		5601								5601	5601	5601

연	엱	엲	엳	열	엵	엶	엷	엸	엹	엺	엻	염	엽	엾	엿	엤	영	엦	엧
6641	6642	6643	6644	6645	6646	6647	6648	6649	6650	6651	6652	6653	6654	6655	6656	6657	6658	6659	6660
5601			5601		5601		5601	5601				5601	5601	5601	5601	5601	5601	5601	

엮	옅	옆	옇	예	옉	옊	옋	옌	옍	옎	옏	옐	옑	옒	옓	옔	옕	옖	옗
6661	6662	6663	6664	6665	6666	6667	6668	6669	6670	6671	6672	6673	6674	6675	6676	6677	6678	6679	6680
5601	5601	5601	5601					5601											

옘	옙	옚	옛	옜	옝	옞	옟	옠	옡	옢	옣	오	옥	옦	옧	온	옩	옪	옫
6681	6682	6683	6684	6685	6686	6687	6688	6689	6690	6691	6692	6693	6694	6695	6696	6697	6698	6699	(6700)
5601	5601		5601	5601								5601	5601		5601			

올	옭	옮	옯	옰	옱	옲	옳	옴	옵	옶	옷	옸	옹	옺	옻	옼	옽	옾	옿
6701	6702	6703	6704	6705	6706	6707	6708	6709	6710	6711	6712	6713	6714	6715	6716	6717	6718	6719	6720
5601	5601	5601		5601			5601	5601	5601		5601		5601		5601				

와	왁	왂	왔	완	왅	왆	왇	왈	왉	왊	왋	왌	왍	왎	왏	왐	왑	왒	왓
6721	6722	6723	6724	6725	6726	6727	(6728)	6729	6730	6731	6732	6733	6734	6735	6736	6737	6738	6739	6740
5601	5601		5601		5601											5601	5601		5601

왔	왕	왖	왗	왘	왙	왚	왛	왜	왝	왞	왟	왠	왡	왢	왣	왤	왥	왦	왧
6741	6742	6743	6744	6745	6746	6747	6748	6749	6750	6751	6752	6753	6754	6755	6756	6757	6758	6759	6760
5601	5601							5601		5601		5601							

왨	왩	왪	왫	왬	왭	왮	왯	왰	왕	왲	왳	왴	왵	왶	왷	외	왹	왺	왻
6761	6762	6763	6764	6765	6766	6767	6768	6769	6770	6771	6772	6773	6774	6775	6776	6777	6778	6779	6780
5601				5601		5601		5601								5601	5601	

왼	왽	왾	왿	욀	욁	욂	욃	욄	욅	욆	욇	욈	욉	욊	욋	욌	욍	욎	욏
6781	6782	6783	6784	6785	6786	6787	6788	6789	6790	6791	6792	6793	6794	6795	6796	6797	6798	6799	6800
5601			5601									5601	5601		5601	5601		

욐	욑	욒	욓	요	욕	욖	욗	욘	욙	욚	욛	욜	욝	욞	욟	욠	욡	욢	욣
6801	6802	6803	6804	6805	6806	6807	6808	6809	6810	6811	6812	6813	6814	6815	6816	6817	6818	6819	6820

5601 아래: 6805, 6806, 6809, 6813

욤	욥	욦	욧	욨	용	욪	욫	욬	욭	욮	훙	우	욱	유	욳	운	욵	욶	운
6821	6822	6823	6824	6825	6826	6827	6828	6829	6830	6831	6832	6833	6834	6835	6836	6837	6838	6839	(6840)

5601 아래: 6821, 6822, 6824, 6826, 6834, 6835, 6838

울	욹	욺	욻	욼	욽	욾	욿	움	웁	웂	웃	웄	웅	웆	웇	웈	웉	웊
6841	6842	6843	6844	6845	6846	6847	6848	6849	6850	6851	6852	6853	6854	6855	6856	6857	6858	6859

웋
6860

5601 아래: 6841, 6842, 6843, 6849, 6850, 6852, 6854

워	웍	웎	웏	원	웑	웒	웓	월	웕	웖	웗	웘	웙	웚	웛	웜	웝	웞	웟
6861	6862	6863	6864	6865	6866	6867	6868	6869	6870	6871	6872	(6873)	6874	6875	6876	6877	6878	6879	6880

5601 아래: 6861, 6862, 6865, 6869, 6878, 6879

웠	웡	웢	웣	웤	웥	웦	웧	웨	웩	웪	웫	웬	웭	웮	웯	웰	웱	웲	웳
6881	6882	6883	6884	6885	6886	6887	6888	6889	6890	6891	6892	6893	6894	6895	6896	6897	6898	6899	6900

5601 아래: 6881, 6882, 6889, 6890, 6893, 6897

웴	웵	웶	웷	웸	웹	웺	웻	웼	웽	웾	웿	윀	윁	윂	위	윅	윆	윇
6901	6902	6903	6904	6905	6906	6907	(6908)	6909	6910	6911	6912	6913	6914	6915	6916	6917	6918	6919

윈
6920

5601 아래: 6905, 6906, 6909, 6917, 6918

윈	윉	윊	윋	윌	윍	윎	윏	윐	윑	윒	윓	윔	윕	윖	윗	윘	윙	윚	윛
6921	6922	6923	6924	6925	6926	6927	6928	6929	6930	6931	6932	6933	6934	6935	6936	6937	6938	6939	6940

5601 아래: 6921, 6925, 6933, 6934, 6936, 6938

윜	윝	윞	윟	유	육	윢	윣	윤	윥	윦	윧	율	윩	윪	윫	윬	윭	윮	윯
6941	6942	6943	6944	6945	6946	6947	6948	6949	6950	6951	6952	6953	6954	6955	6956	6957	6958	6959	6960

5601 아래: 6945, 6949

윰	윱	윲	윳	윴	융	윶	윷	윸	윹	윺	윻	으	윽	윾	윿	은	읁	읂	은
6961	6962	6963	6964	6965	6966	6967	6968	6969	6970	6971	6972	6973	6974	6975	6976	6977	6978	6979	6980

5601 아래: 6961, 6962, 6964, 6966, 6968, 6973, 6974, 6977

을	읅	읆	읇	읈	읉	읊	읋	음	읍	읎	읏	읐	응	읒	읓	읔	읕	읖	읗
6981	6982	6983	6984	6985	6986	6987	6988	6989	6990	6991	6992	6993	6994	6995	6996	6997	6998	6999	7000

5601 아래: 6981, 6987, 6989, 6990, 6992, 6994, 6995, 6996, 6997, 6998, 6999, 7000

의 익 위 윘 읜 읝 읞 읟 일 읽 읾 읿 잀 잁 잂 잃 임 입 잆 잇
7001 7002 7003 7004 7005 7006 7007 7008 7009 7010 7011 7012 7013 7014 7015 7016 7017 7018 7019 7020
5601　　　　5601　　　　5601　　　　　　　　　　　　5601　　　5601

있 잉 잊 잋 잌 잍 잎 잏 이 익 위 잌 읜 읝 읞 읟 일 읽 잀 잁
7021 7022 7023 7024 7025 7026 7027 7028 7029 7030 7031 7032 7033 7034 7035 (7036) 7037 7038 7039 7040
　　　　　　　　　　5601　5601　　　　　　　5601

읞 읟 잂 잃 임 입 잆 잇 있 잉 잊 잋 잌 잍 잎 잏 자 작 잒 잓
7041 7042 7043 7044 7045 7046 7047 7048 7049 7050 7051 7052 7053 (7054) 7055 7056 7057 7058 7059 7060
　　5601 5601 5601　　5601 5601 5601　　　　5601　　　5601 5601

잔 잕 잖 잗 잘 잙 잚 잛 잜 잝 잞 잠 잡 잢 잣 잤 장 잦 잧
7061 7062 7063 7064 7065 7066 7067 7068 7069 7070 7071 7072 7073 7074 7075 7076 7077 7078 7079 7080
5601　　5601 5601 5601　　5601　　　　　　5601 5601　　5601 5601 5601 5601

잨 잩 잪 잫 재 잭 잮 잯 잰 잱 잲 잳 잴 잵 잶 잷 잸 잹 잺 잻
7081 7082 7083 7084 7085 7086 7087 7088 7089 7090 7091 7092 7093 7094 7095 7096 7097 7098 7099 7100
　　　　　5601 5601　　　5601　　　5601

잼 잽 잾 잿 쟀 쟁 쟂 쟃 쟄 쟅 쟆 자 작 잒 잓 잔 잕 잖 잗
7101 7102 7103 7104 7105 7106 7107 7108 7109 7110 7111 7112 7113 7114 7115 7116 7117 7118 7119 7120
5601 5601　　5601 5601 5601　　　　　　5601 5601　　5601　　5601

잘 잙 잚 잛 잜 잝 잞 잟 잠 잡 잢 잣 잤 장 잦 잧 잨 잩 잪 잫
7121 7122 7123 7124 7125 7126 7127 7128 7129 7130 7131 (7132) 7133 7134 7135 7136 7137 7138 7139 7140
5601　　　　　　　　5601　　　5601

재 잭 잮 잯 잰 잱 잲 잳 잴 잵 잶 잷 잸 잹 잺 잼 잽 잾 잿
7141 7142 7143 7144 7145 7146 7147 7148 7149 7150 7151 7152 7153 7154 7155 7156 7157 7158 7159 7160
5601　　　　5601　　　5601

쟀 쟁 쟂 쟃 쟄 쟅 쟆 쟇 저 적 젂 젃 전 젅 젆 젇 절 젉 젊 젋
7161 7162 7163 7164 7165 7166 7167 7168 7169 7170 7171 7172 7173 7174 7175 (7176) 7177 7178 7179 7180
　　　　　　　　5601 5601　　5601 5601　　　5601　　5601

젌 젍 젎 젏 점 접 젒 젓 젔 정 젖 젗 젘 젙 젚 젛 제 젝 젞 젟
7181 7182 7183 7184 7185 7186 7187 7188 7189 7190 7191 7192 7193 7194 7195 7196 7197 7198 7199 7200
　　5601 5601　　5601　　5601 5601　　　　　5601 5601

젠	젡	젢	젣	젤	젥	젦	젧	젨	젩	젪	젬	젭	젮	젯	젰	젱	젲	젳	젴
7201	7202	7203	7204	7205	7206	7207	7208	7209	7210	7211	7212	7213	7214	7215	7216	7217	7218	7219	7220
5601				5601								5601	5601		5601			5601	

젵	젶	젷	젲	저	적	젂	젃	전	젅	젆	젇	절	젉	젊	젋	젌	젍	젎	젏
7221	7222	7223	7224	7225	7226	7227	7228	7229	7230	7231	7232	7233	7234	7235	7236	7237	7238	7239	7240
				5601				5601				5601							

점	접	젒	젓	젔	정	젖	젗	젘	젙	젚	제	젝	젞	젟	젠	젡	젢	젣	젤
7241	7242	7243	7244	7245	7246	7247	7248	7249	7250	7251	7252	7253	7254	7255	7256	7257	7258	7259	7260
5601	5601			5601	5601							5601							

젥	젦	젧	젨	젩	젪	젫	젬	젭	젮	젯	젰	젱	젲	젳	젴	젵	젶	젷	젲
7261	7262	7263	7264	7265	7266	7267	7268	7269	7270	7271	7272	7273	7274	7275	7276	7277	7278	7279	7280

조	족	죾	죿	존	졂	졃	졄	졸	졆	졇	졈	졉	졊	졋	졌	졍	졎	졏	좃
7281	7282	7283	7284	7285	7286	7287	7288	7289	7290	7291	7292	7293	7294	7295	7296	7297	7298	7299	7300
5601	5601			5601				5601		5601							5601	5601	5601

좄	종	좆	좇	족	졸	죠	죵	좌	좍	좎	좏	좐	좑	좒	좔	좕	좖	좗	좘
7301	7302	7303	7304	7305	7306	7307	7308	7309	7310	7311	7312	7313	7314	7315	7316	7317	7318	7319	7320
	5601	5601	5601			5601	5601	5601								5601			

좙	좚	좛	좜	좝	좞	좟	좠	좡	좢	좣	좤	좥	좦	좧	좨	좩	좪	좫	좬
7321	7322	7323	7324	7325	7326	7327	7328	7329	7330	7331	7332	7333	7334	7335	7336	7337	7338	7339	7340
				5601		5601		5601							5601				

좭	좮	좯	좰	좱	좲	좳	좴	좵	좶	좷	좸	좹	좺	좻	좼	좽	좾	좿	쥇
7341	7342	7343	7344	7345	7346	7347	7348	7349	7350	7351	7352	7353	7354	7355	7356	7357	7358	7359	7360
																	5601	5601	

쥈	쥉	쥊	쥋	죄	죅	죆	죇	죈	죉	죊	죋	죌	죍	죎	죏	죐	죑	죒	죓
7361	7362	7363	7364	7365	7366	7367	7368	7369	7370	7371	7372	7373	7374	7375	7376	7377	7378	7379	7380
				5601				5601				5601							

죔	죕	죖	죗	죘	죙	죚	죛	죜	죝	죞	죟	죠	죡	죢	죣	존	죥	죦	죧
7381	7382	7383	7384	7385	7386	7387	7388	7389	7390	7391	7392	7393	7394	7395	7396	7397	7398	7399	7400
5601	5601		5601		5601								5601	5601		5601			

-- 43 --

졸	죫	죬	죭	죮	죯	죰	죱	죲	죳	죴	죵	죶	죷	죸	죹	죺	죻	쭂	종
7401	7402	7403	7404	7405	7406	7407	7408	7409	7410	7411	7412	7413	7414	7415	7416	7417	7418	7419	7420
													5601						

주	죽	쥬	쥰	준	줁	줄	줃	줄	줅	줆	줇	줈	줉	줊	줌	줍	줎	줏
7421	7422	7423	7424	7425	7426	7427	7428	7429	7430	7431	7432	7433	7434	7435	7436	7437	7438	7439	7440
5601	5601		5601					5601	5601	5601						5601	5601		5601

줐	중	줒	줓	죽	줕	줖	줗	줘	줙	줚	줛	줜	줝	줞	줟	줠	줡	줢
7441	7442	7443	7444	7445	7446	7447	7448	7449	7450	7451	7452	7453	7454	7455	7456	7457	7458	7459	7460
	5601							5601											

줣	줤	줥	줦	줨	줩	줪	줫	줬	줭	줮	줯	줰	줱	줲	줳	줴	줵	줶	줷
7461	7462	7463	7464	7465	7466	7467	7468	7469	7470	7471	7472	7473	7474	7475	7476	7477	7478	7479	7480
								5601									5601		

줸	줹	줺	줻	줼	줽	줾	줿	쥀	쥁	쥂	쥃	쥄	쥅	쥆	쥇	쥈	쥉	쥊	쥋
7481	7482	7483	7484	7485	7486	7487	7488	7489	7490	7491	7492	7493	7494	7495	7496	7497	7498	7499	7500
														5601					

쥌	쥍	쥎	쥏	쥐	쥑	쥒	쥓	쥔	쥕	쥖	쥗	쥘	쥙	쥚	쥛	쥜	쥝	쥞	쥟
7501	7502	7503	7504	7505	7506	7507	7508	7509	7510	7511	7512	7513	7514	7515	7516	7517	7518	7519	7520
		5601	5601			5601					5601								

쥠	쥡	쥢	쥣	쥤	쥥	쥦	쥧	쥨	쥩	쥪	쥬	쥭	쥮	쥯	쥰	쥱	쥲	쥳
7521	7522	7523	7524	7525	7526	7527	7528	7529	7530	7531	7532	7533	7534	7535	7536	7537	7538	7539	7540
5601	5601		5601									5601			5601				

쥴	쥵	쥶	쥷	쥸	쥹	쥺	쥻	쥼	쥽	쥾	쥿	즀	즁	즂	즃	즄	즅	즆	즇
7541	7542	7543	7544	7545	7546	7547	7548	7549	7550	7551	7552	7553	(7554)	7555	7556	7557	7558	7559	7560
5601									5601										

즈	즉	즊	즋	즌	즍	즎	즏	즐	즑	즒	즓	즔	즕	즖	즗	즘	즙	즚	즛
7561	7562	7563	7564	7565	7566	7567	7568	7569	7570	7571	7572	7573	7574	7575	7576	7577	7578	7579	7580
5601	5601		5601					5601								5601	5601		5601

즜	증	즞	즟	즠	즡	즢	즣	지	즥	쥐	즧	즨	즩	즪	즫	질	즭	즮	즯
7581	7582	7583	7584	7585	7586	7587	7588	7589	7590	7591	7592	7593	7594	7595	7596	7597	7598	7599	7600
5601																			

짆 짋 짌 짍 짐 집 짒 짓 짔 징 짖 짗 짘 짙 짚 짛 지 직 쥐 짓
7601 7602 7603 7604 7605 7606 7607 7608 7609 7610 7611 7612 7613 7614 7615 7616 7617 7618 7619 7620
5601 5601

진 짔 짆 진 질 짉 짐 짋 짌 짉 짊 짍 짐 집 짒 짓 씼 징 짓 짆
7621 7622 7623 7624 7625 7626 7627 7628 7629 7630 7631 7632 7633 7634 7635 7636 7637 7638 7639 7640
5601 5601 5601 5601 5601 5601 5601 5601 5601 5601

짘 짙 짚 쥥 짜 짝 쨲 짰 짠 짰 쨙 짠 짤 짥 짦 짧 짰 짨 짩 쨩
7641 7642 7643 7644 7645 7646 7647 7648 7649 7650 7651 7652 7653 7654 7655 7656 7657 7658 7659 7660
5601 5601 5601 5601 5601 5601 5601

짬 짭 짮 짯 짰 짱 짲 짳 짴 짵 짶 쥩 째 짹 짺 짻 짼 짽 짾 짼
7661 7662 7663 7664 7665 7666 7667 7668 7669 7670 7671 7672 7673 7674 7675 7676 7677 7678 7679 7680
5601 5601 5601 5601 5601 5601 5601 5601

짿 쨀 쨁 쨂 쨃 쨄 쨅 쨆 쨇 쨈 쨉 쨊 쨋 쨌 쨍 쨎 쨏 쨐 쨑 쨒
7681 7682 7683 7684 7685 7686 7687 7688 7689 7690 7691 7692 7693 7694 7695 7696 7697 7698 7699 7700
5601 5601 5601 5601 5601 5601

짜 짝 쨲 짰 짠 짰 쨙 짠 짤 짥 짦 짧 짰 짨 짩 짬 짭 짮 짰 짰
7701 7702 7703 7704 7705 7706 7707 7708 7709 7710 7711 7712 7713 7714 7715 7716 7717 7718 7719 7720
5601 5601

짰 짱 짲 짳 짴 짵 짶 짷 째 짹 짺 짻 짼 짽 짾 짼 짿 쨀 쨁 쨂
7721 7722 7723 7724 7725 7726 7727 7728 7729 7730 7731 7732 7733 7734 7735 7736 7737 7738 7739 7740
5601

쨃 쨄 쨅 쨆 쨇 쨈 쨉 쨊 쨋 쨌 쨍 쨎 쨏 쨐 쨑 쨒 쨓 쩌 쩍 쩎
7741 7742 7743 7744 7745 7746 7747 7748 7749 7750 7751 7752 7753 7754 7755 7756 7757 7758 7759 7760
5601 5601

쩐 쩑 쩒 쩐 쩔 쩕 쩖 쩗 쩘 쩙 쩚 쩛 쩜 쩝 쩞 쩟 쩠 쩡 쩢 쩣
7761 7762 7763 7764 7765 7766 7767 7768 7769 7770 7771 7772 7773 7774 7775 7776 7777 7778 7779 7780
5601 5601 5601 5601 5601 5601 5601

쩤 쩥 쩦 쩧 째 쩩 쩪 쩫 쩬 쩭 쩮 쩯 쩰 쩱 쩲 쩳 쩴 쩵 쩶 쩷
7781 7782 7783 7784 7785 7786 7787 7788 7789 7790 7791 7792 7793 7794 7795 7796 7797 7798 7799 7800
5601

쩁	쩂	쩃	쩄	쩅	쩆	쩇	쩈	쩉	쩊	쩋	쩌	쩍	쩎	쩏	쩐	쩑	쩒	쩓	쩔
7801	7802	7803	7804	7805	7806	7807	7808	7809	7810	7811	7812	7813	7814	7815	7816	7817	7818	7819	7820
				5601								5601							

쩕	쩖	쩗	쩘	쩙	쩚	쩛	쩜	쩝	쩞	쩟	쩠	쩡	쩢	쩣	쩤	쩥	쩦	쩧	쩨
7821	7822	7823	7824	7825	7826	7827	7828	7829	7830	7831	7832	7833	7834	7835	7836	7837	7838	7839	7840
											5601								

쩩	쩪	쩫	쩬	쩭	쩮	쩯	쩰	쩱	쩲	쩳	쩴	쩵	쩶	쩷	쩸	쩹	쩺	쩻	쩼
7841	7842	7843	7844	7845	7846	7847	7848	7849	7850	7851	7852	7853	7854	7855	7856	7857	7858	7859	7860

쩽	쩾	쩿	쪀	쪁	쪂	쪃	쪄	쪠	쫀	쫄	쫘	쫙	쫠	쫬	쫴	쫵	쫸	쫼	쫽
7861	7862	7863	7864	7865	7866	7867	7868	7869	7870	7871	7872	7873	7874	7875	(7876)	7877	7878	7879	7880
								5601	5601				5601			5601			

															좌	좍	좎	좏	좐
7881	7882	7883	7884	7885	7886	7887	7888	7889	7890	7891	7892	7893	7894	7895	7896	7897	7898	7899	7900
		5601	5601		5601			5601			5601							5601	5601

좑	좒	좓	좔	좕	좖	좗	좘	좙	좚	좛	좜	좝	좞	좟	좠	좡	좢	좣	좤
7901	7902	7903	7904	7905	7906	7907	7908	7909	7910	7911	7912	7913	7914	7915	7916	7917	7918	7919	7920
				5601													5601		

좥	좦	좧	좨	좩	좪	좫	좬	좭	좮	좯	좰	좱	좲	좳	좴	좵	좶	좷	좸
7921	7922	7923	7924	7925	7926	7927	7928	7929	7930	7931	7932	7933	7934	7935	7936	7937	7938	7939	7940
				5601															

좹	좺	좻	좼	좽	좾	좿	죀	죁	죂	죃	죄	죅	죆	죇	죈	죉	죊	죋	죌
7941	7942	7943	7944	7945	7946	7947	7948	7949	7950	7951	7952	7953	7954	7955	7956	7957	7958	7959	7960
		5601										5601			5601				

죍	죎	죏	죐	죑	죒	죓	죔	죕	죖	죗	죘	죙	죚	죛	죜	죝	죞	죟	죠
7961	7962	7963	7964	7965	7966	7967	7968	7969	7970	7971	7972	7973	7974	7975	7976	7977	7978	7979	7980
5601									5601	5601									

죡	죢	죣	죤	죥	죦	죧	죨	죩	죪	죫	죬	죭	죮	죯	죰	죱	죲	죳	죴
(7981)	7982	7983	7984	7985	7986	7987	7988	7989	7990	7991	7992	7993	7994	7995	7996	7997	7998	7999	8000

쫎 쫏 쫐 쫑 쫒 쫓 쫔 쫕 쭈 쭉 쭊 쭋 쭌 쭍 쭎 쭏 쭐 쭑 쭒 쭓
8001 8002 8003 8004 8005 8006 8007 8008 8009 8010 8011 8012 8013 8014 8015 8016 8017 8018 8019 8020
5601   5601 5601   5601   5601

쭔 쭕 쭖 쭗 쭘 쭙 쭚 쭛 쭜 쭝 쭞 쭟 쭠 쭡 쭢 쮀 쮁 쮂 쮃
8021 8022 8023 8024 8025 8026 8027 8028 8029 8030 8031 8032 8033 8034 8035 8036 8037 8038 8039 8040
        5601 5601   5601   5601

쮄 쮅 쮆 쮇 쮈 쮉 쮊 쮋 쮌 쮍 쮎 쮏 쮐 쮑 쮒 쮓 쮔 쮕 쮖 쮗
8041 8042 8043 8044 8045 8046 8047 8048 8049 8050 8051 8052 8053 8054 8055 8056 8057 8058 8059 8060
                                     5601 5601

쮘 쮙 쮚 쮛 쮜 쮝 쮞 쮟 쮠 쮡 쮢 쮣 쮤 쮥 쮦 쮧 쮨 쮩 쮪 쮫
8061 8062 8063 8064 8065 8066 8067 8068 8069 8070 8071 8072 8073 8074 8075 8076 8077 8078 8079 8080

쮬 쮭 쮮 쮯 쮰 쮱 쮲 쮳 쮴 쮵 쮶 쮷 쮸 쮹 쮺 쮻 쮼 쮽 쮾 쮿
8081 8082 8083 8084 8085 8086 8087 8088 8089 8090 8091 8092 8093 8094 8095 8096 8097 8098 8099 8100
                          5601

쯀 쯁 쯂 쯃 쯄 쯅 쯆 쯇 쯈 쯉 쯊 쯋 쯌 쯍 쯎 쯏 쯐 쯑 쯒 쯓
8101 8102 8103 8104 8105 8106 8107 8108 8109 8110 8111 8112 8113 8114 8115 8116 8117 8118 8119 8120

쯔 쯕 쯖 쯗 쯘 쯙 쯚 쯛 쯜 쯝 쯞 쯟 쯠 쯡 쯢 쯣 쯤 쯥 쯦 쯧
8121 8122 8123 8124 8125 8126 8127 8128 8129 8130 8131 8132 8133 8134 8135 8136 8137 8138 8139 8140
5601

쯨 쯩 쯪 쯫 쯬 쯭 쯮 쯯 쯰 쯱 쯲 쯳 쯴 쯵 쯶 쯷 쯸 쯹 쯺 쯻
8141 8142 8143 8144 8145 8146 8147 8148 8149 8150 8151 8152 8153 8154 8155 8156 8157 8158 8159 8160
                        5601

쯼 쯽 쯾 쯿 찀 찁 찂 찃 찄 찅 찆 찇 찈 찉 찊 찋 찌 찍 찎 찏
8161 8162 8163 8164 8165 8166 8167 8168 8169 8170 8171 8172 8173 8174 8175 8176 8177 8178 8179 8180
           5601   5601   5601

찐 찑 찒 찓 찔 찕 찖 찗 찘 찙 찚 찛 찜 찝 찞 찟 찠 찡 찢 찣
8181 8182 8183 8184 8185 8186 8187 8188 8189 8190 8191 8192 8193 8194 8195 8196 8197 8198 8199 8200

찍	찔	찚	찧	찌	찍	찎	찏	찐	찑	찒	찓	찔	찕	찖	찗	찘	찙	찚	찛
8201	8202	8203	8204	8205	8206	8207	8208	8209	8210	8211	(8212)	8213	8214	8215	8216	8217	8218	8219	8220
찜	찝	찞	찟	찠	찡	찢	찣	찤	찥	찦	찧	차	착	챆	챇	찬	챉	챊	찬
8221	8222	8223	8224	8225	8226	8227	8228	8229	8230	8231	8232	8233	8234	8235	8236	8237	8238	8239	8240
찰	챎	챏	챐	챑	챒	챓	챔	찹	챕	찻	찼	창	챚	챛	챜	챝	챞	챟
8241	8242	8243	8244	8245	8246	8247	8248	8249	8250	8251	8252	8253	8254	8255	8256	8257	8258	8259	8260
채	책	챢	챣	챤	챥	챦	챧	챨	챩	챪	챫	챬	챭	챮	챯	챰	챱	챲	챳
8261	8262	8263	8264	8265	8266	8267	8268	8269	8270	8271	8272	8273	8274	8275	8276	8277	8278	8279	8280
챴	챵	챶	챷	챸	챹	챺	챻	챼	챽	챾	챿	첀	첁	첂	첃	첄	첅	첆	첇
8281	8282	8283	8284	8285	8286	8287	8288	8289	8290	8291	8292	8293	8294	8295	8296	8297	8298	8299	8300
첈	첉	첊	첋	첌	첍	첎	첏	첐	첑	첒	첓	첔	첕	첖	채	책	챆	챇
8301	8302	8303	8304	8305	8306	8307	8308	8309	8310	8311	8312	8313	8314	8315	8316	8317	8318	8319	8320
챈	챉	챊	챋	챌	챍	챎	챏	챐	챑	챒	챓	챔	챕	챖	챗	챘	챙	챚	챛
8321	8322	8323	8324	8325	8326	8327	8328	8329	8330	8331	8332	8333	8334	8335	8336	8337	8338	8339	8340
챜	챝	챞	챟	처	척	챢	챣	천	챥	챦	천	철	챩	챪	챫	챬	챭	챮	챯
8341	8342	8343	8344	8345	8346	8347	8348	8349	8350	8351	8352	8353	8354	8355	8356	8357	8358	8359	8360
첨	첩	첪	첫	첬	청	첮	첯	첰	첱	첲	체	체	첵	첶	첷	첸	첹	첺	첻
8361	8362	8363	8364	8365	8366	8367	8368	8369	8370	8371	8372	8373	8374	8375	8376	8377	8378	8379	8380
첼	첽	첾	첿	쳀	쳁	쳂	쳃	쳄	쳅	쳆	쳇	쳈	쳉	쳊	쳋	쳌	쳍	쳎	쳏
8381	8382	8383	8384	8385	8386	8387	8388	8389	8390	8391	8392	8393	8394	8395	8396	8397	8398	8399	8400

-- 48 --

쳐	쳑	쳒	쳓	쳔	쳕	쳖	쳗	철	쳙	쳚	쳛	쳜	쳝	쳞	쳟	첨	첩	첪	첫
8401	8402	8403	8404	8405	8406	8407	8408	8409	8410	8411	8412	8413	8414	8415	8416	8417	8418	8419	8420
5601				5601															

쳤	청	쳣	쳧	쳥	쳦	쳧	체	쳌	쳩	쳪	쳫	쳬	쳭	쳮	쳯	쳰	쳱	쳲	쳳
8421	8422	8423	8424	8425	8426	8427	8428	8429	8430	8431	8432	8433	8434	8435	8436	8437	8438	8439	8440
5601												5601				5601			

쳴	쳵	쳶	쳷	쳸	쳹	쳺	쳻	쳼	쳽	쳾	쳿	촀	촁	초	촉	촊	촋		
8441	8442	8443	8444	8445	8446	8447	8448	8449	8450	8451	8452	8453	8454	8455	8456	8457	8458	8459	8460
								5601						5601	5601				

촌	촍	촎	촏	촐	촑	촒	촓	촔	촕	촖	촗	촘	촙	촚	촛	촜	총	촞	촟
8461	8462	8463	8464	8465	8466	8467	8468	8469	8470	8471	8472	8473	8474	8475	8476	8477	8478	8479	8480
5601				5601								5601	5601		5601			5601	

촠	촡	촢	촣	촤	촥	촦	촧	촨	촩	촪	촫	촬	촭	촮	촯	촰	촱		
8481	8482	8483	8484	8485	8486	8487	8488	8489	8490	8491	8492	8493	8494	8495	8496	8497	8498	8499	8500
			5601					5601				5601							

촵	촶	촷	촸	촹	촺	촻	촼	촽	촾	촿	쵀	쵁	쵂	쵃	쵄	쵅	쵆	쵇	쵈
8501	8502	8503	8504	8505	8506	8507	8508	8509	8510	8511	8512	8513	8514	8515	8516	8517	8518	8519	8520
				5601															

쵉	쵊	쵋	쵌	쵍	쵎	쵏	쵐	쵑	쵒	쵓	쵔	쵕	쵖	쵗	쵘	쵙	쵚	쵛	최
8521	8522	8523	8524	8525	8526	8527	8528	8529	8530	8531	8532	8533	8534	8535	8536	8537	8538	8539	8540

최	쵞	쵟	쵠	친	쵢	쵣	쵤	쵥	쵦	쵧	쵨	쵩	쵪	쵫	쵬	쵭	쵮	쵯	쵰
8541	8542	8543	8544	8545	8546	8547	8548	8549	8550	8551	8552	8553	8554	8555	8556	8557	8558	8559	8560
5601				5601				5601								5601	5601		5601

쵱	쵲	쵳	쵴	쵵	쵶	쵷	쵸	쵹	쵺	쵻	쵼	쵽	쵾	쵿	춀	춁	춂	춃	춄
8561	8562	8563	8564	8565	8566	8567	8568	8569	8570	8571	8572	8573	8574	8575	8576	8577	8578	8579	8580
5601								5601											

춅	춆	춇	춈	춉	춊	춋	춌	춍	춎	춏	춐	춑	춒	춓	추	축	춖	춗	
8581	8582	8583	8584	8585	8586	8587	8588	8589	8590	8591	8592	8593	8594	8595	8596	8597	8598	8599	8600
5601																5601	5601		

춘 춨 춨 춘 출 춹 춺 춻 춼 춽 춾 춤 춥 춦 춧 춨 충 춪 춫
8601 8602 8603 8604 8605 8606 8607 8608 8609 8610 8611 8612 8613 8614 8615 8616 8617 8618 8619 8620
5601 5601 5601 5601 5601 5601

춬 춭 춮 충 춰 척 춲 춳 천 춵 춶 천 철 춹 춺 춻 춼 춽 춾 춿
8621 8622 8623 8624 8625 8626 8627 8628 8629 8630 8631 8632 8633 8634 8635 8636 8637 8638 8639 8640
5601

첨 첩 첪 첫 첬 청 첯 첰 척 첲 첳 췌 첵 췍 첷 첸 첹 첺 췐
8641 8642 8643 8644 8645 8646 8647 8648 8649 8650 8651 8652 8653 8654 8655 8656 8657 8658 8659 8660
5601 5601 5601

첼 첽 첾 첿 쳀 쳁 쳂 쳃 첨 첩 첪 첫 첬 청 쳊 쳋 쳌 쳍 쳎
8661 8662 8663 8664 8665 8666 8667 8668 8669 8670 8671 8672 8673 8674 8675 8676 8677 8678 8679 8680

취 척 취 췄 천 췆 췇 천 철 췊 췋 췌 췍 췎 첨 첩 쳞 첫
8681 8682 8683 8684 8685 8686 8687 8688 8689 8690 8691 8692 8693 8694 8695 8696 8697 8698 8699 8700
5601 5601 5601 5601 5601 5601

첬 청 쳣 쳤 쳥 쳦 쳧 충 츄 축 츆 츇 춘 춨 춨 춘 출 춹 춺 춻
8701 8702 8703 8704 8705 8706 8707 8708 8709 8710 8711 8712 8713 8714 8715 8716 8717 8718 8719 8720
5601 5601 5601 5601

춼 춽 춾 춤 춤 춦 춧 춨 충 춪 춫 축 춭 춮 충 츠 측 츔 측
8721 8722 8723 8724 8725 8726 8727 8728 8729 8730 8731 8732 8733 8734 8735 8736 8737 8738 8739 8740
5601 5601 5601 5601

츠 츤 츥 츤 츨 츩 츪 츫 츬 츭 츮 츯 측 측 층 측 층 츠 츳 츴
8741 8742 8743 8744 8745 8746 8747 8748 8749 8750 8751 8752 8753 8754 8755 8756 8757 8758 8759 8760
5601 5601 5601 5601 5601 5601

측 츹 츺 층 칙 칙 취 칓 친 칕 칖 친 칠 칙 칚 칛 칤 칥 칦
8761 8762 8763 8764 8765 8766 8767 8768 8769 8770 8771 8772 8773 8774 8775 8776 8777 8778 8779 8780

칧 칩 칪 칫 칬 칭 칮 칯 척 췔 칲 칳 치 칙 취 칶 친 칸 칹 친
8781 8782 8783 8784 8785 8786 8787 8788 8789 8790 8791 8792 8793 8794 8795 8796 8797 8798 8799 8800
5601 5601 5601 5601

-- 50 --

칠 칡 칢 칣 칤 칥 칦 칧 침 칩 칪 첫 첬 칭 칮 칯 칰 칱 칲 칳
8801 8802 8803 8804 8805 8806 8807 8808 8809 8810 8811 8812 8813 8814 8815 8816 8817 8818 8819 8820
5601 5601 5601 5601 5601 5601

카 칵 칶 칷 칸 칹 칺 칻 칼 칽 칾 칿 캀 캁 캂 캃 캄 캅 캆 캇
8821 8822 8823 8824 8825 8826 8827 8828 8829 8830 8831 8832 8833 8834 8835 8836 8837 8838 8839 8840
5601 5601 5601 5601 5601 5601 5601

캈 캉 캊 캋 캌 캍 캎 캏 캐 캑 캒 캓 캔 캕 캖 캗 캘 캙 캚 캛
8841 8842 8843 8844 8845 8846 8847 8848 8849 8850 8851 8852 8853 8854 8855 8856 8857 8858 8859 8860
5601 5601 5601 5601

캜 캝 캞 캟 캠 캡 캢 캣 캤 캥 캦 캧 캨 캩 캪 캫 캬 캭 캮 캯
8861 8862 8863 8864 8865 8866 8867 8868 8869 8870 8871 8872 8873 8874 8875 8876 8877 8878 8879 8880
5601 5601 5601 5601 5601 5601 5601

캰 캱 캲 캳 캴 캵 캶 캷 캸 캹 캺 캻 캼 캽 캾 캿 컀 컁 컂 컃
8881 8882 8883 8884 8885 8886 8887 8888 8889 8890 8891 8892 8893 8894 8895 8896 8897 8898 8899 8900
5601

컄 컅 컆 컇 캐 캑 캒 캓 캔 캕 캖 캗 캘 캙 캚 캛 캜 캝 캞 캟
8901 8902 8903 8904 8905 8906 8907 8908 8909 8910 8911 8912 8913 8914 8915 8916 8917 8918 8919 8920

캠 캡 캢 캣 캤 캥 캦 캧 캨 캩 캪 캫 커 컥 컦 컧 컨 컩 컪 컫
8921 8922 8923 8924 8925 8926 8927 8928 8929 8930 8931 8932 8933 8934 8935 8936 8937 8938 8939 8940
5601 5601 5601 5601

컬 컭 컮 컯 컰 컱 컲 컳 컴 컵 컶 컷 컸 컹 컺 컻 컼 컽 컾 컿
8941 8942 8943 8944 8945 8946 8947 8948 8949 8950 8951 8952 8953 8954 8955 8956 8957 8958 8959 8960
5601 5601 5601 5601 5601 5601

케 켁 켂 켃 켄 켅 켆 켇 켈 켉 켊 켋 켌 켍 켎 켏 켐 켑 켒 켓
8961 8962 8963 8964 8965 8966 8967 8968 8969 8970 8971 8972 8973 8974 8975 8976 8977 8978 8979 8980
5601 5601 5601 5601 5601 5601 5601

켔 켕 켖 켗 켘 켙 켚 켛 켜 켝 켞 켟 켠 켡 켢 켣 켤 켥 켦 켧
8981 8982 8983 8984 8985 8986 8987 8988 8989 8990 8991 8992 8993 8994 8995 8996 8997 8998 8999 9000
5601 5601 5601 5601

-- 51 --

켨 켩 켪 켫 켬 켭 켮 켯 켰 켱 켲 켳 켴 켵 켶 계 켁 켂 켃 켄
9001 9002 9003 9004 9005 9006 9007 9008 9009 9010 9011 9012 9013 9014 9015 9016 9017 9018 9019 9020

켅 켆 켇 켈 켉 켊 켋 켌 켍 켎 켏 켐 켑 켒 켓 켔 켕 켖 켗
9021 9022 9023 9024 9025 9026 9027 9028 9029 9030 9031 9032 9033 9034 9035 9036 9037 9038 9039 9040

켘 켙 켚 켛 코 콕 콖 콗 콘 콙 콚 콛 콜 콝 콞 콟 콠 콡 콢 콣
9041 9042 9043 9044 9045 9046 9047 9048 9049 9050 9051 (9052) 9053 9054 9055 9056 9057 9058 9059 9060

콤 콥 콦 콧 콨 콩 콪 콫 콬 콭 콮 콯 콰 콱 콲 콳 콴 콵 콶 콷
9061 9062 9063 9064 9065 9066 9067 9068 9069 9070 9071 9072 9073 9074 9075 9076 9077 9078 9079 9080

콸 콹 콺 콻 콼 콽 콾 콿 쾀 쾁 쾂 쾃 쾄 쾅 쾆 쾇 쾈 쾉 쾊 쾋
9081 9082 9083 9084 9085 9086 9087 9088 9089 9090 9091 9092 9093 9094 9095 9096 9097 9098 9099 9100

쾌 쾍 쾎 쾏 쾐 쾑 쾒 쾓 쾔 쾕 쾖 쾗 쾘 쾙 쾚 쾛 쾜 쾝 쾞 쾟
9101 9102 9103 9104 9105 9106 9107 9108 9109 9110 9111 9112 9113 9114 9115 9116 9117 9118 9119 9120

쾠 쾡 쾢 쾣 쾤 쾥 쾦 쾧 쾨 쾩 쾪 쾫 쾬 쾭 쾮 쾯 쾰 쾱 쾲 쾳
9121 9122 9123 9124 9125 9126 9127 9128 9129 9130 9131 9132 9133 9134 9135 9136 9137 9138 9139 9140

쾴 쾵 쾶 쾷 쾸 쾹 쾺 쾻 쾼 쾽 쾾 쾿 쿀 쿁 쿂 쿃 코 콕 콖 콗
9141 9142 9143 9144 9145 9146 9147 9148 9149 9150 9151 9152 9153 9154 9155 9156 9157 9158 9159 9160

콘 콙 콚 콛 콜 콝 콞 콟 콠 콡 콢 콣 콤 콥 콦 콧 콨 콩 콪 콫
9161 9162 9163 9164 9165 9166 9167 9168 9169 9170 9171 9172 9173 9174 9175 9176 9177 9178 9179 9180

콬 콭 쿄 콩 구 국 쿢 쿣 쿤 쿥 쿦 쿧 쿨 쿩 쿪 쿫 쿬 쿭 쿮 쿯
9181 9182 9183 9184 9185 9186 9187 9188 9189 9190 9191 9192 9193 9194 9195 9196 9197 9198 9199 9200

쿰	쿱	쿲	쿳	쿴	쿵	쿶	쿷	쿸	쿹	쿺	쿻	퀴	퀵	퀶	퀷	퀸	퀹	퀺	퀼
9201	9202	9203	9204	9205	9206	9207	9208	9209	9210	9211	9212	9213	9214	9215	9216	9217	9218	9219	9220
5601	5601		5601		5601								5601			5601			

퀼	퀽	퀾	퀿	큀	큁	큂	큃	큄	큅	큆	큇	큈	큉	큊	큋	큌	큍	큎	큏
9221	9222	9223	9224	9225	9226	9227	9228	9229	9230	9231	9232	9233	9234	9235	9236	9237	9238	9239	9240
5601													5601						

퀘	퀙	퀚	퀛	퀜	퀝	퀞	퀟	퀠	퀡	퀢	퀣	퀤	퀥	퀦	퀧	퀨	퀩	퀪	퀫
9241	9242	9243	9244	9245	9246	9247	9248	9249	9250	9251	9252	9253	9254	9255	9256	9257	9258	9259	9260
5601																			

퀬	퀭	퀮	퀯	퀰	퀱	퀲	퀳	퀴	퀵	퀶	퀷	퀸	퀹	퀺	퀻	큅	큆	큇	큈
9261	9262	9263	9264	9265	9266	9267	9268	9269	9270	9271	9272	9273	9274	9275	9276	9277	9278	9279	9280
	5601								5601	5601			5601				5601		

큉	큊	큋	큌	큍	큎	큏	큐	큑	큒	큓	큔	큕	큖	큗	큘	큐	큑	큒	큓
9281	9282	9283	9284	9285	9286	9287	9288	9289	9290	9291	9292	9293	9294	9295	9296	9297	9298	9299	9300
				5601	5601		5601		5601							5601			

큔	큕	큖	큗	클	큙	큚	큛	큜	큝	큞	큟	큠	큡	큢	큣	큤	큥	큦	큧
9301	9302	9303	9304	9305	9306	9307	9308	9309	9310	9311	9312	9313	9314	9315	9316	9317	9318	9319	9320
5601				5601								5601							

큨	큩	큪	큫	크	큭	큮	큯	큰	큱	큲	큳	클	큵	큶	큷	큸	큹	큺	큻
9321	9322	9323	9324	9325	9326	9327	9328	9329	9330	9331	9332	9333	9334	9335	9336	9337	9338	9339	9340
				5601	5601			5601				5601							

큼	큽	큾	큿	킀	킁	킂	킃	킄	킅	킆	킇	키	킉	킊	킋	킌	킍	킎	킏
9341	9342	9343	9344	9345	9346	9347	9348	9349	9350	9351	9352	9353	9354	9355	9356	9357	9358	9359	9360
5601	5601			5601															

킐	킑	킒	킓	킔	킕	킖	킗	킘	킙	킚	킛	킜	킝	킞	킟	킠	킡	킢	킣
9361	9362	9363	9364	9365	9366	9367	9368	9369	9370	9371	9372	9373	9374	9375	9376	9377	9378	9379	9380

키	킥	킦	킧	킨	킩	킪	킫	킬	킭	킮	킯	킰	킱	킲	킳	킴	킵	킶	킷
9381	9382	9383	9384	9385	9386	9387	9388	9389	9390	9391	9392	9393	9394	9395	9396	9397	9398	9399	9400
5601	5601			5601				5601									5601	5601	5601

킸	킹	킺	킻	킼	킽	킾	킿	타	탁	탂	탃	탄	탅	탆	탇	탈	탉	탊	탋
9401	9402	9403	9404	9405	9406	9407	9408	9409	9410	9411	9412	9413	9414	9415	9416	9417	9418	9419	9420

탌	탍	탎	탏	탐	탑	탒	탓	탔	탕	탖	탗	탘	탙	탚	탛	태	택	탞	탟
9421	9422	9423	9424	9425	9426	9427	9428	9429	9430	9431	9432	9433	9434	9435	9436	9437	9438	9439	9440

탠	탡	탢	탣	탤	탥	탦	탧	탨	탩	탪	탫	탬	탭	탮	탯	탰	탱	탲	탳
9441	9442	9443	9444	9445	9446	9447	9448	9449	9450	9451	9452	9453	9454	9455	9456	9457	9458	9459	9460

탴	탵	탶	탷	타	탁	탂	탃	탄	탅	탆	탇	탈	탉	탊	탋	탌	탍	탎	탏
9461	9462	9463	9464	9465	9466	9467	9468	9469	9470	9471	9472	9473	9474	9475	9476	9477	9478	9479	9480

탐	탑	탒	탓	탔	탕	탖	탗	탘	탙	탚	탛	태	택	탞	탟	탠	탡	탢	탣
9481	9482	9483	9484	9485	9486	9487	9488	9489	9490	9491	9492	9493	9494	9495	9496	9497	9498	9499	9500

탤	탥	탦	탧	탨	탩	탪	탫	탬	탭	탮	탯	탰	탱	탲	탳	탴	탵	탶	탷
9501	9502	9503	9504	9505	9506	9507	9508	9509	9510	9511	9512	9513	9514	9515	9516	9517	9518	9519	9520

터	턱	턲	턳	턴	턵	턶	턷	털	턹	턺	턻	턼	턽	턾	턿	텀	텁	텂	텃
9521	9522	9523	9524	9525	9526	9527	9528	9529	9530	9531	9532	9533	9534	9535	9536	9537	9538	9539	9540

텄	텅	텆	텇	텈	텉	텊	텋	테	텍	텎	텏	텐	텑	텒	텓	텔	텕	텖	텗
9541	9542	9543	9544	9545	9546	9547	9548	9549	9550	9551	9552	9553	9554	9555	9556	9557	9558	9559	9560

텘	텙	텚	텛	템	텝	텞	텟	텠	텅	텢	텣	텤	텥	텦	텧	터	턱	턲	턳
9561	9562	9563	9564	9565	9566	9567	9568	9569	9570	9571	9572	9573	9574	9575	9576	9577	9578	9579	9580

턴	턵	턶	턷	털	턹	턺	턻	턼	턽	턾	턿	텀	텁	텂	텃	텄	텅	텆	텇
9581	9582	9583	9584	9585	9586	9587	9588	9589	9590	9591	9592	9593	9594	9595	9596	9597	9598	9599	9600

텩	텥	텦	텧	테	텍	텎	텏	텐	텑	텒	텓	텔	텕	텖	텗	텘	텙	텚	텛
9601	9602	9603	9604	9605	9606	9607	9608	9609	9610	9611	9612	9613	9614	9615	9616	9617	9618	9619	9620

5601 · 5601

템	텝	텞	텟	텠	텡	텢	텣	텤	텥	텦	토	톡	톢	톣	톤	톥	톦	톧	톨
9621	9622	9623	9624	9625	9626	9627	9628	9629	9630	9631	9632	9633	9634	9635	9636	9637	9638	9639	9640

5601 · 5601 · 5601

톩	톪	톫	톬	톭	톮	톯	톰	톱	톲	톳	톴	통	톶	톷	톸	톹	톺	톻	
9641	9642	9643	9644	9645	9646	9647	9648	9649	9650	9651	9652	9653	9654	9655	9656	9657	9658	9659	9660

5601 · 5601 · 5601 · 5601 · 5601 · 5601

톼	톽	톾	톿	퇀	퇁	퇂	퇃	퇄	퇅	퇆	퇇	퇈	퇉	퇊	퇋	퇌	퇍	퇎	퇏
9661	9662	9663	9664	9665	9666	9667	9668	9669	9670	9671	9672	9673	9674	9675	9676	9677	9678	9679	9680

5601 · 5601

퇐	퇑	퇒	퇓	퇔	퇕	퇖	퇗	퇘	퇙	퇚	퇛	퇜	퇝	퇞	퇟	퇠	퇡	퇢	퇣
9681	9682	9683	9684	9685	9686	9687	9688	9689	9690	9691	9692	9693	9694	9695	9696	9697	9698	9699	9700

5601

퇤	퇥	퇦	퇧	퇨	퇩	퇪	퇫	퇬	퇭	퇮	퇯	퇰	퇱	퇲	퇳	퇴	퇵	퇶	퇷
9701	9702	9703	9704	9705	9706	9707	9708	9709	9710	9711	9712	9713	9714	9715	9716	9717	9718	9719	9720

5601

퇸	퇹	퇺	퇻	퇼	퇽	퇾	퇿	툀	툁	툂	툃	툄	툅	툆	툇	툈	툉	툊	툋
9721	9722	9723	(9724)	9725	9726	9727	9728	9729	9730	9731	9732	9733	9734	9735	9736	9737	9738	9739	9740

5601 · 5601 · 5601

툌	툍	툎	툏	툐	툑	툒	툓	툔	툕	툖	툗	툘	툙	툚	툛	툜	툝	툞	툟
9741	9742	9743	9744	9745	9746	9747	9748	9749	9750	9751	9752	9753	9754	9755	9756	9757	9758	9759	9760

5601

툠	툡	툢	툣	툤	툥	툦	툧	툨	툩	툪	툫	투	툭	툮	툯	툰	툱	툲	툳
9761	9762	9763	9764	9765	9766	9767	9768	9769	9770	9771	9772	9773	9774	9775	9776	9777	9778	9779	9780

5601 · 5601 · 5601

툴	툵	툶	툷	툸	툹	툺	툻	툼	툽	툾	툿	퉀	퉁	퉂	퉃	퉄	퉅	퉆	퉇
9781	9782	9783	9784	9785	9786	9787	9788	9789	9790	9791	9792	9793	9794	9795	9796	9797	9798	9799	9800

5601 · 5601 · 5601 · 5601 · 5601

튀 튁 튂 튃 튄 튅 튆 튇 튈 튉 튊 튋 튌 튍 튎 튏 튐 튑 튒 튓
9801 9802 9803 9804 9805 9806 9807 9808 9809 9810 9811 9812 9813 9814 9815 9816 9817 9818 9819 9820
5601

튔 튕 튖 튗 튘 튙 튚 튛 튜 튝 튞 튟 튠 튡 튢 튣 튤 튥 튦 튧
9821 9822 9823 9824 9825 9826 9827 9828 9829 9830 9831 9832 9833 9834 9835 9836 9837 9838 9839 9840
5601   5601

튨 튩 튪 튫 튬 튭 튮 튯 튰 튱 튲 튳 튴 튵 튶 튷 트 특 튺 튻
9841 9842 9843 9844 9845 9846 9847 9848 9849 9850 9851 9852 9853 9854 9855 9856 9857 9858 9859 9860
                                                      5601 5601

튼 튽 튾 튿 틀 틁 틂 틃 틄 틅 틆 틇 틈 틉 틊 틋 틌 틍 틎 틏
9861 9862 9863 9864 9865 9866 9867 9868 9869 9870 9871 9872 9873 9874 9875 9876 9877 9878 9879 9880
5601   5601   5601 5601   5601

틐 틑 틒 틓 듀 특 튜 튱 튼 튱 튱 튼 틀 튱 튱 튱 튱 튱 튱 튱
9881 9882 9883 9884 9885 (9886) 9887 9888 9889 9890 9891 9892 9893 9894 9895 9896 9897 9898 9899 9900
          5601   5601   5601

튱 틉 튱 튱 튱 틍 튱 튱 특 튱 튱 튱 트 특 튜 튱 튼 튱 튱 튼
9901 9902 9903 9904 9905 9906 9907 9908 9909 9910 9911 9912 9913 9914 9915 9916 9917 9918 9919 9920
5601   5601   5601 5601   5601   5601

틀 틁 틂 틃 틄 틅 틆 틇 틈 틉 틊 틋 틌 틍 틎 틏 틐 틑 틒 틓
9921 9922 9923 9924 9925 9926 9927 9928 9929 9930 9931 9932 9933 9934 9935 9936 9937 9938 9939 9940
5601   5601   5601 5601   5601

티 틱 틲 틳 틴 틵 틶 틷 틸 틹 틺 틻 틼 틽 틾 틿 팀 팁 팂 팃
9941 9942 9943 9944 9945 9946 9947 9948 9949 9950 9951 9952 9953 9954 9955 9956 9957 9958 9959 9960
5601   5601   5601 5601

팄 팅 팆 팇 팈 팉 팊 팋 티 틱 틲 틳 틴 틵 틶 틷 틸 틹 틺 틻
9961 9962 9963 9964 9965 9966 9967 9968 9969 9970 9971 9972 9973 9974 9975 9976 9977 9978 9979 9980
          5601 5601   5601   5601

틼 틽 틾 틿 팀 팁 팂 팃 팄 팅 팆 팇 팈 팉 팊 팋 파 팍 팎 팏
9981 9982 9983 9984 9985 9986 9987 9988 9989 9990 9991 9992 9993 9994 9995 9996 9997 9998 9999 10000
          5601 5601   5601   5601   5601 5601 5601

판	팠	팡	판	팔	팕	팖	팗	팘	팙	팚	팛	팜	팝	팞	팟	팠	팡	팢	팣
10001	10002	10003	10004	10005	10006	10007	10008	10009	10010	10011	10012	10013	10014	10015	10016	10017	10018	10019	10020

5601 ... 5601 ... 5601 ... 5601 5601 ... 5601 5601 5601

팤	팥	팦	팧	패	팩	팪	팫	팬	팭	팮	(10032)	팰	팱	팲	팳	팴	팵	팶	팷
10021	10022	10023	10024	10025	10026	10027	10028	10029	10030	10031	10032	10033	10034	10035	10036	10037	10038	10039	10040

5601 ... 5601 5601 ... 5601 ... 5601

팸	팹	팺	팻	팼	팽	팾	팿	퍀	퍁	퍂	퍃	퍄	퍅	퍆	퍇	퍈	퍉	퍊	퍋
10041	10042	10043	10044	10045	10046	10047	10048	10049	10050	10051	10052	10053	10054	10055	10056	10057	10058	10059	10060

5601 5601 ... 5601 5601 5601

펄	펅	펆	펇	펈	펉	펊	펋	펌	펍	펎	펏	펐	펑	펒	펓	펔	펕	펖	펗
10061	10062	10063	10064	10065	10066	10067	10068	10069	10070	10071	10072	10073	10074	10075	10076	10077	10078	10079	10080

패	팩	퍆	퍇	팬	퍊	퍋	팬	팰	퍎	퍏	퍐	퍑	퍒	퍓	퍔	팸	팹	퍗	퍘
10081	10082	10083	10084	10085	10086	10087	10088	10089	10090	10091	10092	10093	10094	10095	10096	10097	10098	10099	10100

퍘	팽	퍚	퍛	퍜	퍝	퍞	퍟	퍠	퍡	퍢	퍣	펀	펂	펆	펀	펄	펅	펆	펇
10101	10102	10103	10104	10105	10106	10107	10108	10109	10110	10111	10112	10113	10114	10115	10116	10117	10118	10119	10120

5601 5601 ... 5601 ... 5601

펈	펉	펊	펋	펌	펍	펎	펏	펐	펑	펒	펓	펔	펕	펖	펗	페	펙	펚	펛
10121	10122	10123	10124	10125	10126	10127	10128	10129	10130	10131	10132	10133	10134	10135	10136	10137	10138	10139	10140

5601 5601 ... 5601 5601 5601 ... 5601 5601

펜	펝	펞	펟	펠	펡	펢	펣	펤	펥	펦	펧	펨	펩	펪	펫	펬	펭	펮	펯
10141	10142	10143	10144	10145	10146	10147	10148	10149	10150	10151	10152	10153	10154	10155	10156	10157	10158	10159	10160

5601 ... 5601 ... 5601 5601 ... 5601 5601

펰	펱	펲	펳	퍼	퍽	퍾	퍿	펀	펂	펆	펀	펄	펅	펆	펇	펈	펉	펊	펋
10161	10162	(10163)	10164	10165	10166	10167	10168	10169	10170	10171	10172	10173	10174	10175	10176	10177	10178	10179	10180

5601 ... 5601 ... 5601

펌	펍	펎	펏	펐	펑	펒	펓	펔	펕	펖	펗	페	펙	펚	펛	펜	펝	펞	펟
10181	10182	10183	(10184)	10185	10186	10187	10188	10189	10190	10191	10192	10193	10194	10195	10196	10197	10198	10199	10200

5601 5601 ... 5601 5601 ... 5601

펠	펢	펣	펤	펥	펦	펧	펨	펩	펪	펫	펬	펭	펮	펯	펰	펱	펲	펳	페
10201	10202	10203	10204	10205	10206	10207	10208	10209	10210	10211	10212	10213	10214	10215	10216	10217	10218	10219	10220
5601								5601		5601									

포	폭	폮	폯	폰	폱	폲	폳	폴	폵	폶	폷	폸	폹	폺	폻	폼	폽	폾	폿
10221	10222	10223	10224	10225	10226	10227	10228	10229	10230	10231	10232	10233	10234	10235	10236	10237	10238	10239	10240
5601	5601			5601				5601								5601	5601		5601

퐀	퐁	퐂	퐃	퐄	퐅	퐆	퐇	퐈	퐉	퐊	퐋	퐌	퐍	퐎	퐏	퐐	퐑	퐒	퐓
10241	10242	10243	10244	10245	10246	10247	10248	10249	10250	10251	10252	10253	10254	10255	10256	10257	10258	10259	10260
	5601							5601											

퐔	퐕	퐖	퐗	퐘	퐙	퐚	퐛	퐜	퐝	퐞	퐟	퐠	퐡	퐢	퐣	퐤	퐥	퐦	퐧
10261	10262	10263	10264	10265	10266	10267	10268	10269	10270	10271	10272	10273	10274	10275	10276	10277	10278	10279	10280
										5601									

퐨	퐩	퐪	퐫	퐬	퐭	퐮	퐯	퐰	퐱	퐲	퐳	퐴	퐵	퐶	퐷	퐸	퐹	퐺	퐻
10281	10282	10283	10284	10285	10286	10287	10288	10289	10290	10291	10292	10293	10294	10295	10296	10297	10298	10299	10300

퐼	퐽	퐾	퐿	푀	푁	푂	푃	푄	푅	푆	푇	푈	푉	푊	푋	푌	푍	푎	푏
10301	10302	10303	10304	10305	10306	10307	10308	10309	10310	10311	10312	10313	10314	10315	10316	10317	10318	10319	10320
		5601			5601														

푐	푑	푒	푓	푔	푕	푖	푗	푘	푙	푚	푛	표	푝	푞	푟	푠	푡	푢	푣
10321	10322	10323	10324	10325	10326	10327	10328	10329	10330	10331	10332	10333	(10334)	10335	10336	10337	10338	10339	10340
												5601			5601				

푤	푥	푦	푧	푨	푩	푪	푫	푬	푭	푮	푯	푰	푱	푲	푳	푴	푵	푶	푷
10341	10342	10343	10344	10345	10346	10347	10348	10349	10350	10351	10352	10353	10354	10355	10356	10357	10358	10359	10360
5601								5601		5601									

푸	푹	푺	푻	푼	푽	푾	푿	풀	풁	풂	풃	풄	풅	풆	풇	품	풉	풊	풋
10361	10362	10363	10364	10365	10366	10367	10368	10369	10370	10371	10372	10373	10374	10375	10376	10377	10378	10379	10380
5601	5601		5601			5601	5601		5601							5601	5601		5601

풌	풍	풎	풏	풐	풑	풒	풓	풔	풕	풖	풗	풘	풙	풚	풛	풜	풝	풞	풟
10381	10382	10383	10384	10385	10386	10387	10388	10389	10390	10391	10392	10393	10394	10395	10396	10397	10398	10399	10400
	5601							5601											

퓳	퓵	퓶	퓷	픔	픕	픖	픗	픘	픙	픚	픜	픝	픞	픟	풰	퓍	퓎	퓏	픳
10401	10402	10403	10404	10405	10406	10407	10408	10409	10410	10411	10412	10413	10414	10415	10416	10417	10418	10419	10420

5601

퓐	퓒	퓔	퓕	퓛	퓜	퓝	퓞	퓠	퓡	퓢	픔	픕	픖	픗	픘	픙	픚	픛
10421	10422	10423	10424	10425	10426	10427	10428	10429	10430	10431	10432	10433	10434	10435	10436	10437	10438	10439	10440

픜	픝	픞	픟	퓌	퓍	퓎	퓏	퓐	퓑	퓒	퓓	퓔	퓕	퓖	퓗	퓘	퓙	퓚
10441	10442	10443	10444	10445	10446	10447	10448	10449	10450	10451	10452	10453	10454	10455	10456	10457	10458	10459	10460

5601   5601   5601

픔	픕	픖	픗	픘	픙	픚	픜	픝	픞	픟	퓨	퓩	퓪	퓫	퓬	퓭	퓮	퓯
10461	10462	10463	10464	10465	10466	10467	10468	10469	10470	10471	10472	10473	10474	10475	10476	10477	10478	10479	10480

5601   5601   5601   5601

퓰	퓱	퓲	퓳	퓴	퓵	퓶	퓷	퓸	퓹	퓺	퓻	퓼	퓽	퓾	퓿	픀
10481	10482	10483	10484	10485	10486	10487	10488	10489	10490	10491	10492	10493	10494	10495	10496	10497	10498	10499	10500

5601   5601   5601   5601

프	픅	퓨	픆	픈	픇	픉	픋	플	픍	픎	픐	픑	픒	픓	픔	픕	픖	픗	프
10501	10502	10503	10504	10505	10506	10507	10508	10509	10510	10511	10512	10513	10514	10515	10516	10517	10518	10519	10520

5601   5601   5601   5601   5601   5601

픘	픙	픚	픛	픜	픝	픞	픠	픡	픢	픣	픤	픥	픦	픧	핀	필	픪	픫
10521	10522	10523	10524	10525	10526	10527	10528	10529	10530	10531	10532	10533	10534	10535	10536	10537	10538	10539	10540

픬	픭	픮	픯	픰	핍	픲	픳	픴	핑	픶	픷	픸	픹	픺	피	픽	픾	픿
10541	10542	10543	10544	10545	10546	10547	10548	10549	10550	10551	10552	10553	10554	10555	10556	10557	10558	10559	10560

5601   5601

핀	핁	핂	핃	필	핅	핆	핇	핈	핉	핊	핋	핌	핍	핎	핏	핐	핑	핒	핓
10561	10562	10563	10564	10565	10566	10567	10568	10569	10570	10571	10572	10573	10574	10575	10576	10577	10578	10579	10580

5601   5601   5601   5601   5601   5601

픽	핕	핖	핗	하	학	핚	핛	한	핝	핞	핟	할	핡	핢	핣	핤	핥	핦	핧
10581	10582	10583	10584	10585	10586	10587	10588	10589	10590	10591	10592	10593	10594	10595	10596	10597	10598	10599	10600

5601   5601   5601   5601   5601

함 합 핪 핫 핬 항 핯 핯 학 핱 핲 항 해 핵 핶 핷 핸 핹 핺 핻
10601 10602 10603 10604 10605 10606 10607 10608 10609 10610 10611 10612 10613 10614 10615 10616 10617 10618 10619 10620
5601 5601 5601 5601 5601 5601 5601

핼 핽 핾 햀 핬 핬 핬 핬 햄 해 핫 해 핬 핬 핬 핬 핲 핲 해 행
10621 10622 10623 10624 10625 10626 10627 10628 10629 10630 10631 10632 10633 10634 10635 10636 10637 10638 10639 10640
5601 5601 5601 5601 5601 5601

햐 햑 햒 햓 햔 햕 햖 햗 햘 햙 햚 햛 햜 햝 햞 함 합 핪 핫
10641 10642 10643 10644 10645 10646 10647 10648 10649 10650 10651 10652 10653 10654 10655 10656 10657 10658 10659 10660
5601

핬 항 핯 핯 학 핱 핲 항 해 핵 핶 핷 핸 핹 핺 핼 핽 핾 햀
10661 10662 10663 10664 10665 10666 10667 10668 10669 10670 10671 10672 10673 10674 10675 10676 10677 10678 10679 10680
5601

핬 핬 핬 핬 햄 합 핬 핫 핬 행 핫 핬 핲 핲 해 행 허 헉 훠 헏
10681 10682 10683 10684 10685 10686 10687 10688 10689 10690 10691 10692 10693 10694 10695 10696 10697 10698 10699 10700
5601 5601

헌 헍 헎 헏 헐 헑 헒 헓 헔 헕 헖 헗 험 헙 헚 헛 헜 헝 헞 헟
10701 10702 10703 10704 10705 10706 10707 10708 10709 10710 10711 10712 10713 10714 10715 10716 10717 10718 10719 10720
5601 5601 5601 5601 5601 5601

헠 헡 헢 헣 헤 헥 훼 헧 헨 헩 헪 헫 헬 헭 헮 헯 헰 헱 헲 헳
10721 10722 10723 10724 10725 10726 10727 10728 10729 10730 10731 10732 10733 10734 10735 10736 10737 10738 10739 10740
5601 5601 5601

헴 헵 헶 헷 헸 헹 헺 헻 헼 헽 헾 헿 허 헉 훠 헏 헌 헍 헎 헏
10741 10742 10743 10744 10745 10746 10747 10748 10749 10750 10751 10752 10753 10754 10755 10756 10757 10758 10759 10760
5601 5601 5601 5601 5601 5601 5601

헐 헑 헒 헓 헔 헕 헖 헗 험 헙 헚 헛 헜 헝 헞 헟 헠 헡 헢 헣
10761 10762 10763 10764 10765 10766 10767 10768 10769 10770 10771 10772 10773 10774 10775 10776 10777 10778 10779 10780
5601 5601 5601 5601 5601

헤 헥 훼 헧 헨 헩 헪 헫 헬 헭 헮 헯 헰 헱 헲 헳 헴 헵 헶 헷
10781 10782 10783 10784 10785 10786 10787 10788 10789 10790 10791 10792 10793 10794 10795 10796 10797 10798 10799 10800
5601 5601 5601 5601

헸	헹	헷	헽	혁	헽	혭	혱	호	혹	혺	홋	혼	혾	혿	혼	혼	홀	홁	홂	홃
10801	10802	10803	10804	10805	10806	10807	10808	10809	10810	10811	10812	10813	10814	10815	10816	10817	10818	10819	10820

홄	홅	홆	홇	홈	홉	홊	홋	홌	홍	홎	홏	홐	홑	홒	홓	화	확	홖	홗
10821	10822	10823	10824	10825	10826	10827	10828	10829	10830	10831	10832	10833	10834	10835	10836	10837	10838	10839	10840

환	홙	홚	홛	활	홝	홞	홟	홠	홡	홢	홣	홤	홥	홦	홧	홨	황	홪	홫
10841	10842	10843	10844	10845	10846	10847	10848	10849	10850	10851	10852	10853	10854	10855	10856	10857	10858	10859	10860

홬	홭	홮	홯	홰	홱	홲	홳	홴	홵	홶	홷	홸	홹	홺	홻	홼	홽	홾	홿
10861	10862	10863	10864	10865	10866	10867	10868	10869	10870	10871	10872	10873	10874	10875	10876	10877	10878	10879	10880

횀	횁	횂	횃	횄	횅	횆	횇	횈	횉	횊	회	획	획	횎	횏	횐	횑	횒	횓
10881	10882	10883	10884	10885	10886	10887	10888	10889	10890	10891	10892	10893	10894	10895	10896	10897	10898	10899	10900

횔	횕	횖	횗	횘	횙	횚	횛	횜	횝	횞	횟	횠	횡	횢	횣	횤	횥	횦	횧
10901	10902	10903	10904	10905	10906	10907	10908	10909	10910	10911	10912	10913	10914	10915	10916	10917	10918	10919	10920

효	횩	횪	횫	횬	횭	횮	횯	횰	횱	횲	횳	횴	횵	횶	횷	횸	횹	횺	횻
10921	10922	10923	10924	10925	10926	10927	10928	10929	10930	10931	10932	10933	10934	10935	10936	10937	10938	10939	10940

횼	횽	횾	횿	훀	훁	훂	훃	후	훅	훆	훇	훈	훉	훊	훋	훌	훍	훎	훏
10941	10942	10943	10944	10945	10946	10947	10948	10949	10950	10951	10952	10953	10954	10955	10956	10957	10958	10959	10960

훐	훑	훒	훓	훔	훕	훖	훗	훘	훙	훚	훛	훜	훝	훞	훟	훠	훡	훢	훣
10961	10962	10963	10964	10965	10966	10967	10968	10969	10970	10971	10972	10973	10974	10975	10976	10977	10978	10979	10980

훤	훥	훦	훧	훨	훩	훪	훫	훬	훭	훮	훯	훰	훱	훲	훳	훴	훵	훶	훷
10981	10982	10983	10984	10985	10986	10987	10988	10989	10990	10991	10992	10993	10994	10995	10996	10997	10998	10999	11000

획 휱 휂 휑 훼 훽 훾 휏 휑 휑 휑 휔 휓 휖 휗 휎 휙 휑
11001 11002 11003 11004 11005 11006 11007 11008 11009 11010 11011 11012 11013 11014 11015 11016 11017 11018 11019 11020
　　　　5601　5601　　　　5601　　　　　　5601

휨 휩 휪 휫 휬 휭 휮 휯 휰 휱 휲 휘 휙 휚 휛 휜 휝 휞 휟
11021 11022 11023 11024 11025 11026 11027 11028 11029 11030 11031 11032 11033 11034 11035 11036 11037 11038 11039 11040
　　　　5601　　　　　　　5601　5601　　5601

휠 휡 휢 휣 휤 휥 휦 휧 휨 휩 휪 휫 휬 휭 휮 휯 휰 휱 휲 휳
11041 11042 11043 11044 11045 11046 11047 11048 11049 11050 11051 11052 11053 11054 11055 11056 11057 11058 11059 11060
5601　　　　　　5601　5601　　5601　　5601

휴 흌 휴 흌 흍 흎 흏 흐 흑 흒 흓 흔 흕 흖 흗 흘 흙 흚 흛 흜
11061 11062 11063 11064 11065 11066 11067 11068 11069 11070 11071 11072 11073 11074 11075 11076 11077 11078 11079 11080
5601 5601　　5601　　　5601　　　　　　5601　　5601

흝 흞 흟 흠 흡 흢 흣 흤 흥 흑 휴 흓 흔 흕 흖 흗 흘 흙 흚 흛
11081 11082 11083 11084 11085 11086 11087 11088 11089 11090 11091 11092 11093 11094 11095 11096 11097 11098 11099 11100
5601　　　　　　　5601 5601　　5601　　5601 5601 5601 5601

흜 흝 흞 흟 흠 ㅁ ㅂ ㅄ ㅅ ㅆ ㅇ ㅈ ㅊ ㅋ ㅌ ㅍ ㅎ 히 흭 휘 흵
11101 11102 11103 11104 11105 11106 11107 11108 11109 11110 11111 11112 11113 11114 11115 11116 11117 11118 11119 11120
　　　　5601 5601　5601　5601　　　5601

흰 흱 흲 흳 흴 흵 흶 흷 흸 흹 흺 흻 흼 흽 흾 흿 힀 힁 힂 힃
11121 11122 11123 11124 11125 11126 11127 11128 11129 11130 11131 11132 11133 11134 11135 (11136) 11137 11138 11139 11140
5601　　5601　　　　　　　5601 5601　　5601

힄 힅 힆 힇 히 힉 휘 힊 힌 힋 힌 힍 힎 힏 히 힐 힑 힒 힓 힔
11141 11142 11143 11144 11145 11146 11147 11148 11149 11150 11151 11152 11153 11154 11155 11156 11157 11158 11159 11160
　　5601 5601　　5601　　　5601

힘 힙 힚 힛 힜 힝 힞 힟 힉 힡 힢 힣
11161 11162 11163 11164 11165 11166 11167 11168 11169 11170 11171 11172
5601 5601　5601　5601

부록 - 3. 한글 음절 조합 자소 903개

1. 한글 음절 조합 자소 903개
(릭스 한글조합형 방식)

903자소 명세

초=초성,			ㅇ	8	아	초	1	ㅆ	22	싸	초	1
중=중성,			ㅈ	9	자	초	1	ㅉ	23	짜	초	1
받=받침			ㅊ	10	차	초	1	ㅏ	24	까	중	1
1=2500자 안에 있음.			ㅋ	11	카	초	1	ㅑ	25	꺄	중	1
0=없음(새로			ㅌ	12	타	초	1	ㅓ	26	꺼	중	1
만들어야 함).			ㅍ	13	파	초	1	ㅕ	27	껴	중	1
			ㅎ	14	하	초	1	ㄱ	28	개	초	1
ㄱ	1	가	초	1	ㅏ	15	가	중	1	ㄴ	29	내	초	1
ㄴ	2	나	초	1	ㅑ	16	냐	중	1	ㄷ	30	대	초	1
ㄷ	3	다	초	1	ㅓ	17	거	중	1	ㄹ	31	래	초	1
ㄹ	4	라	초	1	ㅕ	18	겨	중	1	ㅁ	32	매	초	1
ㅁ	5	마	초	1	ㄲ	19	까	초	1	ㅂ	33	배	초	1
ㅂ	6	바	초	1	ㄸ	20	따	초	1	ㅅ	34	새	초	1
ㅅ	7	사	초	1	ㅃ	21	빠	초	1	ㅇ	35	애	초	1

ㅈ	36	재	초	1	ㅊ	64	초	초	1	ㅋ	92	콰	초	1
ㅊ	37	채	초	1	ㅋ	65	코	초	1	ㅌ	93	톼	초	1
ㅋ	38	캐	초	1	ㅌ	66	토	초	1	ㅍ	94	퐈	초	1
ㅌ	39	태	초	1	ㅍ	67	포	초	1	ㅎ	95	화	초	1
ㅍ	40	패	초	1	ㅎ	68	호	초	1	ㅘ	96	과	중	1
ㅎ	41	해	초	1	ㄱ	69	고	중	1	ㅚ	97	괴	중	1
ㅐ	42	개	중	1	ㅛ	70	교	중	1	ㅝ	98	궈	중	1
ㅒ	43	걔	중	1	ㅜ	71	구	중	1	ㅟ	99	귀	중	1
ㅔ	44	게	중	1	ㅠ	72	규	중	1	ㅢ	100	긔	중	1
ㅖ	45	계	중	1	ㄲ	73	꼬	초	1	ㄲ	101	꽈	중	1
ㄲ	46	깨	초	1	ㄸ	74	또	초	1	ㄸ	102	똬	초	1
ㄸ	47	때	초	1	ㅃ	75	뽀	초	1	ㅃ	103	뽜	초	1
ㅃ	48	빼	초	1	ㅆ	76	쏘	초	1	ㅆ	104	쏴	초	1
ㅆ	49	쌔	초	1	ㅉ	77	쪼	초	1	ㅉ	105	쫘	초	1
ㅉ	50	째	초	1	ㅗ	78	꼬	중	1	ㅘ	106	꽈	중	1
ㅐ	51	깨	중	1	ㅛ	79	꾜	중	1	ㅚ	107	꾀	중	1
ㅒ	52	꺠	중	0	ㅜ	80	꾸	중	1	ㅝ	108	꿔	중	1
ㅔ	53	께	중	1	ㅠ	81	뀨	중	1	ㅟ	109	뀌	중	1
ㅖ	54	꼐	중	1	ㄱ	82	과	중	1	ㅢ	110	끡	중	1
ㄱ	55	고	초	1	ㄴ	83	놔	초	1	ㄱ	111	괘	초	1
ㄴ	56	노	초	1	ㄷ	84	돠	초	1	ㄴ	112	놰	초	1
ㄷ	57	도	초	1	ㄹ	85	롸	초	1	ㄷ	113	돼	초	1
ㄹ	58	로	초	1	ㅁ	86	뫄	초	1	ㄹ	114	뢔	초	1
ㅁ	59	모	초	1	ㅂ	87	봐	초	1	ㅁ	115	뫠	초	1
ㅂ	60	보	초	1	ㅅ	88	솨	초	1	ㅂ	116	봬	초	1
ㅅ	61	소	초	1	ㅇ	88	와	초	1	ㅅ	117	쇄	초	1
ㅇ	62	오	초	1	ㅈ	90	좌	초	1	ㅇ	118	왜	초	1
ㅈ	63	조	초	1	ㅊ	91	촤	초	1	ㅈ	119	좨	초	1

ㅊ	120	쵀	초	1	ㅡ	148	그	중	1	ㄱ	176	각	초	1
ㅋ	121	쾌	초	1	ㄲ	149	끄	초	1	ㄴ	177	낙	초	1
ㅌ	122	퇘	초	1	ㄸ	150	뜨	초	1	ㄷ	178	닥	초	1
ㅍ	123	퐤	초	0	ㅃ	151	쁘	초	1	ㄹ	179	락	초	1
ㅎ	124	홰	초	1	ㅆ	152	쓰	초	1	ㅁ	180	막	초	1
ㅙ	125	괘	중	1	ㅉ	153	쯔	초	1	ㅂ	181	박	초	1
ㅖ	126	궤	중	1	ㅡ	154	끄	중	1	ㅅ	182	삭	초	1
ㄲ	127	꽤	초	1	ㄱ	155	기	초	1	ㅇ	183	악	초	1
ㄸ	128	뙈	초	1	ㄴ	156	니	초	1	ㅈ	184	작	초	1
ㅃ	129	뽸	초	0	ㄷ	157	디	초	1	ㅊ	185	착	초	1
ㅆ	130	쐐	초	1	ㄹ	158	리	초	1	ㅋ	186	칵	초	1
ㅉ	131	쫴	초	1	ㅁ	159	미	초	1	ㅌ	187	탁	초	1
ㅙ	132	꽤	중	1	ㅂ	160	비	초	1	ㅍ	188	팍	초	1
ㅖ	133	꿰	중	1	ㅅ	161	시	초	1	ㅎ	189	학	초	1
ㄱ	134	그	초	1	ㅇ	162	이	초	1	ㅏ	190	각	중	1
ㄴ	135	느	초	1	ㅈ	163	지	초	1	ㅑ	191	걕	중	1
ㄷ	136	드	초	1	ㅊ	164	치	초	1	ㅓ	191	걱	중	1
ㄹ	137	르	초	1	ㅋ	165	키	초	1	ㅕ	193	격	중	1
ㅁ	138	므	초	1	ㅌ	166	티	초	1	ㄱ	194	각	받	1
ㅂ	139	브	초	1	ㅍ	167	피	초	1	ㄴ	195	간	받	1
ㅅ	140	스	초	1	ㅎ	168	히	초	1	ㄷ	196	갇	받	1
ㅇ	141	으	초	1	ㅣ	169	기	중	1	ㄹ	197	갈	받	1
ㅈ	142	즈	초	1	ㄲ	170	끼	초	1	ㅁ	198	감	받	1
ㅊ	143	츠	초	1	ㄸ	171	띠	초	1	ㅂ	199	갑	받	1
ㅋ	144	크	초	1	ㅃ	172	삐	초	1	ㅅ	200	갓	받	1
ㅌ	145	트	초	1	ㅆ	173	씨	초	1	ㅇ	201	강	받	1
ㅍ	146	프	초	1	ㅉ	174	찌	초	1	ㅈ	202	갖	받	1
ㅎ	147	호	초	1	ㅣ	175	끼	중	1	ㅊ	203	갗	받	1

ㅋ	204	갂	받	1	ㄴ	232	낵	초	1	ㅌ	260	갵	받	0
ㅌ	205	갵	받	1	ㄷ	233	댁	초	1	ㅍ	261	갶	받	0
ㅍ	206	갶	받	1	ㄹ	234	랙	초	1	ㅎ	262	갷	받	0
ㅎ	207	갷	받	1	ㅁ	235	맥	초	1	ㄲ	263	객	초	1
ㄲ	208		초	1	ㅂ	236	백	초	1	ㄸ	264	땍	초	1
ㄸ	209	딱	초	1	ㅅ	237	색	초	1	ㅃ	265	빽	초	1
ㅃ	210	빡	초	1	ㅇ	238	액	초	1	ㅆ	266	쌕	초	1
ㅆ	211	싹	초	1	ㅈ	239	잭	초	1	ㅉ	267	짹	초	1
ㅉ	212	짝	초	1	ㅊ	240	책	초	1	ㅐ	268	객	중	1
ㅏ	213	갂	중	1	ㅋ	241	캑	초	1	ㅒ	269	갞	중	0
ㅑ	214	갞	중	1	ㅌ	242	택	초	1	ㅔ	270	겍	중	1
ㅓ	215	꺽	중	1	ㅍ	243	팩	초	1	ㅖ	271	겍	중	0
ㅕ	216	겪	중	1	ㅎ	244	핵	초	1	ㄱ	272	객	받	1
ㄱ	217	갂	받	1	ㅐ	245	객	중	1	ㄴ	273	갠	받	1
ㄴ	218	갂	받	1	ㅐ	246	객	중	1	ㄷ	274	갤	받	1
ㄷ	219	갇	받	1	ㅔ	247	객	중	1	ㄹ	275	갤	받	1
ㄹ	220	갈	받	1	ㅖ	248	객	중	1	ㅁ	276	갬	받	1
ㅁ	221	갊	받	1	ㄱ	249	객	받	1	ㅂ	277	갭	받	1
ㅂ	222	갑	받	1	ㄴ	250	갠	받	1	ㅅ	278	깻	받	1
ㅅ	223	깟	받	1	ㄷ	251	갣	받	0	ㅇ	279	깽	받	1
ㅇ	224	깡	받	1	ㄹ	252	갤	받	1	ㅈ	280	갯	받	0
ㅈ	225	갖	받	0	ㅁ	253	갬	받	1	ㅊ	281	갲	받	0
ㅊ	226	갗	받	0	ㅂ	254	갭	받	1	ㅋ	282	객	받	0
ㅋ	227	갘	받	0	ㅅ	255	갯	받	1	ㅌ	283	갵	받	0
ㅌ	228	같	받	0	ㅇ	256	갱	받	1	ㅍ	284	갶	받	0
ㅍ	229	갚	받	0	ㅈ	257	갲	받	0	ㅎ	285	갷	받	0
ㅎ	230	갛	받	1	ㅊ	258	갗	받	0	ㄱ	286	곡	초	1
ㄱ	231	객	초	1	ㅋ	259	갘	받	0	ㄴ	287	녹	초	1

ㄷ	288	독	초	1	ㅍ	316	곪	받	1	ㄹ	344	꽉	초	1
ㄹ	289	록	초	1	ㅎ	317	곯	받	1	ㅁ	345	꽉	초	1
ㅁ	290	목	초	1	ㄲ	318	꼭	초	1	ㅂ	346	봐	초	1
ㅂ	291	복	초	1	ㄸ	319	똑	초	1	ㅅ	347	솨	초	1
ㅅ	292	속	초	1	ㅃ	320	뽁	초	1	ㅇ	348	와	초	1
ㅇ	293	옥	초	1	ㅆ	321	쏙	초	1	ㅈ	349	좌	초	1
ㅈ	294	족	초	1	ㅉ	322	쪽	초	1	ㅊ	350	촤	초	1
ㅊ	295	촉	초	1	ㅗ	323	꼭	중	1	ㅋ	351	콱	초	1
ㅋ	296	콕	초	1	ㅛ	324	꾝	중	1	ㅌ	352	톽	초	1
ㅌ	297	톡	초	1	ㅜ	325	꾹	중	1	ㅍ	353	퐉	초	1
ㅍ	298	폭	초	1	ㅠ	326	뀩	중	1	ㅎ	354	확	초	1
ㅎ	299	혹	초	1	ㄱ	327	꼭	받	0	ㅘ	355	곽	중	1
ㅗ	300	곡	중	1	ㄴ	328	꾠	받	1	ㅚ	356	괵	중	1
ㅛ	301	꾝	중	1	ㄷ	329	꼳	받	1	ㅝ	357	궉	중	1
ㅜ	302	국	중	1	ㄹ	330	꼴	받	1	ㅟ	358	귁	중	1
ㅠ	303	귝	중	1	ㅁ	331	꼼	받	1	ㅢ	359	긕	중	1
ㄱ	304	곡	받	1	ㅂ	332	꼽	받	1	ㄱ	360	곽	받	1
ㄴ	305	곤	받	1	ㅅ	333	꼿	받	1	ㄴ	361	관	받	1
ㄷ	306	곧	받	1	ㅇ	334	꽁	받	1	ㄷ	362	괃	받	0
ㄹ	307	골	받	1	ㅈ	335	꽂	받	1	ㄹ	363	괄	받	1
ㅁ	308	곰	받	1	ㅊ	336	꽃	받	1	ㅁ	364	괌	받	1
ㅂ	309	곱	받	1	ㅋ	337	꼭	받	0	ㅂ	365	괍	받	1
ㅅ	310	곳	받	1	ㅌ	338	꼳	받	0	ㅅ	366	괏	받	1
ㅇ	311	공	받	1	ㅍ	339	꾶	받	0	ㅇ	367	광	받	1
ㅈ	312	곶	받	1	ㅎ	340	꽇	받	0	ㅈ	368	괓	받	0
ㅊ	313	곷	받	1	ㄱ	341	곽	초	1	ㅊ	369	괓	받	0
ㅋ	314	곡	받	0	ㄴ	342	놕	초	1	ㅋ	370	곽	받	0
ㅌ	315	곹	받	1	ㄷ	343	돡	초	1	ㅌ	371	괕	받	0

ㅍ	372	꽒	받	0	ㄷ	400	뙥	초	0	ㄲ	428	꽥	초	1
ㅎ	373	꽓	받	0	ㄹ	401	뢱	초	0	ㄸ	429	뙥	초	0
ㄲ	374	꽉	초	1	ㅁ	402	뫡	초	0	ㅃ	430	뻭	초	0
ㄸ	375	뙉	초	1	ㅂ	403	뵉	초	0	ㅆ	431	쎅	초	0
ㅃ	376	뻭	초	0	ㅅ	404	쐭	초	1	ㅉ	432	쬑	초	0
ㅆ	377	쏙	초	1	ㅇ	405	왹	초	1	ㅒ	433	꽥	중	1
ㅉ	378	쪽	초	1	ㅈ	406	쬑	초	1	ㅖ	434	꿱	중	1
ㅘ	379	꽉	중	1	ㅊ	407	쵝	초	0	ㄱ	435	꽥	받	1
ㅚ	380	꾝	중	1	ㅋ	408	쾍	초	1	ㄴ	436	꾄	받	1
ㅝ	381	꿝	중	1	ㅌ	409	퇙	초	0	ㄷ	437	꿷	받	0
ㅟ	382	뀍	중	1	ㅍ	410	푁	초	0	ㄹ	438	꿸	받	1
ㅢ	383	꾝	중	1	ㅎ	411	홱	초	1	ㅁ	439	꿤	받	1
ㄱ	384	꽉	받	1	ㅒ	412	꽥	중	1	ㅂ	440	꿥	받	1
ㄴ	385	꽌	받	1	ㅖ	413	꾁	중	1	ㅅ	441	꽷	받	0
ㄷ	386	꽐	받	0	ㄱ	414	꽉	받	1	ㅇ	442	꽹	받	1
ㄹ	387	꽐	받	1	ㄴ	415	꾄	받	1	ㅈ	443	꽂	받	0
ㅁ	388	꿈	받	1	ㄷ	416	꾇	받	0	ㅊ	444	꽢	받	0
ㅂ	389	꿉	받	1	ㄹ	417	꿸	받	1	ㅋ	445	꽠	받	0
ㅅ	390	꽛	받	0	ㅁ	418	꿤	받	1	ㅌ	446	꿭	받	0
ㅇ	391	꽝	받	1	ㅂ	419	꿥	받	1	ㅍ	447	꿮	받	0
ㅈ	392	꽂	받	0	ㅅ	420	꽷	받	1	ㅎ	448	꿯	받	0
ㅊ	393	꽢	받	0	ㅇ	421	꽹	받	1	ㄱ	449	극	초	1
ㅋ	394	꽠	받	0	ㅈ	422	꽂	받	0	ㄴ	450	늑	초	1
ㅌ	395	꽡	받	0	ㅊ	423	꽢	받	0	ㄷ	451	득	초	1
ㅍ	396	꽢	받	0	ㅋ	424	꽠	받	0	ㄹ	452	륵	초	1
ㅎ	397	꽣	받	0	ㅌ	425	꿸	받	0	ㅁ	453	믁	초	1
ㄱ	398	꽥	초	1	ㅍ	426	꽢	받	0	ㅂ	454	븍	초	1
ㄴ	399	눽	초	0	ㅎ	427	꽣	받	0	ㅅ	455	슥	초	1

ㅇ	456	윽	초	1	ㄱ	484	끅	받	1	ㅣ	512	긱	중	1
ㅈ	457	즉	초	1	ㄴ	485	끈	받	1	ㄱ	513	긱	받	1
ㅊ	458	측	초	1	ㄷ	486	끋	받	1	ㄴ	514	긴	받	1
ㅋ	459	큭	초	1	ㄹ	487	끌	받	1	ㄷ	515	긷	받	1
ㅌ	460	특	초	1	ㅁ	488	끔	받	1	ㄹ	516	길	받	1
ㅍ	461	폭	초	1	ㅂ	489	끕	받	1	ㅁ	517	김	받	1
ㅎ	462	흑	초	1	ㅅ	490	끗	받	1	ㅂ	518	깁	받	1
ㅡ	463	극	중	1	ㅇ	491	끙	받	1	ㅅ	519	깃	받	1
ㄱ	464	극	받	1	ㅈ	492	끚	받	0	ㅇ	520	깅	받	1
ㄴ	465	근	받	1	ㅊ	493	끛	받	0	ㅈ	521	깆	받	1
ㄷ	466	귿	받	1	ㅋ	494	끜	받	0	ㅊ	522	깇	받	1
ㄹ	467	글	받	1	ㅌ	495	끝	받	1	ㅋ	523	깈	받	0
ㅁ	468	금	받	1	ㅍ	496	끞	받	0	ㅌ	524	긑	받	1
ㅂ	469	급	받	1	ㅎ	497	끟	받	0	ㅍ	525	깊	받	1
ㅅ	470	굿	받	1	ㄱ	498	긱	초	1	ㅎ	526	깋	받	1
ㅇ	471	궁	받	1	ㄴ	499	닉	초	1	ㄲ	527	끽	초	1
ㅈ	472	궂	받	1	ㄷ	500	딕	초	1	ㄸ	528	띡	초	1
ㅊ	473	궃	받	0	ㄹ	501	릭	초	1	ㅃ	529	삑	초	1
ㅋ	474	극	받	1	ㅁ	502	믹	초	1	ㅆ	530	씩	초	1
ㅌ	475	귿	받	1	ㅂ	503	빅	초	1	ㅉ	531	찍	초	1
ㅍ	476	귶	받	1	ㅅ	504	식	초	1	ㅣ	532	끽	중	1
ㅎ	477	긓	받	1	ㅇ	505	익	초	1	ㄱ	533	끽	받	1
ㄲ	478	끅	초	1	ㅈ	506	직	초	1	ㄴ	534	낀	받	1
ㄸ	479	뜍	초	1	ㅊ	507	칙	초	1	ㄷ	535	낃	받	0
ㅃ	480	뻑	초	1	ㅋ	508	킥	초	1	ㄹ	536	낄	받	1
ㅆ	481	쓱	초	1	ㅌ	509	틱	초	1	ㅁ	537	낌	받	1
ㅉ	482	쪽	초	1	ㅍ	510	픽	초	1	ㅂ	538	낍	받	1
ㅡ	483	끅	중	1	ㅎ	511	힉	초	1	ㅅ	539	낏	받	1

	#					#					#			
ㅇ	540	끙	받	1	ㄶ	568	갆	받	1	ㄿ	596	깞	받	0
ㅈ	541	끚	받	1	ㄺ	569	갉	받	1	ㅀ	597	갏	받	0
ㅊ	542	끛	받	0	ㄻ	570	갊	받	1	ㅄ	598	값	받	0
ㅋ	543	끜	받	0	ㄼ	571	갋	받	1	ㅆ	599	깠	받	1
ㅌ	544	끝	받	0	ㄽ	572	갌	받	0	ㄱ	600	객	초	1
ㅍ	545	끞	받	0	ㄾ	573	갍	받	1	ㄴ	601	낵	초	1
ㅎ	546	끟	받	1	ㄿ	574	갎	받	1	ㄷ	602	댁	초	1
ㄱ	547	갂	초	1	ㅀ	575	갏	받	1	ㄹ	603	랙	초	1
ㄴ	548	낚	초	1	ㅄ	576	값	받	1	ㅁ	604	맥	초	1
ㄷ	549	닦	초	1	ㅆ	577	갔	받	1	ㅂ	605	백	초	1
ㄹ	550	랚	초	1	ㄲ	578	깎	초	1	ㅅ	606	색	초	1
ㅁ	551	맊	초	1	ㄸ	579	땎	초	1	ㅇ	607	액	초	1
ㅂ	552	밖	초	1	ㅃ	580	빢	초	1	ㅈ	608	잭	초	1
ㅅ	553	삮	초	1	ㅆ	581	쌂	초	1	ㅊ	609	책	초	1
ㅇ	554	앆	초	1	ㅉ	582	짞	초	1	ㅋ	610	캑	초	1
ㅈ	555	잒	초	1	ㅏ	583	깎	중	1	ㅌ	611	택	초	1
ㅊ	556	챀	초	1	ㅑ	584	꺆	중	0	ㅍ	612	팩	초	1
ㅋ	557	캒	초	1	ㅓ	585	꺾	중	1	ㅎ	613	핵	초	1
ㅌ	558	탂	초	1	ㅕ	586	껶	중	1	ㅐ	614	객	중	0
ㅍ	559	퍆	초	1	ㄲ	587	깎	받	1	ㅒ	615	걕	중	0
ㅎ	560	핚	초	1	ㄳ	588	깠	받	1	ㅔ	616	겍	중	1
ㅏ	561	갂	중	1	ㄵ	589	깏	받	0	ㅖ	617	겍	중	0
ㅑ	562	갺	중	1	ㄶ	590	깑	받	1	ㄲ	618	객	받	1
ㅓ	563	걲	중	1	ㄺ	591	깖	받	0	ㄳ	619	갻	받	0
ㅕ	564	겪	중	1	ㄻ	592	깘	받	1	ㄵ	620	갽	받	0
ㄲ	565	갂	받	1	ㄼ	593	깚	받	1	ㄶ	621	갾	받	0
ㄳ	566	갃	받	1	ㄽ	594	깘	받	0	ㄺ	622	갥	받	0
ㄵ	567	갅	받	1	ㄾ	595	깠	받	0	ㄻ	623	갦	받	0

ㄼ	624	깷	받	0	ㅆ	652	깼	받	1	ㄿ	680	곪	받	0
ㄵ	625	깣	받	0	ㄱ	653	곡	초	1	ㅀ	681	곯	받	1
ㄾ	626	깥	받	0	ㄴ	654	녹	초	1	ㅄ	682	곲	받	0
ㄿ	627	깦	받	0	ㄷ	655	독	초	1	ㅆ	683	곳	받	0
ㅀ	628	깧	받	0	ㄹ	656	록	초	1	ㄲ	684	꼭	초	1
ㅄ	629	깺	받	0	ㅁ	657	목	초	1	ㄸ	685	똑	초	1
ㅆ	630	깄	받	1	ㅂ	658	복	초	0	ㅃ	686	뽁	초	1
ㄲ	631	깩	초	1	ㅅ	659	속	초	1	ㅆ	687	쏙	초	1
ㄸ	532	땍	초	1	ㅇ	660	옥	초	1	ㅉ	688	쪽	초	1
ㅃ	633	뺵	초	1	ㅈ	661	족	초	1	ㄴ	689	꼮	중	1
ㅆ	634	쌕	초	1	ㅊ	662	촉	초	1	ㄲ	690	꼮	중	1
ㅉ	635	쩩	초	1	ㅋ	663	콕	초	1	ㅜ	691	꾹	중	1
ㅐ	636	깩	중	1	ㅌ	664	톡	초	1	ㅠ	692	뀩	중	1
ㅒ	637	꺅	중	0	ㅍ	665	폭	초	1	ㄲ	693	꼮	받	0
ㅔ	638	꺆	중	1	ㅎ	666	혹	초	1	ㄳ	694	곢	받	0
ㅖ	639	꺆	중	0	ㄴ	667	곤	중	1	ㄵ	695	곣	받	0
ㄲ	640	꺅	받	0	ㄸ	668	곰	중	0	ㅀ	696	곯	받	1
ㄳ	641	깼	받	0	ㅜ	669	국	중	0	ㄹㅣ	697	곩	받	0
ㄵ	642	깼	받	0	ㅠ	670	귝	중	0	ㄿ	698	곪	받	1
ㅀ	643	깣	받	0	ㄲ	671	꼭	받	1	ㄼ	699	곫	받	0
ㄹㅣ	644	깣	받	0	ㄳ	672	곣	받	1	ㄵ	700	곦	받	0
ㄻ	645	깲	받	0	ㄵ	673	곣	받	0	ㄾ	701	곭	받	0
ㄼ	646	깳	받	0	ㅀ	674	곯	받	0	ㄿ	702	곪	받	0
ㄵ	647	깣	받	0	ㄹㅣ	675	곩	받	1	ㅀ	703	곯	받	1
ㄾ	648	쉘	받	0	ㄻ	676	곪	받	1	ㅄ	704	곲	받	0
ㄿ	649	깦	받	0	ㄼ	677	곫	받	0	ㅆ	705	곴	받	0
ㅀ	650	깧	받	0	ㄵ	678	곣	받	1	ㄱ	706	곽	초	1
ㅄ	651	깺	받	0	ㄾ	679	곭	받	1	ㄴ	707	놖	초	1

자모	번호	글자	구분	값	자모	번호	글자	구분	값	자모	번호	글자	구분	값
ㄷ	708	돠	초	1	ㅄ	736	곲	받	1	ㄹ	764	뢱	초	1
ㄹ	709	롸	초	1	ㅆ	737	곴	받	1	ㅁ	765	뫽	초	0
ㅁ	710	뫄	초	1	ㄲ	738	꽈	초	1	ㅂ	766	봭	초	1
ㅂ	711	봐	초	1	ㄸ	739	똬	초	1	ㅅ	767	쇅	초	1
ㅅ	712	솨	초	1	ㅃ	740	뽜	초	0	ㅇ	768	왹	초	0
ㅇ	713	와	초	1	ㅆ	741	쏴	초	1	ㅈ	769	죅	초	1
ㅈ	714	좌	초	1	ㅉ	742	쫘	초	1	ㅊ	770	쵁	초	0
ㅊ	715	촤	초	1	ㅘ	743	꽉	중	1	ㅋ	771	쾍	초	0
ㅋ	716	콰	초	1	ㅚ	744	꾀	중	0	ㅌ	772	퇙	초	0
ㅌ	717	톼	초	1	ㅝ	745	꿔	중	1	ㅍ	773	푁	초	0
ㅍ	718	퐈	초	1	ㅞ	746	꿰	중	0	ㅎ	774	횏	초	0
ㅎ	719	화	초	1	ㅢ	747	끠	중	0	ㅐ	775	괙	중	1
ㅘ	720	곽	중	1	ㄲ	748	꽉	받	0	ㅔ	776	궤	중	1
ㅚ	721	괵	중	1	ㄳ	749	꽋	받	0	ㄲ	777	괚	받	0
ㅝ	722	궈	중	1	ㄵ	750	꽍	받	0	ㄳ	778	괜	받	0
ㅟ	723	귀	중	1	ㄶ	751	꽎	받	0	ㄵ	779	괝	받	0
ㅢ	724	긔	중	1	ㄺ	752	꽕	받	0	ㄶ	780	괞	받	0
ㄲ	725	곾	받	0	ㄻ	753	꽖	받	0	ㄺ	781	괡	받	0
ㄳ	726	곿	받	0	ㄼ	754	꽗	받	0	ㄻ	782	괢	받	0
ㄵ	727	괁	받	0	ㄽ	755	꽘	받	0	ㄼ	783	괣	받	0
ㄶ	728	괂	받	0	ㄾ	756	꽙	받	0	ㄽ	784	괤	받	0
ㄺ	729	괅	받	0	ㄿ	757	꽚	받	0	ㄾ	785	괥	받	0
ㄻ	730	괆	받	1	ㅀ	758	꽛	받	0	ㄿ	786	괦	받	0
ㄼ	731	괇	받	0	ㅄ	759	꽜	받	0	ㅀ	787	괧	받	0
ㄽ	732	괈	받	0	ㅆ	760	꽜	받	1	ㅄ	788	괨	받	0
ㄾ	733	괉	받	0	ㄱ	761	괙	초	1	ㅆ	789	괬	받	1
ㄿ	734	괊	받	0	ㄴ	762	뇍	초	0	ㄲ	790	꽥	초	1
ㅀ	735	괋	받	0	ㄷ	763	돽	초	1	ㄸ	791	뙉	초	0

ㅃ	792	뽹	초	0
ㅆ	793	쒝	초	1
ㅉ	794	쮓	초	1
ㅐ	795	꽼	중	1
ㅔ	796	꿰	중	0
ㄲ	797	꽊	받	0
ㄳ	798	꽋	받	0
ㄵ	799	꿴	받	0
ㄶ	800	꿶	받	0
ㄺ	801	꿹	받	0
ㄻ	802	꿻	받	0
ㄼ	803	꿻	받	0
ㄽ	804	꿽	받	0
ㄾ	805	꿽	받	0
ㄿ	806	꿾	받	0
ㅀ	807	꿿	받	0
ㅄ	808	꿻	받	0
ㅆ	809	꿼	받	1
ㄱ	810	큐	초	1
ㄴ	811	뉴	초	1
ㄷ	812	듀	초	1
ㄹ	813	류	초	1
ㅁ	814	뮤	초	1
ㅂ	815	뷰	초	1
ㅅ	816	슈	초	1
ㅇ	817	유	초	1
ㅈ	818	쥬	초	1
ㅊ	819	츄	초	1
ㅋ	820	큐	초	1
ㅌ	821	튜	초	1
ㅍ	822	퓨	초	1
ㅎ	823	휴	초	1
ㅡ	824	규	중	1
ㄲ	825	뀨	받	0
ㄳ	826	뀻	받	0
ㄵ	827	뀼	받	0
ㄶ	828	뀿	받	1
ㄺ	829	뀰	받	1
ㄻ	830	뀱	받	1
ㄼ	831	뀲	받	1
ㄽ	832	뀼	받	1
ㄾ	833	뀵	받	0
ㄿ	834	뀶	받	1
ㅀ	835	뀷	받	1
ㅄ	836	뀻	받	0
ㅆ	837	뀼	받	0
ㄲ	838	뀸	초	1
ㄸ	839	뜌	초	0
ㅃ	840	쀼	초	0
ㅆ	841	쓔	초	1
ㅉ	842	쯈	받	0
ㅡ	843	끆	중	1
ㄲ	844	끆	받	0
ㄳ	845	끇	받	0
ㄵ	846	끇	받	0
ㄶ	847	끃	받	1
ㄺ	848	끍	받	0
ㄻ	849	끎	받	1
ㄼ	850	끏	받	0
ㄽ	851	끐	받	0
ㄾ	852	끑	받	0
ㄿ	853	끏	받	0
ㅀ	854	끓	받	1
ㅄ	855	끏	받	0
ㅆ	856	끘	받	0
ㄱ	857	귀	초	1
ㄴ	858	뉘	초	1
ㄷ	859	뒤	초	1
ㄹ	860	뤼	초	0
ㅁ	861	뮈	초	1
ㅂ	862	뷔	초	1
ㅅ	863	쉬	초	1
ㅇ	864	위	초	1
ㅈ	865	쥐	초	1
ㅊ	866	취	초	1
ㅋ	867	퀴	초	0
ㅌ	868	튀	초	0
ㅍ	869	퓌	초	0
ㅎ	870	휘	초	0
ㅣ	871	귀	중	1
ㄲ	872	귂	받	0
ㄳ	873	귃	받	0
ㄵ	874	귄	받	0
ㄶ	875	귆	받	0

ㄺ	876	읽	받	1	ㅃ	887	쀄	초	0	ㄽ	898	꿚	받	0
ㄻ	877	삶	받	1	ㅆ	888	쒀	초	0	ㄾ	899	꿚	받	0
ㄼ	878	넓	받	0	ㅉ	889	쮜	초	0	ㄿ	900	꿚	받	0
ㄽ	879	곬	받	0	ㅣ	890	뀌	중	0	ㅀ	901	꿚	받	0
ㄾ	880	훑	받	0	ㄲ	891	뀌	받	0	ㅄ	902	꿚	받	0
ㄿ	881	읊	받	0	ㄳ	892	뀏	받	0	ㅆ	903	꿚	받	0
ㅀ	882	앓	받	1	ㄵ	893	뀎	받	0					
ㅄ	883	값	받	0	ㄶ	894	뀒	받	0					
ㅆ	884	있	받	1	ㄺ	895	뀕	받	0					
ㄲ	885	뀌	초	0	ㄻ	896	꿞	받	0					
ㄸ	886	뛰	초	0	ㄼ	897	꿟	받	0					

1=649 개

0=254 개

합=903 개 자소

이기성(李起盛)

공학박사
계원조형예술대학 출판 디자인과 교수
동국대 언론정보대학원 강사
한국전자출판학회(CAPSO) 회장
한국사이버출판대학(publishing21.com) 학장 역임
한국콘텐츠출판학회 회장 역임
URL: (이기성) my.dreamwiz.com/yikisung
(한국전자출판학회) dtp.or.kr

저서: 「컴퓨터는 깡통이다」, 「전자출판-1, -2, -3, -4 출판개론」, 「사진식자론」,
「PC와 사무자동화」, 「dBASE Ⅲ PLUS 실무강좌」, 「뚱보강사와 깡통컴퓨
터」, 「eBook과 한글 폰트」, 「정보산업」, 「전자계산일반」, 「소설컴퓨터-1,
-2, -3」

한글 타이포그래피

- 초판 인쇄   2007년 6월 30일
- 초판 발행   2007년 6월 30일

- 지 은 이   이기성
- 펴 낸 이   채종준
- 펴 낸 곳   한국학술정보㈜
  경기도 파주시 교하읍 문발리 526-2
  파주출판문화정보산업단지
  전화   031) 908-3181(대표) · 팩스   031) 908-3189
  홈페이지   http://www.kstudy.com
  e-mail(출판사업팀사업부)   publish@kstudy.com
- 등   록   제일산-115호(2000. 6. 19)
- 가   격   36,000원

ISBN   978-89-534-6985-3 93010 (Paper Book)
        978-89-534-6986-0 98010 (e-Book)